Jurisprudence
Theory and Context
(*8th edition*)

法理学
理论与语境
（第八版）

〔美〕布赖恩·比克斯 著
邱昭继 译

商务印书馆
创于1897 The Commercial Press

This translation of *Jurisprudence: Theory and Context* is published by arrangement with Thomson Reuters

根据英国斯威特和麦克斯韦尔出版社 2019 年版译出

献给约瑟夫·拉兹

案例表

Adams v Lindsell (1818) 106 Eng. Rep. 250(KB) 17-02 注释

American Booksellers Assoc. Inc. v Hudnut, 771 F. 2d 323 (7th Cir. 1985), aff'd mem., 475 U. S. 1001 (1986) 15-03 注释, 19-04 注释

Re Baby M., 537 A. 2d 1227 (N. J. 1988) 15-03 注释

Black-Clauson International, Ltd. v Papierwerke Waldbof-Ascbaffenburg A. G. [1975] 1 All E. R. 810 14-03 注释

Board of Education v Barnette, 319 U. S. 624 (1943) 12-01 注释

Boomer v Atlantic Cement Co., 26 N. Y. 2d 219, 257 N. E. 2d 870, 309 N. Y. S. 2d 312 (1970) 18-04 注释

Bowers v Hardwick, 478 U. S. 186 (1986) 15-03 注释

Brown v Board of Education, 347 U. S. 483 (1954) 12-01 注释

Cooper v Aaron, 358 U. S. 1 (1958) 12-01 注释

Davis v Johnson [1979] A. C. 264 12-01, 14-03

Donoghue v Stevenson [1932] A. C. 562 12-01

Ellison v Brady, 924 F. 2d 872 at 878-879 (9th Cir. 1991) 19-05 注释

Garcia v San Antonio Metropolitan Transit Authority, 469 U. S. 528 (1985) 12-01 注释

Henthorn v Fraser [1892] 2 Ch. 27 17-02 注释

Kelo v City of New London, 125 S. Ct. 2655 (2005) 21-04 注释

Lawrence v Texas, 539 U. S. 558 (2003) 15-03 注释

Lochner v New York, 198 U. S. 45 (1905) 17-03 注释

Lynch v Donnelly, 465 U. S. 668 at 688–694 (1984) 19–05 注释
MacPherson v Buick Motor Co., 217 N. Y. 382, 111 N. E. 1050 (1916) 12–01
Madzimbamuto (Stella) v Lardner-Burke N. O. 1968 (2) S. A. L. R. 284 2–06 注释
Muller v Oregon, 208 U. S. 412 (1908) 17–04 注释
Murphy v Brentwood District Council [1990] 3 W. L. R. 414 12–01 注释
Omychund v Barker (1744) 1 Atk. 21, 33, 26 Eng. Rep. 7–03 注释
Palsgraf v Long Island Railroad, 248 N. Y. 339, 162 N. E. 99 (1928) 17–03
Pepper v Hart [1993] A. C. 591 14–03
Plessy v Ferguson, 163 U. S. 537 (1896) 12–01 注释
Ploof v Putnam, 71 A. 188 (Vt. 1908) 21–04 注释
Practice Statement (Judicial Precedent) [1966] 1 W. L. R. 1234 13–01 注释
R. v Brown [1994] 1 A. C. 212 13–01 注释, 15–03 注释
R. v Shivpuri [1987] A. C. 1 12–01 注释
River Wear Commissioners v Adamson (1877) 2 App. Cas. 743 14–03 注释
Schwegmann Bros. v Calvert Distillers Corp., 341 U. S. 384 at 397 (1951) 14–03 注释
Southern Pacific v Jensen, 244 U. S. 205 (1917) 13–01 注释, 17–03 注释
State v Greene, 338 P. 2d 1132 (Or. App. 2016) 3–05 注释
Swift v Tyson, 41 U. S. 1, 18 (1842) 13–01 注释
Uganda v Commissioner of Prisons, Ex p. Matovu [1966] East Afr. L. R. 514 2–06 注释
United States v Carroll Towing Co., 159 F. 2d 169 at 173(2nd Cir. 1947) 18–04 注释
United States v E. C. Knight Co., 156 US 1 (1895) 17–02 注释
Vincent v Lake Erie Transportation Co., 124 N. W. 221(Minn. 1910) 21–04 注释
Young v Bristol Aeroplane Co. Ltd [1944] K. B. 718 12–01 注释, 13–01 注释

目　录

第八版序言 …………………………………………………… 1

第一部分　法律理论：问题与可能性

第一章　概述、目标与方法论………………………………… 11
　法理学中的问题与答案 ………………………………… 11
　描述性理论 ……………………………………………… 12
　转化问题 ………………………………………………… 14
　在何种程度上是法律理论？ …………………………… 17
　建议进一步阅读的书目 ………………………………… 18
第二章　法律理论：一般法理学与概念分析……………… 19
　法律理论的问题 ………………………………………… 19
　概念分析 ………………………………………………… 23
　可选择的目标 …………………………………………… 32
　对概念分析的挑战 ……………………………………… 39
　法律中的界线 …………………………………………… 42
　结论 ……………………………………………………… 45
　建议进一步阅读的书目 ………………………………… 46

第二部分　关于法律性质的各种理论

第三章　H. L. A. 哈特与法律实证主义 …… 51
法律实证主义概览 …… 51
哈特观点概要 …… 57
承认规则 …… 61
规则的(和法律的)内在方面 …… 62
开放结构 …… 67
自然法的最低限度的内容 …… 70
包容性与排他性法律实证主义 …… 72
其他进路 …… 77
建议进一步阅读的书目 …… 81
第四章　汉斯·凯尔森的纯粹法学 …… 84
纯粹法学 …… 85
还原与法律理论 …… 89
哈特与凯尔森 …… 91
规范的性质 …… 94
建议进一步阅读的书目 …… 96
第五章　自然法理论与约翰·菲尼斯 …… 98
传统的自然法理论 …… 98
中世纪与文艺复兴时期的理论家 …… 106
约翰·菲尼斯 …… 109
自然法理论与法律实证主义 …… 112

其他趋势 …… 115
建议进一步阅读的书目 …… 117
第六章 理解朗·富勒 …… 119
自然法理论的不同类型 …… 119
富勒的方法 …… 120
当下的观点 …… 126
富勒与法律过程 …… 126
建议进一步阅读的书目 …… 127
第七章 罗纳德·德沃金的解释性方法 …… 128
早期著作 …… 128
建构性解释 …… 130
正确答案 …… 138
德沃金与哈特 …… 142
揭穿真相的问题 …… 144
建议进一步阅读的书目 …… 147

第三部分 主题与原理

第八章 正义 …… 151
约翰·罗尔斯与社会契约论 …… 153
罗尔斯的两条原则 …… 158
罗尔斯的后期修正 …… 160
罗伯特·诺齐克与自治论自由主义 …… 162
迈克尔·桑德尔、社群主义与公民共和主义 …… 164

女权主义者的批评 …… 169
建议进一步阅读的书目 …… 171
第九章 惩罚 …… 173
起点 …… 173
报复 …… 174
“让社会变得更好”:后果论/功利主义 …… 177
其他目的 …… 179
建议进一步阅读的书目 …… 181
第十章 权利与权利话语 …… 182
霍菲尔德的分析 …… 186
意志理论与利益理论 …… 189
其他论题 …… 190
建议进一步阅读的书目 …… 193
第十一章 意志与理性 …… 194
法律实证主义与自然法理论 …… 195
社会契约论与经济分析 …… 197
建议进一步阅读的书目 …… 201
第十二章 权威、终局性与错误 …… 202
建议进一步阅读的书目 …… 207
第十三章 普通法推理与先例 …… 208
建议进一步阅读的书目 …… 216
第十四章 成文法解释与立法意图 …… 218
立法意图 …… 218
“简明意义” …… 220
建议进一步阅读的书目 …… 225

第十五章 道德的法律强制 …………………………………… 226
分界线 ……………………………………………………… 226
论题 ………………………………………………………… 228
哈特与德夫林 ……………………………………………… 230
一个新的开始 ……………………………………………… 233
建议进一步阅读的书目 …………………………………… 239
第十六章 守法的义务 ………………………………………… 240
义务与同意 ………………………………………………… 242
其他进路 …………………………………………………… 244
反对守法的一般性道德义务的论证 ……………………… 247
关联 ………………………………………………………… 250
建议进一步阅读的书目 …………………………………… 252

第四部分 法律理论的现代视角

第十七章 美国法律现实主义 ………………………………… 255
靶子:形式主义 ……………………………………………… 258
现实主义与法律分析 ……………………………………… 261
现实主义与法院 …………………………………………… 264
概括与附记 ………………………………………………… 267
建议进一步阅读的书目 …………………………………… 270
第十八章 法律的经济分析 …………………………………… 271
寻求共识 …………………………………………………… 273
科斯定理 …………………………………………………… 279

描述与分析 …… 285
经济学与正义 …… 288
博弈论 …… 292
公共选择理论 …… 296
其他变种 …… 298
法律与经济学的限度 …… 301
建议进一步阅读的书目 …… 307
第十九章 现代批判视角 …… 311
批判法律研究 …… 311
“局外人的法理学” …… 317
女权主义法律理论 …… 319
批判种族理论 …… 326
其他批判进路 …… 334
建议进一步阅读的书目 …… 336
第二十章 法律与文学 …… 339
解释与约束 …… 340
其他批评家 …… 344
各种各样的联系 …… 345
建议进一步阅读的书目 …… 347
第二十一章 普通法的哲学基础 …… 348
侵权法 …… 350
合同 …… 351
财产 …… 352
刑法 …… 354
因果关系 …… 355

建议进一步阅读的书目 …………………………… 358
第二十二章　其他进路 …………………………… 361
历史法学 …………………………… 361
自由法运动 …………………………… 362
马克思主义法学 …………………………… 363
斯堪的那维亚法律现实主义 …………………………… 365
法律过程 …………………………… 367
实用主义 …………………………… 368
后现代主义 …………………………… 373
建议进一步阅读的书目 …………………………… 377

参考文献 …………………………… 381
索引 …………………………… 445
译后记 …………………………… 476

第八版序言

本书源于三十余年来讲授法理学课程的努力：特别是，我致力于以一种这个领域的初学者能够理解的方式解释某些疑难的法理学概念，同时又不把这些概念简单化到歪曲的地步。激发我写这本书的动力来自以下两种沮丧：作为一名教师，当我不能讲清楚法律理论中伟大学者的魅力与敏锐时所感到的沮丧①；当我的学生因为我不能用他们可以理解的术语解释文献而无法理解我时所感到的沮丧。 0-01

我没有低估我为自己设定的这项任务的难度，我确信本书并没有全部完成它打算完成的任务。但至少，我希望，我没有把我的失败隐藏在法律或哲学行话的背后。在讨论美国的大法官兼理论家奥利弗·温德尔·霍姆斯（Oliver Wendell Holmes, Jr.）提出的一个论断时，哈特（H. L. A. Hart）曾经写道：

> 通过霍姆斯获得这一发现如同通过一位向导一样，虽然他的话可能不让你信服，有时甚至让你反感，但从来不让人困惑不解。就像我们的［约翰·］奥斯丁（［John］ Austin）……霍姆斯有时明显

---

① 不像许多学者，例如，William Twining, "Academic Law and Legal Philosophy: The Significance of Herbert Hart", (1979) 95 *Law Quarterly Review* 557 at 565-580, Roger Cotterrell, "Why Jurisprudence is Not Legal Philosophy", 5 *Jurisprudence* 41 (2014), Michael Spencer Robertson, "More Reasons Why Jurisprudence is Not Legal Philosophy", 30 *Ratio Juris* 403 (2017)，我没有区分"法理学""法律理论"和"法律哲学"，而是交替使用这些术语。

错了;但他总是错得明明白白,这又与奥斯丁一样。①

我的目标不是能够提出深刻的洞见或撰写像霍姆斯和哈特那样优美的散文,但我的确努力效仿他们,我想完成一个更温和但仍然艰难的任务,即,以一种足够率直的方式表达概念,以至当我错了时,我"错得明明白白"。

本书部分是介绍性的,部分是评论性的。哈特在其经典著作《法律的概念》的序言中指出,他希望他的这本书将"消除如下观念,即一本法律理论著作主要是一本讲述其他著作讲了什么的著作"②。我的目标没有那么宏大:本书首先要告诉读者其他著作所包含的内容——主要的文本并不总是易于找到的。不过,本书显然不可以作为阅读那些主要文本的替代:我希望也假定我的读者能够首先阅读那些基本的文献,并在从本书获得一些指导后再回到那些基本文献中去思考它们。然而,在本书中也有许多地方,我不仅仅是呈现争论,而且试图在讨论中加入自己的观点。

为什么学习法理学

0-02 为什么学习法理学?

对许多学生而言,这个问题有一个简单的答案:对他们而言,法理学是他们完成学业的一门必修课。对于这样思考的学生,他们关于任

① H. L. A. Hart, "Positivism and the Separation of Law and Morals", 71 *Harvard Law Review* 593 at 593 (1958).

② H. L. A. Hart, *The Concept of Law* (3rd ed., Clarendon Press, Oxford, 2012), p. vi.

何法理学著作的问题归结起来不过是它是否能够帮助他们掌握足够的材料以在这门课上拿到及格的成绩,甚或做得足够出色,以至他们总体的年级排名不会受到负面的影响。不过,即使只是想在课上及格了事的学生或许也想知道,他们从碰巧选上的这门课的知识中可能获得什么进一步的好处。

在实践层面,阅读和参与法理学讨论培养了批判地、创造性地分析和思考法律的能力。在法律实践中,特别是面对法律中的新问题或试图表述和支持研究法律问题的新方法时,这种技能总是有用的。所以,甚至那些需要为他们的所作所为寻求"最重要"辩护的人也能够找到阅读法律理论的理由。

即使在对于成绩排名或实务没有直接意义的地方,哲学也有许多间接的好处。哲学让一个人的思考变得敏锐和富有逻辑;人们学会如何发现他人和自己论证的弱点;人们学会如何评价、捍卫以及攻击主张和立场。哲学因而可以被视为一种与下棋或打桥牌(或神学)同等的智识训练。既然分析技能对法律人和法科学生都非常关键,那么人们不应径行否定任何能够有助于提高那些能力的活动的价值。

在职业的层面上,法理学是律师和法官思考他们做什么和他们在社会中的功能是什么的方法。这一洞见反映在如下方面:法理学是法律的大学教育的组成部分,在大学教育中,法律不仅仅是一门需要掌握的手艺(比如木工或修车),而且还是一种智识追求。有些人相信唯有反思性的生活才是值得过的,他们花了大量的时间跟法律体系打交道,这些人有强有力的理由去深入思考法律、法律体系和法律职业的性质和功能。

最后,对有些人而言(很难说这些人究竟是被祝福的还是被诅咒的),不管法理学的其他用处和好处是什么,它本身就是有趣的。总有一些人认为学习法理学本身是有趣的和有价值的,即使它并不带来更多的财富、更多的自我认识或更大的社会进步。

论题的选择

0-03 人们能够发现整本书在简短的章节(或部分章节)中讨论了许多的论题。我尽力提供各个论题的概貌,同时不牺牲它们的复杂性,但我担心概括不可避免地存在歪曲或混淆的风险。为了弥补概述必然存在的简略性,我在各章的结尾处提供了一份"建议进一步阅读的书目"(在各章的脚注中,我也随时征引那些主要的文本),以供那些希望长期而深入地讨论特定论题的人参考。

一个相关的问题是,在有限的篇幅中,我不可能涵括所有与法理学(不同的老师所讲授的法理学内容有着重大的差异)有关的论题。各类法理学名目下的专著和文章所包括的法理学论题是非常多的,所以任何法理学文本都不可能包括学生、学者和教师想要包括的每一个论题。有些论题我没有涉及(或只是简略地提及),这并不意味着我暗示那些没有被涵括进来的论题是无趣的、不重要的或不是法理学的恰当组成部分。

使用本书的每个人基于他们的目标将可预料地发现某些章节比其他章节更有用,即使他们是用本书完成一般法理学课程的学生。特别是,本书第一部分的论题通常不包括在大学课程中,虽然我相信思考第一部分所提出的根本性问题有助于人们获得一种更深入的或更连贯的整体法理学观。

本书涉及的法律实践主要是美国和英国[1]法律体系中的实践,这是我最熟悉的法律体系。任何基于这两种法律体系的评论将大致普遍适用于普通法系,我想这是可能的(虽然还不确定)。我对民法法系的不熟悉在何种程度上影响到我关于法律理论和法律性质的观点,这个问题须留待他人评说。

我认真对待出版该书新版本所带来的义务。我认为,任何新版本都应提供以前版本没有的资源。虽然很少有时间修订和重写每一处内容,但在准备本书第八版的时候,我扩充了许多章节,增加了讨论学术前沿的内容,认真反思了许多论题。我几乎在每一页上都做了修改(或大或小)。

我试图尽可能地囊括读者易于找到的参考文献(特别是在每章的"建议进一步阅读的书目"一栏中)。例如,在大多数法律图书馆或电子法律期刊库(比如 Hein Online 或 JSTOR)中可以找到的著名期刊的论文,以及来自网上(比如,斯坦福哲学百科全书网[*plato. stanford. edu*]和社会科学研究网[*www. ssrn. com*])的论文,这些论文都是免费的(至少在我写作本书的时候如此)。

本书的工作常常与我为其他更小的项目所做的工作重叠:有时为本书所做的工作被借用到其他的项目中,有时为其他项目所做的工作可以合并到本书中。第二章的早期版本出现在"概念问题与法理学"(1 *Legal Theory* 415, 1995)中;第五、六和七章的部分内容出现在"自然法理论"(见 *A Companion to the Philosophy of Law and Legal Theory*, D. Patterson, ed., Blackwell, Oxford, 1996, 2nd ed., 2010)中;第一章

① 我遵循"英国法律体系"一词的通常用法,将该词用来指涉包含英格兰和威尔士的法律体系。

和第七章的部分内容出现在“法律解释中的问题”(见 *Law and Interpretation*, A. Marmor, ed., Clarendon Press, Oxford, 1995, pp. 137-154)中;第一、二和十四章的部分内容的早期版本出现在“法律解释中的问题”(18 *Tel Aviv Law Review* 463, 1994,已翻译成希伯来语)中。感谢这些文本的出版机构允许我使用这些文章中的材料。

以下各位对本书提出了有益的评论和建议,在此谨致谢意!他们是:马克·阿迪斯(Mark Addis)、拉里·亚历山大(Larry Alexander)、杰克·巴尔金(Jack Balkin)、莉萨·伯恩斯坦(Lisa Bernstein)、斯科特·布鲁尔(Scott Brewer)、基思·伯吉斯-杰克逊(Keith Burgess-Jackson)、肯尼思·坎贝尔(Kenneth Campbell)、汤姆·坎贝尔(Tom Campbell)、乔万娜·达维多维奇(Jovana Davidovic)、理查德·德尔加多(Richard Delgado)、阿努杰·德赛(Anuj Desai)、安东尼·M. 迪洛夫(Anthony M. Dillof)、尼尔·达克斯伯里(Neil Duxbury)、尼尔·费根森(Neal Feigenson)、约翰·菲尼斯(John Finnis)、斯蒂芬·G. 吉勒斯(Stephen G. Gilles)、马丁·P. 戈尔丁(Martin P. Golding)、阿里斯蒂德斯·N. 哈齐斯(Aristides N. Hatzis)、小亚历克斯·M. 约翰逊(Alex M. Johnson, Jr.)、桑福德·N. 卡茨(Sanford N. Katz)、马修·H. 克雷默(Matthew H. Kramer)、肯尼思·J. 克雷斯(Kenneth J. Kress)、布赖恩·莱特(Brian Leiter)、安德瑞·马默(Andrei Marmor)、杰里·马肖(Jerry Mashaw)、琳达·R. 迈耶(Linda R. Meyer)、马莎·米诺(Martha Minow)、马库斯·摩尔(Marcus Moore)、托马斯·莫拉韦茨(Thomas Morawetz)、玛莎·C. 努斯鲍姆(Martha C. Nussbaum)、弗朗西丝·奥尔森(Frances Olsen)、丹尼斯·帕特森(Dennis Patterson)、斯坦利·L. 保尔森(Stanley L. Paulson)、玛格丽特·简·雷丁(Margaret Jane Radin)、朱利安·里弗斯(Julian Rivers)、达利亚·罗伊特迈尔(Daria Roithmayr)、弗雷德里克·

肖尔(Frederick Schauer)、斯科特·夏皮罗(Scott Shapiro)、A. J. B. 西克斯(A. J. B. Sirks)、M. B. E. 史密斯(M. B. E. Smith)、拉里·索勒姆(Larry Solum)、斯科特·斯特金(Scott Sturgeon)、布赖恩·塔玛纳哈(Brian Tamanaha)、亚当·汤姆金斯(Adam Tomkins)、劳埃德·L. 温瑞伯(Lloyd L. Weinreb)、汤尼·威尔(Tony Weir)、詹姆斯·博伊德·怀特(James Boyd White)、肯尼思·温斯顿(Kenneth Winston)、毛罗·赞博尼(Mauro Zamboni)和郑玉双。我还要感谢研究助手乔舒亚·吉特尔森(Joshua Gitelson)、安妮·雅各布(Annie Jacob)、盖伦·勒梅(Galen Lemei)、鲁奇塔·塞西(Ruchita Sethi)、贾斯汀·斯泰克(Justin Stec)、贾森·斯特克(Jason Steck)、埃琳·施泰茨(Erin Steitz)和詹姆斯·汤姆森(James Thomson)。

第一部分

法律理论：问题与可能性

A-01 令人惊讶的是，人们常常读完了整本法理学著作或修满了完整的法理学课程，但仍然没有把握该主题提出的最基础的问题，更别说解决问题了。本书各章的目标是至少触及这些基础问题中的一部分。

(1) 在什么意义上，一种一般的法律理论是可能的？

(2) 概念性主张的要旨是什么？如何评价它们？

(3) 人们应该如何评价不同法学家或不同的法律进路的相对优点？

有些问题和所提出的答案主要适用于本书的第二部分，第二部分涉及若干种关于法律的个别理论。对其他问题的思考将见诸全书的各个论题。

第一章 概述、目标与方法论

法理学中的问题与答案

撰写本书的部分要旨是反驳把法理学仅仅当作死记硬背的学科的倾向。法理学学生，特别是那些背景主要是法律而不是哲学的学生，常常把这个领域的主要著作视为白纸黑字的法律教义的变种，亦即他们记住这些观点和论证，是为了能够通过期末考试。以这种方式提出和研究法律理论的第二个问题是：他们往往认为不同的法学家对简单的问题提出了相互冲突的答案。例如，哈特（H. L. A. Hart）和朗·富勒（Lon Fuller）于1958年在《哈佛法律评论》上的交锋被认为是在争论某些简易的命题。① 留给学生来做的唯一事情是辨别哪位法学家对，哪位法学家错。正如在本章和下面一章中讨论的，这就错过了这次交锋中发生的大部分事情。 1-01

如果从问题而不是答案的角度来看待理论家所关注的问题和他们的著作，那么法律理论将会被更清晰地（以及更深入地）理解。一旦人们明白不同的理论家是在回答不同的问题，是在回应不同的关切，人们

---

① H. L. A. Hart, "Positivism and the Separation of Law and Morals", 71 *Harvard Law Review* 593 (1958); Lon Fuller, "Positivism and Fidelity to Law: A Reply to Professor Hart", 71 *Harvard Law Review* 630 (1958).

将会明白,这些理论家常常是在描述相同现象的不同方面,而不是对某些简单的法律主张存在分歧。[①] 本书将聚焦于那些被回答的问题(理论家试图回应的问题),并指出,看似相互矛盾的法律理论在某种程度上是可以相容的。

阅读一个法学家的特定主张时,有必要追问下列问题:被提出的主张的性质或地位是什么?为什么这位法学家提出这种主张?谁反对这种主张?为什么?虽然许多法学家因为没有清晰地凸显其主张的重要性而受到批评,但解释中的"宽容"还是可取的:人们应当从这样的假设出发,即理论中存在某些重要的或者至少是有争议的东西。最后,在长时间努力挖掘一种理论的有意义的、重要的或者有争议的东西后,人们可以得出如下结论:这一理论事实上是不重要的、收效甚微的,并且是在浪费读者的时间。然而,在一开始人们不应这样假设。

描述性理论

1-02 上面讨论的进路强调不同的(并且表面上明显有冲突的)法学家是在回答不同的问题,这种进路源于并有助于对下面将要讨论的一个问题的解释:我们如何能够拥有一种关于持续存在的社会现象(比如法律)的描述性理论?法律体系是极端复杂的。一种法律理论不可避免地只能把握相关事实的一个部分(这不是法律理论中的新鲜判断,哈特和约翰·菲尼斯(John Finnis)[②]以及其他学者早已详细讨论过这种主

---

① 见 Joseph Raz, *Between Authority and Interpretation* (Oxford University Press, Oxford, 2009), p. 10。拉兹认为,因为提升法律实践中所使用概念的精确度的方法不止一种,所以关于法律性质的"充分理论恐怕也不止一种"。

② Hart, *The Concept of Law* (3rd ed., Clarendon Press, Oxford, 2012), pp. 82–91; John Finnis, *Natural Law and Natural Rights* (2nd ed., Clarendon Press, Oxford, 2011), pp. 1–11.

张和它的意义)。一旦人们在建构社会理论时认同了选择的重要性,那么焦点便转向选择所凭借的基础。

法学家拥有不同的选择标准是不足为奇的,这些不同的标准对应困扰他们的不同问题,或者使他们特别感兴趣的不同论题。某人可以主张,只有一种恰当的理论观,或者一类问题或价值明显比其他的问题或价值重要,但是,这些是难以证明的结论,并且这样的结论不应被轻易地假设。

法律理论中的主张有时可能是相对于一个特定的目标或观点而言的,这种可能性不会让法律理论失去重要性或趣味性。我认为事实可能恰恰相反。不过,它确实意味着,必须更谨小慎微地提出一种理论论证或关于理论的论证。① 与此同时,有必要强调,不是所有法律理论中的争议都能够通过以下简单的主张得到清晰平和的解决:法学家是在回答不同的问题(因而“各说各话”)。

我在本书中试图提出一些帮助学生理解法理学中不同观点的重要性的视角。我希望提出这种辅助工具,同时不伤害我所讨论的理论的影响力和复杂性,不过,归根结底,没有任何东西足以替代对原始文献的阅读。

另外一个贯彻整个讨论的主题是法律理论事业内在的难题。部分来说,这是任何社会理论都会碰上的难题——之前已经讲过。法律理论中的有些问题来自如下事实:许多理论家似乎提出了“概念性”主张,这些主张致力于探讨一个概念(例如,“法律”或“权利”)的性质,而不是社会程序或制度的运行。接下来重要的问题是如何来评判这类事业

① 虽然我拥护的这种方法与更复杂的相对主义有某些相似性,但它也与更传统的(“客观的”或“现实主义的”)关于真理的方法相容。我们不是说存在许多的真理,而是说关于复杂的社会或道德现象的真理不可能由任何单一的理论完全把握。见 John Stuart Mill, “On Liberty”, Ch. 1, in On Liberty and Utilitarianism (Bantam, New York, 1993), pp. 53-60 (也可见于 *http://www.bartleby.com/130/*)。

的成就,以及更基本的问题,确定这类事业为什么是值得追求的。下一章将要探讨这些一般性问题,但相同的主题也反映在后面对特定理论家和问题的讨论当中。

在阅读法律理论时,有一个怪现象,即有些观点似乎既熟悉又陌生:人们可能知道富勒的法律的内在道德观、凯尔森(Hans Kelsen)的基本规范概念、法律与经济学的财富最大化观念,以及类似的观点,但不知道为什么人们提出这些异乎寻常的反直觉的论点。我希望在本书中识别出这些观点出现的语境——思考这些问题的语境,以及理论家写作的哲学传统——读者因此可以更好地理解为何此类论点是被需要的(以及为什么它们是有说服力的)。

转化问题

1-03 哈特在《法律的概念》的第一章中思考了法律理论的标准问题:"法律是什么?"①以往的理论家对这个问题给出了形形色色的答案,从世俗但不尽如人意的答案到古怪的答案(其中包括"官员对纠纷的所作所为"和"对法院将做什么的预测")。② 哈特的讨论最引人注目的地方是他从来不直接回答他正在思考的问题。相反,哈特的讨论获得了某些

① Hart, *The Concept of Law*, pp. 1–6.

② Hart, *The Concept of Law*, p. 1. 第一句引文来自卡尔·卢埃林。见 Karl N. Llewellyn, *The Bramble Bush: On Our Law and Its Study* (Oceana, New York, 1930), p. 3:"关于纠纷的所作所为,当然是法律事务。那些负责做这种事的人,无论是法官、警长、书记员、监管人或律师,都是法律官员。这些官员关于纠纷的所作所为,在我看来,就是法律本身。"(注释省略)。第二句引文来自奥利弗·温德尔·霍姆斯的"法律的道路",见 Oliver Wendell Holmes, "The Path of the Law", 10 *Harvard Law Review* 457 at 461 (1897):"对法院事实上将做什么的预测,而不是别的自以为是的东西,便是我所说的法律。"第十七章("美国法律现实主义")将详细讨论霍姆斯的引文和他对法律的态度。

更为精微的成果。问题不是被回答了(或被回避或消除了),而是被转化了。哈特的观点是:当我们追问这个问题时,我们实际上是在寻找一个完全不同的问题或一组问题的解答,而正是因为我们正在追问错误的问题,所以给出的答案是令人不满意的。

哈特建议,最好把“法律是什么”这个问题视为思考下述三个问题的尝试:“法律与以威胁为后盾的命令有何区别和联系?法律义务与道德义务有何区别和联系?规则是什么以及在何种程度上法律是一套规则?”①不管某人是否同意哈特的分析,他都会发现,哈特成功地把我们的注意力从定义的困扰中转移到更世俗的、更容易控制的(虽然并不简单)问题上来。哈特对“法律是什么”这个问题的回答基本上是反驳说:“你为什么追问?”哈特试图把这个问题转化为或化约为与恰当地描述我们的实践相关的问题,这是一种简化或消解一个看似疑难的或形而上学的问题的尝试。正如路德维希·维特根斯坦(Ludwig Wittgenstein)对哲学的一般性描述,②根据哈特派的方法,法律哲学的首要目标是一种治疗:这种方法克服了追问形而上学问题的诱惑,把此类问题转化为对我们实际行为的(再)描述。③

罗纳德·德沃金(Ronald Dworkin)消解有关纳粹政权是否有法律的“争论”的方法可以被看作上述分析的变种。他写道:当我们近距离审视各种问题时,我们或许会发现,说纳粹政权有法律的人和说纳粹政权没有法律的人之间不存在真正的分歧。一方面,我们理解那些说纳

---

① Hart, *The Concept of Law*, p. 13.

② 见,例如,Ludwig Wittgenstein, *Philosophical Investigations* (3rd ed. Macmillan, New York, 1968), §§133, 255。

③ Ludwig Wittgenstein, *Philosophical Investigations* (3rd ed. Macmillan, New York, 1968), §109; Brian Bix, “Questions in Legal Interpretation”, in A. Marmor ed., *Law and Interpretation* (Clarendon Press, Oxford, 1995), at pp. 137-141.

粹政权的确有法律的人的意思：纳粹的制度与我们的制度相似，并且共享相同的历史和最初的目标。另一方面，我们也理解那些说纳粹政权没有法律的人的意思：纳粹的规则十分邪恶并且在程序上有着致命缺陷，所以纳粹政权的规则没有产生让人遵守它们的道德义务，而公正的政权却产生了让人遵守法律的道德义务。① 这两种主张都是合理的，并且是相容的。由是观之，这场“争论”消失了，我们可以把注意力转向其他或许更为实质的争论。

人们不应希望通过“转化”——从新的角度来重新概括或审视——来消解、澄清或减轻所有争论。法理学中的许多争论反映了基本的道德或政治分歧，转化无法减轻我们在这些领域做出选择的义务。② 有时我们自己含混不清的思考和言说方式让我们陷入混乱，技巧在于把真问题从混乱之中分离出来。不幸的是，没有完成这种分离的简单可靠的方法；人们仅能提出分析，然后等待别人的认可或反驳。

最后，法理学中还有另外一种“转化问题”的方法。正如已经提到的，人们可以把焦点转移到法学家所提出的主张上来，并且在法学家试图回答的以及解决的问题类型的语境中思考法学家的主张。正如雷蒙·阿隆(Raymond Aron)在其他语境中所言，一种理论的吸引力很大程度上取决于这个理论家是否追问并试图回答了有趣的问题。③ 下一章将详细讨论这种类型的转化的基础，以及它对我们思考法理学主张的影响。

---

① Ronald Dworkin, “Legal Theory and the Problem of Sense”, in R. Gavison ed., *Issues in Contemporary Legal Philosophy* (Clarendon Press, Oxford, 1987), pp. 9-20, at pp. 15-17.

② 有些理论试图提出复杂的意义理论或本体论来省略疑难的政治和道德决定，我在其他地方批评了这些理论。见 Brian Bix, *Law, Language and Legal Determinacy* (Clarendon Press, Oxford, 1993), pp. 45-49, 153-154, 176-177. Brian H. Bix, “Can Theories of Meaning and Reference Solve the Problem of Legal Determinacy?”, 16 *Ratio Juris* 281 (2003)。

③ Raymond Aron, *Main Currents in Sociological Thought* (R. Howard and H. Weaver trans., Anchor Books, New York, 1970), vol. 2, p. 232.

在何种程度上是法律理论?

在什么程度上存在或应该存在法律理论呢?这个问题不如它听起来那么奇怪。在许多被冠以法理学之名的讨论中,它们所思考的问题不过是其他领域中的一般理论(例如,道德理论、政治理论、社会理论)在法律中的运用。例如,传统的自然法理论(第五章的论题)是一般伦理学在法律中的运用;法律实证主义(第三章和第四章)可以说是社会理论的一般原理在法律中的运用;女权主义法律理论、批判种族理论、批判法律研究(第十九章)是特定的批判社会理论在法律中的运用;有关正义、惩罚和守法的道德义务的问题(第八、九和十六章)是一般的道德理论在法律问题中的运用。① 1-04

偶尔有一些关于什么区别于法律或什么应该区别于法律的论点。朗·富勒关于"法律的内在道德"(第六章)的讨论无疑符合这个范畴。法律理论中的问题常常是更为一般性的问题和争论的个案,这一事实有助于正确地看待法理学论点。这也隐含了一种检验法理学争论中参与者所提出的答案的方法:比较相关研究领域的答案。例如,思考法律的诠释理论时,②人们可以思考诠释理论在人类学和社会学中的得失;评价法律的经济分析的意义时,人们可以审视经济分析在其他非市场行为领域的成绩纪录。

---

① 关于一个将裁判理论不偏不倚地置入普遍社会理论问题框架内的有益分析,见 William Lucy, *Understanding and Explaining Adjudication* (Oxford University Press, Oxford, 1999), pp. 17-41。

② 诠释理论集中关注实践参与者或作者(们)和同时代的观众对某份文本的理解。Bjørn Ramberg and Kristin Gjesdal, "Hermeneutics", in Edward N. Zalta ed., *Stanford Encyclopedia of Philosophy*, *http://plato.stanford.edu/entries/hermeneutics* (2014).

建议进一步阅读的书目

1-05 Brian Bix, "Questions in Legal Interpretation", in *Law and Interpretation* (A. Marmor ed., Clarendon Press, Oxford, 1995), pp. 137-154.

H. L. A. Hart, *The Concept of Law* (Clarendon Press, Oxford, 1961), pp. 1-17.

—, "Definition and Theory in Jurisprudence", 70 *Law Quarterly Review* 37-60 (1954), reprinted in *Essays in Jurisprudence and Philosophy* (Clarendon Press, Oxford, 1983), pp. 21-48.

Thomas Morawetz, *The Philosophy of Law: An Introduction* (Macmillan, New York, 1980), pp. 1-52.

第二章　法律理论：一般法理学与概念分析

“法律是什么?”历来是法理学的核心问题。然而,即使追问这个问题,也假设了太多东西。大多数有关法律性质的理论讨论始于一种确信,这种确信掩盖着潜藏在任何以下探究中的深层次问题:在什么基础上我们可以谈论“法律”的一般理论? 很长时间以来,对追问这个问题是否有意义这一基本问题的关注相对较少。本章审视了另外一种解释,这种解释或许构成了法律性质的理论的基础。 2-01

法律理论的问题

拥有一种法律(性质)理论是假设存在一个可以进行理论探讨的对象或“法律”范畴,并且对这个范畴(对象)有一些有趣的话可说。法律理论告诉我们使得某些规则(规范)、规则(规范)体系、实践或制度“合法”或“非法”,“是法律”或“不是法律”的东西是什么。 2-02

在古典时代,柏拉图(Plato)认为单个的对象(例如,单个的叶子和椅子,平等或漂亮的个别例子)是外在理念(Idea)或形式(Form)(“叶子”“椅子”“平等”或“漂亮”)的不完美实例。[1] 如果某人相信存在某些“法律”的永恒理念,那这个理念自然就是法律理论的主题。然而,柏

① 概括性论述,见 Richard Kraut, “Plato”, in Edward N. Zalta ed., *The Stanford Encyclopedia of Philosophy*, *www. plato. stanford, edu/entries/plato/*(2017)。

拉图主义者的观点在现代已经过时了，特别是当论题是诸如人工制品、社会实践和社会制度之类的人为问题时。

我们需要一个不那么具有形而上学野心的观点。当然，一个人可以拥有一种试图分析和解释他自己的法律体系的理论。① 然而，大多数法学家正在提出更宏大的主张：关于法律的"一般性的"主张。但是，这个短语是什么意思呢？一个人能够仅仅在语言层面上回答这个问题吗？

首先，"法律"（law）是一个英语词，它指称制度和实践的特定结合。② 那些制度和实践因国家和时代而异。在那些英语不是主要语言的国家，情况还要更复杂一些：那些国家或许有一些制度，这些制度类似于我们称之为"法律"的东西，并且在土语中或许存在一个大体上与我们的"法律"一词相符的词（尽管仅仅以德国为例来说，"Recht"这个词的某些隐含之意就迥异于英语"law"一词的隐含之意）。③

当我们思考并不拥有与英语世界哪怕大致相似的制度和程序的国家和社会时，这个问题的难度明显加大。④ 这使得我们在那种文化的语言中很难找到一个能够被翻译为"法律"的术语。这些社会可能没有由国家制定的法律规则，它们的法律可能起源于我们所说的社会的惯习

① 在某种意义上，这事实上是法学家罗纳德·德沃金的做法。然而，正如我在第七章中解释的那样，他关于特定法律体系的理论是关于所有社会实践的一般性（解释性）方法的例子。因而至少存在一种一般性主张：这种解释性方法对理解**所有法律体系**而言都是恰当的。

② 为了使我在本段和下面的段落中的评论变得更简单一些，我把"法律"这个词限定在国家法和机构法的领域。我将这个词在国际法、宗教法、科学法、游戏规则和社会规章以及其他领域中的用法搁置在一边。

③ 见 Stanley L. Paulson, "Lon L. Fuller, Gustav Radbruch, and the 'Positivist' Theses", 13 *Law and Philosophy* 313 (1994), pp. 329-330。

④ 一般性的论述，见 Laura Nader, "The Anthropological Study of Law", 67 *American Anthropologist* 3 (1965)。

性道德，或者在这些地方，社会压力和调解发挥了我们的社会中审判机关完成的功能。我们在何种基础上把诸如此类的社会体系包含进——或者排除出——我们的“法律”定义呢？

这是一个包容或排除的问题。一种关于“法律”的理论致力于涵盖何种社会或何种体系呢？如果有人反对，说现有的一种理论不适合于国际法或法国法或澳大利亚某个原住民群体使用的规则，那么，法学家何时可以合理地回应说，因为这个反例“不是真正的法律”，所以这种反对是不相干的？反过来，这让我们需要探究，法学家如何得出他或她关于哪些体系是法律、哪些不是法律的结论。

讨论“法律的性质”的法学家可能拥有一些初始的概念，即哪些制度和程序适合于他或她试图检验的范畴。然而，有人可能会疑惑，是否存在以这种方式划分社会世界的理由，将“法律”/“非法律”的界线划定在一个地方而不是其他地方。① 以另一种方式审视同一个问题，有人可能会疑惑，把“法律”说成一个自我定义的或内部同质的种类是否是有道理的。或许仅仅存在大量的模模糊糊类似的社会制度和实践，将它们作为一个种类进行理论探讨并不比对所有以字母“C”打头的国家的类似性进行理论探讨更有意义。人们可以推测：或许法律在某些意义上是一个“种类”，但不是一个总是有（哲学）兴味的种类。②

正如前面所言，大多数法学家根本不探讨这些基础问题；而那些考虑这些问题的法学家有着不同的回答。例如，迈克尔·摩尔（Michael

① 正如本章后面一节“法律中的界线”中讨论的，甚至在一个法律理论内部，在“法律”和“非法律”之间建立一条分界线也有其原因。

② 见 Frederick Schauer, “Critical Notice”, 24 *Canadian Journal of Philosophy* 495 (1994) at 508。

Moore)对这个问题有专门的论述,①他否认不同的法律体系根据共享的结构、制度或程序而共享着相同的本质。然而,他认为存在一个用来研究的社会体系的已知范畴:在它们的社群或国家中所有的体系服务于相同的功能(例如,我们可以根据解决纠纷定义"法律",或者根据设定、解释和适用行为规范定义"法律")。

德沃金在他的早期著作中看似拒绝一般法律理论(虽然不是这种可能性)的价值。他的理由是:任何对所有法律体系都有效的理论(用他自己的术语来说就是"解释")都具有高度的一般性,以至它没有告诉我们任何有趣的东西。② 他的替代性方案是仅仅提出一种适用于单一法律体系的理论(解释)。③

第三种可替代的法律理论结合了以上方法的各种因素。根据这种理论,法律理论既一般性地讨论法律,又集中关注一个特定的法律体系。我们审视一个社会体系的种类,把它当作更好地理解我们自己法律体系的手段。我们因此有一个明显的、非任意的基础来正当地讨论某些国家和社群的社会体系而忽视其他社会体系:我们选择的社会体系类似于我们自己的法律体系。这种方法并不要求任何先验的主张:"法律"或"法律体系"构成一个统一的自我定义的种类。约瑟夫·拉

---

① Michael S. Moore, "Law as a Functional Kind", in Robert P. George ed., *Natural Law Theory: Contemporary Essays* (Oxford University Press, Oxford, 1992), pp. 188-242.

② 见 Ronald Dworkin, "Legal Theory and the Problem of Sense", in Ruth Gavison ed., *Issues in Contemporary Legal Philosophy* (Oxford University Press, Oxford, 1987), pp. 9-20, at p. 16; 又见 Ronald Dworkin, *Law's Empire* (Harvard University Press, Cambridge, Mass., 1986), p. 102。("解释性理论从本质上讲属于一种法律文化,一般来说是其作者所属的那种法律文化。")

③ 德沃金在一本后期著作中看似肯定研究"非以某种特定形态表现的法律,而是法律的概念"的价值。Ronald Dworkin, *Justice in Robes* (Harvard University Press, Cambridge, Mass., 2006), p. 145.

兹(Joseph Raz)提出了一种相关的观点，他指出，法律理论是关于我们的法律概念的理论——一个属于这个社会这个时期的概念，但同样穿越时空而适用于其他社会(甚至是那些没有共享我们的法律概念的社会，或者那些甚至没有与我们的“法律”近似的概念的社会)。① 我在本章的后面部分将回过头来探讨拉兹的观点。

上述问题导致一个相关的探求：法律理论中提出的主张的地位是什么？这些主张是讨论人们在大团体中如何自然地或必然地行为的社会学、人类学或心理学的主张吗？它们是有关法律的“本质”或“性质”的形而上主张吗？② 或者，它们(纯粹)是关于我们使用语言的方式(例如，我们使用“法律”或“合法的”这些词的方式)的主张吗？一个越来越普遍的答案是，法律理论是概念分析的形式。下一节探讨这种方法的性质和意义。后面的章节将思考其他方法：例如，作为建构性解释的法律理论或作为道德哲学组成部分的法律理论。

概念分析

很长一段时间以来，概念分析一直是一般性分析哲学，③特别是法 2-03
理学的一个组成部分，④但人们对概念探究的性质和目标经常语焉不

---

① Joseph Raz, *Between Authority and Interpretation* (Oxford University Press, Oxford, 2009), pp. 31-41, 91-99.

② 见，例如，Ernest J. Weinrib, *The Idea of Private Law* (Harvard University Press, Cambridge, Mass, 1995)，讨论了(私)法的本质或性质。

③ 见，例如，Michael Beaney, “Analysis”, in Edward N. Zalta ed., *The Stanford Encyclopedia of Philosophy*, *http://plato.stanford.edu/entries/analysis/* (2014)。

④ 例如，20世纪后半叶法哲学领域最重要最有影响的著作肯定是哈特的《法律的概念》，该书声称是一部概念分析的著作。又见 Joseph Raz, *The Concept of a Legal System* (2nd ed., Clarendon Press, Oxford, 1980)。

详。本章提供了大量的法理学中有关概念分析的视角,[①]包括一种聚焦于那些隐藏在分析后面的(不同)目标的方法。人们看到不同的目标经常出现在对相同概念的相互冲突的分析中,在这个意义上人们可以理解为什么某些法理学文献中的"争论"最好被理解为法学家的各说各话。沿着相似的路线,既然法理学中提出的概念主张的重要部分来自那些提出一般性法律理论的人,我的分析将首先考虑潜藏在这类事业中的某些问题。本章后面的节将思考概念理论是如何与其他类型的理论区别开来的;表明概念理论的问题和其他著名的哲学问题的联系;勾勒出其他研究概念理论问题的方法;以及简要地讨论一种论点:法理学中的概念分析应当被自然主义分析(naturalist analysis)取代。[②]

概念问题的要点对读者来说往往是费解的,有时候甚至从事概念分析的法学家似乎对他们的目标都缺乏清晰的认识。[③] 概念问题应当与理论家追问的其他问题相比较。自然科学和社会科学的理论通常试图以一种我们能够更好理解事件前因后果或预知未来的方式描述这个世界。[④] 光线射入水中时是如何发生折射的? 新教伦理对资本主义的

---

① 基于社会科学的视角批判法理学中的概念分析的观点,见 Brian Tamanaha, *Realistic Socio-Legal Theory: Pragmatism and a Social Theory of Law* (Clarendon Press, Oxford, 1997), pp. 91-128。

② 哈尔平对本章的初稿提出了有趣的批评,他赞同我的部分观点,但也提出了某些批评和进一步完善的建议,见 Andrew Halpin, "Concepts, Terms, and Fields of Enquiry", 4 *Legal Theory* 187 (1998)。

③ 这绝不是普遍现象。清晰地讨论了理论目标的著述有 Hart, *The Concept of Law*, Ch. 1; Jules L. Coleman, "Negative and Positive Positivism", 11 *Journal of Legal Studies* 139 (1982), reprinted in Coleman, *Market, Morals and the Law* (Cambridge University Press, Cambridge, 1988), pp. 3-27; and Joseph Raz, *Ethics in the Public Domain* (Clarendon Press, Oxford, 1994), pp. 179-193。

④ 人们也应该区分试图回应"在给定 Y 和 Z 的情况下,X 是如何可能的?"这种形式的问题的哲学解释,例如,"给定了怀疑论者列举的事实,我们是如何可能确切知道某些事的? [以及,]给定了芝诺的论证,运动的发生是如何可能的?" Robert Nozick, *Philosophical Explanations* (Harvard University Press, Cambridge, Mass., 1981), p. 8.

兴起产生了什么影响?① 诸如此类。这些是前因后果的问题,这些问题原则上可以通过实验、细致的观察或对过去事件的分析来检验。这些理论是有用的并且是同等重要的,它们是可证伪的(如果“可证伪的”听上去过于强势,可以用“可反驳的”作为替代)。如果我们未来收集的数据不符合这种理论做出的预测,我们至少应该怀疑这种理论或许错了。

纯粹的概念理论可以与两种类型的理论相比较:自然科学中的(非概念性)理论和社会科学中的非概念性理论。自然科学中的理论:

> 思考[ ]现象的一般特征并且建立[ ]现象之间的规律性或必然性联系。这种探究致力于建构一个法则或关系的体系以及一个机械的自然系统。②

如上所述,社会科学中的非概念性理论也致力于因果关系和因果规律的探究,但(与物理学中的非概念性理论相反)相关数据的选择避免不了复杂的价值判断。③

致力于提供定义或界定范畴的理论必然有着不同的问题:例如,“法律是什么?”和“艺术是什么?”。举个例子,来思考我们可以主张某些人工制品不是“艺术”的所有理由:它没有充分的品质,它没有按照规定的意图创造,它的工具性或实践性太强,或者它与我们的日常生活或

① 见 Max Weber, *The Protestant Ethic and the Spirit of Capitalism* (T. Parsons trans., Scribner, New York, 1976)。

② Raymond Aron, *Main Currents in Sociological Thought* (R. Howard and H. Weaver trans., Anchor Books, New York, 1970), vol. Ⅱ, pp. 230-231.

③ Raymond Aron, *Main Currents in Sociological Thought*, vol. Ⅱ, pp. 231-238.

宗教信仰联系得太紧密。[①] 如果我认为曼·雷(Man Ray)的作品“不是真正的艺术品”,而你不同意我的观点,或者我认为南非之前的种族隔离的法律体系可以被称为“法律”,而你不同意,我们的分歧的性质是什么呢?[②] 我们针对什么有分歧?它重要吗?我们如何决定谁是正确的?

概念主张是不能用与经验和预测理论相同的方式证伪(反驳)的。然而,我并不是说纯粹的概念理论可以免于批评。正如将要论证的那样,相比概念理论宣称(或暗示)的目标,人们可以批评它们取得了更大的或更小的成功,并且人们也可以批评这种理论的目标(例如,目标建立在不够宏大的基础之上)。此外,如果概念分析旨在跟踪我们当前共享的概念,则该分析可能会因未能准确做到这一点而受到批评。如果概念分析纯粹是规定性的,则概念分析将是不可证伪的。例如,一种规定将世界分为若干范畴的理论——例如,这些是“法律”,那些不是“法律”;或者这些是“艺术”,那些不是“艺术”——不可能被概括为“真”或“假”,但可以被评价为更有用或更没用。当然,一旦一种规定的划分被接受,并且关于规定的范畴的主张(例如,“所有的艺术在道德方面都是鼓舞人心的”,或者“所有法律规则都为行为提供了道德理由”)被提出了,则那种主张可以被评价为真或假。[③]

---

① 关于后者,见,例如,Patricia Nelson Limerick, “More than just Beads and Feathers”, *New York Times Book Review*, January 8, 1995(在评论两本关于美洲原住民工艺品的著作的语境中讨论了如下主张,即原住民文化不像“西方”文化,它没有“隔断”艺术体验)。

② 科林·麦金曾经认为谈论人们对概念的分歧是没有意义的;他们只能被理解为是在谈论不同的概念。Colin McGinn, *Wittgenstein on Meaning* (Basil Blackwell, Oxford, 1984), pp. 146-147.

③ 见 Alan R. White, “Conceptual Analysis”, in Charles J. Bontmepo and S. Jack Odell eds., *The Owl of Minerva* (McGraw-Hill, New York, 1975), pp. 103-117, at pp. 108-109, 113.

概念主张通过充分和必要条件界定词项。① 这种定义不能直接由经验观察证实或反驳,虽然这类定义和理论并不完全与经验世界隔绝。看看“天鹅是白色的”这个概念性主张和“所有天鹅都是白色的”这个经验性主张的差别。后者假定我们已经根据我们的需要界定了“天鹅”这个范畴,并且后者关乎这个范畴中的所有个体是否都是白色这个问题。相反,有关天鹅的概念性主张容许类似天鹅但不是白色的动物的存在。根据定义,那种动物不是一只天鹅。正如杰伊·罗森堡(在比较哲学和其他形式的探究时)所言,概念理论的结果主要不是关乎新事实的发现,“而是澄清旧事实是什么不是什么”②。

对比科学(和社会科学)理论,它们断定事件之间的经验的因果的联系。历史理论也用因果关系来说事(例如,“宗教容忍导致了民主”)。然而,在科学和历史理论中,或许有一些理论要素假定了或者暗含了一种概念主张。(例如,有人或许会追问:当某人说“宗教容忍导致民主”时,“宗教容忍”和“民主”是如何界定的?)

一旦概念主张的性质和目标清晰明了时,它的优点便可以评价了。从描述性和历史性的角度来说,不同的概念主张有着不同的目标。申言之,理论家经常不明确指出隐藏在特定概念主张后的目标是什么,这使得我们很难评价此类概念主张的优劣,也很难比较不同的概念主张。

把概念性法学理论的问题放在语境中来讨论是很有帮助的。大多数法学理论是古怪的,这不仅因为它们不是可预测的或可证伪的,还因

① 在法理学文献中,交替谈论“必然”(necessary)和“本质”(essential)属性是很常见的,但在更精确的哲学著作中,它们是不同的。见 Mark Greenberg, “How to Explain Things with Force”, 129 *Harvard Law Review* 1932, 1937-1938 n. 6 (2016); Kit Fine, “Essence and Modality”, 8 *Philosophical Perspectives* 1 (1994)。

② Jay Rosenberg, *The Practice of Philosophy* (2nd ed., Prentice-Hall, Englewood Cliffs, N. J. 1984), p. 8.

为它们是描述性的。提出一种关于社会制度或社会现象的描述性理论存在着基本的悖论。社会实践在改变,因此用过去的规律性来证成关于一种实践的宏大理论主张是不合适的(或至少是为时过早)。① 例如,一个法学家在对一个社群或大量的社群过去的实践进行仔细的观察之后,得出结论说,所有的立法开篇都有一个目标陈述,然后做出如此宣告:“所有立法都包括目标陈述”,或者“目标陈述是立法的本质性或定义性要素”。然而,当下一部法案并不含有目标陈述时,如果有人声称这项法案仍然称得上是“立法”,那该如何反对此人呢?这与自然科学中的一般性相同还是不同(发现一只看起来像天鹅但又不是天鹅的黑色动物似乎推翻了“所有天鹅都是白色的”这一描述性论点)?

这种探究类似于古老的哲学探讨:某些对象或种类的哪些属性是偶然的,哪些又是本质性的;现代哲学的自然种类理论论题也提出了类似的问题。② 立法似乎总是包含目标陈述这个事实使得目标陈述成为“立法”声明的本质性组成部分吗?成为我们可以从其他类型的文件中辨别出“立法”的要件吗?问题在于,谈论词项的“本质”和“性质”对生物种类或化学要素或许是适合的,但对人工制品和社会制度则不那么适合。③ 不同之处在于,在有时所谓的合法解释中没有指称人工制品和社会制度的范畴的方式;亦即,我们既不期待也没有发现那些范畴之间(或者那些范畴和其他现象之间)存在必然(普遍的、因果的)联系的证

---

① 我曾详细讨论了描述在社会科学和法律中所出现的问题,在 Brian H. Bix, “On Description and Legal Reasoning”, in L. R. Meyer ed., *Rules and Reasoning* (Hart Publishing, Oxford, 1999), pp. 7-28。

② 见,例如,Hilary Putnam, “The Meaning of ‘Meaning’”, in *Mind, Language and Reality* (Cambridge University Press, New York, 1975), pp. 215-271。

③ 见,例如,John Dupré, “Natural Kinds and Biological Taxa”, 90 *Philosophical Review* 66 (1981); Bix, *Law, Language and Determinacy*, pp. 162-171。

据。人工制品和社会制度中的范畴本身是难以界定的；概念性定义的流变性和冲突性肇始于如下事实："艺术""法律"或"权利"这类概念的边界远非不证自明的。边界的流动性和竞争性是理解概念分析问题和可能性的关键，本章接着论述这个主题。

如果有关概念理论的问题与偶然属性及本质属性的观念有某些相似性，那它也似乎与"遵守规则"的现代准则有某些联系：我们怎能讲出一种实践内部的变化与一种变为不同实践的变化之间的差别？① 例如，某人可以改变象棋的规则并继续下"象棋"吗？或者它是一种与象棋有联系的不同游戏吗？类似地，没有目标陈述的法案还是"立法"吗？如果法律不为共同善服务了，它还是"法律"吗？实践发生变化了，某些概念性/描述性理论给一种实践贴的标签不再适合这种实践，我们是说最初的标签"错了"呢（不管这里的意思是什么）？或是我们可以得出这样的结论：原先的实践已经不复存在而一种新的实践已经产生？

近年来，法学家已经开始严肃地探究他们使用的方法论和他们所提出的主张的性质。约瑟夫·拉兹在他最近的著述中②已经进入了这种"元讨论"并且提出了某些最富洞察力和争议性的观点。两个关键的——并且相互关联的——问题是：概念分析对解释法律的本质是否恰当，人们在法理学中能否谈论"必然的"真。拉兹对这两个问题的回答都是肯定的。然而，拉兹的必然观迥异于哲学上的必然观：迥异于逻辑必然，也与在柏拉图哲学和"自然种类"理论的语境中所讨论的必然性类型不同，这是理解拉兹主张的关键。拉兹并不认为法律概念是外在的柏拉图式的理念，柏拉图式的理念对所有人而言永远是一样的。

---

① 见，例如，Wittgenstein，*Philosophical Investigations*，§§143-242。

② Joseph Raz，*Between Authority and Interpretation*（Oxford University Press，Oxford，2009），pp. 17-219.

对拉兹而言,我们研究的法律概念是“我们的概念”、我们自己的“特定文化的产物”。在其他地方或更早的时代可能有些社会并不“共享”或者“拥有”我们的概念,但却拥有法律(根据我们的概念),而其他地方或许拥有一个类似于我们的概念,但却没有根据我们的概念界定的实践。虽然法律的概念已经随着时间的迁移而改变——不是某些我们“发现”的(柏拉图式的)不变的理念——但拉兹把这个/我们的法律概念当作和法学家的描述是对是错有关的东西,当作法学家不可能基于自己的目标简单地再造的东西(虽然他确实指出,既然法律的概念是不断流变的,那我们的法律理论,甚至错误的理论,都可能影响到下一代拥有的法律概念)。因而,拉兹反对如下观念:法学家可以根据法律概念的学术重要性来选择一个法律概念,①或者根据法律概念的简单性或高雅性来选择一个法律概念;更确切地说,它是一个一直存在的概念,已经是我们的集体自我理解的组成部分了。②

正如本章一开始指出的,对所有这类探究的一个基本反应是疑惑为什么这类问题值得追问,或者在什么环境下这类问题值得追问。如果我们称有些微改变的游戏为“象棋”或者不是“象棋”,或者我们称不公正的纠纷解决体系为“法律”或者不是“法律”,为何它有意义?本章旨在说清楚此类争论的可能理由。

概念探究的一个基本理由是保留一种有意义的讨论赖以进行的结构。在这个意义上,识别问题是重要的,因为我们想知道两个正在讨论相同主题的人是否事实上说的是一个东西。在我们有关“正义”“民

① Joseph Raz, *Ethics in the Public Domain* (Clarendon Press, Oxford, 1994), p. 221.

② 科尔曼似乎赞成类似的分析,即对聚焦于“我们的”法律概念的法理学做概念分析。见 Jules Coleman, “Incorporationism, Conventionality, and the Practical Difference Thesis”, 4 *Legal Theory* 381 at 393 n. 59 (1998)。

主”“法律”等的分歧后面,如果没有一致同意的主题,那么有关这些主题的重大争论将会沦为无趣的各说各话。① 争论是关于某些东西的争论。

支撑整个讨论的共同范畴将由一个被给出的定义来界定。例如,“当我谈及‘法律体系’时,我意指如下方面:x、y 和 z;对于适合那种描述的所有体系,我相信下列因素是真的:……”。问题变成:在什么基础上某人选择这个被给出的定义而不是其他的定义。我会在本章的后面回过头来讨论这个问题。

有时一种替代的方法有助于理解概念主张。许多有关概念争论的误解的产生,是因为虽然概念主张致力于(根据它们的形式,如果不是根据某些更明确的声明)纯粹的描述,但它们总是包含评价性的或规定性的因素。概念“争论”中的有些分歧最好被理解为有关特定问题的最佳答案的分歧。例如,形形色色的“正义”理论可以被视为对如下问题的不同回答:“对一个社会的福利分配而言,道德上最佳的规则、标准或程序是什么?”然而,虽然把有关概念的分歧视为对最佳答案的分歧在一些情形中有效,但它作为理解概念理论的一般方法不可能成功。例如,如何解释有关“法律”和“民主”这类术语的分歧?对一个政府体制是否“民主”有分歧的人也有可能在他们面临的规范性问题上取得一致(例如,那种政府体制是不是最适合那个国家的体制)。

总之,概念理论和概念主张设定范畴的边界。此类边界的划定有助于建立研究和讨论的共同基础,但边界的设定往往是有争议的。接下来的问题是:在什么基础上能够断言一种概念理论优于其他概念理论?这将是下一节讨论的重点。

---

① 见,例如,Susan Hurley, *Natural Reasons* (Oxford University Press, Oxford, 1989), pp. 30-32。

可选择的目标

2-04 人们需要知道,说某人对“法律”或“民主”的概念分析“是真的”或相比其他的分析“更好地描述了实在”的意思是什么。除了简单地断言情况确实如此之外,人们还能做更多的事情吗?① 什么样的证据会使这种主张有说服力?

如果大多数概念争论不是简单的描述,它们不是对简单的规范性问题的可供选择的答案,那么可以以一种不把这些争论视为荒谬的方式理解这些争论吗?一个人可以从试图理解刺激概念性定义的(各种各样的)目标开始。宽泛地理解,一个可能的“目标”是人们视为默示的选择:作为规定的定义。虽然有人可能会说任意的规定是“没有目标”的理论,或者“根本不是理论”,但出于现在分析的方便,可以将它们视为其他“目标驱动”方法的替代方法。此外,人们不应过分强调规定的任意性程度:即使没有强烈的目的指向一个可能的定义替代方案,某些规定似乎比其他规定更好,至少它们沿袭了语言用法并有助于澄清特定的问题。② 韦斯利·霍菲尔德(Wesley Hohfeld)提出的与权利相关的范畴及有关的规范性概念(这将在第十章中讨论)可能是这种方法的一

① 这使人回想起朗·富勒对(哈特之前的)法律实证主义的批评:“我们遇到一系列定义性的命令。一条法律规则是——也就是说法律规则真的是、不过是并且总是——主权者的命令、法官创制的规则、对未来国家力量触及范围的预测、官员的行为模式,等等。当我们问及这些定义的服务目标是什么时,我们得到的答案是‘为什么?没有目标,除了准确地描述符合法律这个词的社会实在’。当我们反驳道‘但是我认为它不是这样的’,这时我们得到的回答是‘好啦,在我看来就是这个样子’。在此,争论就不得不停下来。”Fuller, “Positivism and Fidelity to Law” at 631.

② 有关“良好规定”的讨论见 Halpin, “Concepts, Terms, and Fields of Enquiry” at 195-198。

个范例：一种规定意味着使我们对熟悉事物的分析更加清晰和准确。

有人或许认为概念性定义仅仅是任意的，因为不可能有一种正确的方法划定社会实体。例如，有人或许认为，对于诸如我们是否把邪恶政权的规则描述为“法律”，或者我们是否把国际法视为真正的“法律”这样的问题，任何答案都是正确的或者正当的。根据这种分析，不可能有“正确”或“错误”的概念定义，仅有一种“或多或少方便的”定义，我们所能追问的是：如果存在理由，理论家是否清楚他们划界的理由，以及他们在适用这些边界时是否前后一致。

基于这种方法，有关“法律”或“民主”定义的分歧是不重要的；它仅仅是互不相同的惯习的例证。对于讨论某些相互感兴趣的问题的目标而言，我没有特别的理由要求你采纳我的惯习，你也一样。然而，如果大多数概念定义仅仅是任意的，这便很难解释在有关“法律”或“民主”或类似的概念的定义的选择方面的激烈分歧；当然，这些论证是以某人自己的任意性建议被接受为基础的。此外，如果定义不是任意的规定，主张一种定义优于另一种定义就需要一些根据，这时人们就需要提及定义的目标。①

一旦抛弃了任意规定的默示选项，概念定义通常拥有以下三个目标中的一个：1. 它们可以是沿用和解释语言用法的尝试；2. 它们可以是发现一个概念的“重要性”的尝试，这种重要性隐藏在我们关于用法的实践和制度中；3. 它们施加道德或定性的标准，标签在被适用之前必须通过这些标准的检验（或许有如下根据，此类标准植根于我们的集体用法或理解之上）。

① 正如前面讨论的，理论家可以随便说一种规定比另外一种规定“好”，因为它对特定的目标而言是更有用或更方便的。

第二和第三个范畴之间的区分或许是人为的或者不必要的,我认为没有任何事情会影响一个人构建范畴的数量。话虽如此,我认为,有一些根据可以区分第二个范畴和第三个范畴,第二个范畴是指致力于道德中立的“重要性”评价(下面将要讨论哈特对法律权利的重要性的论述),第三个范畴是指公开使用和鼓励道德评价的定义(下面将要讨论自然法学家的著作)。

声称一种概念理论优于其他概念理论的一个可能根据是:这种被给定的定义更好地反映了我们实际使用这个术语的方式。人们偶尔会碰到一些这样的概念理论,它们的雄心不过是沿袭语言用法,①但这是不寻常的。概念分析经常与用法联系在一起,但这种联系通常是松散的。这种联系有时刺激了如下的混乱:对“法律是什么?”和“权利是什么?”以及类似问题的讨论成了纯粹的语言研究。② 然而,概念讨论很少仅仅是关于恰当词条的。关注用法的理论家通常这样做,是因为他们相信那种用法反映了某些更深入更有趣的真理。在其他时候,语言用法将不会反映任何潜在的概念性联系,它仅仅是文体学或语文学意外的产物。③

这促使我们思考有关概念性定义的第二种辩护:以一种特殊方式划分主题是可辩护的,因为这种方式更好地展示了实践的有趣的或重要的方面,这些方面隐藏在我们的语言用法之中。④ 第二种方法的例子可见于哈特在关于法律权利的最佳(概念性)理解的争论中提出的观点

---

① 见 Raz, *Ethics in the Public Domain*, pp. 179-182(讨论了研究法律性质的语言方法)。

② 见,例如, Ronald Dworkin, *Law's Empire* (Harvard University Press, Cambridge, Mass., 1986), pp. 31-44 (提出了反对法律“语义理论”的论证)。

③ 见 White, “Conceptual Analysis”, pp. 110-111。

④ 见,例如,Finnis, *Natural Law and Natural Rights*, pp. 3-11; Raz, *Ethics in the Public Domain*, pp. 216-218。

(第十章将会讨论这个问题)。哈特捍卫他的法律权利的“主张理论”。哈特承认有些定义更符合我们使用相关法律术语的方式,但他还是反对这些定义,理由是他的定义把握了人们感知和体验法律权利的重要方面。[①] “意志”或“主张”理论断言,有关法律权利最有趣或最重要的方面是:权利拥有者的权力发挥的功能和选择的能力。对大多数权利而言,持有人可以放弃相应的义务要求,或者,如果义务已经被违反,则可以放弃执行,或者放弃对违反行为的赔偿,如果涉及赔偿的话。

其他的主张是边沁(Jeremy Bentham, 1748—1832)和麦考密克(Neil MacCormick, 1941—2009)以及其他学者提出的权利的“利益”理论。[②] 拥护这种主张的人指出,在许多情境中推定的权利拥有者不享有主张理论所讨论的权力:例如,不可剥夺的权利,儿童、法律上无行为能力的成年人和动物的权利。因此,他们认为,根据法律保护的利益界定权利是更好的。

这两种理论的边界并非清晰:例如,合同的第三方受益人(他在某些审判中有权强制这个合同的实施)这个例子是否给各方提供了“证据”。然而,人们对总体的情境有着一致的看法:法律权利的“利益理论”更好地沿袭了语言用法,但以一个颇为尴尬的定义和不怎么宏大的结论为代价;相反,“主张/意志理论”做出了一个有趣的断言,但以不那么符合我们语言的用法为代价。如果概念主张首先是要揭示一个概念的“重要的”或“有意义的”方面,那哈特的权利理论是站得住脚的,尽管它与用法不那么吻合。

---

① 见 H. L. A. Hart, “Legal Rights”, in *Essays on Bentham* (Clarendon Press, Oxford, 1982), pp. 162-193。

② 见 Hart, *Essays on Bentham*, pp. 164-170(概括了边沁的“权利的利益理论”);Neil MacCormick, “Rights in Legislation”, in P. M. S. Hacker and J. Raz eds., *Law, Morality and Society* (Clarendon Press, Oxford, 1977), pp. 189-209。

第二种方法主张,概念性定义是关于实践或态度的“有趣的”或“重要的”方面的,这种方法的问题在于这些基本判断不是完全客观的(这里,“客观的”是指充分独立于个体的兴趣和视角而可能达致共识)。重要性最好被看作效用陈述——对“为什么 X 是重要的”这个问题的恰当回答是“因为它有助于获得 Y”——然而,我们或许对恰当的目的没有达成共识(“Y”是否值得追求,以及即使如此,“Z”是不是更重要的目的)。如果我们对实践的目标存在分歧,我们也可能对实践中哪些是“重要的”或“有意义的”方面存在分歧,对它们为什么“重要”或“有意义”也存在分歧。结果是特定类型的理论僵局。例如,第一个法学家基于法律的确或应该追求某些目的的特定观点建构了他的“法律”概念,第二个法学家对法律的目的有着不同的观点并因而拥有一种不同的法律理论,第一个法学家很难让第二个法学家相信第一种理论优于第二种理论。(这种不可解决的分歧可以说是法律实证主义和它的批评者之间的争论的一部分。)①

概念问题的第三种非规定性的方法是设定标准:对象或活动在获得相关的标签之前必须通过一定的检验。例如,人们或许相信,如果有些作品“经过了时间的检验”,也就是说,如果它具有高度重要性的名声经过了多年之后依然没有消失,它就应该被称为“文学”。类似地,有人相信,如果一个被创造出来的客体达到了一定的质量或重要性,它就应被称为“艺术”。

人们或许想知道:在什么意义上可以对社会科学中的概念给出规

① 见,例如,H. L. A. Hart, “Postscript”, in *The Concept of Law* (2nd ed., Clarendon Press, Oxford, 2012), pp. 248-249;哈特认为法律的主要目标是指引人类的行为,罗纳德·德沃金认为法律的首要目标是为国家强制提供道德证明,可以比较一下这两种观点的异同。

范性检验。说“文学”是特殊类型的优秀虚构是一回事,在这里,标签部分地成为评价性判断的简写(“她的书是虚构的,但我很少把它们称为‘文学’”)。然而,当所讨论的术语是一般用途之一时,比如“法律”,人们可能会认为,使用一个暗示价值陈述的普遍的描述性术语只会引起混乱。①

虽然对概念定义这种方法的辩护经常语焉不详,但一个可能的论证是这样的:虽然诸如“艺术”“民主”和“法律”这样的术语具有很强的描述因素,但它们很少仅仅是描述性的。这些术语残留了(积极的)规范性因素,寻求分析澄清的哲学家不能完全逃避它。② 在很多场合,如下判断会被视为侮辱性的说法:某个社会没有真正的“法律”,或者它的政府不是真正的“民主”政府。当我们说“我们不会把纳粹德国的法律称为‘法律’”,或者“我们不会谈论因我们所做的事情而受到惩罚的‘权利’”时,法学家是在沿用我们的语言直觉——当我们认为一个标签是适合的或不适合的时候——这些直觉有时包括判断的因素。就好像这种直觉反映了有关社会现象的真理,我们在直觉的层面上理解了某些真理,但还没有在清晰的层面上理解真理。

在此思考法理学文献中的一个例子是有助益的,这个例子超越了

---

① 见 Hart, *The Concept of Law,* pp. 207-212。在一些伦理概念中描述和评价(以一种不同的方式来表述,即描述和行动的理由)是交织在一起的(有些文献中描述为“厚重的概念”),例如,“粗鲁”“怯弱”“野蛮”。见,例如,Bernard Williams, *Ethics and the Limits of Philosophy* (Harvard University Press, Cambridge, Mass., 1985), pp, 140-152; Philippa Foot, “Moral Arguments”, 67 *Mind* 502 at 507-509 (1958)。

② 肯尼思·温斯顿在总结莫里斯·科恩(Morris Cohen)和朗·富勒的观点时用不同的术语描述了一个可比较的观念。根据我对温斯顿总结的理解,包括法律在内的所有社会制度的可理解性要求一个(目的的)“理想要素”(这种理想是“秩序的原理、一种有限度的观念”,它创造了实际的主题得以被洞察的概念结构),因而任何没有包含这种要素的定义都是有瑕疵的。Kenneth Winston, “The Idea Element in a Definition of Law”, 5 *Law and Philosophy* 89 at 98, 105-106 (1986).

概念性定义的不同方法。西蒙·罗伯茨（Simon Roberts）批评哈特对法律体系的分析。① 他认为根据哈特的分析，许多社会（特别是小型的部落）不曾拥有“法律”，罗伯茨相信，根据哈特的模式许多这样的社会没有中央立法和审判机构。② 然而，为什么哈特不简单回应这种挑战是不太清楚的，哈特根据他自己的目标选择了一种分析和一种法律与法律体系的定义，这种定义仅仅涵盖了特定的西方社会。他可以如是说：定义是任意的；如果其他的法学家想用一个宽泛的定义，他们可以这样做。（我并非主张哈特的观点事实上就是如此，而仅仅是主张他完全有可能提出这样的观点。）

罗伯茨的批评有两个没有言明的前提：第一，“法律”的概念性定义不是（或不应该是）任意的；第二，所有的（或几乎所有的）社会都应该有法律体系。第二点是说：一个社会有法律意味着这个社会是先进的、成熟的、复杂的，一个社会没有法律是说这个社会是“原始的”、不重要的。这种类型的论证符合我先前讨论的第三个范畴。然而，关键仍在于，除非理论家提供判断概念定义的依据和采用一种定义的理由，否则关于一个概念性定义的“真”和“正确性”的论证是没有根据的，因此毫无意义。

鉴于本章讨论的所有考虑因素，把法律理论中概念性“争论”——关于如何最佳地界定概念的争论——的参与者理解为是在各说各话是不足为奇的。哈特和富勒之间的著名的法理学“论战”即是一个很好的例子。③ 这里没有足够的篇幅来详细论证这个问题，④只是简要地概括如下：哈特提出了一种法律分析，他的目标是使对法律的一般性讨论，

---

① 来自 Hart，*The Concept of Law*。

② Simon Roberts, *Order and Dispute* (Penguin, Middlesex, England, 1979), pp. 23-25.

③ Hart, "Positivism and the Separation of Law and Morals"; Fuller, "Positivism and Fidelity to Law".

④ 第三章和第六章将会更详细地讨论这个问题。

特别是对法律规则的道德评价尽可能清楚明晰；而富勒对"法律"这个术语的适用给出了一个道德检验，他的根据是用法和一种视法律为一种不同于其他社会秩序的社会秩序形式的法律观。① 一个特定的法律体系根据富勒的分析可能不是"法律"，而根据哈特的分析则是"法律"，在这个意义上这两种观点是不相容的。然而，人们可以不自相矛盾地认为这两种分析都是有价值的和有用的。

此外，有一个实践问题需要思考。我之前已经提出，概念性理论和主张仅仅能够根据它们的潜在目标来评价，但我也指出，许多（或许大多数）这样的理论和主张没有澄清它们的目标。如果读者必须提供测试文本的标准，那么如何进行任何评价呢？我认为最好的方式是这样的：在法学家没有澄清他们的主张的目标的地方，人们应该寻找一个目标，根据这个目标这种理论将能够提出某种成功的主张，而不至于沦为琐碎的不重要之物。② 因而，把一种理论解释为纯粹的沿用语言用法会使得这种理论大体成功，但（至少在法理学领域）这是一个相对没有雄心的目标，读者应该审视这种理论是否完成了某些更为重要的目标。

对概念分析的挑战

有些学者开始追问，有多少传统的法理学已经采用概念分析方法， 2-05

① 弗雷德里克·肖尔认为，哈特和富勒拥有一个共同的目标，他俩都试图提出一种理论，这种理论让公民和官员可以更好地抵制不公正的法。见，例如，Frederick Schauer, "Fuller's Internal Point of View", 13 *Law and Philosophy* 285 at 289-294 (1994)；又见 Philip Soper, "Choosing a Legal Theory on Moral Grounds", in Jules Coleman and E. F. Paul eds., *Philosophy and Law* (Blackwell, Oxford, 1987), pp. 31-48。

② 这种类型的分析与唐纳德·戴维森关于解释的"宽容"（"charity"）联系在一起。见 Donald Davidson, *Inquiries into Truth and Interpretation* (Clarendon Press, Oxford, 1984), pp. 196-197, 200-201。

以及一个相关的问题,多少法理学应该采用概念分析方法。

例如,布赖恩·莱特(Brian Leiter)在一篇论述美国法律现实主义的文章中指出,这个学派被误解了,因为学者们错误地假定现实主义者(如同20世纪的大多数法学家一样)是在从事概念分析。① 莱特认为,美国法律现实主义者——至少在他们关于司法裁判的理论思考中——事实上是哲学自然主义者。②

"自然主义"相信不存在不能用科学(广义的理解)来探究的哲学领域;用莱特的话说,"自然主义"相信"哲学的理论思考应该与自然科学和社会科学中的经验探究保持一致,并且前者依赖于后者"③。这种"自然主义者"的方法是现代认识论方法的例子。这种方法坚持认为,思考人们实际上如何获得他们的信念与探究我们应该如何获得我们的信念相关。④

莱特关于美国法律现实主义的观察无疑是正确的,并有助于纠正法学家通常看待法律现实主义的方式。然而莱特也提出了一种有关法律理论的更一般、更富争议性的主张。他在某处评论道,一般法理学比其他哲学领域落后了几十年,其他哲学领域早就抛弃了纯粹的概念分

---

① Brian Leiter, "Legal Realism", in Dennis Patterson ed., *A Companion to the Philosophy of Law and Legal Theory* (2nd ed., Wiley-Blackwell, Oxford, 1996), pp. 262-265;又见 Brain Leiter, "Rethinking Legal Realism: Toward a Naturalized Jurisprudence", 76 *Texas Law Review* 267 (1997)。本书的第十七章将讨论美国法律现实主义。

② Leiter, "Legal Realism", pp. 250-252. 莱特并不主张自然主义者的方法论已经完全取代概念分析。他认为,在概念性问题中,法律现实主义者最好被理解为"心照不宣的法律实证主义者"。Leiter, "Legal Realism", p. 251.

③ 同上。这种方法支持各种各样的不同的哲学探究,见 David Papineau, *Philosophical Naturalism* (Basil Blackwell, Oxford, 1993)。

④ 见,例如,收集在 Hilary Kornblith, *Naturalizing Epistemology* (2nd ed., MIT Press, Cambridge, Mass., 1994)中的论文。

析而采纳了自然主义的分析。①

最初的回应是,将所有概念理论甚或法理学中的所有概念理论当作一个整体来评价是不明智的。人们或许认为,认识论和司法推理不同于法理学中经常提出的概念问题类型。当思考我们如何认识事物或法官能够/应当如何裁决法律问题时,人们立刻会被吸引着关注如下观点,即人们事实上如何从事这些活动应在分析他们应该如何行为的过程中占有一席之地。

然而,诸如"法律是什么?"(或"艺术是什么?")和"'权利'的性质是什么?"这样的问题是一种不同类型的问题,因为经验主张如何能够从事这种分析是不清楚的。这不是说经验事实——人们事实上做了什么,或者实际上存在什么——在所有这些分析中没有一席之地;正如前文指出的,许多法学家认为实际的语言用法在概念理论的建构中发挥了一定的作用。然而,问题在于,范畴("法律""权利""艺术")的范围是有争议的,理解符合这个范畴的词项的最佳方法同样是有争议的。②经验观察不可能解决这些争议,经验事实的地位(例如,建构或评价理

① Leiter, "Legal Realism" at 251. 莱特在后面的几篇文章中扩充了这些主张。见 Brian Leiter, "Naturalism and Naturalized Jurisprudence", in Brian H. Bix ed., *Analyzing Law: New Essays in Legal Theory* (Clarendon Press, Oxford, 1998), pp. 79-104; Brian Leiter, "Realism, Hard Positivism, and Conceptual Analysis", 4 *Legal Theory* 533 (1998); Brian Leiter, "Naturalism in Legal Philosophy", in Edward N. Zalta ed., *Stanford Encyclopedia of Philosophy*, *http://plato.stanford.edu/entries/lawphilnaturalism* (2017); Brian Leiter, *Naturalizing Jurisprudence* (Oxford University Press, Oxford, 2007)(收集了早期出版的著作以及回应批评的文章)。科尔曼提出了一系列的回应,见 Jules L. Coleman, "Second Thoughts and Other First Impressions", in *Analyzing Law*, pp. 278-285; Jules L. Coleman, *The Practice of Principle* (Oxford University Press, Oxford, 2001), pp. 210-217; Jules L. Coleman, "Methodology", in J. L. Coleman and S. Shapiro eds., *The Oxford Handbook of Jurisprudence and Philosophy of Law* (Oxford University Press, Oxford, 2002), pp. 311-351, at pp. 343-351。

② 虽然有人认为,其他争论中核心范畴的范围,例如认识论中的"具有正当理由的可论断性"范畴,有时也是有争议的,但我认为,如果争论中存在这类范畴,那么它们也是边缘性的,法律和政治理论中的概念性争论才是核心的争论。

论时语言用法有多重要)本身也是备受争议。

出于所有使法律和政治哲学中的概念分析变得混乱、迷乱、难以理解的原因——对潜在的目标缺乏清晰的表达,目标的不断变化和相互矛盾,概念边界的争议性——我怀疑这些讨论将(或者应该)很快完全被自然主义所支配。①

弗雷德里克·肖尔(Frederick Schauer)提出了一种不同形式的挑战。② 肖尔并不否认源于概念分析的关于一个概念或范畴的必然(并且必要)真的价值,但提出了这是否应该是法律理论(或其他社会理论)的排他性关注的问题。他认为,发现、讨论和强调法律广泛的和重要的方面也是有价值的,即使那些特征严格地说并不是必然的。来自不同类型分析的一个例子:飞不是鸟的必然特征,因为有些鸟不能飞,但飞对鸟类来说是一个重要的特征。肖尔认为制裁或强制对法律而言也是类似的特征:或许不是必然的,但在所有已知的法律体系中,它们是法律体系的一个重要特征。

法律中的界线

2-06 法理学中的一类争议可以理解为概念性争论的结果,这类争议是关于法律界线的论证。

一个此类论证围绕着下面这个问题展开:如果一个社会及其法律体系是邪恶的,那这个社会中的规则和相关的制度是否应该被贴上"法

① 对本节初版的回应见 Leiter, "Naturalism and Naturalized Jurisprudence", pp. 92-100 and n. 75。

② Frederick Schauer, "On the Nature of the Law",98 *Archiv für Rechts—und Sozialphilosophie* 457 (2012); Frederick Schauer, *The Force of Law* (Harvard University Press, Cambridge, Mass., 2015).

律”这个标签。一个特定的法律体系中一条不公正的规则有时也引发类似的论证。在关于法律实证主义(见第三章)和自然法理论(第五章)的讨论中这一系列问题将以不同的形式被论述。人们在关于这个问题的讨论中感觉到,一条规则或一个规则体系是否被贴上“法律”或“合法的”的标签这个问题不具有内在的重要性。毕竟,它仅仅是一个名称,尽管这个名称可以带来重要的道德或心理反响。法学家在这些情境中贴上的或坚持的标签反映了(是一个征兆)他们研究法律的一般性方法——例如,自然法学家把法律当作追问人们如何行为的一个中间步骤,相反,法律实证主义的准科学方法把法律当作一种可以进行客观研究的社会现象。

当法学家追问法官有义务适用哪些标准,或者法官事实上适用哪些标准,哪些标准应当贴上“法律”或“合法的”标签时,一种截然不同的争论似乎正在发生。[①] 此类争论常常发生在大规模法学理论提出的更大的划界问题语境中。法学家或许主张,一个普通法国家的法官应当总是适用现有的法律而不是创制新的法律,法律效力和道德价值之间没有必然的联系,人们无须援用道德评价来决定法律的内容;在此类断言的语境中,很多事情取决于人们如何(以及在哪里)从非法中区分法律,从非法律标准中区分法律标准以及类似的情况。

正如前文提及的,划界是一场游戏,在这场游戏中所有规则和潜在的目标都是隐含的或者只是语焉不详的。当一种理论转向两种流动的、有争议的概念之间的关系时(例如,是否无须援用“道德价值”便可

① 约瑟夫·拉兹和罗纳德·德沃金之间关于这个问题的争论出现在:Raz, “Legal Principles and Limits of Law”, in Marshall Cohen ed., *Ronald Dworkin and Contemporary Jurisprudence* (Duckworth, London, 1984), pp. 73-87; Ronald Dworkin, “A Reply by Ronald Dworkin”, in Cohen ed., *Ronald Dworkin and Contemporary Jurisprudence*, pp. 260-263; and Raz, *Ethics in the Public Domain*, pp. 179-193。

以决定“法律规则”的内容),对如下问题的怀疑总会产生:是否可以发现中立的标准来裁判这个结论,每一种理论是否能够以支持它自己主张的方式来界定术语。

有时边界的划定服务于重要的政治决定。有关法律体系连续性的讨论——决定一个法律体系何时终止以及另外一个法律体系何时开始——或许是最佳的例证。这种看似抽象的讨论为如下问题提供了根据:前政权被推翻之后,它的法律规则和法律制度在什么情况下还是有效的。[①] 这些是复杂的政治和道德决定,如果法官探求一种抽象的看似中立的根据来做决定,他们或许会被原谅。然而,一个法官依赖抽象的分析性概念和范畴来处理这些问题是不恰当的——得出这个结论的最简单的理由是,抽象的分析性概念不是这些道德/政治问题制造的。[②] 人们应该犹豫是否要将可能使个人失去自由或财产的决定建立在理论家玩弄界线的基础上。当纯粹的分析性讨论被用于解决最初的讨论不适宜解决的政治和道德问题时,人们会持怀疑态度。这对最初的法学家而言是不公平的;或许他们应当关注如下方面:他们的著作被用来证明特定道德行为的合理性,并且法学家用这种想法反思了他们的观点。事实上,有些法学家看起来像是专制和不正义的辩护者,但这既不是他

---

① 见,例如,*Madzimbamuto (Stella) v Lardner-Burke N. O.* 1968 (2) S. A. L. R. 284; *Uganda v Commissioner of Prisons, Ex p. Matovu* [1966] East Afr. L. R. 514;一般性的论述,见 John M. Finnis, “Revolutions and Continuity of Law”, in A. W. B. Simpson ed., *Oxford Essays in Jurisprudence, Second Series* (Oxford University Press, Oxford, 1973), pp. 44-76; J. M. Eekelaar, “Principles of Revolutionary Legality”, in Simpson ed., *Oxford Essays in Jurisprudence, Second Series*, pp. 22-43。

② 另外一个需要注意的理由是,法官如何理解他们借用过来的概念。有些“后革命”的判决以对汉斯·凯尔森关于“基本规范的变化”的评论的误解为主要议题。例如,比较 Madzimbamuto (pp. 314-321)与 Hans Kelsen, *General Theory of Law and State* (Russell & Russell, New York, 1945), pp. 117-118, 220-221。

们的本意,也不是他们写作的目的。①

结　论

总之,法理学(和其他领域)中的概念争论经常是含混的,因为这种讨论的一个核心要素悬而未决。在提出一个概念主张或者评价一个概念主张时,确定这个主张所提出的目标是至关重要的。如果目标没有表达清楚,概念性争论的参与者至少有相互误解的危险,并将提出各不相干的论证。 2-07

在这一章中,我描述了约瑟夫·拉兹关于概念主张的方法以及四种其他方法:1. 概念主张是任意的规定;2. 它们沿用语言用法;3. 它们试图解释有些问题的"重要的"或"有趣的"方面是什么;4. 它们为标签确立一种评价测试。我的印象是法律理论中的大多数概念主张属于第三和第四个范畴。

根据本章建议的方法,人们或许不能说,特定的概念分析是"正确的"或"真的",至少不是在所有概念性问题都有唯一"正确"或"真"的意义上。但我不认为这是一个重大的损失。人们能够根据特定的目标肯定(或否定)一种概念分析是好的或者比其他分析更好,这便足矣。

---

① 有人思考了一场旷日持久的论战,即法律实证主义者的理论是否助长了20世纪30年代德国的国家社会主义的蔓延,或至少是被接受。见,例如,Paulson,"Lon L. Fuller, Gustav Radbruch and the 'Positivist' Theses"。

建议进一步阅读的书目

2-08 ### 哲学与概念分析的概述

Isaiah Berlin, "The Purpose of Philosophy", in *Concepts and Categories* (Penguin, New York, 1981), pp. 1–11.

Jonathan L. Cohen, *The Dialogue of Reason* (Clarendon Press, Oxford, 1986).

Gilbert Harman, "Doubts About Conceptual Analysis", in *Philosophy in Mind: The Place of Philosophy in the Study of Mind* (M. Michael and J. O'Leary-Hawthorne eds., Kluwer, Dordrecht, 1994), pp. 43–48.

Eric Margolis and Stephen Laurence, "Concepts", in Edward N. Zalta ed., *The Stanford Encyclopedia of Philosophy, www. plato. stanford. edu/entries/concepts/* (2011).

Jay Rosenberg, *The Practice of Philosophy* (2nd ed., Prentice-Hall, Englewood Cliffs, N.J. 1984), pp. 5–11.

Alan R. White, "Conceptual Analysis", *The Owl of Minerva: Philosophers in Philosophy* (Charles J. Bontempo and S. Jack Odell eds, McGraw-Hill, New York, 1975), pp. 103–117.

法理学中的概念分析

Jules L. Coleman, "Methodology", in J. L. Coleman and S. Shapiro eds., *The Oxford Handbook of Jurisprudence and Philosophy of Law* (Oxford University Press, Oxford, 2002), pp. 311–351.

Julie Dickson, "Methodology in Jurisprudence: A Critical Survey", 10 *Legal Theory* 117 (2004).

Kenneth Einar Himma, *The Nature of Law: Philosophical Issues in Conceptual Jurisprudence and Legal Theory* (Foundation Press, New York, 2011).

Brian Leiter, "Naturalism in Legal Philosophy", in Edward N. Zalta ed., *Stanford Encyclopedia of Philosophy, http://plato. stanford. edu/* (2002).

—, "Naturalism in Legal Philosophy", in Edward N. Zalta ed., *Stanford Encyclopedia of Philosophy, http://plato. stanford. edu/* (2017).

Andrei Marmor, "Farewell to Conceptual Analysis (in Jurisprudence)", in Wil Waluchow and Stefan Sciaraffa eds., *Philosophical Foundations of the Nature of Law* (Oxford University Press, Oxford, 2013), pp. 209–229.

Thomas Morawetz, "Law and Conceptual Analysis" in *The Philosophy of Law: An Introduction* (Macmillan, New York, 1980), pp. 11–16.

Joseph Raz, *Between Authority and Interpretation* (Oxford University Press, Oxford, 2009), pp. 17–87.

Philip Soper, "Legal Theory and the Problem of Definition" (book review), 50 *University of Chicago Law Review* 1170 (1983).

Brian Z. Tamanaha, *Realistic Socio-Legal Theory: Pragmatism and A Social Theory of Law* (Clarendon Press, Oxford, 1997), Ch. 4.

Kenneth Winston, "The Idea Element in a Definition of Law", 5 *Law and Philosophy* 89 (1986).

第二部分

关于法律性质的各种理论

B-01 许多法理学课程的核心部分是讨论形形色色的著名法学家的法律进路。接下来的几章概述了五位备受关注的法学家的理论,界定了他们的理论所回应的问题,并在更宏大的法理学运动的语境中探讨了他们的理论。

这五位法学家都分别对法律的性质和法律理论的性质提出了各不相同的、连贯的、全面的洞见。

第三章　H. L. A. 哈特与法律实证主义

法律实证主义概览

法律实证主义[①]是以一个简单的论断为基础的：对法律的恰当描述是有价值的目标和任务，并且是一项需要与（关乎现行法的价值，和法律应当怎样形成和改变的）道德判断相分离的任务。[②] 用更为精确的法律理论术语来表述，法律实证主义认为一种描述的或者至少道德中立的法律理论是可能的并且是有价值的。法律实证主义的早期拥护者包括杰里米·边沁（1748—1832）和约翰·奥斯丁（John Austin，1790—1859）。如果我们深究下去，那会发现现代法律实证主义植根于哲学家和政治理论家托马斯·霍布斯（Thomas Hobbes，1588—1679）[③]和大 3-01

---

① 这个标签源于"实证（人创造［假定］的）法"这个术语。

② 虽然上文反映了一般的可接受的观点，但人们可以发现法律实证主义的其他特性。一位知名的法学家认为法律实证主义应当被理解为一个命题，一个关于一条给定的规范何时是合法有效的规范的命题。见 John Gardner，"Legal Positivism：5½ Myths"，46 *American Journal of Jurisprudence* 199（2001）。

③ 见 Sean Coyle，"Thomas Hobbes and Intellectual Origins of Legal Positivism"，16 *Canadian Journal of Law and Jurisprudence* 243（2003）；Mark C. Murphy，"Was Hobbes a Legal Positivist?"，105 *Ethics* 846（1995）。

卫·休谟(David Hume, 1711—1776)的理论。①

简而言之,法律实证主义建立在这种信念——假设或信条——之上,即法律是什么的问题与法律应当是什么的问题相分离并且必须分离。这种主张可用约翰·奥斯丁的话来概括:

> 法律的存在是一回事,它的优缺点是另一回事,法律是否存在与它是否符合某假定的标准是两个不同的范畴。一部法律,我们可能碰巧不喜欢它,或者它可能不符合我们用以认可法律的标准,但只要它确实存在,它便是法律,这是一个事实。②

法律实证主义从法律研究中寻找或多或少被认为是现代社会理论基础的东西:能以一种客观的、摆脱了偏见和意识形态的方式来研究社会制度。③ 这种分离并不否认——事实上,拥护法律实证主义的法学家

① 约翰·菲尼斯进一步指出法律实证主义的基本框架(人定法的建立作为一个分离的主题)是中世纪的学者(特别是托马斯·阿奎那[Thomas Aquinas])提出来的。John Finnis, "The Truth in Legal Positivism", in Robert P. George ed., *The Autonomy of Law* (Clarendon Press, Oxford, 1996), pp. 195-214. 我在第五章中讨论了阿奎那的观点和现代法律实证主义的联系和区别。安东尼·哈齐斯塔夫鲁在柏拉图那里发现了法律实证主义的痕迹。Antony Hatzistavrou, "Plato's Legal Positivism in the Laws", 9 *Jurisprudence* 209-235 (2018). 有关法律实证主义不同的历史观念的根据,见 Gerald Postema, "Legal Positivism: Early Foundations", in Andrei Marmor ed., *The Routledge Companion to Philosophy of Law* (Routledge, London, 2012), pp. 31-47。

② John Austin, *The Province of Jurisprudence Determined*, Lecture V (W. E. Rumble ed., Cambridge University Press, Cambridge, 1995)(首次出版于 1832 年), p. 157.

③ 这种研究社会理论的方法遭到了多方的挑战,特别是那些相信仅仅能够用"诠释的"方式来理解社会实践的学者。有关法律实证主义、诠释理论和中立的社会与法律理论的可能性的联系,见 Stephen R. Perry, "Interpretation and Methodology in Legal Theory", in Andrei Marmor ed., *Law and Interpretation* (Clarendon Press, Oxford, 1995), pp. 97-135; Brian H. Bix, "H. L. A. Hart and the Hermeneutic Turn in Legal Theory", 52 *SMU Law Review* 167 (1999)。

普遍极力主张——某些“有效的法律”或“有效的法律体系”有时是非常邪恶的或不公正的,所以人们不应服从它们。①

对实践或制度的描述应优先于并分离于对它的评价,这种观念对现代的读者而言似乎是显而易见的,这无须声明也不必辩护。② 然而,当我们记述法律著作的历史和法律的制度类型时,法律实证主义饱受争议的性质就会变得更明晰。

关于第一点,历史上大多数有关一般性法律的著作(与关于特定法律体系的著作相反,这种著作讨论哪些规则有效或哪些规则应当有效)包含道德和政治诉求。这些诉求考虑在何种条件下政府是正当的,以及(明显相关的问题)在什么条件下公民有服从法律的道德义务。对有些人而言,一种道德上中立的法律描述的要旨是不清楚的,特别是在理论家有其批评和建议的道德或宗教理由时。③

关于第二点,法律是一种如此强烈地带有道德合理性主张(例如,公民“应做X”,这里“X”是法律规则所要求的某种行为)和道德合理性术语(例如,法律“权利”和“义务”)的实践,以致严格的描述性法律理论似乎既困难又不合适了。“描述性的道德理论”或“描述性的正义理论”因为同样的原因也听起来怪怪的,虽然人们能够发现这两种类型的描述性理论。

此外,决定哪些规范是而哪些规范不是法律体系的组成部分的程

---

① 见,例如,Hart, “Positivism and the Separation of Law and Morals”, 71 *Harvard Law Review* 593 at 615-661 (1958)。

② 这也是我在本书中先讨论法律实证主义后讨论自然法理论的理由。虽然后者有着更悠长的历史,但是,对许多人的思维方式而言,区分了描述和评价的法律实证主义似乎才是通常的或默认的观点,而自然法理论是一种需要解释或辩护的观点。而就在两个世纪前,情况完全相反。

③ 见,例如,Richard Dien Winfield, *Law in Civil Society* (University of Kansas Press, Lawrence, Kansas, 1995), pp. 1-3。

序似乎经常包括道德分析：它要么是创制新的普通法规则时所运用的道德辩护——这种道德辩护似乎隐藏在成文法解释的特定判决背后，要么是使得成文法失效的道德上合理的宪法规范。① 基于这些理由，离开道德评价从事描述或分析法律的能力是非常可疑的。

这或许是一个好机会来指出，这些年学界提出了大量不同的表述来界定法律实证主义。大多数表述很好地把握了法律实证主义的精神，但几乎所有的表述都有某种程度的不完整、不精确或误导性。② 人们可能会对拉兹针对划界练习（boundary-drawing exercise）的回应深有同感：

> 这些反思或许有助于解释我为何不指称“法律实证主义”，而是指称实证主义传统中的理论。一种理论归属于一种传统，根据是它们的参考框架，对什么是问题的和什么不是问题的认识，以及相似的历史特征，这些特征并不以它们都具有共同的核心信条为先决条件。③

安德瑞·马默（Andrei Marmor）认为，各种版本的法律实证主义的共同之处是它们都坚持如下观点：“决定法律是什么并不必然或在概念上依赖于道德或其他评价考量，这种考量关乎法律在相关的环境中应该是什么。”④

---

① 道德在法律实践中发挥了大大小小的作用，以至于对法律实证主义的“分离论”过于狭隘的理解几乎肯定是错误的。见 Joseph Raz, *Beyond Authority and Interpretation* (Oxford University Press, Oxford, 2009), pp. 166–169; Joseph Raz, *The Authority of Law* (2nd ed., Oxford University Press, Oxford, 2009), pp. 314–319。

② 见 Joseph Raz, *The Authority of Law*, p. 319。

③ Joseph Raz, *The Authority of Law*, p. 22.

④ Andrei Marmor, *Positive Law and Objective Values* (Clarendon Press, Oxford, 2001), p. 71.

法律与道德分离的理念——与法律实证主义联系在一起的"分离论题"——可以在如下三个层面上发生影响，指出这一点是重要的：1. 一条规则或规范的法律身份（法律效力）是否可以从有关它的内容的道德评价中分离出来①；2. 一个规则或规范体系的法律身份是否可以从有关它的内容的道德评价中分离出来（这个问题经常出现在纳粹政权是否有法律的讨论中）②；3. 建构一种法律理论时道德标准的地位问题。这三个层面相互交叉，但它们至少最初提出了不同的问题。③

人们不应太严肃地对待如下主张：法律与道德之间"不存在必然联系"。大多数法律实证主义者承认存在某种必然联系（例如，法律显然可以定性为"道德的"或"不道德的"，而树木和烤面包机不可能以这种方式定性），只不过不是与自然法理论或批判法律实证主义的其他进路相连的必然联系。④

在当下的著作中，法律实证主义传统内部有两条主要的思想路线。

---

① 这与自然法理论的一句谚语联系在一起，"恶法非法"（lex iniusta non est lex），本书的第六章讨论了这个问题。又见古斯塔夫·拉德布鲁赫的著名"公式"：Gustav Radbruch, "Statutory Lawlessness and Supra-Statutory Law", 26 *Oxford Journal of Legal Studies* 1 (2006) (trans. Bonnie L. Paulson and Stanley L. Paulson)。

② 见，例如，John Gardner, "Legal Positivism: 5½ Myths"; Leslie Green, "Positivism and the Inseparability of Law and Morals", 83 *New York University Law Review* 1035 (2008); Raz, *Beyond Authority and Interpretation*, pp. 166-169; Andrei Marmor, "What Is Law and What Counts as Law? The Separation Thesis in Context" (2017), *https://papers.ssrn.com/sol3/papers.cfm?abstract_id=3011432*。安德鲁·哈尔平指出，约翰·奥斯丁及追随他的法律实证主义者关注的重点是法律规则和作为一个整体的法律体系，这使得法律与道德的分离成为站得住脚的观点。哈尔平认为，如果法学家的关注点包括法律推理，主张严格的分离将变得困难。Andrew Halpin, "Austin's Methodology? His Bequest to Jurisprudence", in Michael Freeman and Patricia Mindus (eds.), *The Legacy of John Austin's Jurisprudence* (Springer, Dordrecht, 2013), pp. 15-40.

③ 有一种观点认为法律实证主义与自然法理论之间的分歧可以归属于第三种形式的分离，见 Brian Bix, "On the Dividing Line Between Natural Law Theory and Legal Positivism", 75 *Notre Dame Law Review* 1613 (2000)。

④ 见，例如，Leslie Green, "Positivism and the Inseparability of Law and Morals"。

一条路线与本章讨论的哈特的著作联系在一起;另一条路线与第四章讨论的汉斯·凯尔森联系在一起。

把法律研究置于“科学的”基础——见解的客观和纯粹[①]——之上的尝试,促使早期的法律实证主义者试图创立一种理解法律行为和法律概念的严格的经验方法,因而把它们理解为过去、现在或未来事实的功能。法律理论中的这种探索起源于一种更为广博的探究,即为社会科学寻找一种与“硬科学”(例如,物理学和化学)相匹配的“科学”方法,从而让理论建立在对事件的“客观”观察的基础之上,并且其他理论家可以轻易地复制或确认这些事件(用更为技术化的语言说,法律中的“规范”还原成了“经验”)。[②] 因而,我们分析法律规则的根据是:公民过去服从的倾向,立法者对特殊语言类型的使用,将来强加制裁的可能性,对法官可能怎么做的预测,等等。

哈特的重要性部分来自他推动了法律实证主义沿着不同的方向发展。虽然他继续坚持法律与道德的概念性分离(描述法律是什么样与提倡法律应当怎么样相分离)的重要性,但他批评了以严格经验的术语分析法律的尝试。[③] 在这一点上,他采纳了一种很有影响的观点,即社会科学需要一种与硬科学中运用的方法完全不同的方法。为社会科学

① 汉斯·凯尔森把他的理论称为“纯粹法学”(reine Rechtslehre)。第四章中讨论了他的观点。

② 法律教育中“形式主义”的兴起——特别是哈佛法学院院长克里斯托弗·哥伦布·兰德尔(Christopher Columbus Langdell)的影响深远的观点——例证了这种类型的“科学仰慕”。见,例如,Anthony T. Kronman, *The Last Lawyer* (Harvard University Press, Cambridge, Mass., 1993), pp. 170-174。我在第十七章中简单地讨论了兰德尔和法律形式主义。

③ 虽然这仍有意义,但哈特和奥斯丁一样仍然试图把法律化约为事实——在哈特那里,此即行为、信念和态度的社会事实。Andrei Marmor, *The Language of Law* (Oxford University Press, Oxford, 2014), p. 3; Andrei Marmor, *Philosophy of Law* (Princeton University Press, Princeton, 2011), pp. 48-59.

规定的方法不仅基于对发生的行为的理解，而且基于对这些行为对于所研究的实践或机构的参与者的意义的理解。①

哈特观点概要

在哈特(1907—1992)开始形成他的法律理论的时候，法律理论文献中的一个很有影响的观点认为，最好把法律理解为主权者对臣民发布的命令。② 哈特法律理论的方法可以视为对命令理论的回应，哈特在许多场合以那种方式提出了他的理论。③ 3-02

“命令理论”(command theory，主要与奥斯丁有关，虽然边沁也提出了另一种版本的命令理论)④提供了一幅法律的图画：法律是主权者

---

① 支持用诠释学的方法来研究社会理论的重要人物是马克斯·韦伯，见 Max Weber, *Economy and Society* (G. Roth and C. Wittich eds., Bedminster Press, New York, 1968), vol. 1, pp. 4-24; Max Weber, "'Objectivity' in Social Science and Social Policy", in E. Shils and H. Finch eds., *The Methodology of the Social Sciences* (Free Press, New York, 1949), pp. 50-112。直接受哈特影响的彼得·温奇，见 Peter Winch, *The Idea of a Social Science* (Routledge, London, 1958); Hart, *The Concept of Law*, pp. 289, 297。

② 哈特和许多其他学者认为这一观点是约翰·奥斯丁提出来的。见，例如，Hart, *The Concept of Law*, pp. 18-25。有些人认为这误解了奥斯丁的观点，或者认为它至少错过了奥斯丁论证的许多精微之处。见，例如，W. L. Morrison, *John Austin* (Edward Arnold, London, 1982), pp, 178-205; Roger Cotterrell, *The Politics of Jurisprudence* (Butterworths, London, 1989), pp. 64-65, 74。

③ Hart, "The Separation of Law and Morality", pp. 600-606; Hart, *The Concept of Law*, pp. 18-123. 汉斯·凯尔森在更早的时候也对奥斯丁的命令说提出了详细的批评(与哈特的批评有重叠)。见 Hans Kelsen, "The Pure Theory of Law and Analytical Jurisprudence", 55 *Harvard Law Review* 44 at 54-70 (1941)。

④ 有些法学家认为边沁的法律理论优于奥斯丁的法律理论，但奥斯丁的知名度更高，因为最详细地阐述了边沁的法律理论的著作直到他死后一个世纪才得以问世。见 Jeremy Bentham, *Of Laws in General* (H. L. A. Hart ed., Athlone, London, 1970); Jeremy Bentham, *Of the Limits of the Penal Branch of Jurisprudence* (Philip Schofield ed., Oxford University Press, Oxford, 2010), para. 30; H. L. A. Hart, *Essays on Bentham* (Clarendon Press, Oxford, 1982), pp. 105-126。

(它习惯被人服从,却不习惯服从其他任何人)向公民发布的命令(以威胁为后盾)。哈特几乎在每一个关键点上都找出了它的弱点。其一,在大多数现代政府中,最高的政府职能机构都要受到法律的约束,很难说存在一个主权者——一个习惯被人服从,但却不习惯服从任何其他人的人或实体。此外,更好的理解似乎是:法律不仅仅是主权行为的产物,也是帮助构建主权的东西。①

其二,主权者概念难以解释法律的连续性:因为当旧的主权者退位或去世后某位新人继位时,新的主权者没有被习惯性服从的历史。其三,如果一个人仅看到以威胁为后盾的法律,或者如果某人将法律的所有方面都视为以威胁为后盾的命令的变体,那么法律体系中许多有价值的东西将会丧失。

总而言之,依哈特之见,奥斯丁法律方法和大多数经验方法的问题在于,它们不能把纯粹的权力从社会接受的制度和规则中区分出来,不能把匪徒或恐怖主义者的命令从法律体系中区分出来。②

哈特的法律观以他的规则观特别是规则和习惯的区分为基础。③一个外在观察者或许无法区分某人出于习惯的特定行为和遵守规则的相同行为。我可能每周六都去看电影,但这并不是因为有一些法律、道德或社会/惯习的规则规定我应该这样做。在哈特看来,那两类行为规

---

① 关于奥斯丁与主权的论述,见 Pavlos Eleftheriadis, "Austin and the Electors", 24 *Canadian Journal of Law and Jurisprudence* 441 (2010)。

② "法律肯定不是放大的抢匪情境。"Hart, "The Separation of Law and Morality", p. 603. 这让人想起了奥古斯丁:"取消了正义的王国除了是一个强盗团伙还能是什么? 所谓匪帮不就是一个小小的王国吗?"Augustine, *The City of God Against the Pagans* (R. W. Dyson trans., Cambridge University Press, Cambridge, 1998), Book IV, Ch. 4, p. 147.

③ 波斯特马认为,哈特方法的原创性被高估了,哈特的理论是约翰·萨蒙德(John Salmond)观点的"系统[……]表述",其中"对萨蒙德只有最基本的承认"。Gerald J. Postema, *Legal Philosophy in the Twentieth Century: The Common Law World* (Springer, Dordrecht, 2011), p. 4.

律的差异能通过参与者的态度看出来。出于习惯,对行为的陈述只不过是一个描述:我每周六去看电影。然而,出于规则,这一陈述能加上一些功能;这可作为批评偏离这一规则的解释、辩护和基础。这一陈述拥有一种规范功能。[①] 许多人不仅是“出于习惯”而服从权威;他们已把规则内化成自己人以某种方式行为的理由,并且作为批评其他人不按要求行为的理由。

哈特的理论是在回应这种观点:分析社会制度或社会实践的时候,有些理论考虑了或者有助于解释参与者理解那些制度或实践的方法,有些理论则没有,单就事实而论,前者明显强于后者。哈特把他自己的著作称为“一篇描述社会学的论文”,[②]所以他经常依赖植根于语言实践中的许多概念区分,而语言实践反过来以行为和态度的差异为基础。

至于把法律视为以威胁为后盾的命令,这个观点似乎混淆了先前提到的施加强制和接受规则之间的区分。法律体系不同于匪徒威胁平民的规则,而且法律体系肯定比匪徒的规则好。哈特在讨论被强迫(feeling obliged)和有义务(having an obligation)之间的差别时抓住了这一区分的核心。[③] 我们被迫按照持枪抢劫者命令的方式行为,这是因为我们害怕不这样做的后果。然而,惧怕可能发生的结果消除之后,我们将认为没有理由按命令的要求行为了。根据有效的规范体系(不管是

---

① Hart, *The Concept of Law*, pp. 9–10, 55–58. 关于规则性质的反思以及它对于法律理论的意义的讨论,见 Scott J. Shapiro, “The Difference That Rules Make”, in Brian H. Bix ed., *Analyzing Law* (Clarendon Press, Oxford, 1998), pp. 33–62。

② Hart, *The Concept of Law*, p. v.

③ 约翰·洛克强调了一个类似的区分,虽然他是在讨论自然法和实在法的关系的语境中强调的:“实在法的约束力不来自它们自己的性质或强制或其他任何不依靠自然法的方式,是自然法则要求服从上位者并保持公共和平。因而,没有了这种法则,规则也许依然可以通过强制和暴力来强迫群众服从,但却不能把群众置于一种义务之下了。” John Locke, *Essays on the Law of Nature* (W. von Leyden ed., Clarendon Press, Oxford, 1954), p. 119. 本书的第五章将讨论自然法。

我们玩耍的游戏规则、某人的宗教法规还是社会的法律规则)而负担一项义务在心理上是更复杂的。某人这样行为是因为他相信他应当这样做,不是因为或不仅仅是因为他惧怕以相反方式行为的结果。①

哈特反对把所有法律规则还原为一些简单类型的变体,奥斯丁的理论似乎把所有法律规则还原为命令,哈特则强调了法律的多样性。他比较了强加义务的规则和授予权力的规则(不管是法律体系赋予官员的权力,还是授予公民的法律权力,例如用合同、遗嘱、信托等)。他还比较了直接适用于公民的规则("第一性规则")和支配规则体系自身的运行的规则(关于规则的规则——"第二性规则")。第二性规则包括改变规则、审判规则和承认规则。② 改变规则是授权人们创制新的第一性规则的规则。这不仅包括立法机关的授权,还包括授权个体通过合同、遗嘱、信托和类似的方式来创制新的权利和义务的规则。③ 审判规则"授权[……]给个体对于在特定场合中是否违反第一性规则的问题做出权威性的决定"④。下一节讨论"承认规则"的性质和重要性。⑤ 哈特认为一个法律体系的存在有着两个充要条件:1. 这个体系的有效规则"必须得到普遍的遵守";2. 这个体系的承认规则设定的标准"必须是被它的官员有效地接受为官员行为的共同的公共标准"。⑥

---

① Hart, *The Concept of Law*, pp. 82–86.

② Hart, *The Concept of Law*, pp. 91–99.

③ Hart, *The Concept of Law*, pp. 95–96.

④ Hart, *The Concept of Law*, p. 97.

⑤ 后来有学者指出,在深层含义上,哈特可能被误解了。他的更深层含义是第一性规则和第二性规则的区别相当于赋予义务的规则和授予权力的规则。此外,承认规则是否最好被理解为强加义务或授予权力的规则(或什么都不是),这也有问题。见,例如,Joseph Raz, *The Concept of a Legal System* (2nd ed., Clarendon Press, Oxford, 1979), p. 199。存在多种法律类型,试图根据单一类型的规则来分析所有的法律将会歪曲我们对这种类型的社会体系的理解,然而,对于我们现在的目标而言还存在与上述一般性论点相对照的细节问题。

⑥ Hart, *The Concept of Law*, p. 116.

这里没有篇幅详细地讨论哈特法律理论的所有方面。[①] 作为替代，我将简略地讨论哈特著述中的四个主题以帮助阐释其核心论点和主题：承认规则、规则的内在方面、规则的“开放结构”和“自然法的最低限度的内容”。作为比较，在讨论汉斯·凯尔森（第四章）、约翰·菲尼斯（第五章）、朗·富勒（第六章）和罗纳德·德沃金（第七章）时，我还将再次提到哈特的观点。

承认规则

哈特理论的核心是承认规则（rule of recognition）这一概念：官员据以决定哪些规则是而哪些规则不是法律体系的组成部分的一系列标准。被适用的标准用来作为官员行为正当性的参考，虽然在某种程度上那些行为也创制这类标准。可以对承认规则做如下解释：有时被适用的标准写在官方的文本中（例如，成文宪法），或至少清晰地表达在官员所陈述和遵循的标准中（例如，“立法草案要成为有效的法律必须经过每个议院多数人的通过并由总统签署”）。在其他时候，官员遵守的标准仅仅在参照了官员做出的决定后才能被确定。 3-03

后来的学者对承认规则提出了大量的问题。例如，最好把承认规则理解为强加义务的规则或授予权力的规则；在一个给定的法律体系内是否存在多个承认规则。[②] 然而，人们应该主要关注承认规则这个概

① 全面讨论哈特思想的最好的著作可能要数：Neil MacCormick, *H. L. A. Hart* (2nd ed., Stanford University Press, Stanford, 2008); Michael Bayles, *Hart's Legal Philosophy: An Examination* (Kluwer Academic Publishers, Dordrecht, 1992)；以及 Matthew Kramer, *H. L. A. Hart* (Polity Press, Cambridge, 2018)。

② Joseph Raz, *The Authority of Law* (2nd ed., Clarendon Press, Oxford, 1979), pp. 95-96.

念表明什么,也即它代表什么。承认规则表达或表征了法律实证主义的基本信条:官员一致赞同的惯习性标准决定哪些规则是而哪些不是法律体系的构成部分;这反过来着重指出了法律识别与道德评价的分离,以及关于法律是什么的陈述与关于法律应是什么的陈述的分离。(第四章将会讨论哈特的承认规则和凯尔森的"基本规范"之间的异同。)

规则的(和法律的)内在方面

3-04 规则的"内在方面"("internal aspect")①是哈特法律方法的核心。最好在建构社会理论的一般问题——在前面的章节和本章的前面部分提到了这个主题——的语境(和它对于这种问题的反响)中来理解规则的"内在方面"。有两个相关问题需要考虑:社会理论必须怎样区别于其他领域的理论,以及在何种程度上社会理论是"科学的"。②

试图建构一种有关社会程序(比如法律)的理论引发了一个问题,这个问题不会困扰有关原子构成、化学反应、光合作用和类似情况的理论。这个问题是:法律是人类创造的,它服务于人类的目标,并要求人的参与。因为这些事实,理解包括法律在内的社会过程将不同于理解纯粹物理的、化学的或生物的过程。

这个观点是分析哈特的规则内在方面概念的语境:一个人不能理解一项社会制度,除非他理解了创立这个制度或参与这个制度的人观

---

① 见 Hart, *The Concept of Law*, pp. 55-58, 82-91。

② 有关本节某些主题的详细论述,见 Bix,"H. L. A. Hart and the Hermeneutic Turn in Legal Theory";又见 Thomas Morawetz,"Law as Experience: Theory and the Internal Aspect of Law", 52 *SMU Law Review* 27 (1999)。

察制度的方式。这种“诠释的”方法——优先理解其他人如何察觉他们的处境——总与那些想使社会理论变得更科学的方法存在紧张关系。①

社会理论的“科学”方法仅依赖于不同的观察者总是赞同的“客观”数据。在各种各样的理论著述中可以找出法律理论的“科学”方法的例证，例如，克里斯托弗·哥伦布·兰德尔的法律观，他认为法律理论旨在探究法律的基本原则体系。② 美国法律现实主义者（某种程度上是回应兰德尔的观点）③强调法官“实际上做了”什么，与他们说他们正在做什么形成对比。哈特也特别提到了斯堪的那维亚法律现实主义者阿尔夫·罗斯（Alf Ross）的著作。在哈特看来，罗斯“声称，在现代的理性的法律科学里适合研究法律的唯一方法是那些具有经验科学的各种陈述的结构和逻辑的方法”④。

哈特认为，无论科学方法有多少优点，它对法律的全面理解都是不够的。⑤ 法律是为了达成特定的人类目标以及指引公民行为而创制的社会制度。一个人只有抛开他的旁观者视角，并试图理解体系中参与者的洞察，也即那些遵守规则的人和洞察到自己如此行为的人的洞察，他才能理解有目标的行为和规范（遵守规则）行为。用哈特的话说，“经验科学的方法”对于理解“任何形式的规范性社会结构”而言是毫无用处的；“所需要的是‘诠释的’方法，它包含了对出现在参与者身上的受

---

① 前文指出，哈特的诠释方法主要来源于马克斯·韦伯和彼得·温奇的著作。

② 见 Wining Twining, *Karl Llewellyn and the Realist Movement* (2nd ed., Cambridge University Press, Cambridge, 2012), pp. 10-12。

③ 见第十七章中有关美国法律现实主义的讨论。

④ Hart, *Essays in Jurisprudence and Philosophy*, p. 13. 第二十二章将简要地讨论斯堪的那维亚法律现实主义。

⑤ 有关法理学中方法论问题的精彩讨论，以及对哈特著作的特别关注，见 Perry, “Interpretation and Methodology in Legal Theory”。

规则支配的行为的描述”。①

对纯科学方法的攻击可见诸早先提到的哈特关于习惯行为和遵守规则的区分。② 值得一提的是，哈特强调规则和习惯的区别，这一区别首要地存在于参与者对他们所做事情的洞察以及对他们所做行为的反应和态度之中。当某一行为是“根据规则”而不是“根据一个习惯”而做出时，这条规则是这一行为的合理性证明，并且这条规则也是批评（包括自我批评）偏离规定的行为的根据。③ 相反，我们往往没有现成的理由为我们的习惯辩护（有时我们缺少任何形式的解释），当出现偏离习惯的行为时，我们肯定不会批评别人或期待别人的批评。在哈特看来，因为科学的纯“外在”的法律方法将习惯行为和遵守规则混为一谈，这势必错过一些法律本质中的问题。

然而，说某人采用了社会实践中参与者的视角充其量是第一步。毕竟大多数社会实践有大量的参与者，这些人对实践并不抱持相同的观点或态度。著名的法学家约翰·菲尼斯（在第五章中详细讨论他的观点）认为，选择的视角应是一个实践中的（假定的）理性人的视角，他或她运用恰当的道德推理得出一个结论，即法律体系创设了有约束力的（初始的）道德义务。④ 另外一位著名的法学家罗纳德·德沃金（第七章的主题）认为，人们应当如同自己是社会实践的参与者一样建立一

---

① Hart, *Essays in Jurisprudence and Philosophy*, p. 13.

② 类似地，有人纯粹出于对制裁的畏惧而服从法律，有人因为他或她相信法律体系是正当的而服从法律，对一个“科学的”观察者来说，这两类人是一样的，虽然一个法律实证主义者（持描述和道德评价相分离的立场）也许不能以那种混淆作为反对纯粹的外在视角的基础。

③ 人们需要进一步区分“内部视角”的“情感”和“意愿”方面，见 Neil MacCormick, *Legal Reasoning and Legal Theory* (Clarendon Press, Oxford, 1978), pp. 288-292; MacCormick, *H. L. A. Hart*, pp. 47-49。

④ 见 Finnis, *Natural Law and Natural Rights*, pp. 3-18。

种理论,然后提出一种有关那一实践的解释,并使得所解释的实践成为它所能成为的(道德上)最佳的实践。① 从哈特的视角看,这两种视角都太极端了:他想使法律理论独立于道德评价或道德义务(不像菲尼斯的方法),同时保持实践的描述性理论而不是去参与这种实践(不像德沃金的方法)。②

哈特试图保持一种艰难的中间立场。③ 哈特认为,应该从接受这个法律体系的人的视角出发来建构一种法律理论,但理论本身(或者,以另外一种不同的方式来说,理论家自己)不需要也不应该合法化这个法律体系(作为一个公正的体系,或者创立了有约束力的道德义务的体系)。换句话说,这种理论:1. 试图考虑参与者的视角;2. 设法在众多的参与者的视角中选择一个视角而不做出道德判断;3. 与参与者的视角保持足够的距离,以便对整个体系/事业进行道德批判。哈特立场的危险是,一方面可能滑向与奥斯丁类似的外在观察者的理论,另一方面又可能接近菲尼斯或德沃金的立场。

以不同的方式来表述这个问题,问题是如何认真地对待接受实践中参与者的视角的需要,同时又保持足够的距离来批评实践(和参与者)。在社会理论(或更精确地说,"社会科学的元理论")中,这导致了一场经久不绝的讨论:"用它自己的术语来解释每种文化或社会"的尝

---

① 见 Dworkin, *Law's Empire*, pp. 45-113。

② 见 Hart, "Introduction", pp. 8-12; Hart, "Postscript", pp. 240-244; Hart, "Comment", in R. Gavison ed., *Issues in Contemporary Legal Philosophy* (Clarendon Press, Oxford, 1987), p. 39。从严格的时间顺序上讲,哈特的最重要的著作比菲尼斯和德沃金的著作问世早;然而,哈特的立场相比他早年反对的立场是中间派立场,但菲尼斯和德沃金后来捍卫了这种立场,这样说也是准确的。

③ H. 哈姆纳·希尔提出了一种类似的但更为细致的分析。H. Hamner Hill, "H. L. A. Hart's Hermeneutic Positivism: On Some Methodological Difficulties in *The Concept of Law*", 3 *Canadian Journal of Law and Jurisprudence* 113 (January 1990).

试是否"……排除了一种说明,这种说明表明那些术语是错误的、混乱的或是骗人的"。[①] 有人或许认为:如果你声称去理解相信特定实践的参与者的视角,但你又认为这种实践是非理性的、野蛮的,那么,你没有真正理解或恰当地包容信仰者的视角,因为该实践在她看来不是那样的。[②] 有一个额外的复杂情况很难梳理,即评价所收集的信息和对信息的收集进行评价时人们必须考虑内部视角的功能。[③] 这一额外的要点的含义是不清楚的,因为它与如下争论联系在一起:"收集证据"对于一般法律理论来说意味着什么,以及人们想要什么类型的证据。本书的第二章提到过这种争论。

约瑟夫·拉兹试着阐明了一种在外在观点和坚定的内部视角之间的可辩护的中间立场,这种立场被称为"从要点出发的陈述"或"客观的规范性陈述"。[④] 有些陈述为提出一个有限的主张而接受了特定的规范性立场,但这些陈述无须认可该规范性立场。因而,在餐馆里,某人可以对其素食主义朋友说,"考虑到你的信仰,你不应点那道菜",即使说话者不是素食主义者。以同样的方式,"法律学者——包括普通的执业律师——描述法律和作法律陈述时能运用规范性语言,但他们无须因此而赞同法律的道德权威"[⑤]。律师可以对当事人说:如果你接受这条法律并把它当作有效的法律(正如赋予道德义务),那么,你应该做 X 或

① Charles Taylor, *Philosophy and the Human Sciences* (Cambridge University Press, Cambridge, 1985), p. 123. 泰勒捍卫如下观点,即人们可以持有一种"解释的"方法而仍然保留去批评被解释对象的能力。

② 这种观点来自彼得·温奇和尤尔根·哈贝马斯(Jürgen Habermas),希尔很好地总结了这种观点。Hill, "H. L. A. Hart's Hermeneutic Positivism", pp 116–117.

③ Hill, "H. L. A. Hart's Hermeneutic Positivism", pp. 123–125.

④ 见 Raz, *The Authority of Law*, pp. 153–157; Joseph Raz, *Practical Reason and Norms* (2nd ed., Princeton University Press, Princeton, 1990), pp. 170–177;又见 Hart, "Introduction", pp. 14–15。

⑤ Raz, *The Authority of Law*, p. 156.

者不应该做Y。哈特的分析(辅以或不辅以拉兹的补充)是否能保持它不牢固的中间状态是一个棘手的重要问题。

一个与法律实证主义相关的问题(有些部分与"内在方面"相关)是:事实上是否可能存在一种"纯粹描述的"法律理论——如果"描述"是一个过于强势的术语,那是否可能存在一种道德中立的法律理论。虽然法律实证主义一直坚持认为它的目标是描述"法律是什么"而不是"法律应该是什么",当前的法律实证主义者已经指出理论的建构不可避免地包括评价和选择的因素,在这个意义上理论建构不是纯粹的"描述"。然而,法律实证主义者认为,所涉及的选择和评价形式属于"重要性"判断,而不是道德评价。[①] 另外一种论证与斯蒂芬·佩里(Stephen Perry)和罗纳德·德沃金联系在一起,这种论证认为,建构法律理论不可避免地包括道德评价,唯一的问题是这个选择是表面上做出的(并受到辩护)还是以默示的方式做出的(未表达辩护)。[②]

开放结构

法律的漏洞问题早已为人所知。亚里士多德(Aristotle)写道: 3-05

> 当法律的规定是普遍的,而随后出现普遍的陈述没有涵盖的情形时,当立法者令我们失望或者犯了过分简单的错误时,那么纠正这个疏忽——说立法者本人在场时将会说出的东西,说出那些

① 见,例如,Julie Dickson, *Evaluation and Legal Theory* (Hart Publishing, Oxford, 2001)。

② 见,例如,Stephen R. Perry, "Interpretation and Methodology in Legal Theory", in Andrei Marmor ed., *Law and Interpretation* (Clarendon Press, Oxford, 1995), pp. 97-135。在第七章中我将详细讨论德沃金的著作。

他事先知道后将会写进法律的东西——是正确的。①

法律规则没有涵盖(普遍的)所发生的事实情境的方式多种多样。哈特引入“开放结构”(“open texture”)这一概念来讨论其中的一种方式。② 如果立法者引入一条规则来处理一系列特定的情境,一个法官如何将这条规则适用于一个完全不同类型的情境呢?哈特的例子是如下这条规则——“禁止车辆驶入公园”,立法者引入这条规则来禁止汽车进入公园。但是,接下来的问题是这条规则是否应当适用于摩托车或滑轮车或其他的对象,它们或许是或许不是“车辆”。③ 哈特认为所有的一般性规则都有一个“确实的核心”——核心案件中规则的适用是清楚的——和一个“有争议的边缘”,在边缘地带,规则的适用是不确定的。④

“开放结构”论证指出,立法目标是不完全的或不精确的:立法者没有考虑到所有可能的情境,以致立法意图(即使清晰明确)无法回答所有适用规则中的可能问题。另外,语言是不精确的:在有些情形中,一

---

① Aristotle, *Nicomachean Ethics*, Book V, 10: 1137b, in Jonathan Barnes ed., *The Complete Works of Aristotle*, vol. 2 (Princeton University Press, Princeton, 1984), p. 1796.

② Hart, *The Concept of Law*, pp. 123-136. 哈特的概念与弗里德里希·魏斯曼(Friedrich Waismann)语言哲学中的一个概念联系在一起,并起源于魏斯曼的这个概念。我曾经详细讨论过它们的异同,Bix, *Law, Language, and Legal Determinacy* (Oxford University Press, Oxford, 1993), pp. 7-25。

③ 比较 *State v. Greene*, 338 P. 2d 1132 (Or. App. 2016)(对醉酒驾驶的起诉取决于机动轮椅是否是该法规所指的交通工具)。

④ Hart, *The Concept of Law*, p. 123. 中心的确定性被模糊性的半影所环绕,这一概念和图景或者可以追溯到美国大法官和法学家小奥利弗·温德尔·霍姆斯,见,例如,Oliver Wendell Holmes, *The Common Law* (M. D. Howe ed., Little Brown, Boston, 1963), p. 101(最初出版于1881年);Thomas C. Grey, “Molecular Motions: The Holmesian Judge in Theory and Practice”, 37 *William & Mary Law Review* 19 at 34 and n. 54 (1995);或者可以追溯到英国哲学家伯特兰·罗素,见 Bertrand Russell, “Vagueness”, in John Slated ed., *Collected Papers of Bertrand Russell* (Unwin Hyman, London, 1988), vol. 9, pp. 147-154。

个普遍词(例如,"车辆")是否适用于有争议的特定对象(例如,滑轮车)是不确定的。

哈特从这些前提出发,得出一个结论:在法律规则具有"开放结构"的场合,法官不可避免地运用他们的自由裁量权来创制新法。他也指出边缘处的司法造法是一件好事,它使法律规则的适用具有弹性。①

细细想来,语言一般来说是清晰的,但有些情况下是不清晰的,这不是一个多么新奇的结论。如何服从或遵守一项命令或要求通常是明确的,但有些时候环境使得这个问题变得不确定。一项指令在某些环境中或许是可以直接适用的,但是当指令适用的环境发生改变之后,这项指令可能就会变得含混不清或荒诞不经。"开放结构"争论的有些方面起源于语言的性质,有些方面起源于规则和遵守规则的性质,有些方面则起源于以最佳的方法来建构一种适用规则的体系的看法。②

哈特的讨论来自他对规则指引行为的能力的关注,以及他对边缘案件中法官造法的需要和优点的关注。相同的考虑引发了其他的问题,哈特对这些问题没有进行详细的讨论:例如,有关立法意图的性质的问题,如何发现或追随立法意图的问题,当法官以一种与规则的字面意义或立法意图相悖的方式解释一条规则时法官解释的正当性问题。由于各种原因,英国法理学(至少在哈特写作的年代)不像近几十年来的美国法理学那样关注司法行为的正当性。③

哈特有关"开放结构"的讨论在许多方面是开端性的:理顺基于语言性质的论证和基于规则性质的论证还需要做大量的工作,哈特得出

---

① Hart, *The Concept of Law*, p. 129-131.

② 见 Bix, *Law, Language, and Legal Determinacy*, pp. 22-25。

③ 在美国有许多因素促使人们对这个问题予以高度的关注,其中的一些因素是美国法院使法律(根据联邦和州的宪法条款)失效的能力和意愿、某些判决的争议性和此类判决与美国政治思想中强大的民主精神之间的紧张关系。

由于存在“开放结构”所以法官在判决“疑难案件”时拥有（或应该拥有）自由裁量权的结论可能太快了。[①] 然而，哈特提出“开放结构”概念的主要目标是从两方面来反对一些论证。首先，哈特回应了美国的法律现实主义者，[②]他们认为法律规则从来不或很少决定法律案件的结果，并且规则对于法律的理解不重要。其次，哈特回应了自然法学家，[③]与法律实证主义者的观点相反，他们认为法官判决疑难案件的方式表明法律与道德不存在概念性分离。[④]

规则自身并不必然决定案件的结果，哈特认为这一点是正确的（是由“开放结构”引起的），但是这仅仅发生在相对少数的案件中。对于法官造法表明法律和道德存在概念性联系的观点，哈特认为这种看待问题的方式往往不能厘清我们对法律的理解——法官在缝隙处的立法或许是部分以道德标准为基础的，但它并不意味着那些标准可以被认为自始至终都“在法律规则中”存在。[⑤] 此外，许多法官造法是以立法目标为基础的：目标或许是道德中立的，或许是品性邪恶的。

自然法的最低限度的内容

3-06 许多学者对哈特讨论的“自然法的最低限度的内容”（“the minimum

① 我对这些问题有过详细的讨论，Bix，*Law*，*Language*，*and Legal Determinacy*，pp. 7-10，17-35；以及 Frederick Schauer，“On the Open Texture of Law”，87 *Grazer Philosophische Studien* 197（2013）。

② 见 Hart，*The Concept of Law*，p. 136-147。美国法律现实主义将在第十七章讨论。

③ 第五章讨论了传统的自然法理论；富勒的自然法理论与对哈特的法律实证主义的批评联系更密切，第六章对这些问题有所论述。

④ 见，例如，Hart，“Positivism and the Separation of Law and Morals”，pp. 606-615；Anthony J. Sebok，“Finding Wittgenstein at the Core of the Rule of Recognition”，52 *SMU Law Review* 75 at 84-90（1999）。

⑤ 见 Hart，“Positivism and the Separation of Law and Morals”，pp. 614-615。

content of natural law")评论颇多,[①]认为这是哈特向自然法理论的一大妥协,这一妥协削弱了哈特早期关于法律与道德分离的主张。我认为这种观点明显误解了哈特的讨论。

文本出现在对法律和道德可以重叠的方式进行一般性讨论的语境中。例如,哈特注意到,惯习性道德信念明显地影响了法律发展的方式,影响了有关我们希望法律和社会如何作用以及成文法如何解释的观念。[②]"自然法的最低限度的内容"仅仅是对边界的详细探讨——证明法律与道德如何的确重叠,尽管两者之间不存在任何必然的联系(在哈特的分析中,这是法律实证主义和自然法理论之间的边界线)。

哈特自然法的最低限度的内容的具体论证是,在现时代(和所有过去的世纪里)人类处境有着特定的偶然因素:我们都是凡人且易受伤害,资源也是有限的,我们在某种程度上都依赖于他人。这些事实是偶然的,未来科学发展有可能(无论可能性多么渺茫)改变这些事实(例如,一系列的发现或许会使我们的身体免受伤害)。然而,给定了这些局限,特定的后果便可能相伴而生。哈特推断,后果之一是任何法律或道德体系[③]如果不能对(至少)少数人群提供最低限度的保护(反对谋杀、重伤和偷盗),那它将不会——不可能会——长久存续下去。

这不是一个概念性论点,纯粹是一个预测,它也合情合理。即使有人认为这是对自然法学家的妥协,它也是微不足道的妥协。"最低限度的内容"的检验并不反映法律实证主义者和自然法学家之间的分歧点。自然法理论的拥护者为法律效力设定了更高的道德标准,不仅仅是哈

---

① Hart, *The Concept of Law*, pp. 195–200.

② Hart, *The Concept of Law*, pp. 203–212.

③ 哈特这里的"道德"是指一个社会已经接受了的惯习性道德,这种道德约束了社会成员的行为,它是由各种社会制裁来强制实施的。

特讨论的霍布斯式的道德底线。① 他们将把那些轻易地通过哈特讨论的最低限度的标准的不公的法律体系和不公的法律规则宣布为“非法”。

包容性与排他性法律实证主义

3-07 在当代英语世界的法律实证主义阵营内部,展开了一场“包容性法律实证主义”(inclusive legal positivism,有时被称为“柔性的”或“包容主义的”法律实证主义)与“排他性法律实证主义”(exclusive legal positivism,有时被称为“刚性的”法律实证主义)的争论。这两个阵营之间对法律实证主义的一个核心论点有着不同的解释或阐述:根据法律的性质,法律没有为法律效力设定任何“必然的”道德检测。

排他性法律实证主义解释或阐述了这一断言的意思:道德标准对一条规范的法律身份而言,既不是充分条件也不是必要条件。用不同的术语来表达即是:排他性法律实证主义声称“每一条法律的存在和内容完全由社会渊源决定”②。而拥有许多支持者的包容性法律实证主义以不同的方式解释或阐释法律与道德的分离。③ 它们认为,虽然一条法

---

① Hart, “The Separation of Law and Morality”, p. 623.

② Raz, *The Authority of Law*, p. 46.

③ 包容性法律实证主义的早期拥护者包括菲利普·索珀、朱尔斯·L. 科尔曼、戴维·莱昂斯和麦考密克,Philip Soper, “Legal Theory and the Obligation of a Judge: The Hart/Dworkin Dispute”, 75 *Michigan Law Review* 473 (1977); Jules L. Coleman, *Market, Morals and the Law* (Cambridge University Press, Cambridge, 1988), pp. 3–27; David Lyons, *Ethics and the Rule of Law* (Cambridge University Press, Cambridge, 1984); MacCormick, *Legal Reasoning and Legal Theory*。后来哈特似乎采取了或者肯定了包容性法律实证主义的立场,并把它视为对他自己观点的最佳解读。见 Hart, “Postscript”, pp. 250–254。其他重要的著作包括:W. J. Waluchow, *Inclusive Legal Positivism* (Clarendon Press, Oxford, 1994); Jules L. Coleman, *The Practice of Principle* (Oxford University Press, Oxford, 2001)。

律规则（或一个法律体系）没有必然的道德内容，但一个特定的法律体系能够依据惯习性规则使得道德标准成为那个体系的效力的必要或充分条件。

对包容性法律实证主义最强有力的论证似乎是它与法律官员和法律文本谈论法律的方式相吻合。在许多普通法案件中（在这些案件的判决中法律原则发挥了重要作用[①]），道德似乎是一条规范的法律身份的充分依据，在那些案件中一条法律规范仅仅或主要根据道德的要求来证明自己的合理性。[②] 包容性法律实证主义更为人熟知的例子与法律效力的充分根据无关，而是关于必要根据的：当基于宪法对立法展开的司法审查（例如，在美国）要求或授权废除违反宪法规定的道德标准（例如，平等、正当程序或人道的惩罚）的立法时，这似乎使得道德价值成为法律效力的必要但非充分的基础。

此外，包容性观点允许法学家接受德沃金对法律实证主义的许多批评（见第七章），这种观点不用放弃这些法学家视为法律实证主义核心的要素（法律植根于社会事实和惯习）。包容性法律实证主义者接受如下观点，即道德术语可以成为一个法律体系的法律效力的充要标准的组成部分，但他们坚持认为道德标准的运用是偶然的——来源于特定法律官员的选择或行为，而不是法律性质的组成部分（因而出现在所有法律体系中）。

约瑟夫·拉兹对排他性法律实证主义提出了最重要的论证，他的

---

① 比较德沃金的著作，*Taking Rights Seriously*（Harvard University Press, Cambridge, Mass., 1977），pp. 14–45。

② 又见 Tony Honoré, "The Necessary Connection Between Law and Morality", 22 *Oxford Journal of Legal Studies* 489 at 494（2002）（"社会的实在法和法律体系……使得批判性道德论证在法律解释和法律适用中具有了可接受性"）。

论证以法律与权威的坚实关系为基础。① 拉兹的法律方法不是一两句话(甚或几十页纸)可以总结的,但可以勾勒出简单的轮廓。首先,拉兹提出了"社会论题"并把它当作法律实证主义的核心:"法律是什么不是什么,这是社会事实问题。"②拉兹本人支持强势版的社会论题,他称之为"渊源论题",每一条法律的存在和内容完全是由社会渊源决定的。③法律实证主义者对法律与道德之间的分离的重述与如下区分相连并为其所支持:作为做出判决过程组成部分的慎思和一旦做出判决后的执行之间的区分。④ 当法官纯粹地适用(由立法者或先前的法院做出的)已有的判决时,他们是在适用现有的法律(确定法律是什么);而当法官在制定一条新的规则或者在思考一条现有的规则的可能变化而考虑道德因素时,他们是在确定法律应该是什么。此处不是说法官立法是一件好事还是一件坏事,或他们应该更频繁地立法还是更少立法。重点在于,坚持适用法律和创制新的法律之间的区分以及执行和慎思之间的区分,从分析上讲是更清楚的,并且与我们思考和谈论法律的方式也一致。这种方法允许拉兹说道德推理在"法律是什么"的陈述中没有地

---

① 有人认为拉兹关于这个及相关主题的著作极大地改变了哈特的法律实证主义和法律哲学的方法。见 Leslie Green, "Three Themes from Raz", 25 *Oxford Journal of Legal Studies* 503 at 503 (2005)。

② Raz, *The Authority of Law*, p. 37.

③ 见 Raz, *The Authority of Law*, pp. 37-52; Joseph Raz, *Between Authority and Interpretation* (Oxford University Press, Oxford, 2009), pp. 382-390;参见 Michael Sevel, "The Constitution of Authority", 5 *Jurisprudence* 430 (2014)(在评论拉兹的《权威与解释之间》[*Between Authority and Interpretation*]的语境中对拉兹的服务权威观提出了一种新的解读)。

④ 见 Raz, *Ethics in the Public Domain*, pp. 190-192。虽然有些学者把"渊源论题"和类似的观点解释为法律内容中与确定性和可预测性相关的观点,但拉兹自己坚持认为:"确定性的追求不是渊源论题的组成部分,终结性是渊源论题的组成部分。"Joseph Raz, *Beyond Authority and Interpretation*, p. 387. 拉兹并不认为"终结性"意味着"不可修正性",他仅仅是说法律应被视为已经解决的(至少在此时)问题。Joseph Raz, *Beyond Authority and Interpretation*, pp. 386-387 and n. 31.

位,但它的确(可能也应该)在法官应该如何"根据法律"判案的陈述中占有一席之地。①

其次,拉兹认为,法律(法律体系)主张合法的权威是法律的性质。② 这意味着法律规则致力于成为"排他性理由":"从一个[ ]判决的根据中排除一种考虑的理由。"③拉兹的分析把法律、权威和实践推理联系在一起。对拉兹而言,权威和实践推理的联系是一种一般性的联系:权威和权威性理由影响了我们的道德慎思;在存在一种权威的地方(我们这样承认),我们的决定至少部分地以权威(不管权威是法律、宗教文本还是宗教领袖、军队的命令等)要求我们应当做什么为基础;我们将权威对相关因素的权衡纳入考虑,而不是简单地为自己权衡所有相关考虑因素。用拉兹的话说:

> 权威的指令变成我们的理由。虽然权威的接受以相信其指令具有很好的理由为基础,但仅仅当我们依赖指令而行为而不是依赖于我们根据我们自己对(权威的指令所针对的)每一次情形的优劣的独立判断而行为时,权威的指令才能被理解为带来其所

---

① 见 Joseph Raz, *Beyond Authority and Interpretation*, pp. 376-379。拉兹通过举例的方法指出,法官判决时已经援用了道德推理,法律规则是如此不公,所以它应该被推翻。很明显,道德在获得法律判决的过程中的地位是清楚的。见 Joseph Raz, *Beyond Authority and Interpretation*, p. 377。

② 见 Raz, *Ethics in the Public Domain*, pp. 194-221。关于谈论法律主张是否有意义的问题,见 John Gardner, "How Law Claim, What Law Claim", in Matthias Klatt ed., *Institutionalized Reason: The Jurisprudence of Robert Alexy* (Oxford University Press, Oxford, 2012), pp. 29-44。

③ Joseph Raz, "Facing Up", 62 *Southern California Law Review* 1153 at 1158 (1989).

希望的利益。①

在拉兹看来，那些服从权威的人“能够通过它的决定而获益，当且仅当他们能够建立他们的存在和内容，并且其方式不依赖于提出权威已将解决的相同问题时”②。在法律的语境中，法律规则旨在对公民将受到不同的道德（和审慎）行动理由约束的问题做出权威性决定，有了法律规则，我们必定无须援用进一步的道德评价而能查明它们的内容。根据这种分析，包容性法律实证主义必定要失败，因为它与法律的核心方面——法律体系致力于成为一种可辩护的实践权威——不一致。③

包容性和排他性法律实证主义之间的争论仍异常激烈，关于它们是否提出了一种有说服力的观点来反对当前针对法律实证主义的批判的论证也是如此。④ 包容性和排他性法律实证主义的比较在某些方面与第二章讨论的两种类型的权利方法之间的比较类似：一种方法（包容

---

① Joseph Raz, *Practical Reason and Norms* (2nd ed., Princeton University Press, Princeton, 1990), p. 193. “权威的指令所希望带来的利益”这个短语是指下面的论证：如果某人相比自己思考和判断，在遵守某个渊源的指令中更可能获得正确的东西，那他是把这种渊源当作权威性的。见 Raz, *Practical Reason and Norms*, p. 193。拉兹的权威性观点是有争议的；批评性论述，见，例如，Stephen Lukes, “Perspectives on Authority”, in Joseph Raz ed., *Authority* (New York University Press, New York, 1990), pp. 203－217; Ronald Dworkin, *Justice in Robes* (Harvard University Press, Cambridge, Mass., 2006), pp. 198–211。

② Raz, *Ethics in the Public Domain*, p. 219.

③ 另外一种捍卫排他性法律实证主义的论证起源于有关规则性质的主张。斯科特·夏皮罗强调，包括法律在内的规则的本质在于其对我们的实践推理非常重要，而包容性承认规则在这方面无法具有这种重要性，它们仅仅向我们指出早已可适用于我们选择之中的道德评价。Scott J. Shapiro, “On Hart's Way Out”, 4 *Legal Theory* 469 (1998).

④ 有关法律实证主义内部和方法论问题的争论的详细讨论，见 Jules Coleman ed., *Hart's Postscript* (Oxford University Press, Oxford, 2001)；又见 Dworkin, “Thirty Years On”（对包容性和排他性法律实证主义提出了尖锐的批评）。在 Brian Bix, “Patrolling the Boundaries: Inclusive Legal Positivism and the Nature of Jurisprudential Debate”, 12 *Canadian Journal of Law & Jurisprudence* 17 (1999) 中，我对法律实证主义内容的某些争论提出了温和的怀疑。

性法律实证主义)更符合我们的洞察,另一种方法(排他性法律实证主义)提出了一种更出众的图景,因而(或许)更好地洞察了实践。

其他进路

麦考密克发展了关于法律的制度理论,该理论强调法律的社会事实基础。虽然这种理论最初是作为一种形式的法律实证主义被提出来的,但是作者后来将其概括为"后实证主义",主张"不公的极端与法律不相容"。[①] 3-08

坎贝尔(Tom Campbell)提出了"伦理的实证主义"理论。他认为,强势的分离论题(比如拉兹的渊源论题)应该被采纳,但不是作为法律性质的哲学基础,而是作为特定的司法裁判和一般层面的政府应该如何运作的规定。[②]

罗杰·夏纳(Roger Shiner)在《规范与性质》[③]一书中认为,法律实证主义变得更精致了,并回应了各种批评,它不可避免地朝接近自然法理论的立场发展(他也认为,更精致的自然法理论也反过来朝法律实证主义的方向发展)。那一论证的基础可以从上述讨论的问题中粗略地看到。例如,哈特的理论(用夏纳的术语说,"精致的法律实证主义")运用了"内部视角",因而接近自然法理论。因此,在从接受法律创设了(初始的道德)义务的公民的视角看待法律,和以法律事实上强加了有效的(初始的)

---

① Neil MacCormick, *Institutions of Law: An Essay in Legal Theory* (Oxford University Press, Oxford, 2007), p. v;一般性的论述,见 Maksymilian Del Mar and Zenon Bankowski eds., *Law as Institutional Normative Order* (Ashgate, Surrey, 2009)。

② Tom D. Campbell, *The Legal Theory of Ethical Positivism* (Aldershot, Dartmouth, 1996).

③ Roger Shiner, *Norm and Nature* (Clarendon Press, Oxford, 1992).

道德义务为条件来建构一种理论之间的区别似乎很小了。

弗雷德里克·肖尔在评论《规范与性质》一书时[①]提出了一种经验的非诠释的法律实证主义。他认为,与哈特派的法律实证主义相比,他的法律实证主义是站得住脚的,而且没有倒向自然法理论的危险。换句话说,肖尔提出了一种"回归到奥斯丁"的法律实证主义。[②] 肖尔的基本论证是人们可以建构一种"内部视角"理论,在此理论中,公民的行为遵守法律和官员的法律强制,并且公民的这些行为都可以用审慎的(prudential)这类术语(例如,公民畏惧法律制裁,官员对惩罚和免职的畏惧,官员希望晋升)来解释。[③] 这种被改造的"内部视角"的要旨在于"规范性"面向(即如下事实:公民或官员接受法律,并认为法律创设了道德义务,认为法律提供了遵守法律规定的行为理由)被消除了,并且正是精致的法律实证主义的规范性面向使得法律实证主义倒向了自然法理论。[④]

然后我们回到哈特(和他的许多追随者),来发现为何以"法律的坏人论"[⑤]为基础的理论是不充分的。哈特的答案似乎是:因为它没有考虑到接受法律的人的视角,那些人基于非审慎的理由而遵守法律的规定。[⑥] 一种观点认为这是任何理论应该试图解释的法律的"核心"或

---

① Frederick Schauer, "Critical Notice" (reviewing R. Shiner, *Norm and Nature* [1992]), 24 *Canadian Journal of Philosophy* 495 (1994).

② 见 Frederick Schauer, "Positivism Through Thick and Thin", in Brian H. Bix ed., *Analyzing Law* (Clarendon Press, Oxford, 1988)。

③ Frederick Schauer, "Critical Notice", pp. 500-501.

④ Frederick Schauer, "Critical Notice", pp. 498-501.

⑤ 见 Oliver Wendell Holmes, "The Path of the Law", 10 *Harvard Law Review* 457 at 460-461 (1897)。

⑥ 至于审慎的利益是否是"内部视角"的充分基础,哈特对此没有给出完全清晰的观点。见 Hart, *The Concept of Law*, p. 203(内部视角中包括那些出于"长期利益的算计"而接受法律的人)。

"中心"涵义,而出于畏惧或支持而服从法律是法律的"次要的"或"弱化的"涵义。① 肖尔的回应是:像约瑟夫·拉兹一样的法律实证主义者强烈地反对法律创设了初始的道德义务这样的命题(见第十六章),当理论家自己远离法律的道德身份而不涉足其中时,聚焦于那些相信法律强加了道德义务的公民或官员的理论是可疑的。肖尔认为,更好的方法是让问题在定义层面完全开放,并公开讨论这个问题。② 传统观点认为哈特在法律理论中对(准)诠释的方法的运用为特定的法律实证主义和一般的法律理论带来了重大的进展。肖尔的分析对这种传统的观点提出了巨大的挑战。

斯科特·夏皮罗(Scott Shapiro)拥护"法律的规划理论",根据这种理论,一般的法律体系和特定的法律规范被视为规划或类似规划的规范。③ 夏皮罗的方法致力于改进奥斯丁、哈特和德沃金的理论,并证明法律如何可以以事实为根据,同时给我们提供行为理由。④

我们也应注意"法律多元主义"的一般性挑战。⑤ 法律多元主义的

---

① 见 Finnis, *Natural Law and Natural Rights*, pp. 6-18. 有人可能也认为接受法律的人构成了大多数人群。然而,这是一种很少有证据可以支持或反对的经验性主张。见 Schauer, "Critical Notice", p. 502。

② Schauer, "Critical Notice", p. 503; Schauer, "Positivism Through Thick and Thin", pp. 73-78;更一般性的论述,见 Frederick Schauer, *The Force of Law* (Harvard University Press, Cambridge, Mass., 2015)。

③ Scott J. Shapiro, *Legality* (Harvard University Press, Cambridge, Mass., 2011);又见 Scott Shapiro, "The Planning Theory of Law" (2017), *http://papers.ssrn.com/sol3/papers.cfm?abstract_id=2937990*。

④ 对夏皮罗著作的批判性回应包括:John Gardner and Timothy Macklem, Book Review, *Notre Dame Philosophical Review*, *http://ndpr.nd.edu/news/27609-legality/*(2011); Brian H. Bix, Book Review, 122 *Ethics* 444 (2012); Connie S. Rosati, "Normativity and the Planning Theory of Law", 7 *Jurisprudence* 307 (2016); Kenneth M. Ehrenberg, "Law as Plan and Artefact", 7 *Jurisprudence* 325 (2016)。

⑤ 见,例如,William Twinning, *General Jurisprudence: Understanding Law from a Global Perspective* (Cambridge University Press, Cambridge, 2009); Brian Z. Tamanaha, "Understanding Legal Pluralism: Past to Present, Local to Global", 30 *Sydney Law Review* 375 (2008)。

起始点是人们经常受到不止一套法律(或类似法律的)体系的约束。从历史来看,这种观察是真的。例如,在中世纪的英格兰,一个人或许会同时受到县法院①、庄园法院、王室法院和财务法院设定的规则以及教会法和商人法的约束。② 在当下,法律多元主义描述了在殖民地国家占领者法与原住民法相互作用的方式、国内法与国际法相互作用的方式,以及国家法与"软法"和"社会规范"的指引和期待之间相互作用的方式。

一些法律多元主义者认为,法律理论不应排他性地或主要关注国家法。有人回应,像法律实证主义这样聚焦于(国家)法性质的理论可与不以国家为重点的政治理论的需求相容,甚至与对其他类型法律性质的单独理论的需求相容。其他人认为,法律多元主义要求对特殊层面的法律性质理论和一般层面的法哲学进行更系统的反思。③

---

① 见,例如,Robert C. Palmer, *The County Courts of Medieval England, 1150－1350* (Princeton University Press, Princeton, 1982)。

② 虽然艾米丽·卡登斯对历史上统一商人法的传统观念表示怀疑,但她承认,法院经常与特定的行会和商品展销会相关联。Emily Kadens, "The Medieval Law Merchant: The Tyranny of a Construct", 7 *Journal of Legal Analysis* 251 (2015).

③ 见,例如,Wibren van der Burg, "Conceptual Theories of Law and the Challenges of Global Legal Pluralism: A Legal Interactionist Approach" (2018), in Paul Schiff Berman ed., *The Oxford Handbook on Global Legal Pluralism* (Oxford University Press, Oxford, forthcoming), 可见于 *https://papers.ssrn.com/sol3/papers.cfm?abstract_id=3288451*。

建议进一步阅读的书目

奥斯丁 3-09

John Austin, *Lectures on Jurisprudence, or The Philosophy of the Positive Law* (4th ed., R. Campbell ed., John Murray, London, 1879) (Thoemme Press reprint, Bristol, 2002).

—, *The Province of Jurisprudence Determined* (W. E. Rumble ed., Cambridge University Press, Cambridge, 1995).

Brian Bix, "John Austin", in Edward N. Zalta ed., *Stanford Encyclopedia of Philosophy, http://plato.stanford.edu/entries/Austin-John(2018).*

W. L. Morison, *John Austin* (Stanford University Press, Stanford, 1982).

Michael Freeman & Patricia Mindus eds., *The Legacy of John Austin's Jurisprudence* (Springer, Dordrecht, 2013).

Frederick Schauer, "Was Austin Right After All? On the Role of Sanctions in a Theory of Law", 23 *Ratio Juris* 1 (2010).

—, "Positivism Before Hart", 24 *Canadian Journal of Law and Jurisprudence* 455 (2011).

哈特

Michael Bayles, *Hart's Legal Philosophy: An Examination* (Kluwer Academic Publishers, Dordrecht, 1992).

Luís Duarte d'Almeida, James Edwards and Andrea Dolcetti eds., *Reading H. L. A. Hart's The Concept of Law* (Hart Publishing, Oxford, 2013).

P. M. S. Hacker and Joseph Raz eds., *Law, Morality, and Society: Essays in Honour of H. L. A. Hart* (Clarendon Press, Oxford, 1977).

H. L. A. Hart *The Concept of Law* (3rd ed., Leslie Green, P. A. Bulloch and J. Raz eds., 2012)(第二版包括一篇主要回应罗纳德·德沃金的"后记").

—, *Essays in Jurisprudence and Philosophy* (Clarendon Press, Oxford, 1983).

—, "Positivism and the Separation of Law and Morals", 71 *Harvard Law Review* 593 (1958).

Matthew H. Kramer, *H. L. A. Hart* (Polity Press, Cambridge, 2018).

Lacey Nicola, *A Life of H. L. A. Hart* (Oxford University Press, Oxford, 2004).

John Mikhail, "'Plucking the Mask of Mystery from Its Face': Jurisprudence and H. L. A. Hart", 95 *Georgetown Law Journal* 733 (2007).

Neil MacCormick, *H. L. A. Hart* (2nd ed., Stanford University Press, Stanford, 2008).

法律实证主义

Brian Bix, "Legal Positivism" in W. A. Edmundson and M. P. Golding eds., *Blackwell Guide to Philosophy of Law and Legal Theory* (Blackwell, Oxford, 2005), pp. 29-49.

Jules L. Coleman and Brian Leiter, "Legal Positivism", in *A Companion to the Philosophy of Law and Legal Theory* (2nd ed., D. Patterson ed., Blackwell, Oxford, 2010), pp. 228-248.

Jules Dickson, "Legal Positivism: Contemporary Debates", in Andrei Marmor ed., *The Routledge Companion to Philosophy of Law* (Routledge, London, 2012), pp. 48-64.

Robert P. George ed., *The Autonomy of Law: Essays on Legal Positivism* (Clarendon Press, Oxford, 1996) (包括 Joseph Raz, Neil MacCormick, John Finnis, Frederick Schauer, Jules Coleman 和 Philip Soper 的文章).

Leslie Green, "Legal Positivism", in Edward N. Zalta ed., *Stanford Encyclopedia of Philosophy*, *http://plato.stanford.edu/entries/legal-positivism/* (2003).

Matthew Kramer, *In Defense of Legal Positivism: Law Without Trimmings* (Oxford University Press, Oxford, 1999).

Brian Leiter, "Why Legal Positivism (Again)" (2013), 可见于 *https://papers.ssrn.com/sol3/papers.cfm?abstract_id=2323013*.

David Lyons, *Moral Aspects of Legal Theory* (Cambridge University Press, Cambridge, 1993).

Andrei Marmor, "Legal Positivism: Still Descriptively and Morally Neutral", 26 *Oxford Journal of Legal Studies* 683 (2006).

Joseph Raz, *The Authority of Law* (2nd ed., Oxford University Press, Oxford, 2009).

—, *Ethics in the Public Domain* (Clarendon Press, Oxford, 1994).

Scott J. Shapiro, *Legality* (Harvard University Press, Cambridge, Mass., 2011).

包容性与排他性法律实证主义

Jules Coleman, "Beyond Inclusive Legal Positivism", 22 *Ratio Juris* 359 (2009).

Jules Coleman ed., *Hart's Postscript: Essays on the Postscript to the Concept of Law* (Oxford University Press, Oxford, 2001) (作者包括 Joseph Raz, Jules Coleman, Stephen Perry 和 Jeremy Waldron).

Kenneth Einar Himma, "Inclusive Legal Positivism", in J. Coleman and S. Shapiro eds., *The Oxford Handbook of Jurisprudence and Philosophy of Law* (Oxford University Press, Oxford, 2002), pp. 125-165.

Andrei Marmor, "Exclusive Legal Positivism", in J. Coleman and S. Shapiro eds., *The Oxford Handbook of Jurisprudence and Philosophy of Law* (Oxford University Press, Oxford, 2002), pp. 104-124.

Scott J. Shapiro, "Was Inclusive Legal Positivism Founded on a Mistake?", 22 *Ratio Juris* 326 (2009).

法律多元主义

Paul Schiff Berman, *Global Legal Pluralism: A Jurisprudence of Law Beyond Borders* (Cambridge University Press, Cambridge, 2012).

Nicole Roughan and Andrew Halpin eds., *In Pursuit of Pluralist Jurisprudence* (Cambridge University Press, Cambridge, 2017).

Brian Z. Tamanaha, "Understanding Legal Pluralism: Past to Present, Local to Global", 30 *Sydney Law Review* 375 (2008).

第四章　汉斯·凯尔森的纯粹法学

4-01　汉斯·凯尔森(1881—1973)是一位多产的、影响深远的奥地利法学家。希特勒上台后凯尔森逃离欧洲来到美国。他在美国度过余生,他的许多作品都是这段时间完成的。凯尔森的著作在法理学和国际法领域是重要的,他还是第一次世界大战后奥地利宪法的主要起草人。

通观凯尔森五十多年的法理学著述生涯,他出版了大量专著和文章,[①]他对各种问题的观点有着大大小小的变化。[②] 任何概括凯尔森的观点的尝试都是艰难的。这一任务是相当复杂的,一方面是因为凯尔森的理论的复杂性,另一方面是因为我们(至少对美国和英国的读者而言)不熟悉凯尔森著作的哲学传统——特别是新康德主义,新康德主义是一个试图把伊曼努尔·康德(Immanuel Kant)的思想运用于社会和伦

① 根据统计,凯尔森出版了387部各不相同的作品(其中近100部是专门讨论法律理论的)。截至1991年,387部作品中有18本书和121篇文章是可以找到英文版的。Michael Hartney, "Appendix: Bibliography of Kelsen's Publications in English", in Hans Kelsen, *General Theory of Norms* (Michael Hartney trans. and ed., Clarendon Press, Oxford, 1991), pp. 440-454.

② 如果某人研读了凯尔森生前没有出版的晚期著作,将会发现他的观点和态度有着很大的变化,他晚期似乎支持某些早年他激烈反对的观点。见 Stanley L. Paulson, "Kelsen's Legal Theory: The Final Round", 12 *Oxford Journal of Legal Studies* 265 at 265-266 (1992); Neil Duxbury, "Kelsen's Endgame", 67 *Cambridge Law Journal* 51 (2008)。关于凯尔森著作的不同"分期",见 Hartney, "Introduction", in Kelsen, *General Theory of Norms*, pp. xx-liii; Stanley L. Paulson, "Metamorphosis in Hans Kelsen's Legal Philosophy", 80 *Modern Law Review* 860 (2017)。

理理论的思想流派。①

凯尔森在他的大部分著述中所提出的理论图景试图包括各种一般性论题,②虽然人们很少注意凯尔森的观点发生改变的方式。相对于凯尔森理论的完全复杂性及其随时间的转变而言,这种描绘将不可避免地有简化之嫌。

纯粹法学

凯尔森称他的理论为“纯粹法学”(reine Rechtslehre)。用凯尔森的 4-02
话说,这种理论是“纯粹的”,“因为它仅仅描述法律,并且试图排除那些不是严格的‘法律’的描述对象”。③ 道德判断、政治偏见和社会学结论都应被排除在外,这些因素对于法律制度的“科学”描述而言都是不恰当的。④

第三章指出了法律的规范方面对哈特的法律理论的重要性(它是

① 因为凯尔森的许多重要著作都是用德语写的(直到最近才陆续有人翻译过来),还因为他是在一种不同的哲学传统(受康德强烈影响的欧洲大陆传统)中写作,所以他的著作没有成为英语世界法律理论发展的主流(虽然凯尔森在许多国家比哈特更知名也更有影响)。基于以上理由,我以哈特而不是凯尔森为蓝本来介绍现代法律实证主义的主题,虽然凯尔森的大多数著作比哈特的大多数重要著作的问世时间要早。

② 在本章的结尾处将简单地讨论凯尔森著作的“怀疑”时期。本章不讨论凯尔森早期的“批判建构主义”。有关这个论题的论述,见,例如,Stanley L. Paulson,“Four Phases in Hans Kelsen's Legal Theory? Reflections on a Periodization”, 18 *Oxford Journal of Legal Studies* 153 at 156–157 (1998)。

③ Hans Kelsen, *The Pure Theory of Law* (M. Knight, trans., University of California Press, California, 1967), p. 1;又见 Stanley L. Paulson,“The Purity Thesis”, 31 *Ratio Juris* 276 (2018)。

④ 人们不应过分解读凯尔森关于法律“科学”的论述。这里的“科学”是从德文“Wissenschaft”翻译过来的,它的意思和适用范围比英文中的“science”要宽泛。例如,用“Wissenschaft”一词来指称文学理论是正常且没有争议的。

"规则的内在方面"的核心,它转而成为哈特的理论的核心方面,并且成为区分诸如约翰·奥斯丁那样的经验理论的关键)。在凯尔森的理论中,法律的规范性是一个更核心的支配性因素。如果人们牢记该理论对规范性的关注,那许多困扰凯尔森法律理论的读者的难题便可迎刃而解。

理解凯尔森的法律理论进路有两个基本的要点。首先,规范性主张——关于人应该如何行为或事物应该如何的论点——仅能以其他规范性主张为根据(或由此来论证)。① 这种论点认为,人们不能从纯粹的事实前提中得出规范性结论,即"人们不能从'实然'得出'应然'",这个论点通常被认为是大卫·休谟提出来的。② 换句话说,关于情境的纯事实描述从来不足以证明(道德上)应当做某事的合理性。人们只有先接受一个道德前提,才能证明此类结论的合理性。③

其次,论证的链条必须在某处终止。④ 在各种讨论中,每一种(规范性)论证都以某些更一般的或更基本的论证为基础。如果我们仔细观察支持特定观点的论证环节,我们最终将以一个论证结束整个论证之链,其他的论证不能证明这一论证的合理性,最终论证的效力仅仅基于默示或直接的接受("信仰般地"接受),我们往往忘了这一点。

看看下面这个例子。一个宗教信徒告诉你通奸是错误的。当你问她为什么时,她说:"因为那是圣经所说的。"你以一种固执的语气说"那

---

① 见 Kelsen, *The Pure Theory of Law*, pp. 4-10。

② 见 David Hume, *A Treatise of Human Nature*(2nd ed.,由 P. H. Nidditch 修订并做注释,Clarendon Press, Oxford, 1978), Section 3. 1. 1, pp. 469-470。

③ 然而,道德前提可能是"明显的",也可能是某些"每个人都赞同"的东西。有些哲学家对从一个"实然"命题不能得出一个"应然"命题这种一般的观点提出了挑战。这是一场复杂的争论;基于本文的目标,人们只需知道凯尔森的法律进路是以一种传统的观点为基础的,即从"实然"不能推出"应然"。

④ 见 Kelsen, *The Pure Theory of Law*, pp. 193-195。

又怎么样呢?”,她的回答是,圣经是上帝的启示。你接着追问“那又怎么样呢?”,她耐心地回答说,我们应该按上帝的启示行为。然而,如果在这一点上,你追问为什么如此,那你可能会让她冷眼相看。论证的链条在这里终止了;某人要么接受人应该按上帝的启示行为这一论证,要么不接受。① 宗教信徒最初的主张,即“人们不应通奸”,衍推或暗含了一个基础的论证,即“我们应该按上帝的启示行为”。(这不是说人们不能用其他的起点获得相同的规范性结论,仅仅是说,对这个宗教信徒而言,这个结论是从那个起点得出的。)

凯尔森认为法律陈述暗含了一个基础的论证,正如宗教陈述暗含了一个基础的论证一样。用更为技术的语言说,凯尔森把“新康德派”的方法运用于法律理论,这种方法以康德的知识论特别是康德的先验论证(transcendental argument)为基础。②

理解凯尔森事业的最佳方式或许是通过追问下面这个问题:“有些人把法律规则当作有效的规范,这一事实会带来什么呢?”③与许多重要的哲学家一样,凯尔森试图向我们证明,某些我们认为普通的、不足为奇的问题是有趣的或者矛盾的。在凯尔森看来,普通的、不足为奇的事实是:虽然看起来就是行为的简单集合,但我们有时把那些行为当作规

① 这一论证延伸一步或两步不会改变基本的分析。例如,宗教信徒可以说,“人们应该按上帝的启示行为,这是因为上帝创造了人类和世界上的所有事物”,这暗示我们应该服从创造我们的人。然而,为什么每个人都必须接受那个规范性观点呢?这没有特殊的理由。

② 见,例如,Kelsen, *The Pure Theory of Law*, pp. 201-205; Stanley L. Paulson, “The Neo-Kantian Dimension of Kelsen's Pure Theory of Law”, 12 *Oxford Journal of Legal Studies* 311 (1992)。一种先验论证是指“阐述某些基本现象的存在不受挑战或不被争论的可能性条件。……这种论证演绎地进行,从一个断言某些基本现象(例如有意义的话语)存在的前提,……到断言存在某些有趣的、实质性的可能条件的结论”。Robert Audi ed., *The Cambridge Dictionary of Philosophy* (2nd ed., Cambridge University Press, Cambridge, 1999), p. 925 (关于“先验论证”的词条).

③ 见 Paulson, “The Neo-Kantian Dimension of Kelsen's Pure Theory of Law”, p. 324。

范性行为。不管某人何时看到人们把选票投进投票箱,或者看到一群人依不同的顺序举手"通过有效的法律",这把经验性行为转化为规范性意义。[①] 既然那些行为已经完成(这群人举手通过了),人们现在"应该"去做某事了(例如,交税),当有人这样说的时候,这种转化是显而易见的。"实然"和"应然"之间的边界已经跨越,此处的问题是:我们能从中学到什么?

我们需要回到辩护规范性链条的观念上来。现以某一简单的法律规范陈述为起点来讨论这个问题,例如,"某人不能在这里停车(这样做是非法的)"。如果做出这种陈述的人被问及为什么如此,她可能指出这条规章是某个城市的议会、法官或行政长官有效地制定的。如果追问者进一步问及理由,链条回溯到,例如,一次立法行为授权这个行政长官在这个领域制定这条规章,并且这次立法行为是根据宪法设定的程序通过的。[②] 当人们回到宪法本身时,事情变得有点棘手。宪法文件自身是对更早的基本法的修正,或者是在更早的基本法的授权下制定出来的。然而,我们最终要在一个基本点或这个社会的法律历史的原点打住,在这个基本点上人们不能进一步回溯,也不能为这个基本点提供进一步的辩护。

追溯整个链条将得出如下暗示:断言单条法律规则的(规范)效力(例如,"人们不能在这条街道停车")是间接地承认这个链条的基本环节的效力(例如,"人们应该按议会的法令行事"),同理,认可个别的宗教信仰间接地认可了基本的宗教规范("人们应该按上帝的命

① 见,例如,Hans Kelsen, *Introduction to the Problems of Legal Theory* (Bonnie L. Paulson and Stanley L. Paulson trans., Clarendon Press, Oxford, 1992), pp. 6-12。

② 当一个官员在她的权限范围内以一种非法的方式行为时,凯尔森认为这种情况很复杂。见,例如,Stanley L. Paulson, "Material and Formal Authorisation in Kelsen's Pure Theory", 39 *Cambridge Law Journal* 172 (1980)。

令行为”)。换言之,单条法律规则的任何表述或暗含的认可都“预设”了对基本规范的肯定。法律体系的基础性规范(“人们应该去做历史上第一部宪法授权的事情”)就是凯尔森所说的“基础规范”(Grundnorm)。①

对凯尔森而言,法律内的分析和辩护因而在“静态”和“动态”层面同时发生。法律规范被更一般或更基本的规范证成的方式是静态的。更基本的规范授权法律官员(之后)创设更具体的规范的方式是动态的。② 法律和法律效力的等级观在德语中被称为“阶梯结构学说”(Stufenbaulehre),这一学说来自另一位奥地利法学家阿道夫·朱利叶斯·默克尔(Adolf Julius Merkl)的著作。③

还原与法律理论

汉斯·凯尔森相信,所有法律规范都可以并应该根据授权官员施 4-03
加制裁来理解:如果 A(公民)做 X(错误的行为),那么 B(一个官员)被

① 见,例如,Kelsen, *Introduction to the Problems of Legal Theory*, pp. 56-60。麦考密克做了有益的补充:“虽然一条基本规范在有效的宪法中的确是被预设的,但它不纯粹是一个预设。它是生活习俗的内容,一种可以以明确的规范形式表述的惯习。”Neil MacCormick, *Institutions of Law* (Oxford University Press, Oxford, 2007), p. 288. 凯尔森在 1914 年介绍了他的基本规范观,这一观念来自康德和鲁道夫·施塔姆勒(Rudolph Stammler)。Stanley L. Paulson, “A Great puzzle: Kelsen's Basic Norm”, in Luís Duarte d' Almeida, John Gardner and Leslie Green eds., *Kelsen Revisited: New Essays on the Pure Theory of Law* (Hart Publishing, Oxford, 2013), pp. 43-61 at pp. 45-46.

② 见,例如,Kelsen, *The Pure Theory of Law*, pp. 108-278。

③ 见 Andràs Jakab, “Problems of the *Stufenbaulehre*: Kelsen's Failure to Derive the Validity of a Norm from Another Norm”, 20 *Canadian Journal of Law and Jurisprudence* 35 (2007); Stanley L. Paulson, “How Merkl's *Stufenbaulehre* Informs Kelsen's Concept of Law”, 21 *Revus* 29 (2013)。

授权强加Y(一项制裁)。[①]

因而,凯尔森希望我们把“你不应杀人”转化为对官员的一项指令:如果任何公民杀人了,你(官员)有权对那个人施加一项制裁。对官员的指令仅仅是一种授权,人们或许想知道凯尔森如何能够解释这个事实,即官员有义务施加制裁——它不仅仅是他们的自由裁量权范围内的问题。凯尔森会说,此时官员有义务去行为,这仅仅意味着存在另外一条有着同样内容的指令上级官员的规范:“如果下级官员在这种情境中没有施加一项制裁,你有权对那个官员施加一项制裁。”——所以它将上升到更高的层级。

刑法的转化有点不便,但是,当我们试图把民法特别是赋予权力的法律转化为相同的形式时,这种转化的不便变得更大。例如,一条授权设立遗嘱的成文法可能得这么解读:如果A设立了一个有效的遗嘱(遵守了特定的程序和实质的要求),A去世后A的遗嘱执行人拒绝遵守这个遗嘱的规定,那么B(一个官员)有权对A的遗嘱执行人施加一项制裁。[②]

人们假设一种理论或一种行为模式时,还原是自然的倾向。在某些方面,它是活动的本质。人们可以根据一个或两个概念讨论一个复杂的社会现象(例如法律),在这个意义上说,这种理论化的过程是成功的。一种纯粹复制人类复杂现象的理论没有什么可圈可点之处,它对我们毫无意义。解释必然是试图用其他更简单的术语来解释某个活动。

---

① 凯尔森实际使用的术语是官员“应该”强加制裁。但凯尔森在一种宽泛的意义上使用“应该”这个词,最好概括为“授权”而不是“应该行为”。见 Hans Kelsen, “On the Basis of Legal Validity”, 26 *American Journal of Jurisprudence* 178 at 178-179 n. b (1981) (Stanley L. Paulson, trans.)(见凯尔森关于“任命”(bestimmen)和“应该”(sollen)的用法的译者注)。

② 见,例如,Kelsen, *The Pure Theory of Law*, pp. 114-130。

能够说一些诸如“法律基本上或本质上是……”(空白处由下面的内容来填充:“以威胁为后盾的命令”或“对官员强加制裁的授权”或“计划”)此类的话是让人满意的。理解某些东西的本质一直被认为是智慧的表现,当法学家告诉我们她已经“发现”了法律(或政府或财产或婚姻)的本质时,我们特别欢迎。

另一方面,简化常常意味着歪曲。一个人越是试图重新概括各种各样的经验(虽然是同质的),这种描述就越困难也越不精确。所有社会理论家(经济学家和人类学家还有法学家和政治学家)必须考虑描述的精确性和解释权之间的平衡。(在理解法律与经济学运动的限度时,它是一个特别重要的问题,第十八章将讨论这个问题。)凯尔森的理论走向了一种极端的还原论立场:试图把所有的法律还原成一种特定的形式。[①] 然而,如同哈特讨论奥斯丁的法律进路时所指出的,[②]虽然此类还原似乎具有简化的优点,但这种优点很大程度上是表面的,试图强行把各种法律规范还原成单一的结构的可能后果是尴尬的、不适合的、误人子弟的。

哈特与凯尔森

或许因为哈特派学人与凯尔森派学人之间的对话(或交流)有限, 4-04
学界对哈特和凯尔森之间的差异理解很贫乏。有时人们认为凯尔森在奥斯丁的错误观点和哈特的解决方案之间打住了(一个没有经过进一

---

① 凯尔森既不是第一个也不是最后一个做出这种尝试的理论家。见,例如,J. W. Harris, *Law and Legal Science* (Clarendon Press, Oxford, 1979)(试图从义务的角度分析所有法律)。

② Hart, *The Concept of Law*, pp. 27-42.

步检验的观点)。有人指出,哈特纯粹是清晰版的凯尔森。① 即使这意味着对凯尔森的赞许,但它伤害了这两位法学家。② 本节简要地讨论把两个学者联系在一起和把他们分开的某些观点。

有一个问题是关注法律的规范性的法学家——哈特和凯尔森都可归入这个范畴——都试图回答的:一个法律体系如何与匪徒的命令区分开来?③ 在哈特看来,这个问题导致我们研究两种行为和态度之间的差异,一方面是遵守规则时的行为和态度,另一方面是被迫做相同的行为时的行为和态度。这反过来导致哈特对规则和法律的"内在方面"的讨论,这是哈特法律理论进路的关键。

凯尔森对匪徒和法律问题的回应是简单的:有些人以一种规范的方式来看待有权力的人的行为,因而在处理官员的宣告时预设了基本规范,把官员视为合法的权威;那些不以这种方式看待行为的人将把有权力的人视为匪徒或他们的同伙。在这个意义上,凯尔森的回答可以与哈特的回答作一番比较:有效的法律的命令和匪徒的命令之间的差异是由公民主体的态度决定的,也真正地由他们的态度构成。

这里,我们也明白了法律实证主义如何把哈特和凯尔森联系在一起:二者都通过关注公民的反应这个或多或少"中立"的问题来分析匪徒和合法的政府之间的差异。哈特和凯尔森的立场避免了道德判断。他们避免了匪徒与法律问题的一个更显而易见的答案,一个自然法学

---

① Jeffrie G. Murphy and Jules L. Coleman, *Philosophy of Law* (revised ed., Westview Press, 1990), p. 27.

② 人们可以在哈特的《法理学和哲学论文集》中发现哈特对凯尔森的评论,Hart, *Essays in Jurisprudence and Philosophy* (Clarendon Press, Oxford, 1983), pp. 286-342。然而,人们经常有一个这样的印象,即哈特不完全理解凯尔森的著作,这部分是因为凯尔森的起点迥异于哈特著述的英美传统。

③ 见 Hart, *The Concept of Law*, pp. 6-7, 20-25, 82-83; Kelsen, *The Pure Theory of Law*, p. 8。

家会迅速给出的答案:合法的领袖和匪徒之间的差异在于,前者出于共同的善而做出公正行为,后者则不是。

哈特和凯尔森之间的差异是同样有趣而重要的。虽然在回应和批评还原论和经验论色彩更浓的进路时,哈特和凯尔森两人都强调法律的规范方面,但他们的“规范”概念是不一样的。① 哈特的规范观将规范还原为特定类型的社会事实,而凯尔森反对将“规范”还原为任何事实——他否认人们(例如,根据法律或道德)应该做什么的陈述可以毫无损失地被翻译成对世界事实的一些描述。② 虽然哈特的理论试图沿袭和解释实际的社会实践(他的工作被贴上了“描述社会学”的标签,并仔细区分了如下范畴——例如,被迫与有义务,出于习惯的行为和遵守规则的行为,以及不同类型的规则),凯尔森的理论是更抽象的——对一个声称是“纯粹理论”和新康德主义分析的理论来说非常合适。

最明显的差异是他们的方法论,本章和前一章的讨论中论述了他们各自的方法论。哈特的分析以对实际发生的实践(以及它们的参与者观察它们的方式)和语言用法的密切注意为基础。相比之下,凯尔森提出了一种法律的逻辑分析以及一般性的规范思想。

凯尔森的基本规范和哈特的承认规则之间存在着有趣的相似性与区别。承认规则和基本规范都依赖规范性效力链条的观念:一条特定的法律规范具有有效性仅仅是因为它得到了一条更一般的或更基本的法律规范的授权。效力链条必须在某处终止,终止处的基础规范无需

---

① Stanley L. Paulson, “Continental Normativism and Its British Counterpart: How Different Are They?”, 6 *Ratio Juris* 227 (1993).

② Paulson, “Continental Normativism and Its British Counterpart: How Different Are They?”, at 236.

进一步的论证，它是被“接受”的[1]或者是被“预设”的。[2] 再一次指出他们方法论上的差异是重要的：哈特的理论是对实际实践的分析描述，而凯尔森寻求一种甚至连社会学观察也能纯粹化的理论，最好把他的理论理解为一种新康德主义的先验演绎，即从我们把特定规则视为法律规范的事实中演绎出来的理论。[3]

（单个的）承认规则和（单个的）基本规范的观念来自如下假设：社会的法律法规以系统的方式发生或被视为以系统的方式发生——所有这些规范都适合连贯的、等级有序的辩护结构。如果有人认为法律体系不必以这种方式体系化，那么某人会得出如下结论：这个法律体系存在多条承认规则或多条基本规范。[4]

规范的性质

4-05 凯尔森在晚期著作中投身于规范性质问题的研究。在凯尔森那里，根据一条规范“证成”或“产生”另外一条规范的（比喻性的）分析，以及一个法律体系是否包含内容相互矛盾的规范的探究，似乎造成了如下混乱：“一条作为句子或句子意义的规范与作为特定的社会事件创制和废止的偶然实在的规范之间”[5]的混乱。这种探究肯定是他的理论

① Hart, *The Concept of Law*, pp. 100–110.

② 见 Kelsen, *Introduction to the Problems of Legal Theory*, p. 59。

③ 见，例如，Paulson, “The Neo-Kantian Dimension of Kelsen's Pure Theory of Law”。

④ 见 Joseph Raz, *The Authority of Law* (2nd ed., Clarendon Press, Oxford, 1979), pp. 122–145; Joseph Raz, *The Concept of a Legal System* (2nd ed., Clarendon Press, Oxford, 1980), pp. 197–200。

⑤ Hartney, “Introduction”, pp. xlii–xliii.

经过多次改变并在后期著作中产生某些奇怪观念后得出来的。[①] 规范的“存在”“意义”和“逻辑”问题是一个困扰了所有法学家的疑难问题，虽然哈特的著作（见第三章）对这些挑战的处理相较凯尔森的晚期著作要不笨拙得多。

① 有关这些变化和概念的概述，见，例如，Hartney，“Introduction”，pp. xlii－liii；Paulson，“Kelsen's Legal Theory：The Final Round”；Duxbury，“Kelsen's Endgame”。例如，在凯尔森的后期著作中：“法律规范作为意志行为的意义而出现，并且法律规范的有效性‘取决于其意义所在的意志行为’”，Paulson，“Kelsen's Legal Theory” at 266（注释省略）。晚期转变的种子在凯尔森的早期著作中就存在的证据，见 Stanley L. Paulson，“Metamorphosis in Hans Kelsen's Legal Philosophy”，80 *Modern Law Review* 860（2017）。

建议进一步阅读的书目

4-06 Brian H. Bix, "Rules and Normativity in Law", in Tomasz Gizbert-Studnicki, Krzysztof Pleszka, Michał Arszkiewicz & Paweł Banas eds., *Problems of Normativity, Rules and Rule Following* (Springer, 2015), pp. 125–146.

Luís Duarte d'Almeida, John Gardner and Leslie Green eds., *Kelsen Revisited: New Essays on the Pure Theory of Law* (Hart Publishing, Oxford, 2013).

Michael Steven Green, "Hans Kelsen and the Logic of Legal Systems", 54 *Alabama Law Review* 365 (2003).

Hans Kelsen, *General Theory of Norms* (M. Hartney trans., Clarendon Press, Oxford, 1991).

—, *Introduction to the Problems of Legal Theory* (B. L. Paulson and S. L. Paulson trans., Clarendon Press, Oxford, 1992).

—, *Pure Theory of Law* (M. Knight trans., University of California Press, California, 1967).

Andrei Marmor, "The Pure Theory of Law", in Edward N. Zalta ed., *Stanford Encyclopedia of Philosophy*, *http://plato.stanford.edu/entries/lawphil-theory/* (2016).

Stanley L. Paulson,, "Continental Normativism and Its British Counterpart: How Different Are They?", 6 *Ratio Juris* 227 (1993).

—, "A 'Justified Normativity' Thesis in Hans Kelsen's Pure Theory of Law?: Rejoinders to Robert Alexy and Joseph Raz," in Matthias Klatt ed., *Institutionalized Reason: The Jurisprudence of Robert Alexy* (Oxford University Press, Oxford, 2012), pp. 61–111.

—, "The Neo-Kantian Dimension of Kelsen's Pure Theory of Law", 12 *Oxford Journal of Legal Studies* 311 (1992).

Stanley L. Paulson and Bonnie Litschewski Paulson eds., *Normativity and Norms: Critical Perspectives on Kelsenian Themes* (Clarendon Press, Oxford, 1998)(作者包括 H. L. A. Hart, Alf Ross, Carlos S. Nino, Joseph Raz, Neil MacCormick 和 Georg Henrik von Wright).

Jeremy Telman ed., *Hans Kelsen in America—Selective Affinities and the Mysteries of*

Academic Influence (Springer, Dordrecht, 2016).

Richard Tur and William Twining eds., *Essays on Kelsen* (Clarendon Press, Oxford, 1986)(作者包括 Joseph Raz, Ota Weinberger, J. W. Harris 和 Stanley L. Paulson).

Lars Vinx, *Hans Kelsen's Pure Theory of Law: Legality and Legitimacy* (Oxford University Press, Oxford, 2007).

第五章　自然法理论与约翰·菲尼斯

5-01 我们生活之中的法律和法律体系可以根据道德来批评,有些标准可以被用来比较和发现法律规范的不足,我们认为这是理所当然的。评价法律的标准有时被描述为“高级法”。[①] 对某些人来说,这是字面意思:有些跟法律类似的标准见诸或起源于神的启示、宗教文本、对人性的仔细研究或对自然的思考。对其他人来说,诉诸“高级法”是一种比喻,它至少反映了我们对法律的道德身份的各种直觉:一方面,不是每一种恰当地制定为法律的东西都具有道德约束力;另一方面,法律的确具有道德的分量——决定什么是正确的事情时,不应完全忽视它。[②] (对后一个要点的澄清:如果法律没有内在的道德分量,当忽视了我们社会的法律的要求时,我们不会感到有必要援用“高级法”来辩护。)

传统的自然法理论

5-02 历史上,传统上与“自然法”这个标题联系在一起的方法侧重于对“高级法”存在的论证、其内容的阐述以及对“高级法”存在应遵循的结

① 见 Franz Wieacker, *A History of Private Law in Europe* (Tony Weir trans., Clarendon Press, Oxford, 1995), p. 205。

② 有关“高级法”的可能含义和重要性的更多信息,见 Connie S. Rosati, “Is there a ‘Higher Law’? Does it Matter?”, 36 *Pepperdine Law Review* 615 (2009)。

果的分析(特别是,当实在法——特定的社会制定的法律——与“高级法”发生冲突时,公民对这种情境应当做出何种回应)。[①]

古希腊思想家表达过类似于自然法的观点,虽然人们也可以找出一大堆这方面的文章,[②]但是,自然法观点最知名的古典表述是罗马演说家西塞罗(Marcus Cicero,公元前106年—公元前43年)提出来的。西塞罗(如同许多罗马法学家)深受希腊斯多葛派哲学家著作的影响(有些人甚至说西塞罗仅仅对斯多葛学派已有的观点提供了优美的重述)。从西塞罗下面的这段话中,我们可以了解与传统自然法理论相连的大多数主题:

> 真正的法律乃是与自然相吻合的正确理性;它是普遍适用的、稳定的、恒常的;它以命令的方式召唤履行义务,以禁止的方式阻止犯罪行为。但它不会徒然地对好人行命令和禁止,虽然命令和禁止对坏人毫无影响。企图改变这种法律是亵渎,取消它的某个方面是不被允许的,完全废止它是不可能的。我们无论是以元老院的决议或是以人民的决议都不可能摆脱这种法律的束缚,我们无须寻找说明者和阐释者。也不会在罗马是一种法律,在雅典是

---

① 朗·富勒和罗纳德·德沃金这些现代的学者有时也与自然法联系在一起,他们的方法已经远离了本章所讨论的自然法传统。后面的章节将详细讨论富勒(第六章)和德沃金(第七章)的理论。

② 这些文章包括:Plato, “Laws”, Book IV, 715b, in E. Hamilton and H. Cairns eds., *Plato: The Collected Dialogues* (Princeton University Press, Princeton, 1961), p. 1306(“制定法在不是为了整个社会的共同利益而制定时,就不是真正的法律”);以及 Aristotle, “Nicomachean Ethics”, Book V, 7: 1134 b 18-1135 a 5, in Jonathan Barnes ed., *The Complete Works of Aristotle* (Princeton University Press, Princeton, 1984), vol. 2, p. 1790-1791;还有 Sophocles, “Antigone”, in *The Oedipus Plays of Sophocles* (Paul Roche trans., New York: Mentor, 1958), p. 210:“我从来不认为一个凡人的命令如此强大有力,以致它们竟然废除了天国的、不成文的、永恒不衰的法则。”

另一种法律,现在是一种法律,将来是一种法律,对于所有的民族,所有的时代,它是唯一的,永恒的,不变的法律。而且对于我们所有人而言也只有一个统治者,那就是上帝,他是这一种法律的创造者、宣布者、裁判者。谁不服从它谁就是自我逃避,蔑视人的本性,从而将会受到严厉的惩罚,尽管他可能躲过被人们视为惩罚本身的其他惩罚。①

前文指出,西塞罗的著述已经涉及了传统自然法的大部分主题(虽然某些分析还不系统也没有达到我们想要的精确程度,如同我们对这个主题的首次重要论述所寄予的期望):自然法不会因时空而变化;每个人都可以运用理性来接近高级法的标准;(正如西塞罗在其他地方指出的)只有公正的法"才真正值得称为"法,"'法'这个词的恰当定义包含选择公正和真的观点和原则"。②

在西塞罗的著作和古希腊与罗马学者的相关评论中,③"自然法"中的"自然"的指代经常是模棱两可的:因为标准来自"人性"(我们的"本性"或"目的"),这些标准就是"自然"吗?或是因为标准可以由我们的天赋秉性获得(也即,通过人的理性或人的良知),这些标准就是"自然"吗?或是因为标准起源于自然或体现在自然中,也即,在关于我们的物理世界或所有这三者的结合之中,这些标准就是"自然"吗?这

① Cicero, *Republic* III. xxii. 33, in *De Re Publica; De Legibus* (C. W. Keyes trans., Harvard University Press, Cambridge, Mass., 1928), p. 211.(这一段话的翻译参考了王焕生先生的译文,见西塞罗:《论共和国》,王焕生译,上海人民出版社,2006年。——译者注)

② Cicero, Law II. v. 11-12, in *De Re Publica; De Legibus*, pp. 383, 385.

③ 有关自然法对罗马法发展的影响的讨论,见 John R. Kroger, "The Philosophical Foundations of Roman Law: Aristotle, the Stoics, and Roman Theories of Natural Law", 2004 *Wisconsin Law Review* 905。

总是不清楚。①

我们从论述自然法的古希腊罗马的学者过渡到早期的教会学者后，自然法理论的某些方面必然发生改变，并且在这种法律与道德的进路中提出了某些不同的问题。例如，在古希腊罗马的学者那里，高级标准的渊源内在于（或者暗含于）事物的本性之中。而在早期的教会学者那里，有一个神积极地干预人的事务，并为人类制定法令。② 早期的教会学者继续谈论内在于人性或事物本性中的高级标准，他们也必须面对这些标准和神的法令之间的关系问题：例如，上帝是否能够改变自然法或者发布某些与自然法相悖的命令，早期的教会学者安布罗斯（Ambrose）和奥古斯丁（Augustine）以及几百年之后的弗朗西斯科·苏亚雷斯（Francisco Suárez）和胡果·格老秀斯（Hugo Grotius）思考了这个问题。

这个自然法传统中最有影响的学者无疑是托马斯·阿奎那（1224—1274）。然而，在比较阿奎那的著作和晚近的理论家时应该谨记阿奎那法律进路的语境——法律理论只是宏大的神学-道德体系的一个小小的组成部分或运用。

阿奎那识别了四种不同类型的法律：永恒法、自然法、神法和人定法（实在法）。③ 基于目前的目标，重要的范畴是自然法和实在法。

在阿奎那看来，实在法源于自然法。这种起源有不同的方面。自

---

① 见 John Finnis, "Natural Law Theory: Its Past and Its Present", 57 *American Journal of Jurisprudence* 81 at 84-85 (2012), reprinted in Andrei Marmor ed., *The Routledge Companion to Philosophy of Law* (Routledge, London, 2012), pp. 16-30, at pp. 18-19。

② 这种对比可能有些夸大其词，因为古典作家提到（相对被动的）上帝，而早期教会作家有时将自然规则称为神意的表达。

③ Thomas Aquinas, *Summa Theologiae*, I-II, Question 91, in R. J. Henle trans. and ed., *The Treatise on Law* (University of Notre Dame Press, Notre Dame, 1993), pp. 148-184. 阿奎那与法律理论相关的文本的许多部分（另一种翻译）可见于 *http://www.fordham.edu/halsall/source/aquinas2.html*。

然法有时规定实在法应该是什么:例如,自然法要求禁止谋杀。自然法有时为人类的选择留下余地(根据当地的习惯和政策来选择)[①]:因而,虽然自然法可能出于安全的考虑而要求制定交通法规,但左行还是右行,速度限制在时速55公里还是65公里是人类选择的问题,每一种选择或许都与自然法的要求相容。第一种形式的起源如同逻辑演绎;第二种形式的起源则被阿奎那称为一般原则的“决定”。[②]

对公民而言,问题在于,他们对公正的法律有什么义务,对不公正的法律又有什么义务。在阿奎那看来,公正的实在法“对良心具有约束力”。[③] 一条公正的法律是与自然法的要求一致的法律——它是“为了共同的福祉”,立法者没有超出他的权威,并且施加给公民的法律负担也是公平的。阿奎那声称,没有满足上面三个标准中任意一个标准的法律即是不公正的法[④];但是,公民对不公正的法律的义务是什么呢?最简单的回答是,此时公民就没有守法义务。但考虑到在讨论一般的自然法理论和(特别是)阿奎那时这个问题通常引起的大量的关注,我们或许需要一个更详细的回答。

“恶法非法”(lex iniusta non est lex)这个短语常常被归于阿奎那,或者被当作阿奎那和自然法理论的总结性观点。[⑤] 这种观点至少在某

---

① Aquinas, *Summa Theologiae*, I-II, Question 95, Art. 2, corpus, in *The Treatise on Law*, p. 288.

② 同上。类似的区分出现在亚里士多德的著作中。Aristotle, “Nicomachean Ethics”, Book V, 7:1134 b 18-1135 a 5, in Jonathan Barnes ed., *The Complete Works of Aristotle* (Princeton University Press, Princeton, 1984), vol. 2, pp. 1790-1791.

③ Aquinas, *Summa Theologiae*, I-II, Question 96, Art. 4, corpus, in *The Treatise on Law*, p. 324.

④ Aquinas, *Summa Theologiae*, I-II, pp. 325-326.

⑤ 诺曼·克雷茨曼对“恶法非法”在阿奎那著作中的意义和重要性做了很好的论述。见 Norman Kretzmann, “Lex Iniusta Non Est Lex: Laws on Trial in Aquinas' Court of Conscience”, 33 *American Journal of Jurisprudence* 99 (1988)。

些方面造成了误解。阿奎那从来没有完整地使用过这个短语，虽然人们可以发现类似的表述："每一种人类的实在法都有法律的性质，只要它来自自然法。然而，如果它在某些方面与自然的法则发生冲突，那它将不再是法律，而是法律的歪曲"①；并且"不公正的法律是暴力行为而不是法；正如奥古斯丁所言，'一条不公正的法律似乎不是法'"②。（人们也可以在柏拉图、亚里士多德、西塞罗和奥古斯丁的著作中发现类似的陈述——虽然，除西塞罗外，这些陈述都未形成关于法律性质的系统讨论。）

另外一个问题也与这个短语的意义相关。说一条明显有效的法律"不是法律""是对法律的歪曲"或"是暴力行为而不是法律"意味着什么？人们以两种方式提出并解释了这种形式的陈述。首先，它意味着一条不道德的法律根本不是有效的法律。英国法学家威廉·布莱克斯通（William Blackstone）曾以这种方式提出了这类陈述（例如，"如果人定法与[自然的法则]相悖，那这些人定法将毫无效力可言"③）。19 世纪英国法学家约翰·奥斯丁在解释这种陈述时指出此类关于效力的分析毫无价值。奥斯丁写道：

> 假设主权者用死刑去禁止一个无害的或有益的行为；如果我做了此行为，我将会受到审判并被判有罪，如果我反对此判决，说它与神法相悖……法院将把我绞死，以此证明我的推理是无效的，

① Aquinas, *Summa Theologiae*, I-II, Question 95, Art. 2, corpus, in *The Treatise on Law*, p. 288.

② Aquinas, *Summa Theologiae*, I-II, Question 95, Art. 4, corpus, in *The Treatise on Law*, p. 327.

③ William Blackstone, *Commentaries on the Laws of England* (Clarendon Press, Oxford, 1765-1769), I. 41.

而法院援用的法律是我曾怀疑过其效力的法律。①

虽然人们不应太快把权力问题和效力问题混为一谈——因为一个腐化的法律体系也能惩罚某人,即使依据这个体系自己的程序要求这条公认的法律被证明是无效的——但我们理解系统规则下的有效性与相关立法的道德价值之间的区别。

对诸如"一条不公正的法律根据不是法律"这类陈述的更合理的解释是,不公正的法律不是"完全意义上的"法律。② 正如我们说起某些职业人士,他们具备必要的学位和资格但似乎缺乏必备的能力,我们会说"她不是律师"或"他不是医生"。这仅仅表明,我们认为这个称号在这种情况中没有具备它通常所包含的所有含义。在我们看来,知道这个医生是不称职的是最重要的事实;然而,他的确具备要求的证件,这个事实不是可以否认或完全无关的。类似地,说不公正的法律"不是真正的法律"仅仅是指出,它们不具备相同的道德影响,或者没有提供与"高级法"一致的法律相同的行动理由。阿奎那最可

① John Austin, *The Province of Jurisprudence Determined* (W. E. Rumble ed., Cambridge University Press, Cambridge, 1995), Lecture V, p. 158, quoted in Hart, "Positivism and the Separation of Law and Morals", p. 616.

② 菲尼斯将这个概念追溯到亚里士多德的"核心意义"("focal meaning")和马克斯·韦伯的"理想类型"("ideal types")。见 Max Weber, *The Methodology of the Social Sciences* (E. Shils and H. Finch eds., Free Press, New York, 1949), pp. 90-106; Aristotle, "Nicomachean Ethics", Book VIII, 4: 1157a(不同类型的友谊): "Eudemian Ethics", Book VII, 2: 11236a(不同类型的友谊): "Politics", Book III, 1: 1275a-1276b(不同类型的公民), in Jonathan Barnes ed., *The Complete Works of Aristotle* (Princeton University Press, Princeton, 1984), vol. 2, pp. 1829, 1958, 2023—2024; John Finnis, *Natural Law and Natural Rights* (2nd ed., Clarendon Press, Oxford, 2011), pp. 9-11, 20。

能是在这个意义上做出他的评述的,[①]这也是该立场几乎所有支持者的最可能的解释。

说一条不公正的法律不是完全意义上的法律的意思通常不是简单的宣言,而是进一步论证的第一步。例如:“这条法律是不公正的;它不是完全意义上的法律,因此有良知的公民可以无视它的存在;也即,他们可以随意违反它。”这是对一条不公正的法律根本不是法律这个观点的通常理解,但它表达了一个有争议的结论。服从一条不公正的法律经常有一些道德理由的支持,例如,如果这条法律是一个公正的法律体系的组成部分,公开地不服从这条法律会危及这个体系,那么,有一个道德理由来支持至少少数的公众遵守这条不公的法律。阿奎那的著作中暗含了这种观点(阿奎那指出,一个公民不必服从“一条对公民强加了不公正的负担的法律”,如果“抵制这条法律不会引起公愤或造成更大的危害”[②])。包括约翰·菲尼斯[③]在内的晚近自然法学家(下面将要讨论)详细表达了这个观点。

仍然有法学家将阿奎那的观点理解为需要对法律有效性进行道德测试,或者独立地得出实质性结论,并声称无须解释阿奎那。这种观点的著名拥护者有古斯塔夫·拉德布鲁赫(Gustav Radbruch)、马克·墨

---

① 阿奎那在某处写道:“但是,甚至一条不公正的法律也可能保留了某些法律的本质特征,在它是被一个有权者制定并在此意义上源于永恒法时。”Aquinas, *Summa Theologiae*, I-II, Question 93, Art. 3, reply 2, corpus, in *The Treatise on Law*, p. 212.

② Aquinas, *Summa Theologiae*, I-II, Question 96, Art. 4, corpus, in *The Treatise on Law*, p. 327. In John M. Finnis, *Aquinas: Moral, Political, and Legal Theory* (Oxford University Press, Oxford, 1998), p. 273 and n. 112, 菲尼斯认为,阿奎那使用的拉丁词“turbationem”——通常翻译为“混乱”(disorder,在我使用的亨利[Henle]译本中这个词被翻译为“扰乱”,disturbance)——也可以被翻译为“削弱”(demoralization)。

③ Finnis, *Natural Law and Natural Rights*, pp. 359-362.

菲(Mark Murphy)和菲利普·索珀(Philip Soper)。[①]

阿奎那的理论在某些方面更像是一个伦理体系的结构,而不是一个完整的伦理体系本身。对我们大多数人而言,很难从"趋善避恶"[②]这个建议中找到疑难的道德问题的实践指引;阿奎那很少对特定的道德问题提出更精确的规定。此处的假设或许是:教会的教导、宗教书籍以及智者的反思[③]足以填充道德体系的内容。

中世纪与文艺复兴时期的理论家

5-03 在后面的几个世纪中,有关自然法的讨论与其他问题联系在一起:有关自然法的论断经常成为个人权利和约束政府的理论基础;此类讨论也经常成为国际法原则的基石。

弗朗西斯科·苏亚雷斯(1548—1617)被认为是仅次于阿奎那的最伟大的经院思想家,[④]虽然他关于自然法的著作在至少两个重要问题上突破了阿奎那。苏亚雷斯在分析自然(道德)法时强调"意志",而阿奎那强调"理性"[⑤](在某种程度上,道德标准最好被理解为与一个立法者

---

① Gustav Radbruch, "Statutory Lawlessness and Supra-Statutory Law", 26 *Oxford Journal of Legal Studies* 1 (2006) (Bonnie L. Paulson and Stanley L. Paulson trans.); Mark C. Murphy, "Natural Law Jurisprudence", 9 *Legel Theory* 241 at 243-254 (2003); Philip Soper, "In Defense of Classical Natural Law in Legal Theory: Why Unjust Law is No Law at All", 20 *Canadian Journal of Law and Jurisprudence* 201 (2007).

② Aquinas, *Summa Theologiae*, I-II, Question 94, Art. 2, corpus, in *The Treatise on Law*, p. 247.

③ 参见,同上,第245—246页,阿奎那区分了对所有人都不证自明的命题和仅对智者不证自明的命题。

④ 一般性讨论,见 Sean Coyle, "Natural Law in Aquinas and Suarez", 8 *Jurisprudence* 319 (2017).

⑤ 我在第十一章讨论了"意志"与"理性"的问题。

[这里指上帝]的意志相同的东西,或者道德标准最好被理解为源于理性的基本公理)①;苏亚雷斯对"自然法"中"自然"的理解是来自人性知识的善的知识,而阿奎那支持一种相反的观点(对人类而言,"自然的"即是合理的,即"自然"与他们作为理性的动物的本性相符)。②

苏亚雷斯的著作对胡果·格老秀斯(1583—1645)产生了巨大的影响,虽然格老秀斯没有跟苏亚雷斯一样关注"意志"。格老秀斯的自然法著作奠定了现代国际法的基础。格老秀斯笔下的规则以理性为基础,这些规则可以约束政府可以合法地做什么,以及国家可以如何正当地与其他国家交往。③ 格老秀斯写道,自然法以理性为基础,即使上帝不存在,自然法也存在并且会约束我们。他谈到了个人权利对政府的限制,并提出了一种世俗的自然法理论的可能性。格老秀斯开启了后来的自由主义自然法理论——例如,约翰·洛克(John Locke, 1632—1704)和让-雅克·卢梭(Jean-Jacques Rousseau, 1712—1778)——的道路。④

自然法和自然权利思想在政治理论中的最终影响是意义深远的。⑤ 选取一个众所周知的例子,美国《独立宣言》(1776)主张来自"自然

---

① 换言之,此处的观点差异就是:行为的正确或善良是因为上帝命令了它们,还是说正确和善良是一种可以凭借理性从第一原则推导出来的属性?

② 见,例如,Finnis, *Natural Law and Natural Rights*, pp. 45–46; Robert P. George, "Natural Law Ethics", in P. L. Quinn and C. Taliaferro eds., *A Companion to Philosophy of Religion* (Blackwell, Oxford, 1997), p. 462。

③ 见,例如,Wieacker, *A History of Private Law in Europe*, pp. 227–238; J. M. Kelly, *A Short History of Western Legal Theory* (Clarendon Press, Oxford, 1992), pp. 224–227, 241–243。

④ 把大量的智识历史凝缩成简短的一段话,这当然是一种简化。人们也应注意托马斯·霍布斯的社会契约论和自然法理论的集大成者塞缪尔·普芬道夫(Samuel Pufendorf, 1632—1694)。见,例如,Wieacker, *A History of Private Law in Europe*, pp. 239–248。

⑤ 自然法思想对国家法(State Law)发展的影响更加不确定。有关英国、欧洲其他地方和美国参考自然法的精彩概述,见 R. H. Helmholz, "*Natural Law in Court* (Harvard University Press, Cambridge, Mass., 2015);又见 R. H. Helmholz, "Natural Law and Human Rights in English Law: From Bracton to Blackstone", 3 *Ave Maria Law Review* 1 (2005)。

法则”的权威,并且提到“生命、自由和追求幸福”的“与生俱来的权利”(这个短语是洛克列举的生命、自由和财产等自然权利的享乐主义式修正)。①

现在回到自然法理论并概括如下:试图用现代分析法学的视角来评价遥远的学者的讨论通常是错误的。西塞罗、阿奎那和苏亚雷斯不像现代的法律实证主义的拥护者和批评者那样关心法律的社会科学式的分析。早期的自然法学家关心立法者、公民和政府应该做什么或者凭良心能做什么。这不是说这些学者(和他们的追随者)从来不追问“法律是什么?”之类的问题。然而,他们是把追问这个问题作为伦理探究的一个起点,因而人们不应急于比较他们的答案与晚近学者提出的类似答案,晚近的这些学者认为他们自己是在参与概念性的或社会学性质的工作。

一个进一步的要点是:虽然自然法传统——至少自阿奎那以来——长期以来与一般层面的基督教教会和特殊层面的天主教教会联系在一起,②但也有一些自然法传统(或可比较的思想流派)与其他宗教传统联系在一起。③

---

① 见 John Locke, *Two Treatises on Government*, II, §6 (Student Ed., Peter Laslett ed., Cambridge University Press, Cambridge, 1988), pp. 270-271。有关洛克的观点和语言转化为美国《独立宣言》的语言的论述,见 Pauline Maier, *American Scripture: Making the Declaration of Independence* (Knopf, New York, 1997), pp. 123-143, 160-170。

② 一种延续到今天的联系。见,例如,Pope John Paul II's Encyclical, “Fides et Ratio”, September 14, 1998, 可见于 *http://w2.vatican.va/content/join-paul-ii/en/encyclicals/documents/hf_jp-ii_enc_14091998_fides-et-ratio.html*。

③ 见,例如,Knud Haakonssen, “Protestant Natural Law Theory: A General Interpretation”, in Natalie Brender and Larry Krasnoff eds., *New Essays on the History of Autonomy* (Cambridge University Press, Cambridge, 2004), pp. 92-109; David Novak, *Natural Law in Judaism* (Cambridge University Press, Cambridge, 1998); Anver M. Emon, *Islamic Natural Law Theories* (Oxford University Press, Oxford, 2010)。

约翰·菲尼斯

约翰·菲尼斯(1940—　)是同时代的自然法学者中最有影响力的(他的工作超出了法学理论,拓展到道德哲学和许多其他领域[①])。菲尼斯的著作是对阿奎那观点的阐述和运用。[②] 他特别关注一般层面的社会理论和特殊层面的分析法学中的问题。 5-04

对菲尼斯而言,基本问题包括这个伦理问题,“人应该如何生活?”,以及这个元伦理问题,“我们如何(通过什么程序或分析)发现伦理问题的答案?”。这些伦理和元伦理问题是最基本的;菲尼斯认为最好把法律理论理解为这个宏大事业的一个小的组成部分。[③]

菲尼斯对这些基本问题的回答包括:除其他事项外,存在大量彼此独立但又同等有价值的内在的善(也即,人们出于自己的利益而认为有价值的东西)。菲尼斯称其为“基本的善”(“basic goods”)。菲尼斯在《自然法与自然权利》一书中列举了下述基本的善:生命(和健康)、知

---

① 菲尼斯著作的范围和影响,可见于 John Keown and Robert P. George eds., *Reason, Morality, and Law: The Philosophy of John Finnis* (Oxford University Press, Oxford, 2013)。

② 菲尼斯主要追随了杰曼·格赖泽茨对阿奎那的解释和他支持的自然法进路。格赖泽茨这个领域的一篇奠基性作品是:Germain C. Grisez, “The First Principle of Practical Reason: A Commentary on the *Summa Theologiae*, 1-2, Question 94, Article 2”, 10 *Natural Law Forum* 168 (1965)。有些学者提出了不同的解释和进路。见,例如,Russell Hittinger, *A Critique of the New Natural Law Theory* (University of Notre Dame Press, Notre Dame, 1987)(对阿奎那和自然法理论的“格赖泽茨-菲尼斯”观提出了批评)。菲尼斯关于阿奎那的详细讨论在菲尼斯所著的《阿奎那》(*Aquinas*)一书中可以找到。

③ 有一篇概括自然法的文章可以当作对菲尼斯理论的精确概述,见 Robert P. George, “Natural Law and Positive Law”, in Robert P. George ed., *The Autonomy of Law: Essays on Legal Positivism* (Clarendon Press, Oxford, 1996), pp. 321-334。

识、娱乐、审美体验、社交(友谊)、实践合理性和宗教。① 在人们可以珍视的意义上,这些价值是"内在的"善:例如,人们基于自己的利益而重视健康,但药品对于健康仅仅是一种手段。如果某人说她买药不是因为她或她认识的某人生病了或者将要生病,并且不是出于研究或商业的目的,仅仅是因为她喜欢拥有一大堆的药,我们便会合理地怀疑她是不是有精神病。

在这个层面,我们仅能把智者和愚者区分开。我们理解物欲横流的人,而不管我们多么反对那种生活方式。贪婪的人也和我们一样追求基本的善。很多传统上被视为道德的东西出现在菲尼斯理论的第二个层面的讨论中:我们应该如何处理和结合这些对形形色色的内在的善的追求。

菲尼斯把基本的善和他的道德理论的其他方面描述成"不证自明的",但他的意思不是:这些命题的真对所有胜任的思考者都是显而易见的。使一个命题不证自明的部分原因是这个命题不能来自某些更基本的命题;因而,这里的"不证自明"是"不可证明"。② 然而,虽然不证自明的命题不能被证明,但它们可以由前后一致的观察数据和逻辑论证所支持。说每个人将同样熟练地得出这些"不证自明的"结论也不是实情。那些经历丰富、有能力并乐意深入探究的人或许比其他人更善于发现这些不证自明的真。(阿奎那在某处同样指出,存在某些仅仅对智者而言不证自明的命题。③)

① 菲尼斯在后来的作品中提供了一个略有不同的列表,见 John Finnis, *Reason in Action: Collected Essays Volume I* (Oxford University Press, Oxford, 2011), p. 244, n. 25。

② 见 Robert P. George, "Recent Criticism of Natural Law Theory", 55 *University of Chicago Law Review* 1371 at 1386-1393 (1988)(解释和辩护菲尼斯的这一论点)。

③ Aquinas, *Summa Theologiae*, I-II, Question 94, Art. 2, corpus, in *The Treatise on Law*, p. 246.

因为存在多种基本的没有等级或优先顺序的善,所以,当人可以选择促进不同的价值时,必定存在一些原则来解决如何选择的问题。这是将菲尼斯的立场与功利主义道德理论进行对比的一个基础,在功利主义道德理论下,所有的善都可以根据它们在一个单元中(例如,促进效用,即幸福或愉悦)的价值进行比较。在一个简单的层面上,当我们思考花一个下午的时间来打篮球(娱乐的价值)还是读历史(知识的价值)时,我们面临这样的选择。有时选择是以一种更尖锐的形式呈现的,在一种情境下我们相信说谎会带来巨大的利益或避免一次巨大的邪恶,此时我们必须选择是否说谎(反对知识价值的选择)。道德为反对特定的可用的选择提供了一种根据,但经常会出现存在多种正当选择的情况(与功利主义道德理论再做一次比较,功利主义道德理论认为永远存在一个"最佳的"选择)。

对菲尼斯而言,从基本善到道德选择的转变是通过一系列中间原则发生的。菲尼斯称这些中间原则为"实践合理性的基本要求"(basic requirements of practical reasonableness)。其中最重要最有争议的原则是如下规定:一个人永远不能直接反对一项基本善(正如说谎是反对知识的行为,虐待是反对生命[和健康]的行为),无论他认为走这条路会带来什么好处。[1] 换句话说,在为实现某目的所选择的手段对一种基本的善构成危害时,目的就不能正当化手段。《自然法与自然权利》中列举的其他中间原则包括:人们应该制订一种理性的生活计划;不恣意偏爱某个人;促进社会的共同的善;不恣意偏爱某种基本的善。[2]

① 可以预见,根据这种进路,如何概括一种行为就变得很重要了。自卫过程中对另一个人的伤害是可以辩护的,其根据是这种行为的目标是保护一个人自己的生命("生命/健康"这种基本的善);对攻击者的伤害可以概括为一种副作用,即使这是可以预见的或者不可避免的。

② Finnis, *Natural Law and Natural Rights*, pp. 100-127.

法律在此作为一种实现某些善(社会善需要许多人的协作,没有法律就无法轻松实现或根本无法实现协作)和让获致其他善更容易的方式进入我们的视野。① 因此,菲尼斯关于法律和法律理论的建议在某种意义上来自他在伦理学中的主要关切。至于遵守法律的义务问题,菲尼斯追随了阿奎那的思路:人们有义务遵守公正的法;不公正的法不是“法”这个词完全意义上的表现;人们有义务遵守它们的要求,遵守的条件是这对支持其他公正制度是有必要的。②

菲尼斯观察到,法律在某种意义上拥有“双重生命”:法律既是关于法律官员已经做了什么的事实,又是公民和官员的行动理由。③

自然法理论与法律实证主义

5-05 考虑到菲尼斯的理论起点迥异于法律实证主义者的理论起点,发现他们理论中的某些相似或重叠之处令人惊讶不已。④ 尽管菲尼斯的理论主要是规定性的解释——一种关于我们应该如何生活的理论——但他的理论必然假设了某些描述性因素,所以这些相似性产生了。⑤ 首先,如果某人追问道德之于法律的意义是什么,他必须首先理解“法律”是什么。其次,思考在各种法律规章中哪些提案被取消而哪些是一般

① Finnis, *Natural Law and Natural Rights*, pp. 260-264.

② Finnis, *Natural Law and Natural Rights*, pp. 354-362.

③ John Finnis, “Law as Fact and as Reason for Action: A Response to Robert Alexy on Law's ‘Ideal Dimension’”, 59 *American Journal of Jurisprudence* 85 at 95-96 (2014).

④ 菲尼斯在别处讨论了自然法理论家可以或多或少地根据所提供的术语来肯定几乎所有与现代法律实证主义相关的“信条”的方式。见 John Finnis, “The Truth in Legal Positivism”, in Robert P. George ed., *The Autonomy of Law* (Clarendon Press, Oxford, 1996), pp. 195-214, at pp. 203-205。

⑤ 人们也可以对这种类似性提出历史的原因。菲尼斯是哈特在牛津的学生,约瑟夫·拉兹是他的同学,后来成为他多年的同事。

伦理理论所允许的,是菲尼斯事业的组成部分。① 申言之,菲尼斯相信一种恰当的伦理理论对做好描述性理论而言是必要的,正如评价是理论建构必要的不可或缺的组成部分。②

菲尼斯跟哈特一样强调,在分析一个法律体系时需要运用"内部视角"。③ 他跟约瑟夫·拉兹一样相信,我们对法律体系的理解应该集中关注法律影响我们的行为理由这个事实。④ 正如前文(第三章)在论述"内部视角"时所指出的,菲尼斯对哈特的方法做出了重要的修正。他认为,在从事法律理论研究时人们不应采取那些径直接受了法律的有效性的人的视角(哈特似乎包括了那些出于审慎的理由而接受法律的有效性的人⑤)。理论应该采取那些因为——在一个正当的法律系统里——相信有效的法律规则创设了(至少初步看上去是能成立的)道德义务而接受法律的人的视角。这种差异似乎是微小的,但它划定了一条重要的理论分界线:法律实证主义者坚持以一种道德中立的方式从事理论研究,自然法学家声称道德评价是恰当的描述和分析的不可或缺的组成部分。不像哈特,菲尼斯的描述性理论方法要求法学家评价被描述的法律体系的道德优劣,而正是这种道德评价在理论构建过程

① 见,例如,Finnis, *Natural Law and Natural Rights*, pp. 169-173(财产法), pp. 188-192(破产法)。

② Finnis, *Natural Law and Natural Rights*, pp. 6-18.

③ Finnis, *Natural Law and Natural Rights*, pp. 3-13.

④ Finnis, *Natural Law and Natural Rights*, pp. 12-13. 菲尼斯也与拉兹一样相信,价值(和价值选择)是不可通约的,这对法律理论和道德理论有着重要的影响。见 Joseph Raz, *The Morality of Freedom* (Clarendon Press, Oxford, 1986), pp. 321-366; John M. Finnis, "On Reason and Authority in Law's Empire", 6 *Law and Philosophy* 357 at 370-376 (1987); John M. Finnis, "Natural Law and Legal Reasoning", 38 *Cleveland State Law Review* 1 at 7-9 (1990); John Finnis, "Concluding Reflections", 38 *Cleveland State Law Review* 231 at 234-241 (1990)。

⑤ 见 H. L. A. Hart, *The Concept of Law* (3rd ed., Clarendon Press, Oxford, 2012), p. 203("他们对系统的忠诚可能是基于……对长期利益的计算")。

中是否适当或必要的问题成为了现在法律实证主义和自然法理论的分界线之一。

比较拉兹和菲尼斯的法律进路时可以看到类似的差异或变化。在拉兹看来,法律致力于创设行为的道德理由是最重要的①;在菲尼斯看来,法律在特定条件下的确创设了行为的道德理由是最重要的。这种差异看似细微,但意义重大。

在菲尼斯自然法理论的进路的语境中,人们能够找到自然法理论和法律实证主义之间的两个相互联系的差异。首先,自然法理论声称,一种道德上中立的法律理论是不可能的,或者至少是没有价值的。② 其次,自然法理论主要关注,实在法如何、是否、何时向我们创设了一系列的道德义务(粗略地说——只有当这些规则与道德原则一致时,只有这些规则是一方在权限范围内发布的,实在法才会创设道德义务)③;这是法律实证主义根据它的基本原则试图避免回答的一个问题(当法律实证主义试图回答这个问题时,它往往做出与它的基本主张相反的断言,或者做出笨拙的努力来消除"是/应该"的区别④)。自然法理论和法律实证主义之间的比较可以用另外一种方式概括:自然法理论把法律主要视为一种类型的行为理由(可能增加我们行为的道德理由),因而认为,抛开了什么有助于创设行为的好的(道德)理由这个语境,法律不可能得到理解。以这种方式来理解,人们明显不能或不应以一种道德中

① 见 Raz, *Ethics in the Public Domain*, p. 199。

② 见 Brian Bix, "On the Dividing Line Between Natural Law Theory and Legal Positivism", 75 *Notre Dame Law Review* 1613 (2000)。

③ 见,例如,John Finnis, "On the Incoherence of Legal Positivism", 75 *Notre Dame Law Review* 1597 at 1607-1608 (2000)。

④ 见 Finnis, "On the Incoherence of Legal Positivism" at 1606-1611; Brian H. Bix, "Legal Positivism and 'Explaining' Normativity and Authority", 05 (2) *American Philosophical Association Newsletter* 5-9 (Spring 2006)。

立的方式来研究法律。相反,法律实证主义主要关注作为一种社会制度的法律,在这种关注下,一种道德中立的理论似乎既是可能的又是有价值的。是否有一种理论可以有说服力地描述法律的实践推理方面和法律的社会实践/制度方面还有待观察。最后,自然法理论(至少在菲尼斯的版本中)不那么关注"法律是什么?"这个问题("法律"概念的边界),而是更多地关注"为什么要法律?"这个问题——拥有法律的道德理由。①

其他趋势

有许多现代的其他理论自称是或被他人称为"自然法理论"。罗伯特·乔治(Robert George)撰写了一系列的著作来解释、发展和运用阿奎那/格赖泽茨/菲尼斯的自然法进路。② 马克·墨菲最近在托马斯主义传统中提出了一种自然法理论,托马斯主义传统来自托马斯主义自然法的观点,人们可以在约翰·菲尼斯和罗伯特·乔治的著作中发现这种观点。③ 德里克·贝勒维德(Deryck Beyleveld)和罗杰·布朗斯沃德(Roger Brownsword)以艾伦·格沃思(Alan Gewirth)的论点——实践 5-06

① John Finnis, "Law and What I Should Truly Decide", 48 *American Journal of Jurisprudence* 107 (2003).

② 见,例如,Robert George, *In Defense of Natural Law* (Clarendon Press, Oxford, 1999)。

③ 例如,Mark C. Murphy, "Natural Law Jurisprudence", 9 *Legal Theory* 241 (2003); Mark C. Murphy, "Natural Law Theory", in Martin P. Golding and William A. Edmundson eds., *The Blackwell Guide to the Philosophy of Law and Legal Theory* (Blackwell, Oxford, 2005), pp. 15-28; Mark C. Murphy, *Natural Law in Jurisprudence and Politics* (Cambridge University Press, Cambridge, 2006); Mark C. Murphy, "Defect and Deviance in Natural Law Jurisprudence", in Matthias Klatt ed., *Institutionalized Reason: The Jurisprudence of Robert Alexy* (Oxford University Press, Oxford, 2012), pp. 45-60。

理性预设了道德原则——为基础提出了一种自然法理论。① 劳埃德·温瑞伯(Lloyd Weinreb)提出了一种自然法理论,他把自己的理论与古希腊对如下问题的观点联系在一起:规范性自然秩序的存在问题,和法律和道德规范协调自由意志和责任问题的功能。② 迈克尔·摩尔在形而上学实在论者(柏拉图主义者)的道德和意义理论的基础上建立了一种自然法理论。③

① 见,例如,Deryck Beyleveld and Roger Brownsword, *Law as a Moral Judgment* (Sweet & Maxwell, London, 1986); Alan Gewirth, *Reason and Morality* (University of Chicago Press, Chicago, 1978)。

② 见,例如,Lloyd L. Weinreb, *Natural Law and Justice* (Harvard University Press, Cambridge, Mass., 1987); Lloyd L. Weinreb, *Oedipus at Fenway Park: What Rights Are and Why There Are Any* (Harvard University Press, Cambridge, Mass., 1994)。

③ 见,例如,Michael S. Moore, "A Natural Law Theory of Interpretation", 58 *Southern California Law Review* 277 (1985); Michael S. Moore, "Moral Reality Revisited", 90 *Michigan Law Review* 2424 (1992); Michael S. Moore, *Educating Oneself in Public: Critical Essays in Jurisprudence* (Oxford University Press, Oxford, 2000)。

建议进一步阅读的书目

约翰·菲尼斯 5-07

John M. Finnis, *Aquinas: Moral, Political, and Legal Theory* (Oxford University Press, Oxford, 1998).

—, *Collected Essays*, five volumes (Oxford University Press, Oxford 2011).

—, *Fundamentals of Ethics* (Georgetown University Press, Washington, D. C., 1983).

—, *Moral Absolutes: Tradition, Revision, and Truth* (Catholic University of America Press, Washington, D. C., 1991).

—, "Natural Law and Legal Reasoning", in Robert P. George ed., *Natural Law Theory: Contemporary Essays* (Clarendon Press, Oxford, 1992), pp. 134-157.

—, *Natural Law and Natural Rights* (Clarendon Press, Oxford, 1980, 2nd ed., 2011).

—, "Natural Law Theory: The Classical Tradition", in Jules Coleman and Scott Shapiro eds., *The Oxford Handbook of Jurisprudence and Philosophy of Law* (Oxford, Oxford University Press, 2002), pp. 1-60.

—, "Natural Law Theory: Its Past and Its Present", 57 *American Journal of Jurisprudence* 81 (2012), reprinted in Andrei Marmor ed., *The Routledge Companion to Philosophy of Law* (Routledge, London, 2012), pp. 16-30.

John Keown and Robert P. George eds., *Reason, Morality, and Law: The Philosophy of John Finnis* (Oxford University Press, Oxford, 2013).

"Propter Honoris Respectum: John Finnis", 75 *Notre Dame Law Review* 1597-1892 (2000).

Robert P. George, "Recent Criticism of Natural Law Theory", 55 *University of Chicago Law Review* 1271 (1988)(包括对菲尼斯理论的概括、解释和辩护).

自然法理论

Thomas Aquinas, *The Treatise on Law* (R. J. Henle ed., University of Notre Dame Press, Notre Dame, Indiana, 1993) (*Summa Theologiae, I-II,* Questions 90-

97).

Brian Bix, "Natural Law Theory", in *A Companion to Philosophy of Law and Legal Theory* (2nd ed., Dennis Patterson ed., Blackwell, Oxford, 2010), pp. 211-227.

—, "Natural Law Theory: The Modern Tradition", in Jules Coleman and Scott Shapiro eds., *The Oxford Handbook of Jurisprudence and Philosophy of Law* (Oxford, Oxford University Press, 2002), pp. 61-103.

—, "On the Dividing Line Between Natural Law Theory and Legal Positivism", 75 *Notre Dame Law Review* 1613 (2000).

John Finnis, "Aquinas: Moral, Political, and Legal Philosophy", in Edward. N. Zalta ed., *Stanford Encyclopedia of Philosophy*, *http://plato. stanford. edu. /entries/aquinas-moral-political/* (2017).

— ed., *Natural Law*, 2 volumes (Dartmouth Pub. Co., London; New York University Press, New York, 1991)(一本关于自然法理论的法律评论文章的范围广泛的选集).

—, "Natural Law Theories", in Edward N. Zalta ed., *Stanford Encyclopedia of Philosophy, http://plato. stanford. edu/entries/natural-law-theories/* (2015).

Robert P. George, *In Defense of Natural Law* (Clarendon Press, Oxford, 1999).

— ed., *Natural Law Theory: Contemporary Essays* (Clarendon Press, Oxford, 1992) (一本关于当下自然法理论的选集).

—, "Natural Law", in Keith E. Whittington, R. Daniel Kelemen and Gregory A. Caldeira eds., *The Oxford Handbook of Law and Politics* (Oxford University Press, Oxford, 2008), pp. 399-413.

Mark C. Murphy, *Natural Law in Jurisprudence and Politics* (Cambridge University Press, Cambridge, 2006)

—, "The Natural Law Tradition in Ethics", in Edward. N. Zalta ed., *Stanford Encyclopedia of Philosophy*, *http://plato. stanford. edu. /entries/natural-law-ethics/* (2011).

Lloyd L. Weinreb, *Natural Law and Justice* (Harvard University Press, Cambridge, Mass., 1987).

第六章　理解朗·富勒

自然法理论的不同类型

上一章的开头概述了自然法理论。更准确地说，上一章概述了一种类型的自然法理论，即“传统自然法理论”。人们可以把大多数被贴上“自然法学家”标签（或如是自称）的理论家划分为两个阵营。第一个阵营包括第五章讨论的理论家：西塞罗、阿奎那、苏亚雷斯和菲尼斯以及其他人。第二个阵营反映了一种不同类型的争论以及更近的起源；它的方法更限定于对法律的恰当理解，并把法律视为一种社会制度或社会实践。（这两种类型的方法绝不是矛盾的或不一致的，但它们反映了两种实质上不同的理论关切，现在还很难找到哪个学者对这两种方法都有所贡献。） 6-01

自然法的第二种（或“现代的”）方法是在回应法律实证主义以及法律实证主义者描述（这种描述有时非常滑稽夸张）传统自然法观点的方式的过程中产生的。虽然在约翰·奥斯丁、小奥利弗·温德尔·霍姆斯（Oliver Wendell Holmes, Jr.）和汉斯·凯尔森的著作中能够发现对自然法理论优点的攻击，但大多数晚近有关“自然法理论”的讨论源于1958年在《哈佛法律评论》上的“哈特与富勒之争”。[①] 在这场交锋

① H. L. A. Hart, “Positivism and the Separation of Law and Morals”, 71 *Harvard Law Review* 593 (1958). Lon Fuller, “Positivism and Fidelity to Law—A Response to Professor Hart”, 71 *Harvard Law Review* 630 (1958).

中,哈特为法律实证主义的重述奠定了坚实的基础。他的辩护和重述包括划定法律实证主义和自然法理论的界线,他提出的分界点是法律与道德的概念性分离。朗·卢沃伊斯·富勒(1902—1978)反对法律与道德的完全分离,但他在"自然法理论"的旗帜下捍卫的观点迥异于(上一章详细讨论的)传统自然法理论。

在回应诸如哈特这样的法律实证主义者的过程中产生了一种"自然法理论"的范畴,这种自然法理论最好对照法律实证主义来理解。传统自然法理论一般采取了一种特别的道德观(真正的道德信念奠基于或源于人性或自然世界,它们不是相对的,它们可以由人类的理性获得,等等),它们对立法者、法官和公民应该如何行为,以及对如何幸福地生活的其他方面均有所暗示,而"自然法理论"的第二个范畴包括专门关注法律的理论。这些理论坚持认为,在描述一般层面的法律或特殊层面的法律体系时,或者在决定单个法律的法律效力时,某种类型的道德评价是被要求的。

第二个阵营中最负盛名的两个代表人物是朗·富勒和罗纳德·德沃金。富勒认为他的方法是"(程序)自然法"("[procedural] Natural Law")方法,这是本章的主题;德沃金仅仅偶尔以不情愿的语气采纳"自然法学家"这个称谓,这是下一章的主题。

富勒的方法

6-02 富勒反对法律实证主义把法律曲解为"权威的单向投射":主权者发布命令并且公民服从。富勒相信这种方法忽视了合作的需要,以及一个法律体系的有效运行所需要的官员和公民之间的互惠的义务①。

① 见,例如,Lon L. Fuller, *The Morality of Law* (revised ed., Yale University Press, New Haven, 1969), p. 39("涉及规则的观察时政府与公民之间有一种类型的互惠")。

此外,富勒批评法律实证主义者在理解法律本身时误解了法律理想的核心(他描述为"秩序""良好的秩序"和"正义")。在描述和评价分离的基础上把理想从法律理论中排除出去完全没有抓住要点:法律的社会实践和社会制度从本性上渴望此类理想。①

富勒把法律概括为"人类行为服从规则之治的事业"。② 法律是一种治理人民的方式,与其他治理或控制形式形成对比,例如,管理性指令。③ 如果你愿意运用法律的话,法律是达到一个目的的特殊手段,是一种特别的工具。④ 谨记这一点,才能够更好地理解下面这个主张:如果某些规则要被称为"法律",那它们必须符合与那种手段或功能相关的特定标准。如果我们把"刀"界定为削东西的工具,那么某些不能削东西的工具就不能称为"刀",不管它表面上与真正的刀有多相似。类似地,如果我们把法律界定为指引和协调人类行为的特定方式,而某种体系性的规则是以一种糟糕的方式制定的,以致它们无法有效地指引行为,那么我们就可以理直气壮地把它们从"法律"这个标签中剔除出去。⑤

---

① 见 Winston, "The Ideal Element in a Definition of Law", 5 *Law and Philosophy* 89 at 98, 103-104, 109 (1986);又见 Lon L. Fuller, "Human Purpose and Natural Law", 53 *Journal of Philosophy* 697 (1956), reprinted at 3 *Natural Law Forum* 68 (1958); Lon L. Fuller, "A Rejoinder to Professor Nagel", 3 *Natural Law Forum* 83 (1958)。

② Fuller, *The Morality of Law*, p. 96. 肯尼思·温斯顿认为引文的概括"想界定的不是法律而是立法过程"。Winston, "Introduction", in Lon L. Fuller, *The Principles of Social Order* (Kenneth I. Winston ed., Duke University Press, Durham, N. C., 1981), p. 30, n. 33. 我倾向于称富勒的概括为法律的"定义",富勒很少关注"界定法律"的事业,这是一个证据。见 Winston, "The Ideal Element in a Definition of Law", p. 91(引自富勒讨论了这个问题的一封信)。然而,我相信富勒的讨论,如同其他"法律的定义",至少部分是一种关于法律的概念性主张。(有关"概念性主张"的论述见第二章。)

③ Fuller, *The Morality of Law*, pp. 207-214.

④ 在许多讨论的著作中,富勒主要(如果不是唯一地)谈论的是立法。在其他著作中,富勒集中关注了裁判、调解、合同性协议和管理性指令。见 Fuller, *The Principles of Social Order*。

⑤ Lloyd L. Weinreb, *Natural Law and Justice* (Harvard University Press, Cambridge, Mass., 1987), pp. 102-103.

看待上面分析的另外一种方法是指出那些有权威的人创制法律时不是完全自由的。他们必须回应并适应外部的秩序和超出他们控制范围的因素:人性(特别是人们如何相互影响,他们如何对各种指引形式做出反应)、社会的本质(哪种制度性结构可行和不可行)以及资源的获得。①

富勒提出一种以法律的“内在道德”(“internal morality”)为基础的分析,以代替法律实证主义以权力、命令和服从为基础的分析。如同传统的自然法学家,他认为,某些东西(或者在完全意义上)在被恰当地称为“法律”之前必须通过一个门槛(或者,换个比喻,必须通过一个检验)。然而,富勒运用的检验是一种功能、形式和程序而主要不是道德内容,这一点不同于传统的自然法学家。

法律的内在道德是由一系列的要求组成的。富勒断言,如果某个规则体系要被称为“法律”,那个体系必须满足那些要求——或者至少是大部分满足。(同时,富勒写道,体系可以是在不同程度上“合法的”,②他认为,一个部分但没有完全满足他的要求的体系是“不完全的合法”,相比那些完全没有满足要求的体系,这个体系可以说更为尊重合法性的原则。③)

合法性原则的八点要求是:1. 法律应该是普遍的;2. 法律应该广为人知;3. 溯及既往的立法或法律溯及既往地适用应该被尽量减少;4. 法律应该容易理解;5. 法律不应自相矛盾;6. 法律不应要求不可能做到的行为;7. 在时间流逝中,法律应该保持相对稳定;8. 法律的规定和法律

① 见 Winston, “Introduction”, pp. 13-14。
② Fuller, “Positivism and Fidelity to Law” at 646.
③ Fuller, *The Morality of Law*, pp. 122-123.

的实际适用应该保持一致。①

人们经常比较富勒的方法与传统自然法的方法。富勒在某处试图证明两者有一点联系,他写道:"阿奎那在某种程度上认识到并且论述了八项合法性原则。"②另一方面,富勒也意识到他与传统自然法理论有着重大差别:他曾经指出他的自然法理论是"一种程序的区别于实质自然法的理论"。③ 然而,他不喜欢别人把他的八项要求消解为"纯粹的程序":他的批评者经常提出一个论点,认为他的"合法性原则"是以一种反道德的方式解决效率问题,以致人们能够简单地以同一方式谈论"下毒行为的内在道德"。④ 这种批评误解了我们对正义的看法在多大程度上包含了程序因素。这是富勒本人从苏联这个例子中提出来的一个问题。在苏联,曾经有人试图增加抢劫罪的刑期,增加的刑期也溯及既往地适用于过去被判犯有抢劫罪的人。即使在不以遵守"法治"而闻名的苏联法律制度中,法律人也强烈反对这种溯及既往地加重刑罚的企图。它仅仅是一个程序问题,但对犯人而言——对我们而言也是如此——它似乎还是一个正义问题。⑤ 遵守规定的规则(程序正义的一个例子)是一件好事,将其定性为道德问题和正义问题并不是夸大其词。⑥

---

① Fuller, *The Morality of Law*, pp. 33-91.

② Fuller, *The Morality of Law*, p. 242.

③ Fuller, *The Morality of Law*, p. 96.

④ Fuller, *The Morality of Law*, pp. 200-202.

⑤ Fuller, *The Morality of Law*, pp. 202-204. 劳埃德·温瑞伯从两方面分析了我们的正义概念,正义概念有时似乎存在紧张关系:人们获得他们想要的东西,以及遵守现有的规则。Weinreb, *Natural Law and Justice*, pp. 184-223.

⑥ 一些评论者会质疑程序理想,例如"遵守制定的规则"是否是正义的一部分或者具有任何道德分量。见,例如,Leslie Green, "The Germ of Justice" (2010), 可见于 *http://papers.ssrn.com/sol3/papers.cfm?abstract_id=1703008*。马修·克雷默持中间立场,认为程序理想是正义的一部分,但没有内在的道德分量:也就是说,违反已经制定的规则的行为甚至不是推定的不道德。Matthew H. Kramer, *In Defense of Legal Positivism* (Oxford University Press, Oxford, 1999), pp. 23-32.

但有时富勒的确夸大了“合法性原则”的重要性。当批评者主张一个政权完全可以在遵守了这些原则的前提下还是制定出邪恶的法律时，富勒声明，他无法相信一个糟糕的法律制度会像一个良好的法律制度一样遵守法律的内在要求。① 我们可以通过多种方式理解这种“信念”。有人认为一个公正良好的政府在程序问题上也是良好的。此处值得指出，当恰当的程序被遵守时（例如，司法判决的理由要公开这项要求），某些官员或许就会更不愿意以一种邪恶或腐败的方式行为。②相反的主张——邪恶的政府很可能忽视这些形式和程序的要求——也有某些初步的合理性。有些政权非常邪恶，以致它们甚至没有理会任何的法律细节或假装合法，在某种程度上纳粹德国是一个例证。③ 然而，也有一些被谴责为邪恶的政权至少有时候非常注意法律程序的细节（种族隔离结束前的南非，或者共产主义倒台前的东德或许是例子）。既然合法性的原则可以理解为使法律体系更有效地指引公民行为的指导方针，那么，邪恶的政权也有理由遵守它们。④

因而，虽然遵守合法性原则本身是道德上的善行，⑤虽然它可能表明政府致力于道德良好的行动，并可能阻碍基本行动，但要说遵守这些原则将保证实质上公正的制度可能太过了。然而，人们不应跟某些批评者一样得出结论说，评价富勒的整个法律进路应该以一个经

① 见 Fuller，“Positivism and Fidelity to Law”，p. 636。

② Fuller，“Positivism and Fidelity to Law”，pp. 636，652；Fuller，*The Morality of Law*，pp. 157-159.

③ 见，例如，Ingo Müller，*Hitler's Justice: The Courts of the Third Reich*（D. L. Schneider trans.，Harvard University Press，Cambridge，Mass.，1991）。

④ 有人认为邪恶的政府将出于审慎的理由而遵守富勒的原则。见 Kramer，*In Defense of Legal Positivism*，pp. 65-71。

⑤ 但见 Morton J. Horwitz，“The Rule of Law：An Unqualified Human Good?”，86 *Yale Law Journal* 561（1977）。

验问题为主要议题,即是否有一个邪恶的政府——不管出于什么理由——曾经遵守了程序正义的规则。就像是否存在“小偷的荣誉”问题一样,在重大罪恶中保持程序公正的能力是一个有趣的猜测话题,但仅此而已。富勒论断的要点包括:对所描述的体系的价值判断是我们使用“法律”这个词的方式之一;把法律视为一种特定类型的社会指引具有分析性价值,法律的指引是相对于其他形式的社会指引而言的,根据法律满足某些准则的程度,法律可能或多或少有效。指出(如果真)某些实质不公的法律体系似乎很好地解决了程序正义问题不会危及富勒的要点。①

那些通过哈特与富勒论战研究自然法的学者有时会过分强调规则或社会指引体系何时值得被贴上“法律”或“合法”标签的问题。在这种关注中存在一种危险,以致关于恰当标签的论战(不仅仅是某些事物是不是“法律”的论战,还有一种对象是不是“艺术”的论战,一种特定的政府形式是不是“民主”的论战,等等)经常丧失了划界实践背后真正的道德、社会或概念性论证。如同先前提到的(第二章),法学家总是可以规定他们使用的术语的含义,即使只是为了一个讨论的有限目的。如果说一个邪恶政权的产物是否被称为“法律”很重要,这表明还有一些更重要的事情(例如,公民是否、何时有一种服从法律的道德义务),但责任必须在主张者身上,以澄清进一步的要点是什么。避开标签和划界问题直接面对深层次的实质性问题往往是更可取的。

---

① 见 Anthony J. Sebok, “Finding Wittgenstein at the Core of the Rule of Recognition”, 52 *SMU Law Review* 75 at 79 (1999):“更传统的自然法理论在完全理解法律如何达致什么东西之前追问法律应该达致什么,富勒认为这是本末倒置。”

当下的观点

6-03 虽然很少有法学家完全接受富勒的理论,但越来越多的人,甚至那些被认为是法律实证主义者的人,接受了富勒的某些观点(虽然否认这要求他们抛弃法律实证主义)。例如,安德瑞·马默在详细思考了法治的各个方面后得出如下结论:“法治的大多数美德虽然本质上是功能性的,但也是道德-政治美德”,“从简单的意义上说,法律本质上是好的,即我们有充分的理由拥有法律并受其管辖”。①

富勒与法律过程

6-04 朗·富勒对研究法律的“法律过程”(“legal process”)方法产生了重大的影响。“法律过程”方法是20世纪50和60年代美国重要的法律思想流派。富勒的著作以一种间接的方式回应了美国法律现实主义(第十七章的关注点):富勒提出的法律的内在道德是对现实主义者的愤世嫉俗和对权力的关注的回应。比较而言,法律过程更直接地回应了现实主义者的挑战,认为甚至当实体法不能决定社会纠纷的答案时,法律依然可以提供有关决策方法的专业知识。第二十二章将进一步讨论法律过程学派。

---

① Andrei Marmor, *Law in the Age of Pluralism* (Oxford University Press, Oxford, 2007), pp. 36, 38. 马默认为这些主张与法律实证主义是一致的,因为他认为“法律实证主义的主要见解是法律有效性的条件由社会事实决定”。Marmor, *Law in the Age of Pluralism*, p. 36.

建议进一步阅读的书目

Dan Friel, "Lon Fuller's Political Jurisprudence of Freedom", 10 *Jerusalem Review of Legal Studies* 18 (2014). 6-05

Lon Fuller, "Positivism and Fidelity to Law—A Response to Professor Hart", 71 *Harvard Law Review* 630 (1958).

—, *The Morality of Law* (revised ed., Yale University Press, London, 1969)(修订版包括一篇回应批评者的文章).

—, *The Principles of Social Order*. (Kenneth. I. Winston ed., Duke University Press, Durham, N. C., 1981)(附有肯尼思·温斯顿[Kenneth Winston]的一篇导论的文集).

Matthew H. Kramer, "Scrupulousness Without Scruples: A Critique of Lon Fuller and His Defenders", 18 *Oxford Journal of Legal Studies* 235 (1998), reprinted in modified form in *In Defense of Legal Positivism* (Oxford University Press, Oxford, 1999), pp. 37-77.

Kristen Rundle, *Forms Liberate: Reclaiming the Jurisprudence of Lon L. Fuller* (Hart Publishing, Oxford, 2012).

Robert S. Summers, *Lon L. Fuller* (Stanford University Press, Stanford, California, 1984).

Symposium on Lon Fuller, 13 *Law and Philosophy* 253-418 (1994)(包括 Kenneth Winston, Jeremy Waldron, Frederick Schauer, Stanley L. Paulson 和 Gerald Postema 的文章).

第七章　罗纳德·德沃金的解释性方法

7-01　罗纳德·德沃金(1931—2013)可能是英语世界中他那一代人里最有影响力的法学家。四十年多来,他发展出了一种复杂的替代法律实证主义的法律理论。虽然他的理论与阿奎那及他的追随者的传统自然法理论没有多少相似之处,但德沃金偶尔也把他的方法归入自然法理论的阵营。在哈特与富勒论战设定的理论界线上,他的理论站在自然法那一边。[①] 与此同时,德沃金还建立了超越法律实证主义和自然法理论的第三种理论:一种法律的解释性理论(interpretive theory),以这种方式来看待德沃金的著作是有助益的。

早期著作

7-02　在德沃金的早期著作中,[②]他挑战了一种特殊版本的法律实证主义。这种法律实证主义认为,法律完全是由规则组成的,现有的规则对有些纠纷没有做出规定,法官在处理这些纠纷时可以行使裁量权。德沃金提出了另外一种法律观,其中,"根据法律"解决纠纷的渊源种类繁多而且富有变化,决定个案中法律要求什么的程序也更为精微。

---

① 关于德沃金与富勒的争论,见 Robert S. Summers, *Lon L. Fuller* (Stanford University Press, Stanford, 1984), p. 14。

② 收集在 Dworkin, *Taking Rights Seriously* (Harvard University Press, Cambridge, Mass, 1977)。

德沃金认为,法律体系既包括规则也包括原则。法律原则是以往的官员行为(例如,成文法、司法判决和宪法条款)所陈述的道德命题。虽然规则以"全有或全无"的方式(如果一条规则适用于案件,它就是终局性的,它决定案件的结果)发生作用,但原则可以适用于案件而不是决定性的。原则(例如,"任何人不应从他的错误行为中获益"和"某人应考虑到他的行为的所有可预见的结果")具有支持一种结论的"分量";在一个法律问题中,可能经常存在支持相互对立的结论的原则。(在这种法律观中,还有一种类似于法律实证主义者的法律和道德的分离,法官不是以[批判性的]道德要求何种原则为基础来判案,而是以一组不同的原则——它们依赖于[或者隐藏在]以往的官员行为——为基础来判案。[①])

德沃金参照法律实践(美国和英国)来论证法律原则(原则是法律体系的组成部分,法官有义务考虑原则适用于什么地方是恰当的)的存在。[②] 支持德沃金论证的特别有说服力的东西是那些具有里程碑意义的司法判决,其结果似乎与相关先例相反,但法院还是坚持认为它是在遵守法律的"真正意义"或"真正的精神";在有些更为普通的案件中,法官引用原则作为修改、创制例外或推翻法律规则的合理性证明。

因为法律包括大量的原则和规则,法律已经"穷尽了"和法官必须在没有法律指引的情况下判案的情形是非常少见的;但是,乍一看法律确定性似乎被丰富得有时相互对立的材料所削弱了。然而,德沃金对这个问

---

① 德沃金在后期著作中提到并批评了他早期著作的这个方面。Ronald Dworkin, *Justice in Robes* (Harvard University Press, Cambridge, Mass., 2006), p. 4 and 264 n. 6.

② 其他法学家(最著名的是罗伯特·阿列克西[Robert Alexy])也有法律原则理论。对不同理论的概述和批评见,例如,Ralf Poscher, "The Principles Theory", in Matthias Klatt ed., *Institutionalized Reason* (Oxford University Press, Oxford, 2012), pp. 218-247; Mitchell N. Berman, "For Legal Principles", in Heidi Hurd ed., *Moral Puzzles and Legal Perplexities* (Cambridge University Press, Cambridge, 2019), pp. 241-259。

题做出了回应。根据德沃金的方法,法官考虑各种有关法律的要求是什么的各种理论,而拒斥那些并不“适合”(“fit”)以往官员行为的理论。法官在那些足够“适合”的理论中选择一种理论,被选中的理论很好地把“适合”与道德价值联系在一起,使得法律成为它所能成为的最佳的法律。德沃金早期著作的两个要素因此间接地联系在了一起:法律包括规则也包括原则;所有(或几乎所有)法律问题都有唯一正确的答案。

虽然有理由得出结论认为,德沃金过分强调了他的法律观和哈特的法律观之间的差异,他夸大了法律实践中区分不那么清楚的规则与原则之间的界线①,但我们依然可以得到这样一种见解,即对法律的性质或司法推理的性质采取纯粹基于规则的方法(不管这种观点是否可以被归于哈特)是有问题的。在道德标准被澄清以前或者以道德标准为基础的判决宣布以前,一直存在限制规则的道德标准(例如,如果一条规则会导致一个荒谬的结论,或者如果一方有不公正的行为,那么这条规则不应适用于个案),它们已经以某种方式出现在法律中了。

建构性解释

7-03 在德沃金的后期著作中,他提出了一种他所说的法律的“解释性方法”。②(虽然德沃金很少说起他的早期著作和后期著作之间的关系,

---

① 见,例如,“Postscript”, in *The Concept of Law* (3rd ed., Clarendon Press, Oxford, 2012), pp. 238–276, at pp. 259–263; Joseph Raz, “Legal Principles and the Limits of Law”, in M. Cohen ed., *Ronald Dworkin and Contemporary Jurisprudence* (Duckworth, London, 1984), pp. 73–87。

② Ronald Dworkin, *Law's Empire* (Harvard University Press, Cambridge, Mass., 1986), pp. 46–48;又见 Ronald Dworkin, *Justice for Hedgehogs* (Harvard University Press, Cambridge, Mass., 2011), pp. 123–156。德沃金有时将他自己的方法指称为“解释主义”,Dworkin, *Justice in Robes*, p. 249。

但他的后期著作在一种更为精细的哲学框架内对早期的主题做了一番改造。①)

德沃金在《法律帝国》一书中认为"法律主张是解释性判断,因而把回顾与展望的因素结合在一起;它们把当前的法律实践解释为一种逐渐展开的政治叙事"。② 在德沃金看来,一个法官每次面临一个法律问题时,他或她都应该建构一种法律是什么的理论。那种理论必须充分地适合以往相关的政府行为(立法机关制定的法律法规和法院的司法判决),③同时使得法律成为它所能成为的最佳的法律。④

在德沃金看来,法律(作为一种实践)和法律理论最好被理解为"建构性解释"的过程,解释使得解释对象呈现它的最佳状态(用德沃金的话说,解释使得解释对象成为"它所属的形式或门类中最可能的例子"⑤)。建构性解释既是一种强加在被解释对象上的解释形式(在这个意义上,这种形式不是直接显现在对象上的),又是一种源于对象的解释形式(在这个意义上,解释者受到解释对象的约束,解释者不能随意地把自己选择的解释形式强加给对象)。⑥ 人们可以将建设性解释视为类似于人们观看天上的恒星并从中看到神话人物形象的方式,或者现代统计方法分析图表上的点(代表性数据)并确定哪条线(代表了一种数学公式,因此是各种变量之间的某些形式的连接)最能解释该数据

① 科尔曼认为,早期著作的政治哲学是"基于权利的自由主义",而后期著作的政治哲学是"自由共同体"。Jules L. Coleman, "Truth and Objectivity in Law", 1 *Legal Theory* 33 at 48-54 (1995).

② Dworkin, *Law's Empire*, p. 225.

③ Dworkin, *Law's Empire*, pp. 227-228, 245-258.

④ Dworkin, *Law's Empire*, pp. 52,143.

⑤ Dworkin, *Law's Empire*, p. 52.

⑥ 又见 Ronald Dworkin, "Law as Interpretation", 60 *Texas Law Review* 527 at 528 (1982)("法律命题……是对法律历史的解释,它把描述和评价要素结合在一起,但两者各不相同。")。

的方式。

德沃金相信建构性解释也是艺术和文学解释的恰当方法,他的早期著作经常比较法官的功能和文学批评的功能。将建构性解释适用于艺术解释和把法律解释与艺术解释做类比是两种富有争议的主张。①

不管解释对象是一件艺术品还是一种社会实践,建构性解释取决于能够为解释对象赋予一种不同的价值或目标。价值或目标作为标准决定一种解释是否比其他的解释更好或更差。对法律的建构性解释而言,德沃金声称法律的目标是约束或证成政府权力的行使。②

官员以往的行为——不管是法官的判案,给出判决的理由,还是立法者通过法律的行为——是法官建构性解释的材料。在使得法律或一个法律的领域成为它所能成为的最佳的法律时,德沃金经常提及的标准是"适合"和道德价值。③ 对有些法律问题而言,答案似乎显而易见,因为仅有一种理论充分"适合"。然而,有些地方法律是悬而未决的或者不一致的,或者法律问题是新的,在这些地方有着多种足够"适合"的可供选择的理论。在这些理论中,有些理论更满足"适合",其他的更满足道德价值。在对这些可供选择的理论进行比较时,权衡"适合"和道德价值本身是一个解释问题,并且这种权衡会随着法律领域的变化而变化(例如,在土地法和财产法中保护期待也许是更重要的,而道德价

① 相反的观点见,例如,Andrei Marmor, *Interpretation and Legal Theory* (Clarendon Press, Oxford, 1992), pp. 35-60; Richard A. Posner, *Law and Literature* (Harvard University Press, Cambridge, Mass., 1988), pp. 209-268(这本书经修订后于1998年再版,2009年第三版问世;在后来的版本中,一些相关的讨论被删除或修改)。

② Dworkin, *Law's Empire*, pp. 93, 109, 127.

③ 在后来的著作中,德沃金建议将"适合"理解为程序正义,将其他价值("道德价值"或"政治辩护")理解为实质正义。Ronald Dworkin, *Justice in Robes* (Harvard University Press, Cambridge, Mass., 2006), p. 171.

值对于公民自由问题也许是更重要的)。①

德沃金也写到了"(政治)整体性":法官应该以一种使得法律更为连贯的方式判决案件,并优先选择那种使法律更像某种统一道德观的结果的解释。(在他的某些著作中,他认为,"整体性"似乎是在审判过程中超越适合与道德价值的额外标准。在其他著作中,他认为,"整体性"只是适合与道德价值恰当平衡的结果。②)德沃金写道:"接受整体性解释理想的法官试图在关于公民权利和义务的连贯原则中,找到对其社群的政治结构和法律教义的最佳建构性解释,他们以此判决疑难案件。"③法律解释应该尽可能地(在给定的解释限制的情况下)"表达[　]一种连贯的正义和公平观"④。在某些方面,具有"整体性"概念的解释理论的发展体现了更为宏大更为复杂版本的普通法推理的精神:这种判决形式部分地以一致性为基础,虽然这是一种对原则很敏感的一致性;部分地以信念——这种信念相信过去的判决大致地接近——或关于正义和公平的直觉为基础。⑤

德沃金的著作(早期和后期)可以被视为对法律实证主义难以解释的法律实践各个方面的一种阐述尝试。例如:1. 法律体系的参与者甚至就系统运作方式(例如,有关正确解释含糊的成文法的方式的论证,有关人们应如何将宪法条款应用于新的法律问题的论证)的最基本方

① Ronald Dworkin, *Justice in Robes*, pp. 228–258. 在后来的著作中,德沃金根据法律命题的真值条件重新概括了他的测试:"一个法律命题是真的……如果它源自个人或政治道德原则,这些原则为当代法律实践中通常被视为真的其他法律命题提供了最佳解释。"Ronald Dworkin, *Justice in Robes* (Harvard University Press, Cambridge, Mass., 2006), p. 14.

② Dworkin, *Law's Empire*, pp. 12–18.

③ Dworkin, *Law's Empire*, p. 255.

④ Dworkin, *Law's Empire*, p. 255.

⑤ 关于普通法推理,见第十三章。

面进行争论，而不仅仅是围绕外围问题或规则在边界案件中的应用①；2. 甚至在最疑难的疑难案件中，办案的律师和法官都在以一种好像有一个唯一正确的答案有待法官发现的语气说话；3. 在里程碑案件中，法律表面上看似乎发生了彻底的变化，但法官和法学家却总是说新规则"已经存在"或这是法律"自我运行"的方式。②

德沃金在他的整个工作中一直强调法律的意义问题：

> "法律"要求某事的主张的意思是什么？到底是什么使得主张为真的时候真、为假的时候假？……法律人常常对某些法律主张是否为真存在分歧，即使他们知道机构过去做出的决定的所有事实。那么他们到底在争论什么？③

这些问题看似困难实则不然，德沃金与他之前的美国和斯堪的纳

① 对于这种批评的说服力的对比观点，比较 Scott J. Shapiro, "The 'Hart-Dworkin' Debate: A Short Guide for the Perplexed", in Arthur Ripstein ed., *Ronald Dworkin* (Cambridge University Press, Cambridge, 2007), pp. 22–55, and Scott Shapiro, *Legality* (Harvard University Press, Cambridge, Mass., 2011), pp. 282–306(同意这是对传统法律实证主义的重要批判); with Brian Leiter, "Explaining Theoretical Disagreement", 76 *University of Chicago Law Review* 1215 (2009)(认为法律实证主义有足够的回应)。最近试图从实质性分歧限制德沃金论点的批判性力量的文献包括 David Plunkett and Timothy Sundell, "Dworkin's Interpretivism and the Pragmatics of Legal Disputes", 19 *Legal Theory* 242 (2013); Andrea Dolcetti and Giovanni Battista Ratti, "Legal Disagreements and the Dual Nature of Law", in Wil Waluchow and Stefan Sciaraffa eds., *Philosophical Foundations of the Nature of Law* (Oxford University Press, Oxford, 2013), pp. 301–321; and Dennis Patterson, "Theoretical Disagreement, Legal Positivism, and Interpretation", 31 *Ratio Juris* 260 (2018)。

② *Omychund v Barker* (Ch. 1744) 1 Atk. 21 at 33, 26 ER. 15 at 22–23(从威廉·默里[William Murray]副总检察长到后来的曼斯菲尔德大法官[Lord Mansfield]："所有情况不会一下子同时出现；……一条法律很少能涵扩所有案件，普通法根据源于正义的规则而自我运行，因而普通法基于这个理由高于议会的法案。").

③ Dworkin, *Justice in Robes*. pp. 162–163.

维亚的法律现实主义者一起强调这些问题,这值得称赞。① 对美国法律现实主义者而言,最终的法律真之制造者是官员的实际和预测行为;对某些斯堪的纳维亚法律现实主义者而言,法律命题或许没有真值。对德沃金而言,答案(至少在他的后期著作中)是法律官员行为的建构性解释。

对德沃金著作(他的早期著作和后期的解释性方法)的标准回应是法官和法学家不应"过于乐观地"(through rose-coloured glasses)看待法律,从而使它成为"它所能成为的最佳的法律";他们应该描述法律"原本是什么样子的"。理解德沃金著作(特别是他的后期著作)的关键是理解他对如下评论的回应:不存在法律"原本是什么样子"的简单描述;更精确地说,描述法律"原本是什么样子"必然包括一个解释过程,这种过程反过来要求确定什么是对官员以往行为的最佳解释。② "原本是什么样子"的法律,客观的没有争议的法律,仅仅是法官和立法者以往决定的集合(德沃金把它当作"前解释信息",这一集合要经历建构性解释这个程序)。然而,这些单个的决定和行为不能为当前的法律问题提供一个答案,除非某种命令被强加给它们。那个命令就是在有关以往决定和行为的可行解释之间做出道德政治选择。

如果有人问及"关于精神损害的经济赔偿的法律是什么",律师很可能无法提供任何直接针对所提出的具体问题的权威法律来源;也即,在那种案件中法律问题是悬而未决的。这个律师可以援用某些已经通过的相关的成文法,也可以援用法院对相关问题的特定判决,甚至援用法学家的著述,他们的著述建议未来有关这个问题的判决以这种方式

① 美国法律现实主义在第十七章讨论;斯堪的那维亚法律现实主义在第二十二章讨论。

② 《法律帝国》的前三章论证了这一结论。见 Dworkin, *Law's Empire*, pp. 1–113。

而不是另外的方式解决。但是,这些法律渊源都不能直接回答上面提出的问题。律师必须仔细研究特定类型的推理过程,然后从形形色色的材料中获得一个答案。对德沃金而言,这就是“解释”行为。

在哪些情况下似乎确实有直接的权威法律来源?例如,律师或许成功地宣布上诉法院就在几周前对这个问题做出了一个判决。问题因此而终结了吗?那就不需要“解释”了吗?暂且抛开对上诉法院的判决也许可以做出一个不同的解释(它的语言或许是含糊的)这个可能的问题,德沃金或许会指出:一个娴熟的律师,在查阅了所有相关的法律判决之后,还是能够主张上诉法院的判决是错误的并且应该被推翻,或是主张这个判决太粗略,很快就会被限定在特定情境中。

马克·格林伯格(Mark Greenberg)指出,德沃金的方法(以及格林伯格自己的方法)拒绝了大多数法律方法所依据的“标准图景”的核心方面。[①] 传统的观点认为,法律官员直接给法律体系添加内容——(例如)立法者制定一部法律,那部法律的内容就成为法律体系的组成部分。[②] 对德沃金(以及格林伯格)而言,立法并不直接向法律体系添加内容;立法的影响是更间接的:它创制的是“前解释数据”,而法律仅仅在后一个阶段作为解释的产物存在。

解释性方法的优点是反映并说明了法律(或者至少是特定的法律

---

① Mark Greenberg, “The Standard Picture and Its Discontents”, in Leslie Green and Brian Leiter eds., *Oxford Studies in Philosophy of Law*, vol. 1 (Oxford, Oxford University Press, 2011), pp. 39-106; Mark Greenberg, “The Moral Impact Theory of Law”, 123 *Yale Law Journal* 1288 (2014); Mark Greenberg, “The Moral Impact Theory, the Dependence View, and Natural Law”, in George P. Duke and Robert P. George eds., *The Cambridge Companion to Natural Law and Jurisprudence* (Cambridge University Press, Cambridge, 2017), pp. 275-313. 格林伯格自己的观点更进一步,认为“法律是法律机构相关行为的道德影响”。Greenberg, “The Moral Impact Theory of Law”, p. 1290(引用省略).

② 但如果法规与法律制度的宪法相冲突,则它可能无效,并且不会对法律制度增加任何内容。

领域)的变化和重塑方式。这可能也正是这种方法的弱点:它过于强调修正的可能性而很少强调确定(settledness)的可能性;这种方法推崇伟大的法官对法律的全面反思,因而忽视了共识和共享的理解的重要作用。①

有学者对德沃金的法律方法提出了一种相关的挑战:它是针对法官(或法官的视角)的法律理论,而不是它所声称的充分的法律理论。② 如果某人是法律体系内的一个法官,让他或她从相关的法律判决中提出最佳的法律理论或许是恰当的指令。③ 然而,如果某人仅仅是这个社会中的一个公民,他或她为何要采用相同的视角呢?

对许多公民而言,法律要求的视角类似于霍姆斯法官的"坏人"④:人们想知道他们必须做什么才能规避法律制裁,或者,把这个问题变化一下,他们可以干哪些违法的事情而免受法律惩罚。从普通公民的角度看,有许多理由根据对法官(和警察)将如何解释规则的预测来思考法律。这里不仅涉及公民们避免法律制裁的愿望;如果法律要成功地协调行为,那么重要的是不同的公民以大致相同的方式(例如,他们所

① 有关这些主题的更为详细的讨论可见 Gerald Postema, "'Protestant' Interpretation and Social Practices", 6 *Law and Philosophy* 283 (1987)(德沃金本人赞同"新教式"的描述,载 Dworkin, *Law's Empire*, p. 413; and Dworkin, *Justice in Robes*, p. 219);又见 Brian H. Bix, *Law, Language and Legal Determinacy* (Clarendon Press, Oxford, 1993), pp. 111-116, 125-129。

② 见,例如,Joseph Raz, *Ethics in Public Domain* (Clarendon Press, Oxford 1994), pp. 186-187; Bix, *Law, Language and Legal Determinacy*, pp. 118-120。

③ 虽然德沃金承认,如果一个法律体系是足够邪恶的,法官就不应试图让这个法律体系"成为它所能成为的最佳的法律体系";他或她不应该严肃地看待这种法律所提出的要求。Ronald Dworkin, "A Reply by Ronald Dworkin", in M. Cohen ed., *Ronald Dworkin and Contemporary Jurisprudence* (Duckworth, London, 1984), pp. 247-300 at p. 258.

④ Oliver Wendell Holmes, "The Path of the Law", 10 *Harvard Law Review* 457 at 460-461 (1897);一般性的论述见 William Twining, "The Bad Man Revisited", 58 *Cornell Law Review* 275 (1973)。

有人对交通法或反污染法的要求有着可以比较的观点)看待法律的要求。如果公民采用了德沃金的解释性方法看待法律,这种类型的共识肯定不可能发生——或者发生的可能性很小。

德沃金的方法的独特之处,也是让许多法学家感到怀疑的部分原因,是通常被认为是法理学问题(法律的一般性质或一个特定法律体系的基本性质)与通常被认为是实践或教义法律问题(在审判中法律对某些问题的要求是什么)之间的连续性。建构性解释是德沃金对以上两类问题的回应,他明确指出"法理学和裁判或法律实践的其他任何方面没有清楚的界线"①。大多数讨论法律性质的法学家认为他们的一般理论对于特定的法律教义问题的意义非常有限,即使有意义,那也只是偶尔对一些高度普遍化的案件有意义。相反,德沃金认为一个人的法理学观点隐含在其所解决的每一个法律纠纷中。②

正确答案

7-04 很长时间以来,法律理论中与德沃金的著作联系最紧密的观点是"正确答案论题",即主张所有的(或者几乎所有的)法律判决都有一个唯一正确的答案。饶有趣味的是,这种观点被提出的方式和攻击这一观点的方式也一直在变化。

---

① Ronald Dworkin, "Legal Theory and the Problem of Sense", in Ruth Gavison ed., *Issues in Contemporary Legal Philosophy* (Clarendon Press, Oxford, 1987), pp. 9-20 at p. 14.

② 德沃金写道:"法理学是裁判理论的组成部分。" Dworkin, "Legal Theory and the Problem of Sense", p. 15. 又见 Dworkin, *Justice in Robes*, pp. 1-35, 140-186。其他认为法律本质理论通常对普通法律纠纷有影响的理论家包括 Scott Shapiro, *Legality* (Harvard University Press, Cambridge, Mass., 2011), pp. 353-387,和 Mark Greenberg, "What Makes a Method of Legal Interpretation Correct? Legal Standards vs. Fundamental Determinants", 130 *Harvard Law Review Forum* 105 (2017)。

通观德沃金对“正确答案论题”的许多讨论，他坚持三个主题。第一个主题是这种主张反映了我们的实践：即使在疑难的判决中，法官和律师讨论、论证和判决案件的行为都好像表明有一个尚待发现的正确答案。这种对实践的提及通常会引起这样的回应，即司法“正确答案”的修辞只是一个表现或惯例问题，而法官在更深思熟虑的时候会支持相反的立场。①

在德沃金的后期著作中变得更重要的第二个主题是：法律问题都有正确答案，理由很简单，即法官必须为摆在他们面前的问题寻找一个结论，而某些答案比其他答案要好。② 德沃金提出的所有其他论点，以及他提出的相当多的论点，都可以被视为这一点的变体。

约瑟夫·拉兹这样的法学家关注司法判决的区分，区分那些基于法律标准的司法判决和基于超法律标准的司法判决，以及区分那些适用先例（“适用现有的法律”）的司法判决和那些创制新的判决（“创制新法”）的司法判决。③ 但是，德沃金发现这种区分无关紧要。他认为没有理由不把法官适用的每一种标准都视为“法律”标准。④ 德沃金似乎对司法判决的哪些方面是以“法律”因素为基础而哪些方面是以“超法律”因素为基础毫无兴趣。

第三个主题是：证明或证伪（所有）法律案件存在唯一正确答案的最佳方法是思考单个的疑难案件，然后建构一种论证，证明特定的结论是唯一正确的，或者是论证在这个案件中没有一个答案比已选择的这个答案更好。⑤ 德沃金认为，不可能存在一种确立或驳斥法律

① 见，例如，Hart，“Postscript”，pp. 273-275。对这种论证的回应，见 Dworkin，“Legal Theory and the Problem of Sense”，pp. 11-13。

② 见，例如，Dworkin，“A Reply by Ronald Dworkin”，pp. 275-278。

③ 见，例如，Raz，*Ethics in the Public Domain*，pp. 187-192。

④ Dworkin，“A Reply by Ronald Dworkin”，pp. 261-262.

⑤ 见，例如，Dworkin，*Justice in Robes*，pp. 41-43。

确定性的全面论证。

有学者以不可通约性问题(一种理论比其他理论优越的根据是一种价值,例如“适合”,而另外一种理论比其他理论优越的根据是一种不同的价值,例如“道德价值”,此时,人们能否有意义地说一种理论比另外一种理论好)①和可证明性问题(给定了德沃金的其他前提,他不能既说所有法律问题都有唯一正确的答案,又说这些正确答案至少在最佳条件下不可证明)②为根据来挑战正确答案的可能性。这些是有趣而艰难的论题,③但是这里没有时间详细地讨论它们。

德沃金后期的某些解释性讨论仅仅顺便提了一下“正确答案”问题。最近的一篇论文似乎进一步讨论了这个问题,并把它视为一种令人烦恼和分心之事:

> 现在,我们应该搁置有关正确答案的争论,即是否存在正确的或最佳的或真的或合理的答案或仅仅有用的或有力的或流行的答案的争论,这种争论是在浪费时间和资源。然后,我们应该思考如下问题:在任何案件中将要做出的或应该做出的判决是怎么样的? 在任何案件中答案被认为正确的或最佳的或真的或合

---

① 有关德沃金和形形色色的批评者关于不可通约性的争论,可见 Bix, *Law, Language and Legal Determinacy*, pp. 96–106。

② 见 Michael S. Moore, “Metaphysics, Epistemology and Legal Theory”, 60 *Southern California Law Review* 453 at 480–483 (1987)。

③ 关于不可通约性的一般论述,见 Ruth Chang ed., *Incommensurability, Incomparability, and Practical Reason* (Harvard University Press, Cambridge, Mass., 1997); Nien-hê Hsieh, “Incommensurable Values”, in Edward N. Zalta ed., *Stanford Encyclopedia of Philosophy*, *http://plato.stanford.edu/entries/value-incommensurable/*(2016);关于不可通约性对于法律的意义,见“Symposium: Law and Incommensurability”, 146 *University of Pennsylvania Law Review* 1169–1731 (1998)。

理的判决是怎么样的?①

另一方面,虽然这段引文的语气是否定性的,它却延续了先前提到的主题:即使有人基于某些理由暂时不称它们为"正确答案",法律问题至少存在"最佳答案"。

为什么"正确答案论题"的讨论值得关注呢？一个理由是指向法官和律师的心理学/社会学的理由。如果他们相信疑难案件中可能存在一个唯一正确的答案,不管发现这个答案多么疑难,不管业务娴熟的律师对哪个答案是正确的答案存在何种分歧,这种努力和论证将指向法律材料:试图建构一种论证来证明一个答案是正确的答案。另一方面,如果某些更为疑难的法律问题因为法律已经穷尽了或者不可通约性问题或者语言的不确定性或者其他什么问题而不存在唯一正确答案,那么在此类案件中辩护律师和法官的注意力或许会很快(无论"很快"的意思在这里是什么)转向建议哪些法律规则为最佳这类立法问题。德沃金认为,法院尽可能扮演一个"原则争论场"("forums of principle")的角色,然后试图在现有法律材料中发现法律纠纷的答案,这样是最佳的(并且这也是对我们自己实践的最佳解释)。

德沃金的观点是:当法官根据(声称的)现有正确答案对可能影响自由或财产的案件做出裁决时,该裁决与法律官员先前的裁决(原则上)一致。然而,如果法官因为没有正确答案而决定重新立法,那么公民的自由或财产将基于溯及既往的立法而被剥夺,他认为,这是极大的不公。②

---

① Ronald Dworkin, "Pragmatism, Right Answers, and True Banality", in Michael Brint and William Weaver eds., *Pragmatism in Law and Society* (Westview Press, Boulder, Colo., 1991), pp. 359-388 at p. 360.

② 见,例如,Dworkin, *Taking Rights Seriously*, pp. 44, 123。

德沃金与哈特

7-05 德沃金的早期著作致力于攻击法律实证主义,特别是哈特版的法律实证主义,并因此而赢得了声誉。而哈特对德沃金的直接回应大多做出于他的生涯晚期,其中很多甚至在哈特死后才出版。①

德沃金和哈特之间的论战跟哈特和富勒之间的论战一样,最好不要把它理解为一场通常所说的论战。这两个法学家之间的差异不是关于特定问题的相反观点,而或多或少是下述差异:哈特和德沃金对法律理论中哪些问题和哪些关切是最紧迫的有着不同的观点。② 这不是说他们的著作中没有相互重叠的问题——人们可以精确地指出他们对这些问题有着相反的观点,只是关注这些直接的分歧低估了这两个法学家实际上各说各话的程度。

哈特有一次回应德沃金时一开始就比较了关于法律的一般理论与关于特定法律体系的理论(或者,正如他对德沃金理论的解读,关于特定法律体系中法官应当如何审判的理论)。③ 这一主张引出了一般法理学的可能性问题(第二章中讨论的一个问题)和恰当概括德沃金的理论的问题。

---

① 我特别想到哈特于 1987 年出版的"评论",载 Ruth Gavison ed., *Issues in Contemporary Legal Philosophy* (Clarendon Press, Oxford, 1987), pp. 35-42;以及 1994 年哈特去世后出版的"后记"。出于周全的考虑,人们应该注意哈特的一本书,H. L. A. Hart, *Essays in Jurisprudence and Philosophy* (Clarendon Press, Oxford, 1983), pp. 137-141(1977 年首次出版的复印材料),该书中讨论了德沃金的著作,但更多的是陈述而不是批评。一般性论述,见 Ronald Dworkin, "Hart's Posthumous Reply", 130 *Harvard Law Review* 2096 (2017); Nicos Stavropolous, "The Debate That Never Was", 130 *Harvard Law Review* 2082 (2017)。

② 这一点是哈特本人指出的。见 Hart, "Comment", pp. 36-40。

③ Hart, "Comment", pp. 36-38.

哈特在同一篇文章中形象地比较了各种类型的法律理论。一种是用于法律体系“之内”的法律理论,例如,告诉一个法官如何处理纠纷。另外一种类型的法律理论“从外部”审视这个法律体系。人们基于这种论证声称,一种理论不能同时既是这个法律体系的组成部分又是从外部进行的描述。① 对哈特而言,这种论证在某些方面是奇怪的,因为哈特的法律方法(第三章中已经讨论了)要求我们在建构法律理论的时候看到一个法律体系中公民的视角,即“内部视角”,这是哈特的方法的最重要的方面。

德沃金和哈特之间的交锋的主要问题是我们评价或提出论证时能够依赖多少隐喻。声称一种理论既是这个法律体系的组成部分又是对这个体系的最佳解释似乎怪怪的。然而,这种类型的论证和所有循环论证的线索实际上在现代哲学中是比较普遍的;例证包括文学理论中的诠释循环,和道德与政治理论中约翰·罗尔斯(John Rawls)使用的反思性平衡(reflective equilibrium)。

在德沃金和哈特之间存在真正的冲突的意义上说,当德沃金声称或暗示一种实质性的、详细的、有趣的法律的描述性或概念性理论(不是解释性的)没有生存的空间时,德沃金和哈特直接产生了真的冲突。哈特的反驳是,他坚持法律的(非解释性的)描述性理论有它的生存空间,他反对把法律实证主义改造为对现在/未来强制的合理性证明,②哈特主张,即使在大多数或所有法律体系中法律命题的“涵义”是解释性的/评价性的,它也并不意味着此类问题的描述性或概念性理论同样需要解释/评价。③

① Hart, “Comment”, p. 40. 德沃金将这种将法律理论与法律要求的特定决定分开的努力批判为哈特的“阿基米德主义”。见 Dworkin, *Justice in Robes*, pp. 140–186。

② Hart, “Postscript”, pp. 241–242.

③ Hart, “Postscript”, p. 244.

揭穿真相的问题

7-06 评论者有时怀疑某些分析背后的“真正理由”或“真正动机”。在法哲学中，这种类型的挑战植根于美国法律现实主义[①]和批判法律研究运动（第十七章和十九章讨论的主题）；在这里提出这个话题，是因为虽然这一主张很少从“被揭穿的”（“debunked”）法学家的角度得到考虑，但从这个角度来看，此类主张可能会失去一些力量。

批判学者有时声称，实践者或法学家使用的术语是有名无实的标签，这些标签仅仅是引人误入歧途。进一步说，如果我们看看真实的实践，我们将发现仅有一种理想化特定结论的尝试。此外（作为结论不是作为前提），这些论证通常认为，说一种理论比另外一种理论更好地解释了法律简直是无稽之谈。这种方法指出，描述性法律理论的所有努力是试图正当化特定的司法判决或方法。

这类分析是煽动性的，虽然有时人们也会担心这些分析是不是得出得太容易了些。有很多这样的主张，比如早期的美国法学家克里斯托弗·哥伦布·兰德尔试图把法律推理和司法过程描述为科学，这不过是把不得人心的保守的司法判决辩护为客观的演绎推理得出的结果，而演绎推理又是法官不可能合法地避开的推理方式。美国法律现实主义者揭穿了形式主义方法的真相，但他们自己的真实面目也被揭穿了：他们积极的论证为法律改革和法庭中政策的运用提供了合理性

---

① 见，例如，Felix Cohen, “Transcendental Nonsense and the Functional Response”, 35 *Columbia Law Review* 809 (1935)。

证明。[①] 类似地,哈特认为语言存在"开放结构",人们可以认为他的论证是为疑难案件中有限的法官造法辩护。罗纳德·德沃金早期提出了"正确答案论题",后期提出了"解释性方法"。以同样的方式分析,他的方法为美国沃伦法院的法理学明显的政治性提供了合法性证明,那个时候沃伦法院的判决背上了"反民主"的骂名。[②]

批判学者似乎认为,解释性理论仅仅修饰并正当化了法官的选择,解释性理论同时隐藏了判决的真正理由(动机),只有少数的判决实际上是由法官应当遵守的理论规范(例如,"中立原则"[③]"判决的宏大风格"[④]或"司法美德"[⑤])决定(或排除)的。

德沃金认为这种类型的"揭发"与他的事业无关。他追问道,或许有历史的、心理学的或社会学的解释来说明为什么一种特别的理论被提出或接受了,但这又有什么关系呢?[⑥] 即使能证明一种理论服务于特定阶层或群体的利益而牺牲了其他阶层或群体的利益,或者这种理论表达了其起源时的时代精神,但为什么这很重要呢? 最后,问题在于理论是否正确,或者这种理论是否至少优于其他理论。历史学的、心理学的和社会学的解释对于探究一种理论的正确性而言是边缘性的。

揭穿真相的解释或许不是完全无关的,所以我们可以正确地怀疑那些与理论家的自我利益或价值观的独特偏见相符的哲学立场——不

---

① 见 Morton Horwitz, *The Transformation of American Law 1870–1960* (Oxford University Press, Oxford, 1992), pp. 185–212。

② 见 Peter Gabel, Book Review, 91 *Harvard Law Review* 302 (1977)。

③ Herbert Wechsler, "Toward Neutral Principles in Constitutional Law", 73 *Harvard Law Review* 15 (1959).

④ Karl Llewellyn, *The Common Law Tradition: Deciding Appeals* (Little, Brown & Co., Boston, 1960).

⑤ Hart, *The Concept of Law*, pp. 204–205.

⑥ 见,例如,Dworkin, *Law's Empire*, pp. 271–274(讨论了批判法律研究)。

管这些是伦理理论、社会理论或是法律理论。然而,怀疑不是证据,只要有关理论优点的论证能建立在中立的基础上(根据领域内参与者接受的标准,这种标准有助于分清更强的和更弱的论证以及更好的和更差的理论[①]),那么“揭穿真相的”论证仅能证明开始理论争论的合理性;有关理论优点的最终判断将建立在其他基础上。

① 当然,怀疑者或许认为不存在“中立的基础”:所有标准都表达了特定团体的利益和先入之见。

建议进一步阅读的书目

Justine Burley ed., *Dworkin and His Critics* (Blackwell, Oxford, 2004). 7-07

Marshall Cohen ed., *Ronald Dworkin and Contemporary Jurisprudence* (Duckworth, London, 1984).

Ronald Dworkin, *Justice for Hedgehogs* (Harvard University Press, Cambridge, Mass., 2011).

—, *Justice in Robes* (Harvard University Press, Cambridge, Mass., 2006).

—, *Law's Empire* (Harvard University Press, Cambridge, Mass., 1986).

—, *A Matter of Principle* (Harvard University Press, Cambridge, Mass., 1985).

—, *Taking Rights Seriously* (revised ed., Duckworth, London, 1977)(修订版包括“对批评者的回应”).

Stephen Guest, *Ronald Dworkin* (3rd ed., Stanford University Press, Stanford, 2012).

Scott Hershovitz ed., *Exploring Law's Empire: The Jurisprudence of Ronald Dworkin* (Oxford University Press, Oxford, 2006).

Jurisprudence Symposium, 11 *Georgia Law Review* 969-1424 (1977)(包括 H. L. A. Hart, Kent Greenawalt, Stephen Munzer 和 David Richards 对德沃金早期作品的讨论,以及德沃金的回应).

Brian Leiter, “The End of Empire: Dworkin and Jurisprudence in the 21st Century”, 36 *Rutgers Law Journal* 165 (2004).

Andrei Marmor, *Interpretation and Legal Theory* (Clarendon Press, Oxford, 1992).

Arthur Ripstein ed., *Ronald Dworkin* (Cambridge University Press, Cambridge, 2007).

Scott J. Shapiro, “The ‘Hart-Dworkin’ Debate: A Short Guide for the Perplexed”, in Arthur Ripstein ed., *Ronald Dworkin* (Cambridge University Press, Cambridge, 2007), pp. 22-55.

Nicos Stavropoulos, “Legal Interpretivism”, in Edward N. Zalta ed., *The Stanford Encyclopedia of Philosophy, http://plato. stanford, edu/entries/law-interpretivist/* (2014).

—, *Objectivity in Law* (Clarendon Press, Oxford, 1996).

Symposium on *Law's Empire*, 6 *Law and Philosophy* 281–438 (1987).

Wil Waluchow and Stefan Sciaraffa eds., *The Legacy of Ronald Dworkin* (Oxford University Press, Oxford, 2016).

第三部分

主题与原理

C-01 法律哲学中的有些问题不仅限于个别法学家或法理学运动在讨论,同时也在不同层次的关注中造成了反响。也即,诸如正义、惩罚和守法的义务这样的问题可以从不同的层面得到理解和思考,有时从关于特定环境中应该做什么的实践层面,有时作为关于如何普遍思考法律的更大难题的不可分割的一部分。也有一些主题,比如"意志与理性"和"终局性与权威"问题,似乎以各种形式发生在各种法理学争论中。接下来的章节探讨此类问题和主题。

第八章　正　义

“正义”指与法律和政治——在福利分配的公共决策的意义上理解这里的政治——联系在一起的道德概念集。正义是道德的子集。因而,人们有时能够有意义地谈论某些东西的“对”或“错”,但在这种情况下谈论“正义”似乎是不恰当的。① 此外,正义似乎指规则和标准的相对严格的适用,正确的行为有时要求更细微的对待(“平等”或“宽恕”)。② 8-01

存在各种划分正义领域的方法。最著名的区分可能要数亚里士多德区分的“矫正正义”与“分配正义”。③ 矫正正义包括对遭受其他人的伤害或者伤害了其他人的双方的改正。现代矫正正义的讨论经常发生在论证侵权法和合同法的恰当标准的语境中。分配正义包括一个团体中福利的恰当分配(“给每个人应得的福利”)。现代大多数有关正义的著名讨论通常将正义视为政府和社会的恰当结构,这些讨论基本上

① 例如,人们可以有意义地说,某人没有利用大量的天赋是错误的,但说那个人浪费了那些天赋是“不公正的”却是怪怪的。

② 亚里士多德写道,“如果人们是朋友,就无需正义”。Aristotle, *Nicomachean Ethics*, Book VIII, 1: 1155a, in Jonathan Barnes ed., *The Complete Works of Aristotle* (Princeton University Press, Princeton, 1984), vol. 2, p. 1825. 有人也比较了一个家庭内的正义行为——给每个人应得的待遇——与正确的(或者至少是被期待的和可接受的)行为,在此情况下我们接受并偏好“我们自己的”而不管它们的优点。

③ Aristotle, *Nicomachean Ethics*, Book V, 3: 1131a-4: 1132h, in *The Complete Works of Aristotle*, vol. 2, pp. 1785-1787.

是关于分配正义的讨论。

矫正正义和分配正义的关系是一个有争议的问题。一个问题是两者之间是否有概念性联系。亚里士多德认为,两种形式的正义是“比例”问题[①]:当一个人伤害了另一个人时,以及当存在福利的分配不均时,这便超出了恰当的比例。一个完全不同的问题是两种正义作为一个道德评价问题联系在一起。也即,这两种正义如何相互影响?例如,如果某人生活在一个分配不公的社会(有些人毫无根据地比其他人拥有更多的福利),这是否以某种方式缓解了矫正正义的需求(例如,当应得之人从不应得之人那里拿走什么时)?[②] 许多人似乎在一种未经反思的层面上感知这种方式,比如某人认为欺骗一个大保险公司或其他某些大型企业不是错误的行为,此处潜在的前提是这些公司自身从某些错误的行为中获益了,因而从这些公司的口袋里拿走好处是无可厚非的。

连同矫正正义和分配正义,“正义”这个术语也经常用来指遵守制定的规则。[③] 这很明显和法律(“没有溯及既往的惩罚”)相关,但也与日常生活的其他方面相关(“游戏进行过程中不改变规则”以及类似的

---

① Aristotle, *Nicomachean Ethics*, Book V, 3: 1131a-b, in *The Complete Works of Aristotle*, vol. 2, pp. 1785-1786.

② 见,例如,Stephen R. Perry, “The Distributive Turn: Mischief, Misfortune and Tort Law”, in Brian H. Bix ed., *Analyzing Law: New Essays in Legal Theory* (Clarendon Press, Oxford, 1998), pp. 141-162 at pp. 142-143; Jules Coleman, “Second Thoughts and Other First Impressions”, in *Analyzing Law*, pp. 257-322, at pp. 308-310。

③ 见,例如,Aristotle, *Nicomachean Ethics*, Book V, 7: 1134b, in *The Complete Works of Aristotle*, vol. 2, pp. 1790-1791:“政治正义部分是自然的,部分是法律的——自然的是指每一个地方都有相同的力量并且不因人的思想而存在;法律的是指正义从起源上讲是中立的,它是因为法律的制定而变得不同……”这种类型的“程序”或“形式”正义在第六章朗·富勒的著作的语境中有更详细的讨论。

规则）。[1] “正义”也经常用来描述惩罚犯罪（惩罚论题将在下一章思考）以及与战争相关行为（“正义战争理论”）的恰当性。

本章的其余部分将集中讨论某些晚近更有影响的正义理论。

约翰·罗尔斯与社会契约论

约翰·罗尔斯（1921—2002）的《正义论》[2]一书可能是20世纪政治理论中最有影响力的著作。[3] 对约翰·罗尔斯和许多与之竞争的进路而言，正义理论是建构政府和社会的恰当方法——换言之，是一种政治理论。[4] 8-02

罗尔斯对为什么需要一种正义理论这个问题的可能回应是：因为

① 劳埃德·温瑞伯举了一个《伊利亚特》中二轮战车竞赛的例子，这个竞赛是普特洛克勒斯的纪念葬礼的一部分。阿喀琉斯宣布竞赛的奖品，第二名获得一匹母马。安提罗科斯获得第二名，但阿喀琉斯想把这匹母马给这一组最优秀的二轮战车手欧墨罗斯，他因为神的干预仅获得最后一名。安提罗科斯提出抗议，无论阿喀琉斯想给欧墨罗斯什么，但这匹母马应该给他。见 Homer, *The Iliad*, Book 23 (W. H. D. Rouse trans., Thomas Nelson and Sons, Edinburgh, 1938); Lloyd L. Weinreb, *Natural Law and Justice* (Harvard University Press, Cambridge, Mass., 1987), p. 186。

② John Rawls, *A Theory of Justice* (Harvard University Press, Cambridge, Mass., 1971). 对罗尔斯著作的详细讨论，见，例如，Norman Daniels ed., *Reading Rawls: Critical Studies of A Theory of Justice* (Basic Books, New York, 1990); Robert Paul Wolf, *Understanding Rawls: A Reconstruction and Critique of A Theory of Justice* (Princeton University Press, Princeton, 1977)。

③ 一位学者最近指出：“约翰·罗尔斯的《正义论》（1971）出版二十年以来，至少在英语世界一个人不可能离开罗尔斯《正义论》一书中的观点来思考正义。”Ruth Anna Putnam, “Why Not a Feminist Theory of Justice?”, in Martha C. Nussbaum and Jonathan Glover eds., *Women, Culture, and Development: A Study of Human Capabilities* (Clarendon Press, Oxford, 1995), pp. 298-331 at p. 303.

④ 在这个意义上，罗尔斯的正义理论和柏拉图的理论之间存在一种遥远的家族关系。柏拉图认为正义对个人和社会而言都包括安排妥当和谐一致的因素。Plato, *Republic*, Book II, pp. 357-367; Book IV, pp. 441-445; Book IX, pp. 588-592, in E. Hamilton and H. Cairns eds., *Plato: The Collected Dialogues* (Princeton University Press, Princeton, 1961), pp. 605-614, 683-688, 816-819.

公众一致同意的社会合作的条款是必要的并且是可能的。[①] 在罗尔斯看来，正义是社会的结构性规则，在这种规则中拥有不同价值观和人生目标的人能够共存、合作以及进行某种程度的竞争。规则对于人们的合作和创建社会和个人的福利是必要的。那么，问题就变成：人们根据什么合作？社会福利如何分配？正义论是对这些问题的回答，或者至少是对答案的限制。

我们怎样确定遵守哪些原则呢？如果我写下某些原则并宣布它们是公平的，许多人将会不赞同我的看法。如果我声称证明了这些原则源于基本公理，有些人将质疑我的推理过程，同时其他人将认为我选择的公理是错误的公理。然而，如果我们所有人都赞同某些原则，不管它们的起源，那么我们似乎没有理由质疑将这些原则适用于我们的公平性。思考一种类似的情况：如果问题是两百美元是不是粉刷你房间的墙的公平价格，这种分歧存在大量的实质余地；但如果我在事前，经协商后，已经同意以这个价格粉刷墙，那问题将有实质的改变。在那种情况下，大多数人可能会假定我获得的报酬是公平的，即使他们或许在协议之前认为一种不同的价格是更恰当的。[②]

同意概念是治理社会的"公正的"或"正当的"原则的基石，这一概念以政治理论中的"社会契约论"为基础，社会契约论至少可以追溯到17世纪的托马斯·霍布斯的著作以及最近的约翰·罗尔斯和戴维·高

---

① 见 Rawls, *A Theory of Justice*, pp. 3-6。

② 一种一致同意的价格能够被公平地/公正地强加给同意它的人这一假设易于受到对那个人的心智能力的探究的影响，即那个人是否受到强迫，是否存在其他被其他人虚假代表的问题，等等。也有一些论点认为，有些协议中某一方决定条款的力量是如此之大，以至于其他各方的同意不足以证明强制实施协议的合理性。

蒂尔(David Gauthier)的有影响的主张。[1] 这些政治理论家的研究起点是:只有公民明确地授予政府统治他们的权力时,政府才能合法地统治它的公民。

某些早期的社会契约论者写到了协议的历史表达,即公民建立一个政府和授权它维持秩序和保护公民权利的协议。当然,即使存在这样一个历史上的协议,问题在于为什么没有参与这个社会契约的后来者应该接受这个协议条款的约束。在回应这个问题时,约翰·洛克提出了"默示同意"概念:虽然我们中的许多人没有表达忠于政府和受它的规则约束的同意,但我们的行为已经默示了我们的同意,或者,至少把我们摆在了一个可以把同意公平地归于我们的位置。对政府的默示同意的行为实例包括:选举中的投票,接受政府福利,或一个人成年并有权离开后还继续居住在这个国家(并从中受惠)。[2] 然而,大多数评论者认为"默示同意"的想法并没有说服力。[3]

正如后面(第十一章)会详尽讨论的,包括罗尔斯在内的现代社会契约论者改变了探究的方式,他们不再研究历史人物实际上赞同什么,以及那些协议今天如何约束人们,而是转向讨论理性人会赞同什么,如果他们试图达成协议的话。[4] 正如我在第十一章指出的,这是一个比乍一看更为重大的变化,就像如果我提前明确同意特定价格,那么关于我

---

① 有一本关于社会契约论的读本包括了托马斯·霍布斯、塞缪尔·普芬道夫、约翰·洛克、让-雅克·卢梭、伊曼努尔·康德、约翰·罗尔斯和戴维·高蒂尔的著作,见 Michael Lessnoff ed., *Social Contract Theory* (New York University Press, New York, 1990)。

② 各种各样的同意理论出现在与是否有义务遵守法律的相关语境中(见第十六章),并且至少可以追溯到柏拉图的《克力同》,在该书中,苏格拉底认为他有义务遵守判决强加给他的不公正的死刑。

③ 拒绝"默示同意"的某些理由将在第十六章讨论。

④ "假设"社会契约的使用至少可以追溯到伊曼努尔·康德,见 *The Metaphysics of Morals* (Mary J. Gregor ed., Cambridge University Press, Cambridge, 1996)。

应该支付多少钱来粉刷墙的探究就会发生变化。[1] 问题在于实际的选择是否带来重要的道德分量,或者这种分量是否是一个抽象的"合理性"概念所具有的。

在罗尔斯看来,焦点是一次"思想实验":一个社会里假想的公民之间的一次假想的讨论。即使这种讨论是完全虚构的,这也不意味着我们对如何很快达成共识必然变得更乐观。(如果人们不运用实在论的假设,一次思想实验不会导致有用的结论,它不会给出一个基础来说服其他人相信某些伦理要点。)对罗尔斯和其他社会契约论者而言,起点是:没有必要从基础的道德信念(或宗教信念或政治教条)出发提出论证,因为许多人不接受那些起点。

如果人们不能从所有人都赞同的基础的公理出发(因为没有所有人都赞同的基础公理,或者至少没有足够的要义或详细说明可供使用),或许我们至少能够在公开而自由的讨论之后达成一致。如果我们以这种方式获得原则,那么人们似乎没有理由反对这些原则。不过罗尔斯认为,我们经过自由讨论之后可能也无法达成共识,因为我们在生命的不同状态中形成了不同的自我利益(和偏见)并且无法达成共识,因为来自多数群体的持异议者有合理的根据反对未经他们的同意就把这些原则强加给他们。自我利益经常让人们的思想变得偏颇,去支持那些使他们的境况变得更好的原则,或者至少抵制那些将导致他们福利减少的原则,无论这些原则多么公平。因此,罗尔斯建议,我们应该想象在类似处境(或类似"无处境")中、对他们在社会中的地位具有类似的无知的人之间进行的讨论。

---

① 又见 Ronald Dworkin, *Taking Rights Seriously* (Duckworth, London, 1977), pp. 150-153。

因而，作为罗尔斯的思想实验的组成部分，我们想象一些商谈者，他们被魔术般地剥夺了所有知识，这些知识很可能成为自我利益的偏见的基础：他们的性别、财富、种族、民族、能力和一般的社会环境的知识。他们也不知道他们自己关于善的生活的观点（例如，重生的基督教式的，或享乐主义、审美中心或物质主义的），这些观点很可能影响他们对如何组织社会的看法。① 罗尔斯称“无知之幕”（veil of ignorance）②背后的想象的商谈者的这种起点为“原初状态”（the original position）。③

这是罗尔斯论证的第一部分：这种思想实验的结果、这种假设的商谈，是正义的合法原则（这是为何罗尔斯认为他的理论是“作为公平的正义”——正义是处于公平条件下的人的一致同意的结果④）。罗尔斯论证的第二部分是关于原则实际上将导致什么结果的论证。人们可以接受罗尔斯论证的第一部分而不接受第二部分（认为罗尔斯不恰当地推断了从原初状态中导致的结果）；人们也可以接受第二部分而不接受第一部分（认为原初状态不是推导正义原则的正确方式，但是罗尔斯找到的原则是正确的）。⑤

---

① 这也反映了罗尔斯的“权利优于善”的观念。见 Rawls, *A Theory of Justice*, p. 31：正义原则应该是恰当的结构，在这种结构中公民能够遵守他们的关于善的相互分歧的观点。

② Rawls, *A Theory of Justice*, pp. 12, 136-142.

③ 见 Samuel Freeman, "Original Position," in Edward N. Zalta ed., *Stanford Encyclopedia of Philosophy, http://plato.stanford.edu/entries/original-position/*（2014）。

④ 见 John Rawls, "Justice as Fairness", 54 *Journal of Philosophy* 653 (1957), in expanded form, 67 *Philosophical Review* 164 (1958)。

⑤ Rawls, *A Theory of Justice*, p. 15.

罗尔斯的两条原则

8-03 罗尔斯首先思考了原初状态的商谈者是否会采纳功利主义。[①] 他认为这是不可能的:因为如果对他人的利益超过痛苦,功利主义允许人们去忍受;商谈者不知道他们处于有利的团体还是处于不利的团体,他们不想冒处于不利团体的风险。这例证了罗尔斯归于商谈者的谨慎("风险厌恶")态度,[②]这种态度似乎产生了许多论证结论。

根据罗尔斯的观点,商谈者将会同意的两条正义原则如下:

> 第一条原则:"每个人对与针对所有人的类似的自由体系相容的最广泛平等的基本自由体系拥有一种平等的权利。"
>
> 第二条原则("差异原则"):"社会和经济的不平等应当这样安排,以使它们:(a)能够给处于最不利地位者带来最大利益,……

---

① Rawls, *A Theory of Justice*, p. 14. 罗尔斯认为功利主义是与他的进路相对的进路,他对功利主义的界定如下:"如果一个社会的大多数制度被安排得能够最大化地满足所有属于它的个人的需求,那么这个社会就是被恰当组织的,因而是公正的。"Rawls, *A Theory of Justice*, p. 22(注释省略)。罗尔斯把功利主义视为英语世界(至少适用于政治问题)占主导地位的道德哲学,因此是他提出一种正义论时最主要的替代理论和竞争者。见 John Rawls, *Political Liberalism* (Columbia University Press, New York, 1993), pp. xvi-xvii。

② 罗尔斯援用了"极大化极小"("maximin")原则:人们会最大限度地想象他们可能面对的最坏情况。Rawls, *A Theory of Justice*, pp. 152-155. 罗尔斯认为,商谈者倾向于风险厌恶是因为:(a)各种选择的可能性是远不清楚的并且难以查明;(b)在最坏的情况中存在大量的损失;以及(c)没有那么多可以获得的东西(相对来说,超过平均水平的收益是有限的;拥有大量的钱财比拥有适度的数量的钱财好;但是这种差异不像拥有适度数量的钱财与完全贫穷之间的差异那么大)。Rawls, *A Theory of Justice*, pp. 155-156.

和(b)依系于公平平等和机会条件下的职务和地位向所有人开放。”①

对第一条原则而言，“基本自由”包括政治自由、言论和集会自由、良心自由、拥有私人财产的权利和根据法律被公平对待的权利。②

第一条原则对第二条原则拥有“字典式优先性”③，也即，不能为了补偿财富利益或资源的平等来牺牲(放弃)自由的平等。④ 罗尔斯认为，商谈者占用他们的自由资源是不理性的。⑤

至于罗尔斯的第二条原则的论题，即资源的分配，商谈者思考的初始状态可能是平等地分享社会财富。谨慎的商谈者不想制造机会方面的大量不平等，因为他们可能会处于标尺的坏的一端。某人可能接受除平等分享以外的任何其他事物的唯一原因是，被允许的不平等会导致每个人的表现甚至比他们在平等分享系统中的表现还要好。这种情况的发生是因为不平等制造了竞争的刺激，进而提高了生产率，并且反过来增加了个人和社会财富。⑥ 如果不平等与再分配税和福利政策联系在一起，每个人或许都会最终获益。

---

① Rawls, *A Theory of Justice*, p. 302. 后来的著作对第一条原则做了些微的改动：不是谈论每个人“对与针对所有人的类似的自由体系相容的最广泛平等的基本自由体系拥有一种平等的权利”，这条原则诉诸每个人对“平等的基本权利和自由的完全充分的与针对所有的计划相容的计划”拥有一种平等的主张。Rawls, *Political Liberalism*, p. 5. 罗尔斯提出一条“正义的弥补原则”作为确保两代人之间正义的手段：“每一代人不仅必须保持文化和文明的成果，并且完好无损地维持已经建立起来的公正制度，而且也必须在每一代的时间里储备恰当数量的资金积累。”Rawls, *A Theory of Justice*, p. 285.

② Rawls, *A Theory of Justice*, p. 61.

③ “字典式优先性”一词来自这样一个事实，即这样一种优先性的最为人所熟悉的范例就是一部字典中安排词汇的方式：不穷尽A就不能到达B。——译者注

④ Rawls, *A Theory of Justice*, pp. 42-44,61, 151-152.

⑤ 新加坡、韩国、中国香港和其他国家与地区的公民乐意放弃自由权来换取更大的福利，这种论点在不同的时候被用来捍卫政府行为的合理性。

⑥ Rawls, *A Theory of Justice*, p. 151. 罗尔斯指出，没有人会让他们的商谈决定建立在妒忌之上是一个假设。

为何不仅仅让自由市场体系发生效用呢？罗尔斯指出，因为即使抛开对社会阶层固化的关切，自然的自由也

> 允许财富和收入的分配由能力和天赋的自然分配来决定。在背景制度所许可的范围内，分配份额是由自然抓阄的结果决定的；而从道德的角度看，这种结果是随意的。①

“自然抓阄”表明重要的不平等源于机会而不是品质（我们不配拥有与生俱来的好品质和坏品质）。从罗尔斯式的商谈者的角度看，有些人在自然的抓阄中天生是倒霉蛋——没有天赋、生于贫穷的家庭、处于未开化的地区等等——他们希望确信他们不会因为那种不幸而遭受不公正的惩罚。

罗尔斯的后期修正

8-04 罗尔斯在后期写了大量的重要文章扩充或修正《正义论》中的观点，②这些文章后来以一种修正的形式出现在《政治自由主义》一书中。③ 后期著作在何种程度上源于早期著作的内容或意图是一个有争

① Rawls, *A Theory of Justice*, pp. 73–74.

② 见 John Rawls, "Kantian Constructivism in Moral Theory", 77 *Journal of Philosophy* 515 (1980); John Rawls, "The Basic Liberties and Their Priority", in *The Tanner Lectures on Human Value*, vol. 3 (University of Utah Press, Salt Lake City, 1982), pp. 1–87; John Rawls, "Justice as Fairness: Political not Metaphysical", 14 *Philosophy & Public Affairs* 223 (1985); John Rawls, "The Idea of an Overlapping Consensus", 7 *Oxford Journal of Legal Studies* 1 (1987); and John Rawls, "The Priority of Right and Ideas of Good", 17 *Philosophy & Public Affairs* 251 (1988)。

③ John Rawls, *Political Liberalism* (Columbia University Press, New York, 1993).

议的问题。罗尔斯自己承认前后期存在差异，虽然他认为这种差异比其他学者声称的差异要更小也更温和。他在一篇题为"作为公平的正义：政治的而不是形而上学的"的文章中总结了这种（明显的或已注意到的）差异。许多读者认为《正义论》提出了一种关于正义性质的宽泛主张，这反过来以人性的基本主张为基础。后期著作提出的主张明显没有那么雄心勃勃：所提出的"正义"是一系列允许具有不同人生观的人们共存和发展的制度和实践。这种理论主张被视为"政治的，而不是形而上学的"，作为一种社会中具有迥然不同的"善的理论"（例如，基于不同的宗教或伦理信念体系）的人共存的暂时解决办法（modus vivendi）。① 正义原则试图反映"交叉共识"——拥有各种善的理论的人们依然支持的价值，因为这些价值出现在各种善的理论中。② 把这种理论再解释为正义的政治观念延续到了新出版的《作为公平的正义：一种重述》一书中。③

杰里米·沃尔德伦（Jeremy Waldron）在审视了罗尔斯关于正义的所有著作后评论道，罗尔斯的理论可以被视为一种这样的探究：社会和政府何时可以被视为正当的，即使这个社会里存在显著的不平等。当且仅当所有人都享有平等的公民自由，不平等有利于所有人的利益（包括并且可能特指那些境况不那么好的人）并且机会均等（罗尔斯的正义两原则）时，富人和强者才可以证成他们反对那些较不富裕者要求的行为和立场。④

---

① 见 Rawls, *Political Liberalism*, pp. 4-22。

② Rawls, *Political Liberalism*, pp. 9-11, 58-66.

③ John Rawls, *Justice as Fairness: A Restatement* (E. Kelly ed., Harvard University Press, Cambridge, Mass., 2001).

④ Jeremy Waldron, "The Plight of the Poor in the Midst of Plenty", *London Review of Books*, July 15, 1999.

罗伯特·诺齐克与自治论自由主义

8-05 学界对罗尔斯的正义论提出了大量的回应。最重要和最有思想冲击力的回应是自由主义者罗伯特·诺齐克(Robert Nozick, 1938—2002)在他的《无政府、国家与乌托邦》一书中提出来的。① 该书的主旨是捍卫一种最小主义的国家(一个“守夜人式的国家”),诺齐克的捍卫是从两方面展开的,一方面反对相信国家对个人的权力从来不能被证立的无政府主义者,另一方面反对拥护国家干预财富的再分配、帮助穷人和类似的人的理论家(比如罗尔斯)。②

在回应罗尔斯时,诺齐克首先提出的问题是:为什么我们谈论一种公正的分配?罗尔斯写道:“第一步假定社会的基本结构分配主要福利,也即每一个理性人都被假定想要的东西。”③诺齐克指出,我们拥有或想要拥有的大多数福利不是由政府或“社会的基本结构”或任何其他的权力部门在某个给定的时间“分配”给众人的。“每个人得到什么,他从其他人那里得到什么,这些人给他以换取某些东西,或作为礼物。”④对政府而言,这不是一个“分配”问题,而是一个“再分配”问题。

其次,诺齐克指出,任何类型的“模式化”分配(例如,正义要求每

---

① Robert Nozick, *Anarchy, State, and Utopia* (Basic Books, New York, 1974).

② 诺齐克后来似乎改变了主意,写道:“我曾经提出的自由主义立场现在在我看来严重不足,部分原因是它没有充分地将人道考虑和它特意留出了空间的联合合作活动编织进它的结构……我们选择通过政府共同做一些事情,以庄严地标志着我们人类的团结……” Robert Nozick, *The Examined Life: Philosophical Meditations* (Simon and Schuster, New York, 1989), pp. 286-287.

③ Rawls, *A Theory of Justice*, p. 62.

④ Nozick, *Anarchy, State, and Utopia*, p. 149.

个人拥有一种平等的数量，或者根据需要、品质、智力、能力、努力等分配福利）都是易受攻击的：它可能会遭到个人自愿的独立选择的持续不断的扰乱。诺齐克举了体育明星的例子，许多人乐意加班然后花钱观看他们的比赛，而不管他们拥有多少财富。① 这种类型的交易连同礼物、遗赠和私人的合同协议都将削弱所设置的“公正的”分配模式。（任何人如何能够抱怨这种结果的分配？这种分配是人们处理他们自己的资源的自愿行为引起的，他们认为这是恰当的分配。）那么相信正义要求一种模式化分配的人将面临两个同样不令人愉快的选择：禁止所有影响人们财产的自愿的独立行为，或者不断强加再分配税。②

诺齐克的替代方法不是“公正的（再）分配”而是“持有正义”（“justice in holdings”）。在诺齐克看来，人们能够公正地拥有某些东西的方式有两种：1. 人们能够采用与公平获得原则一致的方式得到客体（占有无主物：例如，主张无主土地并在无主土地上耕种）；或者 2. 人们能够根据公平转让的原则获得其他人所有的东西（例如，一次自愿，没有欺诈、压迫或其他情形之下的交易，不管是其他交换或是赠与）。在所有者不能适用上述两条原则或其中之一时，没有人有资格拥有一件东西。③ 诺齐克把它称为“历史的”正义原则，这项原则不同于“目的结果”或“目的状态”原则。④ 伴随诺齐克的分析而来的结果是社会/政府无权再分配福利，因为这种再分配亵渎了人们对他们拥有之物的公正主张。不过，社会有权——并且可能有义务——再分配福

---

① Nozick, *Anarchy, State, and Utopia*, pp. 160–164.

② Nozick, *Anarchy, State, and Utopia*, pp. 163–164.

③ Nozick, *Anarchy, State, and Utopia*, pp. 150–153.

④ Nozick, *Anarchy, State, and Utopia*, pp. 153–155.

利以矫正先前在持有上的不正义。①

人们对诺齐克的方法提出了两种重要的反对意见。第一种批评是,即使接受这种基本的方法,可如果这个社会上不是少数的财产持有,而是大多数财产都是不正义的,那么社会能够或应该怎么回应呢?例如,人们或许认为,几乎所有美国人的持有物都可以追溯到不公正地赶走美洲原住民;此外,这种持有的重要部分可以追溯到对非洲裔美国人的不公正奴役。诺齐克的方法是否能够有意义地运用类似的起点是很不清楚的。②

第二种批评追问:为什么财产权应该在我们的道德或政治思想中占有这么高的几乎绝对的地位。许多人认为,我们这个社群的其他人和这个社群本身对我们和我们的资源能够提出主张,这证明了对我们的持有物进行侵犯的合理性,不管在其他情况下这些持有物是多么不可置疑。③

迈克尔·桑德尔、社群主义与公民共和主义

8-06 迈克尔·桑德尔(Michael Sandel)对罗尔斯提出了一种迥然不同的批评,他的论点与一种被称为社群主义的政治和道德理论的进路联系

---

① Nozick, *Anarchy, State, and Utopia*, pp. 152-155.

② 诺齐克几处意识到矫正重要的历史不正义的某些问题,*Anarchy, State, and Utopia*, pp. 152-153, 230-231,并在第231页建议,最好"将一些模式化的分配正义原则视为粗略的经验法则,旨在近似应用纠正不公正原则的一般结果"。

③ 见,例如,James W. Harris, "Rights and Resources—Libertarians and the Right to Life", 15 *Ratio Juris* 109 (2002)。从阿奎那(他的《神学大全》)到洛克(他的《政府论》[上篇])这些理论家那里可以发现对财产主张的需要主张的承认。

在一起。[1] 某些社群主义认为,自由主义正义观[2]在自由主义个人观正确的意义上才是有效的:切割成相互没有联系的个人,他们仅仅在对完成个人短期或长期的目标有用的意义上合作。社群主义对这种关于人的观点提出了异议。

自由主义与自由主义者的正义论把人视为本质上原子式的个人:由是观之,个体是本质上形而上的意志体,个体有能力选择任何形式的善、任何系列的价值等等,个体有能力阻碍先前的此类选择、评价它们并决定修正它们。

桑德尔认为,这在任何层面上都不反映真实的生命。我们来到这个世界上便是作为一个家庭、一个社群、一个种族和宗教团体等的组成部分,并且这是在我们生命各个时期我们的身份的必要组成部分。与这个论点相伴而生的是什么呢?桑德尔建议,正义/伦理应该聚焦或至少应该考虑我们的联系:我们作为社群成员、一个国家的公民等等的责任。

针对当前的论题,更具体来说:桑德尔对潜藏在罗尔斯的分析背后并且特别清楚地体现在"原初状态"中的个人观表示怀疑。在罗尔斯看

---

① 桑德尔的批评出现在 Michael J. Sandel, *Liberalism and the Limits of Justice* (2nd ed., Cambridge University Press, Cambridge, 1998)。桑德尔在序言中指出,"社群主义"这个标签在某种程度上适合在这本书中对罗尔斯和当代自由主义政治理论提出的批评。不过,他补充道:"'自由主义—社群主义'争论在近些年在政治哲学家中激起了广泛的讨论,这场争论描述了各种问题,我发现自己并不总是站在社群主义这一边。" Sandel, *Liberalism and the Limits of Justice*, p. ix. 关于社群主义的一般性论述,见 Daniel Bell, "Communitarianism", in Edward. N. Zalta ed., *Stanford Encyclopedia of Philosophy*, *http://plato.stanford.edu/entries/communitarianism*(2016)。

② 在社群主义与自由主义争论的语境中以及政治理论的其他背景中,"自由主义"应做宽泛的理解,任何强调个人主义和个人反对国家的权利的进路都应被理解为"自由主义"。在这个意义上,大多数意识形态上属保守主义的人都可以被称为"自由主义者",如同英国(不管是保守党、自由民主党还是工党)和美国(不管是共和党还是民主党)的大多数政治家都可以被称为"自由主义者"。

来,我们能够谈论与他或她对善的看法以及他或她的特质、信念、附属和关联分开的做出选择的个人。这是一种做出选择的最小个人或绝对意志,这种人类本质的观点可以从罗尔斯追溯到(至少)康德。① 对桑德尔和其他社群主义者而言,把个人从家庭、社群和其他附属物中分离出来是不明智的、歪曲的观点,在个体能够做出成熟、有依据且独立的选择以前,家庭、社群和其他附属物对个体的塑造发挥了重要作用。(个人可以而且许多人确实拒绝他们来自的社群,但来自这些社群这一事实本身仍然是他们身份的一部分。②)

并非所有的社群主义者都持有相同的观点。在他们的观点趋于一致的意义上,社群主义者倾向于批评自由的个人主义的基本要点。传统的社会观认为政府的主要作用是保护个人权利(对某些人而言,重点在自由权和良心权,对其他人而言,重点在财产和自由契约的权利)并解决个体主张之间的纠纷。公共的善被界定为对基本权利和它们赖以充分实现的基本框架(例如,自由市场)或(相冲突的)个人偏好的保护。社群主义倾向于强调社群的重要性和(有责任的)成员在政治社群中的重要性。③ 社群主义者认为:"一个政治社群的成员身份是一种自由主义者忽视了的,或者其术语无法成功把握其含义的善。"④认可、尊重和保护中层建制(intermediate institutions)是重要的,中层建制在我们的身份和我们的生活中发挥了重要的功能。在思考原则和法律规则

① 见 Sandel, *Liberalism and the Limits of Justice* (2nd ed.), pp. 6–9。

② 像"停止信教的天主教徒"和"英国侨民"这样的描述反映了这样一种理解,即我们曾经拥有的从属关系即使在我们拒绝它们之后也会影响我们。

③ "有的善只能在共同体中获致,不可能在独处时领会。" Sandel, *Liberalism and the Limits of Justice*, p. 183.

④ David Archard, "Political and Social Philosophy", in Nicholas Bunnin and Eric P. Tsui-James eds., *The Blackwell Companion to Philosophy* (2nd ed., Blackwell, Oxford, 2003), p. 271(讨论社群主义).

时,关注的焦点应该是社群和社会:采纳一种原则或规则而不是其他原则或规则或许会怎样帮助或伤害了社会,而不仅仅是它怎样影响了原子式的个人的自主性。例如,自由的公众教育的优点主要不应看它如何武装个体,使其在市场经济中取得成功,而应看有教养的人如何成为更好的公民。①

它不仅仅是对相同规则的不同辩护。聚焦社群或许会导致不同的政策:相比自由主义者,社群主义者更不可能捍卫色情;相比保守主义者,社群主义者更不可能捍卫公司权利,例如,当公司的迁移或关闭意味着员工的重大损失并且与当下社群休戚相关时,公司迁移或关闭的权利。

迈克尔·沃尔泽(Michael Walzer)对正义提出了另外一种社群主义的批判:正义观念出现在一个社群、一种传统和一系列特定的环境内。②这是对隐藏在传统正义论(以及,传统的道德理论)背后的一个基本观念的挑战:正确的是普遍正确的——对所有人以及所有时代。③ 人们不应强调这里的分歧:沃尔泽乐于谈论"在不同文化中得到不同阐述的核心道德"④;然而,对沃尔泽而言,批判性争论发生在"更深厚的"以文化为基础的道德中。"扩展的极简主义或许有助于导致一种普遍批评的

---

① 见 Michael J. Sandel, "Morality and the Liberal Ideal", *The New Republic*, May 7, 1984, at pp. 15-17。

② 见 Michael Walzer, *Thick and Thin: Moral Argument at Home and Abroad* (University of Notre Dame Press, Notre Dame, 1994), pp. 2-11; Michael Walzer, *Spheres of Justice* (Basic Books, New York, 1983), pp. 4-6; Michael Walzer, *Interpretation and Social Criticism* (Harvard University Press, Cambridge, Mass., 1987), pp. 3-32。

③ 见,例如,Aristotle, *Nicomachean Ethics*, Book V, 7: 1134h, in J. Barnes ed., *The Complete Works of Aristotle* (Princeton University Press, Princeton, 1984), vol. 2, pp. 1790-1791, 亚里士多德区分了正义的两个部分,在正义的一个部分中"每个地方都有着相同的力量并且不因人们的思想而存在",在正义的另外一个部分中正义源于遵守了传统的法则。

④ 见 Walzer, *Thick and Thin*, p. 4(注释省略)。

希望是一种错误的希望。”①在沃尔泽看来，正义问题和对正义问题的回应将在并应该在特定社群和特定传统的语境中进行争论。

社群主义与政治理论中被称为“共和主义”或“公民共和主义”（不要与美国和其他国家的“共和党”相混淆）的进路有着紧密的联系。②在一种进路并不逻辑地伴随另一种进路的意义上讲，这种联系或许是间接的，但是两种进路都回应了相同的观点和态度；也即，两者都反对或质疑一种强调个人和个人利益在传统法律和正义理论中处于核心地位的理论。公民共和主义的观点是：参与公共政治生活的公民德性是应该强调的重要价值。根据这种进路，政府的一项任务是使得公民更有德性并且鼓励参与者促进公共善。③

公民共和主义有一个强大的关于公共善，以及我们作为公民或官员为公共善服务的义务的理论，这使它与公共选择理论截然相反（第十八章将要讨论）。公共选择理论认为、主张或假设：没有公共的善这种东西（或者，“公共的善”至少很少能够被发现，更不可能被实现）；只有不同个体和利益团体的相互冲突的主张。

---

① Walzer, *Thick and Thin*, p. 11. 沃尔泽补充道：“这种道德包含最低限度的道德，并且最低限度的道德仅能从中被临时地抽象出来，这种道德是我们能拥有的唯一纯粹的道德。”

② 有关公民共和主义，见 J. G. A. Pocock, *The Machiavellian Moment* (Princeton University Press, Princeton, 1975); Frank Lovett, “Republicanism”, in Edward N. Zalta ed., *Stanford Encyclopedia of Philosophy, http://plato.stanford.edu/entries/republicanism/* (2018)。有关公民共和主义在法律中的适用，见，例如，Frank I. Michelman, “The Supreme Court 1985 Term—Foreword: Traces of Self-Government”, 100 *Harvard Law Review* (1986); Cass R. Sunstein, “Beyond the Republican Revival”, 97 *Yale Law Journal* 1539 (1988)。

③ 菲利普·佩蒂特对公民共和主义提出了一种略微不同的视角，他认为，核心的观点是自由理论——公民从来不应该被强加政治统治——以及相伴而来的关于政府和社会的恰当结构的共和观。Pettit, *Republicanism: A Theory of Freedom and Government* (Clarendon Press, Oxford, 1997).

女权主义者的批评

女权主义理论家对传统的正义讨论提出了大量有趣的批评。① 例如，苏姗·莫勒·奥金(Susan Moller Okin, 1946—2004)和露丝·安娜·帕特南(Ruth Anna Putnam)认为，男人写的关于正义的著作过于狭隘地关注政治生活与福利分配方面的正义，没有对工作场所对家庭生活的建构或家庭生活对工作场所的建构意义予以足够的重视。② 此外，她们认为，大多数正义论往往假设一种传统的家庭模式和性别化的劳动分工，并且这些理论假设这种分工是公正的，当然，女权主义者反对这种假设。③ 她们并不认为女人做家庭主妇而不是寻找薪资工作(如果那是她们的选择)是不公正的，而只是认为法律或社会规范规定女人可以或应该只做家庭主妇是不公正的。④ 8-07

玛莎·法恩曼(Martha A. Fineman)认为：自由的个人主义建立在自给自足的假设之上；而现实是我们所有人不可避免地依赖我们生命中的重要之人(当我们年轻时)，并且在其他时候由于衰老、病痛或生活不能自理而依赖其他人。此外，也存在"派生的依赖"，那些照顾别人的人(在许多社会中，照顾小孩和老人的任务往往落在母亲的身上)经常不能支持她们自己的生计。建立在自给自足的假设之上的法律、政治

① 法律和法律理论中女权主义者的进路将在第十九章详细讨论。

② 见 Susan Moller Okin, *Justice, Gender, and the Family* (Basic Books, New York, 1989), pp. 89-97; Susan Moller Okin, "Justice and Gender: An Unfinished Debate", 72 *Fordham Law Review* 1537 (2004); Ruth Anna Putnam, "Why Not a Feminist Theory of Justice?" in Martha C. Nussbaum and Jonathan Glover eds., *Women, Culture, and Development: A Study of Human Capabilities* (Clarendon Press, Oxford, 1995), pp. 298-331.

③ 见 Okin, *Justice, Gender, and the Family*, pp. 8-10, 90-97。

④ 见，例如，Okin, *Justice, Gender, and the Family*, pp. 103-104。

或道德理论没有为必然和派生的依赖留有余地，这些理论提出了一幅错误的社会图景并且通常无法处理这些依赖提出的挑战。①

相关的女权主义批评来自那些认为某些经常与女性(包括照顾和养育)联系在一起的价值观总是被排除在正义、道德和道德发展理论之外的人。② 我将在第十九章讨论女权主义法律理论的时候回过头来更详尽地讨论这种论点。

---

① 见 Martha A. Fineman, *The Neutered Mother, the Sexual Family, and Other Twentieth Century Tragedies* (Routledge, New York, 1995); Martha A. Fineman, "Contract, Marriage and Background Rules", in Brian H. Bix ed., *Analyzing Law: New Essays in Legal Theory* (Clarendon Press, Oxford, 1998), pp. 183-195。

② 见，例如，Carol Gilligan, *In a Different Voice* (Harvard University Press, Cambridge, Mass., 1982, rev. ed., 1993); Robin West, *Caring for Justice* (New York University Press, New York, 1997)。

建议进一步阅读的书目

Aristotle, *Nicomachean Ethics*, Book V. 8-08

Shlomo Avineri and Avner de-Shalit eds., *Communitarianism and Individualism* (Oxford University Press, Oxford, 1992)(包括著名的社群主义者的讨论,其中有 Charles Taylor, Alasdair MacIntyre, Michael Walzer, Will Kymlicka 和 Michael Sandel).

Daniel Bell, "Communitarianism", in Edward N. Zalta ed., *Stanford Encyclopedia of Philosophy, http://plato.stanford.edu/entries/communitarianism/*(2016).

Samuel Freeman ed., *The Cambridge Companion to Rawls* (Cambridge University Press, Cambridge, 2003).

Julian Lamont and Christi Favor, "Distributive Justice", in Edward N. Zalta ed., *Stanford Encyclopedia of Philosophy, http://plato.stanford.edu/entries/justice-distributive/*(2017).

Robert Nozick, *Anarchy, State, and Utopia* (Basic Books, New York, 1974).

Susan Moller Okin, *Justice, Gender, and the Family* (Basic Books, New York, 1989).

Plato, *The Republic*.

Thomas Pogge, *John Rawls: His Life and Theory of Justice* (Oxford University Press, Oxford, 2007).

John Rawls, *Collected Papers* (Samuel Freeman ed., Harvard University Press, Cambridge, Mass., 2001).

—, *Justice as Fairness: A Restatement* (E. Kelly ed., Harvard University Press, Cambridge, Mass., 2001).

—, *Political Liberalism* (Columbia University Press, New York, 1993).

—, *A Theory of Justice* (Harvard University Press, Cambridge, Mass., 1971, rev. ed., 1999).

Alan Ryan ed., *Justice* (Oxford University Press, Oxford, 1993)(一本文集,作者包括 Plato, Aristotle, Cicero, David Hume, John Stuart Mill, Karl Marx, John Rawls 和 Robert Nozick).

Michael J. Sandel, *Liberalism and the Limits of Justice* (2nd ed., Cambridge University Press, Cambridge, 1998).

Amartya Sen, *The Idea of Justice* (Harvard University Press, Cambridge, Mass., 2009).

Robert C. Solomon and Mark C. Murphy eds., *What Is Justice? Classic and Contemporary Readings* (Oxford University Press, New York, 1990).

Symposium, "Rawls and the Law", 72 *Fordham Law Review* 1381–2285 (2004).

第九章　惩　罚

惩罚是过于严厉还是不够严厉？对特定的罪行或特定的罪犯的“公平的”或“恰当的”惩罚是什么这个问题是很难回答的，除非人们对惩罚的目的有了清楚的认识。 9-01

就像受到道德哲学（宽泛地理解）影响的其他问题，惩罚的目的可以分为两种：一类进路把惩罚视为某些自身就有价值的东西，另一类进路把惩罚视为一种达到其他目的的手段。[①] 本章剩下的部分将概括各种研究惩罚的进路。[②]

起　点

大多数关于惩罚的讨论始于两个假设：其一，惩罚在道德上是合理的；其二，惩罚应该被国家控制和垄断。这两种主张都不是不言而喻的真，最近的理论讨论开始思考这些假设。[③] 其他未被质疑的假设包括： 9-02

---

① 有些伦理理论认为做某些事情是因为它正确，或它是某人的义务，这种伦理理论以“义务论”而著称。与之相对的理论是“后果论”，后果论以获致某些好的事态来证明行为的合理性。

② 接下来有关惩罚的讨论，如同大多数此类讨论，是人为限定的，指出这一点是有用的。有关惩罚的正义的哲学讨论通常始于已被判刑的人事实上犯罪了这个假设：没有执行错误的问题或腐败问题以及权力阶层的偏见问题。考虑这些问题将明显使道德分析变得复杂。

③ 例如，Antony Duff and Zachary Hoskins, “Legal Punishment”, in Edward N. Zalta ed., *The Stanford Encyclopedia of Philosophy*, *http://plato.stanford.edu/entries/legal-punishment/*（2018）；David Boonin, *The Problem of Punishment*（Cambridge University Press, Cambridge, 2008）。

1. 因为犯罪而被惩罚的人事实上犯了罪;2. 国家有理由将有关行为定为刑事犯罪。至于将某行为定为刑事犯罪的问题,该主题的一部分将在第十五章中讨论,这一章包括法律的道德强制,但这个问题不仅限于此。①

报 复

9-03 有些人把惩罚视为某些自身就有价值的东西,他们谈及惩罚做坏事者的正义和报复错误行为的需要。报复观念似乎有古老的根源。著名的《圣经》说:"若有伤害,就应以命偿命、以眼还眼、以牙还牙、以手还手、以脚还脚、以烙还烙、以伤还伤、以打还打。"②这种狭隘的极端的报复观念刺激了采取同样方式的报复(也称为"同态报复"),这种观念的支持者很少③,"以眼还眼"或"以死还死"一来过于残暴,二来也似乎是一个难以普遍适用的概念(什么是对证券欺诈的"以眼还眼"的惩罚?)。④ 不过,报复的一般观念——惩罚的严厉性应该反映罪行的严厉

① 一般性论述,见 Douglas Husak, *Overcriminalization: The Limit of the Criminal Law* (Oxford University Press, New York, 2008)。

② *Exodus* 21: 23-25, from *The New English Bible* (Oxford University Press, New York, 1971), p. 84.

③ 一旦在一个更一般的层面上理解这个概念,例如,惩罚应该"适合"罪行,并反映相同类型的邪恶,这样更容易获得支持者。见,例如,Jeremy Waldron, "*Lex Talionis*", 34 *Arizona Law Review* 25 (1992); Stephen P. Garvey, "Can Shaming Punishments Educate?", 65 *University of Chicago Law Review* 733 at 775-783 (1998)。

④ 人们还能找到了"纯粹报复"的例子。见"Eye for an Eye, Judge Rules", New York Times, December 13, 2003:"彭加省的一个男人用硫酸把他的未婚妻的眼睛弄瞎之后,一个法官对这个男人处以相同的惩罚。法官命令一个医生在体育馆执行这一惩罚。"又及:"一名在快餐店向某人脸上喷胡椒粉的袭击嫌疑人在法庭上受到了与克利夫兰地区法官采用的'以眼还眼'原则类似的惩罚。佩恩斯维尔市法院法官迈克尔·奇科内蒂周四告诉戴蒙德·加斯顿,她可以在监狱里服刑 30 天,或者被受害者喷胡椒粉,她选择了第二个选项。" Associated Press, "Victim gets to fire back in pepper-spray assault case," *Detroit News*, May 29, 2015.

程度——拥有许多支持者。

伊曼努尔·康德提出了报复的哲学基础，他认为任何报复以外的其他惩罚进路偏离了正义的严格要求并且是不尊重的，因为它把惩罚的主体视为达到某个目的的手段而不是目的本身。[①] 绝不能把事情只做一半，康德补充道：

> 即使一个公民社会因为它的所有成员的同意而被取消……，监狱里的最后一个杀人犯也必须被处决，这样每个成员才算是对他采取了他的行为应受的惩罚，人们不会因为没有对他采取惩罚而感到愧疚；否则人们可能被视为集体地违反正义。[②]

康德的理论是一种特别严格的报复主义形式；更温和的形式是可能的。例如，人们可能主张说，值得谴责性对惩罚而言是必要的，但不是充分的（例如，人们在施加惩罚前需要证明，存在某些进一步的重要利益）。其次，人们可能主张说，值得谴责性对惩罚而言既是必要的也是充分的，但有一些相反的考虑可能会特别证成不惩罚应得者，或不完全充分地惩罚他们（例如，避免误罚无辜者的风险，对某些惩罚的野蛮

---

① Immanuel Kant, *The Metaphysics of Morals* [AK 6: 331-338] (Mary Gregor trans., Cambridge University Press, Cambridge, 1996), pp. 104-110 ("On the Right to Punish and Grant Clemency"). 有关报复的现代哲学辩护，见 Michael S. Moore, "The Moral Worth of Retribution", in Ferdinand Schoeman ed., *Responsibility, Character and the Emotions* (Cambridge University Press, Cambridge, 1987), pp. 179-219。

② Kant, *The Metaphysics of Morals* [6: 333], p. 106. 在最近一些年，康德派学者对康德是否应被称为头号报复主义者提出了质疑；这些学者指出，康德在其他文章中承认惩罚的威慑功能。见，例如，Thomas E. Hill, Jr., *Respect, Pluralism and Justice: Kantian Perspectives* (Oxford University Press, Oxford, 2000), pp. 173-199。

性的担忧,甚至预算限制)。①

报复理论经常谈及"合比例性"②:更严重的犯罪应该接受更严厉的惩罚(一种原则上独立于惩罚是否应以某种方式等同于罪行的立场,这正是同态报复的原则)。第一个问题是确定报复是否仅仅是关于可比较的惩罚的,或者是否存在某些约束特定惩罚的绝对的/最大化层面的惩罚(例如,"以眼还眼")。③ 除此之外,确定相对罪责的规模,或确定应受谴责性的公式,显然将是一个复杂的过程,这将留下足够的争议空间。④ 例如,一个人应该如何比较暴力和非暴力犯罪?人们应该从罪犯的角度(打算或试图做什么)关注犯罪行为吗,抑或应该从他实际造成的损害的角度?⑤ 各种类型的辩解性因素应该发生什么作用(从受害人的挑衅、醉酒到童年时的不良教育)?⑥

有一些现代理论对报复主义进行了反思,此类理论中最著名的理论之一是赫伯特·莫里斯(Herbert Morris)提出的。他基于相互宽容的

---

① 见 Larry Alexander, Kimberly Kessler Ferzan and Stephen Morse, *Crime and Culpability: A Theory of Criminal Law* (Cambridge University Press, Cambridge, 2009), pp. 3-19。

② 见,例如,H. L. A. Hart, *Punishment and Responsibility: Essays in the Philosophy of Law* (Oxford University Press, Oxford, 1968), pp. 233-234; Morris J. Fish, "An Eye for an Eye: Proportionality as a Moral Principle of Punishment", 28 *Oxford Journal of Legal Studies* 57 (2008)。

③ 见 Alexander, Ferzan and Morse, *Crime and Culpability*, pp. 3-19。

④ 理论家解决这些(和其他)问题的一个很好的例子,见 Andrew Ashworth, *Sentencing and Criminal Justice* (Weidenfeld & Nicolson, London, 1992), pp. 55-170。

⑤ 例如,三个人开车同样粗心大意,后果或许是截然不同的:一个人或许平安回家了,第二个人受了点皮肉伤,第三个人丢了性命。仅仅是偶然的情况(有些人称之为"道德运气"[moral luck])导致了同样的错误行为最终走向完全不同的结局。

⑥ 大多数人或许会考虑进来的另外一个因素是罪犯以前是否犯过这种罪(或类似的罪)。这一因素在审判中变成支配性的因素,罪犯多次犯罪将会被加重处罚——所谓的"三振出局"法。对这个论题的一般性论述,见,例如,Ashworth, *Sentencing and Criminal Justice*, pp. 141-170。然而,这种因素似乎与"报复"无关,这是根据行为或人的"邪恶"来处以惩罚,它更多地与"威慑"有关,这将在下一节讨论。

思想来证明这种方法以及罪犯在违反相互克制原则时应得待遇的合理性。①

“让社会变得更好”：后果论/功利主义

“后果论”是指一种根据选择的后果来评价它们的主张。“功利主义”是一种类型的(实际上,一组类型的)后果论,借此在评价中被思考的后果是个体的快乐和痛苦;应该选择那些最大限度地增加每个人的快乐和痛苦相加之总和的选项(因而,功利主义的格言是“最大多数人的最大幸福”②)。集中关注惩罚的未来影响的评价方式将以后果论以及功利主义的变种的一种表述或隐含的基础为根据。 9-04

许多人根据惩罚能够完成的目标思考惩罚和对惩罚的限制。他们是否支持死刑或许依赖于他们是否确信这种惩罚能够威慑其他人,也即,它是否减少了未来的犯罪总量。最普遍的未来及后果导向的惩罚辩护方式是威慑理论。威慑理论的起源至少与报应理论的起源一样久远。这种理论源于柏拉图:

> 这种惩罚的目标不是取消这种罪行——曾经犯过的罪从来不能被变成没有犯过——而是让罪犯和所有见证他的惩罚的人在未

---

① Herbert Morris, “Persons and Punishment,” 52 *Monist* 475 (1968);也见 Mitchell N. Berman, “Rehabilitating Retributivism”, 32 *Law and Philosophy* 83 (2013)。

② 这句话与功利主义密切相关,尤其与功利主义理论家杰里米·边沁联系紧密,但是是弗朗西斯·哈奇森(1694—1746),一位边沁之前的理论家,首先写道:“为最大多数人带来最大幸福的行为是最佳的;同理,给最大多数人带来苦难的行为是最糟糕的。”Francis Hutcheson, *An Inquiry into the Original of Our Ideas of Beauty and Virtue* Treatise II, Section III, para. VIII (Wolfgang Leidhold ed., Liberty Fund, Indianapolis, 2004), p. 125.

来放弃这类犯罪,或者至少从那种可怕的状态中恢复过来。①

“威慑”可以区分为个体或“特殊的”威慑(被惩罚的人将不会再次触犯法律)与“一般的”威慑(对某些人的惩罚将威慑其他人不去触犯法律)。

其他学者关注“矫正”:惩罚的唯一或主要目的和合理性是致力于把罪犯改造成社会中的有责任的成员,改造的方式可以多种多样,只要是能够发生作用的都行,不管是监禁还是监禁以外的其他惩罚方式。这也是一种后果论的进路,它关注未来和社会的善,而不是罪犯或犯罪行为的邪恶或应受惩罚性。

大多数支持惩罚的功利主义(或其他后果论)进路的人很快注意到,他们仅仅在罪犯受惩罚的程度的意义上支持这个进路,而不是在决定谁应该受到惩罚的意义上支持它。② 他们不会允许针对无辜人士的惩罚,即使可以证明长远来讲这样做将会让这个社会变得更好。类似地,他们也不希望某人因为自己没有责任的行为而受到惩罚(在如下意义上:该人患有精神疾病或缺陷,这意味着他或她不知道行为的性质,或无法抗拒采取行动的冲动),即使这样做将让社会长期受惠。

一般而言,对报复主义理论家来说,后果论看起来像用一种不恭的方式把其他人纯粹当作实现一种政策目的的手段。③ 对后果论理论家来说,报复主义显得野蛮且毫无意义。

---

① Plato, “Laws”, Book XI, 934a-b, in Edith Hamilton and Huntington Cairns eds., *Plato: The Collected Dialogues* (Princeton University Press, Princeton, 1961), p. 1486.

② 见,例如,Hart, *Punishment and Responsibility*, pp. 1-27, 193-209。

③ 如黑格尔所论证的,“威慑”把“一个人当作一条狗而不是当作人一样给予其应有的自由和尊重”。G. W. F. Hegel, *The Philosophy of Right* (Oxford University Press, Oxford, 1942), p. 246.

其他目的

学者们有时提出了惩罚的其他各种目的，这些目的不能被准确归入上面所讨论的范畴。 9-05

有些评论者提到表达目的。① 当法学家谈到刑事立法的表达目的时，他们通常意指用法律作为一种宣告公众不赞成的方式。因而，许多国家都有反对通奸的法律，因为他们认为这种行为是有罪的，但通常他们并不打算根据法律实际起诉任何人；只要引起公众的反对就足够了。

有时候当评论者谈及刑事法或惩罚的"表达""沟通"或"教育"理论时，他们意味着某些不同的东西。法律自身或许是一种教育公民什么是道德上对，什么是道德上错的方式，并且施加的惩罚或许是沟通的组成部分。国家试图改变人们对一种活动的态度：例如，试图说服人们相信一种曾经被认为可接受的活动（例如，家庭暴力）是不可接受的，或者一种曾经被认为微不足道的过失（例如，酒后驾车）事实上是严重的违法行为。

学者们有时会提出关于监禁惩罚的一个显而易见的目的，即剥夺犯罪能力：不管监禁的其他影响为何，它至少让一个罪犯从街上消失了，因而保护了普通公众在至少一段时间内免于伤害。

最后，某些评论者认为，羞辱错误行为者是并且应该是一种惩罚方式和惩罚目的（最近美国某州法律规定，酒后驾车的人要穿着橙色背心

---

① 见，例如，Joel Feinberg, "The Expressive Function of Punishment", in *Doing and Deserving: Essays in the Theory of Responsibility* (Princeton University Press, Princeton, 1970), pp. 95-118。对于持怀疑态度的评估，见 Heidi M. Hurd, "Expressing Doubts About Expressivism", 2005 *University of Chicago Legal Forum* 405。

并挂上一个牌子"我是酒后驾车者"清扫大街[①])。另一方面,相信羞辱是一种不恰当的手段或目的的人认为,这种方法没有充分尊重受惩罚者的尊严。[②]

① Erik Schelzig, "Tenn. Tries Shame to Stem Drunken Driving", *Associated Press*, December 31, 2005.

② 有关惩罚中的"羞辱"的概述,见,例如,Toni M. Massaro, "Shame, Culture, and America Criminal Law", 89 *Michigan Law Review* 1880 (1991); Toni M. Massaro, "The Meanings of Shame: Implications for Legal Reform", 3 *Psychology, Public Policy and Law* 645 (1997)。有关反对羞辱运用的论点,见,例如,James Q. Whitman, "What is Wrong with Inflicting Shame Sanctions?", 107 *Yale Law Journal* 1055 (1998)。

建议进一步阅读的书目

Hugo Adam Bedau and Erin Kelly, "Punishment", in Edward N. Zalta ed., *The Stanford Encyclopedia of Philosophy*, *http://plato.stanford.edu./entries/punishment/* (2015). 9-06

Thom Brooks, *Punishment* (Routledge, London, 2012).

Antony Duff and Zachary Hoskins, "Legal Punishment", in Edward N. Zalta ed., *The Stanford Encyclopedia of Philosophy*, *http://plato.stanford.edu/entries/legal-punishment/* (2018).

Antony Duff and David Garland eds., *A Reader on Punishment* (Oxford University Press, Oxford, 1994).

R. A. (Antony) Duff, "Punishment", in Hugh LaFollette ed., *The Oxford Handbook of Practical Ethics* (Oxford University Press, Oxford, 2003), pp. 331-357.

George P. Fletcher, "Punishment and Responsibility", in *A Companion to Philosophy of Law and Legal Theory* (2nd ed., D. Patterson ed., Blackwell, Oxford, 2010), pp. 504-512.

H. L. A. Hart, *Punishment and Responsibility: Essays in the Philosophy of Law* (2nd ed., John Gardner ed., Oxford University Press, Oxford, 2008)(第二版包括加德纳的讨论和批评).

Michael S. Moore, "The Moral Worth of Retribution", in Ferdinand Schoeman ed., *Responsibility, Character and the Emotions* (Cambridge University Press, Cambridge, 1987), pp. 179-219.

第十章 权利与权利话语

10-01 在某些评论者看来,古罗马法和中世纪法律体系中没有与现代“权利”观念相同的概念。根据这种观点,最接近的类似概念“ius”是指“做正确的事情”或“根据法律是正当的事情”。① 有些评论者认为古代和中世纪法律中确实有一个与我们自己相同的“权利”概念。但甚至这些学者也赞同,相比在现代法律思想中,这个“权利”概念在古代法律思想中发挥的作用是更为次要的。②

权利和权利话语渗透在现代法律和政府讨论的各个地方,这种无处不在有时导致了某种形式的混乱。权利讨论经常例证了概念分析中

---

① 见,例如,John Finnis, *Natural Law and Natural Rights* (Clarendon Press, Oxford, 1980, 2nd ed., 2011), pp. 205-220; David M. Walker ed., *The Oxford Companion to Law* (Clarendon Press, Oxford, 1980), p. 1070(“权利”词条);Brian Tierney, *The Idea of Natural Rights: Studies on Natural Rights, Natural Law and Church Law 1150-1625* (Scholars Press, Atlanta, 1997)。人们还可以发现(特别是在欧洲大陆的理论家那里)“客观权利”(大概地说,“做正确的事情”)和“主观权利”(接近我们通常的权利理解,归属于个人的主张)之间的区别。一些历史学家争辩说,罗马法确实有一个与现代对“[主观]权利”的理解相当的概念。例如,John Witte, Jr., *The Reformation of Rights* (Cambridge University Press, Cambridge, 2007), pp. 23-26; John Witte, Jr., *God's Joust, God Justice: Law and Religion in the Western Tradition* (Wm. B. Eerdmans Publishing Co., Grand Rapids, Mich., 2006), pp. 33-35; Charles Donahue, Jr., "*Ius* in the Subjective Sense in Roman Law. Reflections on Villey and Tierney", in Domenico Maffei ed., *A Ennio Cortese* (Il Cigno Edizioni, Rome, 2001), vol. I, pp. 506-535,可见于 *http://www.harvard.edu/faculty/cdonahue/writings.php*。

② “[亨利·]梅因爵士说[罗马人]建构的法律体系没有权利观念,这是一种夸张,但他们确实没有像现代法律人一样把如此大的重要性赋予这个概念。”H. F. Jolowicz, *Roman Foundations of Modern Law* (Oxford University Press, Oxford, 1957), pp. 66-67(注释省略).

的一个基本问题:抽象的论证方式可能与特定的政策观纠缠在一起。

权利至少可以分为两种类型:法律权利和道德权利,[①]它们取决于所谈论的主张是以一个特定法律体系的权威性渊源(例如,成文法、司法判决或宪法条款)为根据还是以一种道德理论为根据。杰里米·边沁(1748—1832)说过一句名言,即谈论道德权利(或"自然权利"或"人权")"简直是废话……建立在高跷上的废话"[②]。这句话的意思是,法律权利与这个世界、法律文本和法律官员通过各种强制程序以实施它们的意志有着清楚的关联,但是道德权利不存在这种清楚的关联。然而,这种针对道德权利的怀疑态度并不为许多人所认同。

权利讨论的混乱渊源是两种不同类型的问题经常被置于相同的标签之下。从某种层面上看,人们可以追问关于权利性质的概念问题,与权利的"性质"或"本质"相关的主张。此类问题通常涉及可以拥有权利的实体,或对这种权利内容的限制。例如,有时被提出的概念主张认为,人们仅能对某些有利益的东西拥有权利。[③] 这种主张源于我们的语言直觉,或至少是为它所支持的:它使得说"我有权要求你支付我 5 美

---

① 凡是有规范体系的地方,都可以谈论权利:因此,可以谈论自己在国际象棋中重复三倍位置后宣布平局的权利,或者在特定情况下根据骑士规则获得道歉的权利之类的。

② Jeremy Bentham, "Anarchical Fallacies", reprinted in Jeremy Waldron ed., *Nonsense upon Stilts: Bentham, Burke and Marx on the Rights of Man* (Methuen, London, 1987), pp. 46-69, at p. 53(边沁的文本写于 1791 和 1795 年之间,但直到 1816 年才首次发表).在这一点上,边沁对自然权利的看法在当时通常被认为比实际情况更为激进。正如一位评论家所指出的那样:"事实上,在这方面,边沁坚定地坚持意志论自然法学者的悠久传统,对被视为终极性的或不可剥夺的权利有着根深蒂固的怀疑。"Knud Haakonssen, "Protestant Natural Law Theory: A General Interpretation", in Natalie Brender and Larry Krasnoff eds., *New Essays on the History of Autonomy* (Cambridge University Press, Cambridge, 2004), pp. 92-109, at p. 105.

③ 一般性的论述,见 Hart, "Legal Rights", in *Essays on Bentham* (Clarendon Press, Oxford, 1982), pp. 162-193, at pp. 174-181(讨论边沁的"权利的利益理论");Neil MacCormick, "Rights in Legislation", in P. M. S. Hacker and Joseph Raz eds., *Law, Morality and Society* (Clarendon Press, Oxford, 1977), pp. 189-209, at pp. 202-205。

元”变得有意义,而不是说“我有权要求国家因为我的所作所为监禁我五年”。[①] 此外,有许多概念性争论与特定种类的存在体(例如,公司、下一代、动物、环境和胎儿)能否拥有权利有关。

与概念问题相对的是实质或政策问题:该实体在多大程度上拥有与特定争议相关的(道德或法律)权利?这种法律体系——或所有法律体系——应当在何种程度上保护特定范畴的人、活动、空间或事物呢?阅读论述权利的文章时,关于概念的问题和论证与关于实质或政策的问题和论证很容易混淆在一起。说某人或实体的确(或应该)拥有与特定纠纷相关的权利不是问题的终结,还需要第三种探讨。即使假定该实体是可以拥有权利的,并假定相对于此次纠纷该实体的确拥有权利,人们仍然可以追问,它的权利是否足以胜过其他实体可能拥有的任何相抵消的权利。

这种类型的含混经常发生在关于堕胎的讨论中,这种讨论中回应支持堕胎合法化的论点的人会说“胎儿拥有权利”。这混合了三个层面的讨论。如下说法是一致的:1.(作为一个概念问题)胎儿是可以拥有权利的实体;2.胎儿拥有生命权与妇女堕胎的道德或法律权利问题相关;但尽管如此,3.(作为一个政策或道德问题)妇女拥有选择堕胎的道德或法律权利,因为她们对自己身体的支配权胜过胎儿能拥有的任何权利。[②] 人们可以通过对相反结论的假设论证来证明分析层面的独立

---

① 甚至这一主张也走得太远。有些理论家相信,对某人处以惩罚是社会有尊严地对待犯人的标志,他们可以(有时的确)说一个人“有被惩罚的权利”。见,例如,Herbert Morris, “Persons and Punishment”, 52 *Monist* 475 (1968)。然而,我们应该注意,这不会削弱一般性的论点,即只有当 X 被直接或间接地视为一种实在物时,它谈及某人对 X 拥有权利才有意义。这里,这些学者把惩罚视为一种类型的利益(被有尊严地对待)。

② 类似的论证出现在 Judith Jarvis Thomson, “A Defense of Abortion”, 1 *Philosophy & Public Affairs* 47 (1971)。

性,人们可以同时认为:1. 胎儿不是可以拥有权利的实体;2. 堕胎不应被允许,因为堕胎与妇女对她们所怀的未出生的孩子所负的(道德或法律)义务背道而驰。

以另外一种方式来表述这个问题,从"Y 能够拥有权利"这一陈述出发,它并不意味着 Y 拥有任何权利,也不意味着 Y 拥有的任何权利都将胜过所考虑事项中与它相冲突的法益。

政治话语中权利修辞的运用(在美国比在大多数其他国家更流行)刺激了这个领域的混淆。当人们想说没有人无家可归是一种有价值的重要的政府目标时,他们经常使用"人类拥有居住权"这种简短的表达式,当人们想表达堕胎应该被禁止的信念时,他们有时会选择"没有出生的婴儿也拥有权利"这种简短的表达式。因为权利话语——法律权利、自然权利、人权——与政治斗争纠缠在一起,所以许多有关权利的讨论含混不清便不足为奇。下一节将讨论一种澄清权利话语的混淆的重要努力,这种尝试是韦斯利·霍菲尔德在一个世纪前所倡导的。

最近关于权利的概念主张中比较知名的一个主张是德沃金的"作为王牌的权利"("rights as trumps"):在政策问题中,权利应该被理解为在与一般福利的考虑相竞争时总是占上风。① 该论证进一步指出,只有在面临可比的、相互竞争的权利时或者在面临最紧迫的公共善问题时,此类权利主张才可以被战胜(避免迫在眉睫的生命损失等等)。当谈到对抗国家的公民权利时,德沃金式的作为王牌的权利观(胜过单纯的功利考虑)最有效;但如果作为一种关于(所有)权利的一般性主张,他的

① Ronald Dworkin, *Talking Rights Seriously* (Duckworth, London, 1977), pp. 184-205, 又可见于 *www. nybooks. com/articles/10713.*

权利观问题多多。

还有一些怀疑法律权利的观点,本书后面的章节将简要讨论来自美国法律现实主义(第十七章)、批判法律研究(第十九章)和斯堪的纳维亚法律现实主义(第二十二章)的怀疑观点。

霍菲尔德的分析

10-02 韦斯利·霍菲尔德(1879—1918)写了两篇著名的文章来澄清“权利话语”。[①] 首先,他认为,法律话语中的“权利”一词的运用经常是松散的,[②]包括四种不同类型的法律概念:

(1)“权利”(“rights”),可狭义地理解为与他人的义务相关的主张;

(2)“自由”(“liberties”),[③]意思是持有人没有避免某活动的法律义务(法律或许清楚保护了或许没有保护参与这种活动的能力);

(3)“权力”(“powers”),改变法律关系的能力(例如,通过合同和遗嘱);

(4)“豁免”(“immunities”),它与其他人的无能力相关(正如宪法

---

① Wesley Newcomb Hohfeld, “Some Fundamental Legal Conceptions as Applied in Judicial Reasoning”, 23 *Yale Law Journal* 16 (1913); Wesley Newcomb Hohfeld, “Fundamental Legal Conceptions as Applied in Judicial Reasoning”, 26 *Yale Law Journal* 710 (1917). 霍菲尔德分析的某些方面——包括自由和权力是宽泛意义上的法律权利这种观念——可以在比他更早的著作中找到,例如,John Salmond, *Jurisprudence* (7th ed., Sweet & Maxwell London, 1924), pp. 235-252。

② 讨论霍菲尔德的分析在哪些方面可能更适用于法律权利而不是道德权利,见 Heidi M. Hurd and Michael S. Moore, “The Hohfeldian Analysis of Rights”, 63 *American Journal of Jurisprudence* 295 (2018)。

③ 霍菲尔德在他的文章中用了“特权”(“privilege”)一词,但在当前的法律文献中,这个概念通常被称为“自由”;“特权”有着不同的含义。

权利与政府不能以某种方式行为相关一样)。①

霍菲尔德通过方形图案提出了法律概念的两组关联：

(主张)权	义务
自由	无权利

(1)

权力	责任
豁免	无能力

(2)

在每个盒子中,横向相对的两个概念之间是“相互关联的”,处于对角线位置的两个概念之间是“相互对立的”。如果我对某个问题拥有一种主张权,那么另外一个人拥有一种义务;如果我对某个问题拥有一种自由,那么我没有义务;等等。

在应用中,许多我们谈论的法律权利事实上不是霍菲尔德式的类型,而是霍菲尔德式要素组成的“分子”(用莱夫·韦纳尔[Leif Wenar]的术语)。② 例如,财产权或许包括使用该物品的特权、他人不得使用该物品的主张权、转让自己财产权的权力以及反对其他人改变所有者主张权的豁免权。③

当霍菲尔德说主张权与义务相关时,他并没有提出一种经验的主张,指出这一点是重要的。霍菲尔德的定义——连同作为定义组成部分的相互关联——是规定。因而,批评霍菲尔德的定义是错误的没有任何意义。作为一种规定,霍菲尔德的定义可以被评价为有帮助或含混,并且根据它们背离通常用法的程度被讨论,但它们不可能被裁定为

① Hohfeld, “Some Fundamental Legal Conceptions as Applied in Judicial Reasoning”, pp. 28–58;又见 Hohfeld, “Fundamental Legal Conceptions as Applied in Judicial Reasoning”, p. 717; J. W. Harris, *Legal Philosophies* (2nd ed., Butterworths, London, 1997), pp. 83–93。

② Leif Wenar, “Rights”, in Edward N. Zalta ed., *The Stanford Encyclopedia of Philosophy* (2015), *http://plato.stanford.edu/entries/rights/*, § 2. 1. 6.

③ Leif Wenar, “Rights”, § 2. 1. 6.

经验的真或假。① 说某人发现一种霍菲尔德式的主张权没有对应一种义务比说某人发现一个已婚的单身汉更没有意义。问题仅仅在于霍菲尔德主张的分析澄清是否更有用,而不是含混不清或引人误入歧途,以及大多数学者是否这样认为。

其次,霍菲尔德认为,所有的权利陈述(这里的"权利"要么狭义地理解为它们的第一种涵义,即与另一方的义务相关的主张,要么广义地理解为上面提到的四个法律概念中的任何一种)应该可被还原为一个包含三个变量的命题:A 对 B 有权要求 X(这里的 A 和 B 是人或机构,X 是一个客体或行为)。例如,"萨拉有权要求约翰支付 5 美元"或"我有权要求国会不干涉我出版这本书"。②

当有人说"我们有教育权"或"我们有工作权"时,这种类型的分析所回避的问题出现了,言说者不愿说(或认为没有必要说)这项权利针对的是谁。如果某人提出她有就业权,她认为给她一份工作是政府的义务吗?或者是城里最大的雇主的义务吗?或者任何有能力的人都有义务雇佣她?如果要求者不愿明确说明这项权利针对的对象,人们就可以怀疑援用权利纯粹是一种修辞形式的强调:那么"我们有工作权"就变成了无非是说"我们非常想要一份工作"或"如果某人给我们工作那将是一件好事"。

---

① 见 Matthew H. Kramer, "Rights Without Trimmings", in Matthew Kramer, N. E. Simmonds and Hillel Steiner, *A Debate Over Rights* (Clarendon Press, Oxford, 1998), pp. 7-111, at pp. 22-24。有关规定在理论中的讨论见第二章。有人主张,霍菲尔德分析的法律概念之间的联系不仅仅是规定,还表达了一种关于权利的必要的或概念性的真,见 Sean Coyle, "Are There Necessary Truths About Rights?", 15 *Canadian Journal of Law and Jurisprudence* 21 (2002)。

② Hohfeld, "Fundamental Legal Conceptions as Applied in Judicial Reasoning", pp. 742-766.

意志理论与利益理论

在分析传统中,有两种主要的关于权利性质的概念性理论。[1] 第一种理论以权利的"利益"或"受益人"理论而著称,这种理论的代表人物是杰里米·边沁(1748—1832)和尼尔·麦考密克(1941—2009)。这种观点把拥有一项权利等同于成为另一方义务的有意的受益人。[2] 约瑟夫·拉兹对这种观点提出了稍微不同的表述,把一方拥有一项权利等同于"该方福利(他的利益)的一个方面是让其他一些人承担义务的充分理由"[3]。 10-03

第二种进路是权利的"意志"或"选择"理论,这种理论主要与哈特(1907—1992)相连。哈特把(法律)权利视为受保护的双边自由,并把权利等同于一方"被法律赋予(或多或少宽泛的)对另一个人的义务的排他性的控制,以致在那种义务涵盖的行为领域中拥有权利的个体对有义务的人而言是一个小型的主权者"[4]。

意志理论的相对优点是它似乎指出了利益理论没有指出的关于权利的不同的东西。权利的意志理论的缺点包括:1. 它们似乎排除了不可剥夺的权利(包括某些宪法权利或"人权")或婴儿或其他法律上无

---

① 关于最佳权利观念的争论的详细概述,见,例如,Kramer,"Rights Without Trimmings", pp. 60-101; N. E. Simmonds,"Rights at the Cutting Edge", in Kramer, Simmonds and Steiner, *A Debate Over Rights* (Oxford University Press, Oxford, 1998), pp. 113-232, at pp. 134 - 152, 195 - 232; Hillel Steiner,"Workings Rights", in *A Debate Over Rights*, pp. 233-301。

② 见 H. L. A. Hart,"Legal Rights", pp. 174-181(讨论边沁的观点);Neil MacCormick,"Rights in Legislation"。

③ Joseph Raz, *The Morality of Freedom* (Clarendon Press, Oxford, 1986), p. 166.

④ Hart,"Legal Rights", p. 183.

能力人的权利，或者把这些权利视为次要的权利；2. 相比谈论法律权利，谈论道德权利时它们的适用似乎是不甚清楚的（因此不是“一般性权利”的概念性理论的优秀候选者）。①

有些学者试图提出权利的第三种方法，这种方法融合了其他两种方法的要素。② 然而，学界对“第三条道路”是否确实不同于传统方法并且能够提供某些优势仍然存疑。③

对大多数读者（和大多数评论者）而言，关于权利的意志理论与利益理论的论证是枯燥乏味的分析性争论。然而，奈杰尔·西蒙茨（Nigel Simmonds）认为，这场争论最好被理解为对更宽泛的关于社会秩序的相互冲突的观点的激发。由是观之，意志理论以康德派的社会图景为基础，在这种图景中正义原则和社会规则起源于理性并且所有公民拥有平等的权利。公法是集体选择的较小领域，它迥异于私法，在私法领域自主的公民的选择受到尊重并且得到强制执行。相反，利益理论反映了一种洞见，即否认所有利益都可以调和并相互达成一致，而强加合理的利益次序的任务必然落在实在法的制定者身上。④

其他论题

10-04 权利领域有大量的我在这里没有时间讨论的论题。一个样本可以

---

① 意志理论和利益理论都难以解决交易的第三方受益人问题，即法律体系是否并且何时赋予受益人以强制的权利。见，例如，MacCormick，“Rights in Legislation”，pp. 208–209。

② 见，例如，Gopal Sreenisavan，“A Hybrid Theory of Claim-Rights”，25 *Oxford Journal of Legal Studies* 257（2005）。

③ Matthew H. Kramer and Hillel Steiner，“Theories of Rights：Is There a Third Way?”，27 *Oxford Journal of Legal Studies* 281（2007）.

④ 一般性论述，见“Rights at the Cutting Edge”。

让我们了解权利的讨论范围可以扩大(深入)到什么程度。第一,一种法律权利的分析在何种程度上可以或应该成为一般性权利(包括道德权利和法律权利)理论的基础?[①] 法律权利的一个特点是立法者可以将权利赋予他们希望的任何实体——无论它是否能够选择,甚至无论它当前是否存在。法定代表人或监护人可以被授权代表公司、婴儿、永久昏迷者、树木[②]或后代行使权利。当然,人们可以认为此类情况涉及的并非"真正"的法律权利,但在这里必须小心不要回避所提出的问题。

第二,权利与拥有并主张权利的能力之间的联系以及人类的内在尊严和对所有人的尊重之间的联系能够划分出来吗?[③] 第三,因为存在没有对应的集体义务的权利的例外情况,因为权利或许是以逐步的方式产生了相应的义务(一个法官裁决了一个这样的案件,因为原告拥有一项权利,额外的义务应该被新强加给被告),[④]或者因为根据对人权来分析对物权是不正确的,[⑤]与霍菲尔德的三变量的法律权利的方法相反,两变量的权利主张("A 对 X 拥有一项权利")有存在的空间和需要吗? 第四,在何种程度上权利的识别或对权利的强调有助于或阻碍了

① 见 Joseph Raz, *Ethics in the Public Domain* (Clarendon Press, Oxford, 1994), pp. 238-260。

② 参见 Christopher D. Stone, *Should Tree Have Standing?: Law, Morality and the Environment* (Oxford University Press, New York, 2010)。

③ 见 Joel Feinberg, "The Nature and Value of Rights", 4 *Journal of Value Inquiry* 19 at 28-29 (1970)。

④ 见,例如,MacCormick, "Rights in Legislation", pp. 199-202; Harris, *Legal Philosophies*, pp. 88-91;参见 Kramer, "Rights Without Trimmings", pp. 22-60, 101-111(捍卫霍菲尔德的分析并批评了各种对霍菲尔德的误解)。

⑤ 见 J. E. Penner, *The Idea of Property in Law* (Clarendon Press, Oxford, 1997), pp. 23-31。

对进步和社会正义的研究?① 第五,为什么有些利益和要求被视为权利,而其他利益和要求却不是如此?② 第六,(道德)权利可能包括一项做错事的(道德)权利吗?③

---

① 第十九章的批评法律研究那一节简短地讨论了这个论题;又见 Morton J. Horwitz, "Rights", 23 *Harvard Civil Rights-Civil Liberties Law Review* 393 (1988); Patricia J. Williams, "Alchemical Notes: Reconstructing Ideas From Deconstructed Rights", 22 *Harvard Civil Rights-Civil Liberties Law Review* 401 (1987)。

② 见,例如,Alon Harel, "What Demands are Rights? An Investigation into the Relation between Rights and Reasons", 17 *Oxford Journal of Legal Studies* 101 (1997)。

③ 见,例如,Jeremy Waldron, *Liberal Rights: Collected Papers 1981 - 1991* (Cambridge University Press, Cambridge, 1993), pp. 63 - 87 ("A Right to Do Wrong?"); William A. Edmundson, *An Introduction to Rights* (2nd ed., Cambridge University Press, Cambridge, 2012), pp. 108-115 ("A Right to Do Wrong?")。

建议进一步阅读的书目

Kenneth Campbell, "Legal Rights", in Edward N. Zalta ed., *The Stanford Encyclopedia of Philosophy*, *http://plato.stanford.edu./entries/legal-rights/* (2017). 10-05

William A. Edmundson, *An Introduction to Rights* (2nd ed., Cambridge University Press, Cambridge, 2012).

Alon Harel, "Theories of Rights", in Martin P. Golding and William A. Edmundson eds., *The Blackwell Guide to the Philosophy of Law and Legal Theory* (Blackwell, Oxford, 2005), pp. 191-206.

H. L. A. Hart, "Legal Rights", in *Essays on Bentham* (Clarendon Press, Oxford, 1982), pp. 162-193.

Wesley Newcomb Hohfeld, "Some Fundamental Legal Conceptions as Applied in Judicial Reasoning", 23 *Yale Law Journal* 16 (1913).

—, "Fundamental Legal Conceptions as Applied in Judicial Reasoning", 26 *Yale Law Journal* 710 (1917).

F. M. Kamm, "Rights", in Jules L. Coleman and Scott Shapiro eds., *The Oxford Handbook of Jurisprudence and Philosophy of Law* (Oxford University Press, Oxford, 2002), pp. 476-513.

Matthew Kramer, Nigel Simmonds and Hillel Steiner, *A Debate Over Rights: Philosophical Enquiries* (Clarendon Press, Oxford, 1998).

David Lyons, *Rights* (Wadsworth, Belmont, Calif., 1979).

Neil MacCormick, "Rights in Legislation", in P. M. S. Hacker and Joseph Raz eds., *Law, Morality and Society* (Oxford: Clarendon Press, 1977), pp. 189-209.

Carlos Nino ed., *Rights* (New York University Press, New York, 1992)(作者包括 Robert Alexy, Neil MacCormick, Joel Feinberg, H. L. A. Hart 和 John Rawls).

Joseph Raz, *Ethics in the Public Domain* (Clarendon Press, Oxford, 1994), pp. 238-260.

Jeremy Waldron ed., *Nonsense upon Stilts: Bentham, Burke and Marx on the Rights of Man* (Methuen, London, 1987).

Leif Wenar, "Rights", in Edward N. Zalta ed., *The Stanford Encyclopedia of Philosophy*, *http://plato.stanford.edu/entries/rights/* (2015).

第十一章　意志与理性

11-01 在法律和关于法律的讨论中，一个贯彻始终的主题是意志与理性的比较。"意志"代表的答案是个体、团体或组织选择和决定的产物。"理性"代表的答案是分析的产物：答案被给出是因为它们是"正确的"，而不是因为它们是由被授予决定权的人选择出来的。

英国和美国法律体系的实践表明了许多意志和理性的因素。成文法和行政法主要是"意志"，选择的适用由权威的官员做出。契约法和房地产法主要体现的也是"意志"，执行由私人双方做出的选择。另一方面，普通法推理（第十三章的主题）在很大程度上是一个"理性"问题，这是对建立在一个又一个案件基础上的原则的阐释和适用。一些更为古老的案例甚至以一种自然法的方式——诉诸"理性"（Reason）的要求——证明了它们的结论的合理性。

这些一般性的陈述出于善意的理由而闪烁其词。例如，法庭上的成文法解释经常包含下面这种分析：这种分析更像是从一般性的原则出发进行的分析，而不像是对立法者选择和意图的研究。类似地，现代合同法经常包含无视双方意图的术语解释，解释规则的适用经常不尊重双方的意思。另一方面，普通法的判决有时也包含"意志"的因素：以致后来的判决有时以先前法院的一条特殊规则或宣告的意思为主要议题。有人曾经认为普通法判决通过习惯反映了"民意"，他们还以此作为反对法律规则法典化的根据。①

美国宪法似乎是"意志"与"理性"之争的主战场。在旷日持久的论战中被考虑的是这样的问题：是根据那些制定和批准宪法条款的人的意图和理解，还是根据我们现在对所提到的价值和原则的最佳理解，来解释宪法的一般性语词和规定？②

最后，人们可把"理性"和"意志"视为法律的两个相对面的代表，这两方面是任何好的法律理论必须包括的，虽然大多数理论家倾向于强调一面而忽视或贬低另一面。③

法律实证主义与自然法理论

根据法律的不同方面首要的是"意志"问题还是"理性"问题，一个人能够区分法律的不同方面（或者，甚至是个别的法律判决），人们也能通过这种方式区分不同的法律理论。④ 法律实证主义者的理论更好地反映了法律的"意志"方面。"实在法"这一短语本身是指法律标准的制定——人类的立法者，这与通过理性平台来发现"自然的"或"神的" 11-02

① 见 Morton J. Horwitz, *The Transformation of American Law 1870–1960*, (Oxford University Press, Oxford, 1992), pp. 117–121。

② 见，例如，Paul Brest, "The Misconceived Quest for the Original Understanding", 60 *Boston University Law Review* 204 (1980); Richard Kay, "Adherence to the Original Intentions in Constitutional Adjudication: Three Objections and Responses", 82 *Northwestern University Law Review* 226 (1988)。对美国宪法原旨主义辩论的现代重述，见 Lawrence B. Solum and Robert W. Bennett, *Constitutional Originalism: A Debate* (Cornell University Press, Ithaca, 2011)。

③ 富勒将这两个极点称为"理性"（reason）和"命令"（fiat）。Lon L. Fuller, "Reason and Fiat in Case Law", 59 *Harvard Law Review* 376 (1946).

④ 罗杰·夏纳的《规范与性质》（*Norm and Nature*, Clarendon Press, Oxford, 1992）一书是沿着一条类似的轴线建构的：夏纳没有用意志与理性，他使用的是体系（"规范"）和价值（"性质"）。

法律标准相反。

顺便举个例子，当人们试图把“承认规则”分析适用于源于习惯或普通法判决——现代法律体系中最明显地属于“理性”范畴的方面——的法律规范时，哈特的“承认规则”分析变得越来越复杂（也更少有说服力）。[①] 当人们能够指向制定法律标准的官员时，法律实证主义者的分析（无论是选择奥斯丁、哈特或凯尔森的理论）效果更好。

在某些情况下，尤其是在习惯法和普通法判决中，当官员声称只是宣布已经存在的法律时，法律的存在并非完全是由于前任官员的法律创制行为。有些理论家把这种类型的宣布视为“法律拟制”或修辞手法，并指出，官员在这些情形下事实上是在制定新法。然而，如果人们想从表面上理解官员的陈述，法律实证主义分析在解释所发生的事情时（至少）会很尴尬，而以“理性”为基础的分析将比以“意志”为基础的分析更为合理。

相反，法律的“理性”方面更好地证明了自然法理论的正当性，自然法理论也可以轻而易举地适用于法律的“理性”方面。正如在第五章所讨论的，传统的自然法理论（阿奎那的理论和类似的理论）是关于（直接和间接）来源于第一原则的标准的理论，并且用那些标准去指引官员和批评官员的行为和有缺陷的立法。

然而，即使在这种传统中，有些重要的争论（虽然这种重要性对我们而言不如对参与者而言那么清楚）也与“理性”和“意志”何者能更好地理解法律有关：特别是，自然法是神的意志的产物还是神的理性的产物？道德是简单地等同于神圣的命令（“意志”），还是神圣的

---

① 见 H. L. A. Hart, *The Concept of Law* (3rd ed., Clarendon Press, Oxford, 2012), pp. 44-49, 100-103; John Finnis, *Natural Law and Natural Rights* (2nd ed., Clarendon Press, Oxford, 2011), pp. 238-245。

善的显灵,但原则上可以通过人类推理或良心("理性")的运用来发现?①

这种看似十分枯燥和神学气的争论隐含了一个人的世界观和信仰观:一方认为,宇宙是有序的,因而可以被人类理性所认识,并且理性与信仰相容(正如阿奎那试图证明的);对立方则往往持相反的观点。②这些讨论的反响可见诸后来关于现代民族国家和合法性的细致而具体的讨论中。官员的行为和规定是因为它们代表了(表达或被授权)主权者的意志从而应该被遵守吗?或者,行为和规定仅仅在符合了人类的自然权利和政府的自然权力(以及对权力的限制)的程度上才是合法的?③

"现代"自然法理论(例如富勒和德沃金的理论)以一种不同的方式包含了"理性""意志"两分中的"理性"方面:因为这些理论家坚持认为法律不完全是法律官员命令/假定/制定出来的东西;(道德)推理的适用也要求确定法律的要求是什么。

社会契约论与经济分析

罗尔斯推导或证成正义理论的著名方法——"原初状态"④——可 11-03

---

① 见,例如,J. M. Kelly, *A Short History of Western Legal Theory* (Clarendon Press, Oxford, 1992), pp. 102-104; Lloyd L. Weinreb, *Natural Law and Justice* (Harvard University Press, Cambridge, Mass., 1987), pp. 64-66。

② 见 Weinreb, *Natural Law and Justice*, pp. 64-66; Francis Oakley, "Medieval Theories of Natural Law: William of Ockham and the Significance of the Voluntarist Tradition", 6 *Natural Law Forum* 65 (1961)。

③ 见,例如,Weinreb, *Natural Law and Justice*, pp. 67-90; Kelly, *A Short History of Western Legal Theory*, pp. 222-229, 258-271。

④ 见第八章。

以通过"意志"/"理性"类别得到有益的分析。

对罗尔斯而言,正义原则是那些假设的人(在一次思想实验中)一致同意的原则,并且假设的人不知道他们的力量、他们的弱点以及他们所处的社会环境。① 首先,人们可以指出,多数决是多余的:没有理由相信任何一个对他们的本性和环境一无所知的人能做出与众不同的决定,既然他们是在互相复制。②

更重要的是,罗尔斯所建构的是一种理性分析模式,这种分析被意志分析所掩饰。那里没有实际的人类选择,仅有一个真实的人将会如何选择的思想实验。然而,重视由选择给出答案的根据与重视由理性给出答案的根据是不同的。③ 我们对人们所写的遗嘱和他们签署的合同给予法律承认,这在很大程度上是为了尊重这些个体的自主权;在没有实际选择的情况下,接受一种标准而不是另一种标准的自主性理由也就消失了。

某种程度上,这种针对罗尔斯提出的类似分析可以对政治理论中的许多社会契约论的方法(在霍布斯、洛克和卢梭的论述中可以找到)做出。④ 这种方法把政府的合法性描述为公民之间建立那个权威的合意。对那种合意的描述往往是模糊的,人们认为在远古时期存在某些这样的合意,在这个意义上这类主张几乎肯定是错误的(在任何事件

---

① John Rawls, *A Theory of Justice* (Harvard University Press, Cambridge, Mass., 1971), pp. 11–22, 136–142; John Rawls, *Political Liberalism* (Columbia University Press, New York, 1993), pp. 22–28, 304–310.

② 类似的观点,见 Michael Walzer, *Interpretation and Social Criticism* (Harvard University Press, Cambridge, Mass., 1987), p. 11。

③ 见,例如,Ronald Dworkin, *Taking Rights Seriously* (Duckworth, London, 1977), pp. 150–154(讨论了罗尔斯的"原初状态")。

④ 不是所有论述社会契约论的人都认为这是真的。例如,康德表达了这样的说法,即对原初契约的讨论不是历史性的,而仅仅是"理性的观念"。见 Jeffrie G. Murphy, "Hume and Kant on the Social Contract", 33 *Philosophical Studies* 65 at 72–74 (1978)。

中，很难论证为什么现在活着的人还要受古代合意的束缚①）。这些理论中提到的社会契约论最好被理解为讨论理性人将会同意授予一个统治权威什么权力的方式和条件。然而，从我们的目标出发，在那些“理性”人“将”同意的条款和事实上那些人已经同意的条款之间存在着重大的差异。第一种是理性的论证，第二种是基于意志的论证，并且每一种都具有不同类型的道德力量和合法性。

在法律与经济学运动中也能找到把“理性”论点假扮成“意志”论点的类似情况。② 波斯纳（Richard Posner）在早期论文中为他的法律经济学（“财富最大化”）方法寻找一种道德辩护。他认为，优先选用更有效率（或财富最大化）的制度、标准和程序，与传统的自治与合意的观念是一致的。他承认，人们经常不明确地同意更有效率的制度，但他又说这是因为经常没有引导人们明确表达同意的实践方法。波斯纳断言，在这种情况下，我们追问各方是否“将会”赞同那些制度这个假定的问题就足够了，并且这与“合意原则”一致。③

简单的回应是，假设的合意不同于那种事实的合意。有些时候两种合意基本一致，比如有时个体思考了她该如何应对一种假设的情境，

---

① 此类论证通常是根据表明我们“默示同意”古老的合意的行为做出的。基于“默示同意”的论证存在许多问题，正如第十六章概述的。

② 见第十八章。

③ Richard Posner, “The Ethical and Political Basis of the Efficiency Norm in Common Law Adjudication”, 8 *Hofstra Law Review* 487 at 494 (1980). 对波斯纳的合意分析的批评，见，例如，Jules L. Coleman, “The Normative Basis of Economic Analysis: A Critical Review of Richard Posner's The Economics of Justice”, 34 *Stanford Law Review* 1105 at 1117-1131 (1982); Ronald Dworkin, *A Matter of Principle* (Harvard University Press, Cambridge, Mass., 1985), pp. 275-280。

或者,有时某人试图思考一个亲密的朋友将如何处理某些问题。[1] 然而,法官或评论者正在讨论一群未知的人将如何选择,我们谈及这些人时个体的意志已经缺席了。

波斯纳提出了一种有趣的回应。他写道:

> 如果没有可靠的机制来获得明确的同意,不能自然得出我们必须放弃同意原则的结论,而是我们应当满足于已有的暗含的(或也许更精确地说,假设的)同意。[2]

这个回应有两个微妙的问题。第一,虽然存在谈论暗含或假设的同意的空间,但总有一种误解或错误代表的危险:为一种理性的论点戴上意志论的面具,从而让它在更支持意志论的读者面前显得更具说服力。第二,当完全意义上的"同意"不可获得时,为什么我们必须根据某些混合或弱化版的"同意"来提出分析或寻找论证是不清楚的。有时以同意为基础的(以意志为基础)论点是得不到的或者完全超出了范围,并且必须求助于完全不同类型的(最可能的是以理性为基础的)论点。

---

① 在美国法的医疗裁判中引起了后面的情境,在这些情形中病人暂时或永久地丧失自我做主的能力。一个亲密的朋友或亲属可能被要求思考如下问题:考虑到有关病人价值和态度的一切相关事情,病人在健康状态下会怎样做出决定? 见,例如,*Cruzan v Director, Missouri Health Dept*, 497 U. S. 261 at 289-292 (1990)(O'Connor, J.,并存意见[concurring])。

② Richard Posner, *The Economics of Justice* (Harvard University Press, Cambridge, Mass., 1983), p. 96.

建议进一步阅读的书目

Brian H. Bix, "Will versus Reason: Truth in Natural Law, Positive Law, and Legal Theory", in Kurt Pritzl ed., *Truth: Studies of a Robust Presence* (Catholic University of America Press, Washington, D. C., 2010). pp. 208-231. 11-04

Vernon J. Bourke, *Will in Western Thought: An Historico-Critical Survey* (Sheed and Ward, New York, 1964).

Lon L. Fuller, "Reason and Fiat in Case Law", 59 *Harvard Law Review* 376 (1946).

Francis Oakley, "Medieval Theories of Natural Law: William of Ockham and the Significance of the Voluntarist Tradition", 6 *Natural Law Forum* 65 (1961).

Lloyd L. Weinreb, *Natural Law and Justice* (Harvard University Press, Cambridge, Mass., 1987), pp. 63-96.

第十二章　权威、终局性与错误

12-01 美国法官和法学家奥利弗·温德尔·霍姆斯(1841—1935)曾写道:“对法院事实上将做什么的预测,而不是别的自以为是的东西,便是我所说的法律。”①这一评论涉及法律(和所有以规则为基础的裁判)中一种持续的紧张状态:人们应该集中关注据称是判决基础的规则吗?还是应该集中关注判决本身?

在英国的戴维斯诉约翰逊案(*Davis v Johnson*)②中,首要的问题是恰当地解释一条保护妇女免于家庭暴力的成文法,次要的问题是英国上诉法院在什么情况下拥有拒绝遵守先例的权威。乔治·贝克爵士(Sir George Baker)建议,在有限的上诉法院被允许推翻先例的例外情况的清单中增加一个新范畴③:在那里,“成文法条款和一个判决之间存在冲突,这个判决完全误解了最近的成文法并且没有理解其目标”④。他总结道:“成文法是法律——最终的权威。”⑤

上议院支持上诉法院的成文法解释,但反对法院扩大其权威以否

---

① Oliver Wendell Holmes, “The Path of the Law”, 10 *Harvard Law Review* 457 at 461 (1897). 这句引文在第十七章也会被讨论。

② [1979] A. C. 264.

③ 上诉法院推翻自己的先例的可接受的情形是:必须在相互冲突的先例中做出选择,更早的判决被上议院直接或间接地推翻了,或者先例是粗心大意做出的。*Young v Bristol Aeroplane Co. Ltd* [1944] K. B. 718.

④ *Davis v Johnson*, at 290.

⑤ *Davis v Johnson*, at 290.

决其先前裁决的企图。出于现在的目标，上议院最有趣的评论体现在这场主要的争论的一条边缘意见上。迪普洛克大法官（Lord Diplock）指出，他对这条成文法的解读与他四位同事的解读相反，但是，他补充道：

> 这不能影响立即上诉的意向，也不会在接下来的案件中影响法案的适用；因为这个条款意指上议院大多数人的意思。①

乔治·贝克爵士和迪普洛克大法官的评论代表了两种相反的关于法律性质、法律效力和错误的观点，这两种观点在我们谈论法律的方式中始终处于紧张状态。

第一种观点强调忠于法律的权威性渊源，把法官的判决（其他执行法律的官员［包括警察］的行为）视为解释那些渊源的尝试，并且这种尝试是可能出错的。这种观点也假定了一种渊源的等级，文本——主要是成文法和成文宪法——优先于旨在解释或运用那些文本的陈述和行为。②

罗纳德·德沃金（在讨论公民不服从的语境中）以一种类似的精神写道："一个公民忠于法律，而不是忠于任何人关于法律是什么的观点"③，这里所说的"特定个人的法律观"包括法官的判决，有时甚至包

---

① *Davis v Johnson*, at 323.

② 关于文本的相对优先性和它们的解释的争论也发生在美国宪法解释的语境中。比较库珀诉阿伦斯案（*Cooper v Aaron*, 358 U. S. 1 at 18［1958］）（"法院阐述的第十四修正案的解释……是这个国家的最高法律"）和埃德温·米斯三世的"宪法性法律"一文（Edwin Meese III, "The Law of the Constitution", 61 *Tulane Law Review* 979 at 989［1987］）（"我们必须再一次理解，宪法必定优先于普通的宪法性法律"）；又见 Michael Stokes Paulsen, "The Most Dangerous Branch: Executive Power to Say What the Law Is", 83 *Georgetown Law Journal* 217 (1994)（认为美国政府的所有三个分支都有同等的权威解释美国宪法，总统不受最高法院关于行政机关行使宪法所授权力之行为的合宪性宣告的约束）。

③ Ronald Dworkin, *Taking Rights Seriously* (Duckworth, London, 1977), p. 214.

括最高法院的判决。

第二种观点指出，法官（其他官员）的判决经常本身就是法律渊源，判决实际上而不是理论上能够推翻其他官员（包括制定有效法律的立法者）的行为和选择。美国法学家约翰·奇普曼·格雷（John Chipman Gray）——著述于20世纪早期——写道："国家或任何由人组成的机构的法律就是由法院，也即那个机构的司法机关，制定的确定权利和义务的规则。"他继续写道："各种法理学流派在这个问题上的差异很大程度上源于没有区分法律和法律的渊源。"[①]以上引文连同霍姆斯法官的语录"对法院事实上将做什么的预测，而不是别的自以为是的东西，便是我所说的法律"[②]，既有反传统的魅力，也有世俗的魅力，但它们也有致命的弱点。

如果某人相信，法官至少有时依诚信（in good faith）行事，那么，这种老成的、愤世嫉俗的进路就绝没法自我满足。这里的"依诚信行事"意味着：法官不仅仅在他们的法律语言中掩饰他们自己的政治偏见，他们毋宁是把他们的行为理解为"根据法律"裁判，他们会以他们对法律（例如，先例或成文法的措辞）要求什么的思考为根据来判决一个案件，即使他们个人可能更喜欢它以另一种方式出现。[③] 这不是说霍姆斯或格雷认为法官一直根据个人的偏见裁决案件。然而，要解释法官的诚信行为，我们必须能够理解对法律要求什么的言说，这至少部分独立于法官如何解释法律。

---

① John Chipman Gray, *The Nature and Sources of the Law* (Columbia University Press, New York, 1909), p. 82.

② Oliver Wendell Holmes, "The Path of the Law", 10 *Harvard Law Review* 457 at 461 (1897).

③ 虽然法官试图"根据法律"裁决案件，但他们受到下意识偏见的强烈影响，见，例如，Charles R. Lawrence, III, "The Id, the Ego, and Equal Protection: Reckoning with Unconscious Racism", 39 *Stanford Law Review* 317 (1987)，这引发了一系列重要的不同的问题。下意识的种族主义是批判种族理论的一个主题，第十九章讨论了这种进路。

我们也需要这种概念上的独立性来理解法律错误的观念。如果一项法令意味着最高法院的大多数人所说的任何意思，那么我们如何理解后来的法院推翻先前错误解释的判决呢？①

哈特在《法律的概念》一书的“形式主义与规则怀疑论”一章中提到一种称为“记分员的自由裁量权”的游戏，根据自由裁量权，“在记分员自由裁量所选择适用的规则之外，对于得分不存在任何规则”。② 提出这一点是为了针对以下人，他们关于法律的讨论过分强调如下事实：法律体系中官员的判决哪怕是错误的，也经常是终局性的。援用哈特的话的目的是向这些人提个醒。判决或许是最终的，但官员是依据通过适用特定的规则做出判决的义务而行为。因而，“官员说法律是什么法律就是什么”这话既对又错，正如在许多游戏的语境中说“记分员说得分了那就是得分了”既对又错一样。③ 在判决是终局性的（或者，用哈特的话说，“不可挑战的”）意义上，它是正确的。在它忽视了大多数官员在大部分时间试图适用规则并受到规则的约束（并且所有官员至少声称以那种方式受到约束）这一事实的意义上，它是错误的。

真正的游戏和“记分员的自由裁量”之间的差异，以及（大多数和可能所有）法律体系与那种“法官说法律是什么法律就是什么”的体系之

① 一个国家的最高法院推翻它自己的判决的例子包括：*Board of Education v Barnette*, 319 U. S. 624 (1943); *Garcia v San Antonio Metropolitan Transit Authority*, 469 U. S. 528 (1985); *R. v Shivpuri* [1987] A. C. 1; and *Murphy v Brentwood District Council* [1990] 3 W. L. R. 414。前两个案例是包括了恰当解释宪法文本的美国案例；后两个英国的案例中，Shivpuri 案关注成文法解释，而 Murphy 案包括了普通法原则的恰当适用问题。推翻普通法的问题引发了不同于推翻解释权威性文本问题的概念性问题（立法机关有权“纠正”判决的情况[比如普通法与成文法裁判]与宪法裁判[至少在美国，这不受立法决定推翻]之间也存在明显的实际差异），但这些差异超出了目前讨论的范围。

② H. L. A. Hart, *The Concept of Law* (3rd ed., Clarendon Press, Oxford, 2012), p. 142.

③ H. L. A. Hart, *The Concept of Law*, pp. 142-143. 正如尼尔·费根森（Neil Feigenson）向我指出的，这场讨论中引发的问题也可视为利用了“意志”与“理性”之间的紧张，一个前面章节讨论了的主题。

间的差异，是权威和正确性之间的紧张——一种人们在游戏和法律中都能看到的紧张。“做过的事便是正确的”或“官员授权的便是正确的”这种愤世嫉俗的回应被下面两点抵消了：公民和官员（甚至某些带有偏见的官员）援用规则来证成他们的判决，并且他们会运用规则来保证对过去（声称错误的）判决的修正。

权威与正确之间的紧张在语言使用方面略有不同。在真正的专家和自称为专家者（包括“权威性”的参考词典）看来，大多数人使用特定语词（例如，“有希望的”）的方式是错误的。然而，时过境迁之后，如果足够多的人以那种方式使用这些语词，那种意义（过去视为“错误”的意义）将是那些语词的意义。语词的意义依附是任意的：从长远看来，人们不能有意义地说每个人对一个词的意义的理解都是错误的。

虽然说某些法律官员错误地解释或适用了特定标准是有意义的，但如果法律阶层中重量级的成员经常肯定那种“错误”，那种“错误”现在便成了法律体系中的（“固定的”）法律。如同在语言中，说所有法律官员很长时间以来关于某个特定问题的法律是什么的认识有错误（说整个法律共同体都错误地认识了自己的法律体系几乎是荒谬的[①]）是非常奇怪的。这种主张仅仅是奇怪而不是荒谬（在语言中它肯定是荒谬的）的理由在于，法律中有权威性文本，这些文本在理论上总能证成哪怕是最稳定的法律中的改变。[②]

---

① 见 Anderi Marmor, *Interpretation and Legal Theory* (Clarendon Press, Oxford, 1992) pp. 96–97; Brian H. Bix, “Global Error and Legal Truth”, 29 *Oxford Journal of Legal Studies* 535 (2009)。

② 一个著名的例子是：在美国宪法中平等保护的保证用来论证推翻一个“固定的”法律结论的合理性，即种族隔离是被宪法所禁止的。比较普莱西诉弗格森案（*Plessy v Ferguson*, 163 U. S. 537 [1896]，肯定了种族隔离的合宪性）与布朗诉教育委员会案（*Brown v Board of Education*, 347 U. S. 483 [1954]，认为种族隔离违宪）。

建议进一步阅读的书目

Larry Alexander and Frederick Schauer, "On Extrajudicial Constitutional Interpretation", 110 *Harvard Law Review* 1359 (1997). 12-02

Brian Bix, "A. D. Woozley and the Concept of Right Answers in Law", 5 *Ratio Juris* 58 (1992), reprinted in modified form in *Law, Language and Legal Determinacy* (Clarendon Press Oxford, 1993), pp. 79-88.

—, "Global Error and Legal Truth", 29 *Oxford Journal of Legal Studies* 535 (2009).

Jules L. Coleman, "Truth and Objectivity in Law", 1 *Legal Theory* 33 (1995).

H. L. A. Hart, *The Concept of Law* (3rd ed., Clarendon Press, Oxford, 2012), pp. 136-147("Varieties of Rule-Scepticism" and "Finality and Infallibility in Judicial Decision").

第十三章　普通法推理与先例

13-01 在英国和美国的大多数法学院，第一年主要讲授来自传统普通法主题(合同法、侵权法、刑法和财产法)的概念、规则和分析模式。普通法推理在何种意义上继续保持“普通法系”实践中的关键或支配地位是一个有争议的问题，[①]但它似乎仍是普通法国家中法律人看待他们自己的体系的最重要方式(普通法推理在法律教育中的地位例证并强化了这种方式)。

在过去的若干世纪中，法官和法学家根据“悠久而古来的用法”将英国普通法描述成有效的规则。[②] 这不是一种严格地保留下来的观点；它既不符合普通法规则若干世纪以来(有时，几十年的过程中)已经发生了显著变化的事实，又没有提供道德上有吸引力的图景。某些古老的习惯和长期存续下来的规则(例如，奴隶制、对女人的压制)或许没有赢得我们的尊重。正如霍姆斯大法官所言：“说一条法律规则是亨利四世时期制定的就是该规则最好的存在理由，这真是令人作呕。”[③]在最近

---

① 某人可以认为，甚至在大多数案件以成文法、行政法规或宪法条款的解释为主要议题的领域，法官也在以一种“逐案处理”(case by case)的增量方法——这类似于传统的普通法推理——来发展(正确的或错误的)法律。

② Sir Matthew Hale, *The History of the Common Law of England* (6th ed., Henry Butterworth, London, 1820), p. 21.

③ Oliver Wendell Holmes, "The Path of the Law", 10 *Harvard Law Review* 457 at 469 (1897).

的讨论中(虽然这种观点回溯到几百年以前),普通法裁判更可能被当成一种普通或集体推理的形式或者普通或集体的道德直觉的形式来思考。①

普通法推理包括:1. 法律的渐进发展,2. 法官造法,3. 以个案裁决为载体,4. 法官的每次裁判应该与上级或同级②法院的先例保持一致。以一种不同的方式表述,普通法推理是道德直觉、多层次的约束和原则上的一致性的复杂混合。

在这个术语的这种意义上,普通法不同于从成文法、行政法规或宪法条款发展而来的法律。普通法系(例如英国、美国③、加拿大、澳大利亚和新西兰)历史上是以英国普通法为基础的。普通法系不同于民法法系,民法法系在欧洲大陆、中南美洲以及亚洲大部分地区占统治地位,它可以追溯到古罗马法。④

以前,法官和某些法学家把普通法概括为"发现已有的法律"而不

---

① 概括性的观点,见 Gerald J. Postema, "Philosophy of the Common Law", in Jules L. Coleman and Scott Shapiro eds., *The Oxford Handbook of Jurisprudence and Philosophy of Law* (Oxford University Press, Oxford, 2002), pp. 588-622。

② 法院是否受到自己先例的约束因辖区而异,甚至因同一个辖区的法院而异。虽然上议院不受先例的约束,*Practice Statement (Judicial Precedent)* [1966] 1 W. L. R. 1234,但英格兰和威尔士的上诉法院一般受先例的约束,*Young v Bristol Aeroplane Co. Ltd* [1944] K. B. 718。

③ 美国路易斯安那州属于民法法系。

④ "一般说来,民法法系的特征是:法典涵盖法律的大部分领域并用相当一般化的术语规定人们的权利和义务,术语、概念和原则的使用可以追溯到罗马法,很少援用判例,常常依赖法学家的影响来系统化、批判和发展法律。" David M. Walker, *The Oxford Companion to Law* (Clarendon Press, Oxford, 1980), p. 223("民法法系"词条).

对民法法系的有益的简介,见 John Henry Merryman and Rogelio Pérez-Perdomo, *The Civil Law Tradition* (3rd ed., Stanford University Press, Stanford, 2007);关于判例在欧洲民法法系的作用,见 Eric Tjong Tjin Tai and karlijn Teuben, "European Precedent Law" (2008), *http: //papers, ssrn. com/sol3/papers. cfm?abstract_id = 1148115*。

是制定新法。[1] 不管人们是否认为法官是在发现已有的法律而不是制定新法,在疑难案件中这种影响是相同的:一个标准会被溯及既往地适用到一个这个标准尚不存在时发生的行为上。这促使杰里米·边沁(1748—1832)——法官造法和普通法裁判的激烈反对者——评论道:

> 法官……创制了普通法。你知道他们是怎样创制普通法的吗?正如一个人给他的狗制定法则。当你的狗做了你想揍它的事情时,你等它下次再犯,接着揍它。这是你给你的狗制定法则的方法:并且这也是法官为你我制定法律的方法。[2]

普通法推理给出的第四个要点是致力于证明当前的判决和先前的判决(至少是那些高级或可比较的法院的判决)是一致的,这是遵循先例的观念,即遵守或坚持已经做出的判决。先例的核心观念源于基本的正义观:类似案件应该得到类似处理。但是,这个原则仅仅是需要判例推理的分析的开始。人们或许会说,谈论法律案件如同谈论雪花:没有两个是完全一样的。在什么意义上一个案件能够决定后面的案件应该怎么解决呢?答案是:虽然第二个案件不同于第一个案件,但这种差

---

① 人们可以在斯托里大法官(Justice Story)对斯威夫特诉泰森案(*Swift v Tyson*, 41 U.S. 1, 18 [1842])的评论中看到这种做法的证据:"在语言的日常使用中,我们可以很肯定地说是法院的判决建构了法律。但它们至多是法律本身是什么不是什么的证据,它们本身不是法律。"

奥利弗·温德尔·霍姆斯法官给出了一种被广泛引用的回应:"普通法并非诸天之上森然的全在者,而是某些主权者或准主权者声音的表达……"*Southern Pacific Co. v Jensen*, 244 U.S. 205, 222 (1917)(霍姆斯的不同意见).

② Jeremy Bentham, "Truth versus Ashhurst", in *The Works of Jeremy Bentham* (W. Tait, Edinburgh, 1843), vol. V, pp. 233-237, at p. 235.

异在道德上或法律上是不重要的。或许第一个案件碰巧发生在星期三,第二个案件发生在星期五;或者第一个案件中被告留着一头金发,第二个案件中被告留着红发:这些差异不是可能证成区别对待两个案件的差异。至少有些差异明显与道德无关。对于差异中的很大一部分,道德意义或缺乏道德意义将是一个理性的头脑可以产生分歧的问题——那种类型的分歧产生了成百上千册的案例报告书(以及法学院课堂讨论中成千上万次的假设)。

遵循先例观,即以先前案件相同的方式裁判案件,导致了普通法推理的一个悖论:仅仅在先前的案件被错误地判决时(或者至少能够以一种同样正当的不同方式判决时),判例才具有举足轻重的重要性。原因在于:如果一种解决特定法律纠纷的道德上正确的方式是裁定被告有责任,这种方式就是这个法院应该采取的裁判方式——这就如同做一件正确的事情——而不用理会先前案件的裁判方式。如果以前的法院以相同的方式裁决相同的问题(裁定被告有责任),这为此种案件第二次出现时继续判决被告人负责提供了另一个理由,但这是一个多余的理由;道德或公共政策一直要求这个结论。当且仅当道德或公共政策规定了一个支持被告的判决,或者当且仅当道德或公共政策对这个问题无动于衷,反对被告的先例才将影响我们关于谁应该胜诉的“考虑周全的”判断。①

这就如同养了几个小孩的父母不得不考虑小女儿是否大到可以拥有一辆自行车时,这个女儿或许会立刻指出:年长的姐姐在相同年

---

① 见 Frederick Schauer, “Precedent”, 39 *Stanford Law Review* 571 at 575, 576 (1987)。正如斯卡利亚大法官所言:“[遵循先例]教义的整个功能是让我们指出,根据恰当的分析属于错误的东西仍须被认为是正确的,所有这一切都是基于稳定性的考虑。”Antonin Scalia, *A Matter of Interpretation* (Amy Gutmann ed., Princeton University Press, Princeton, 1997), p. 139.

龄的时候已经拥有了一辆自行车。判例出现了！“考虑周全的”最佳决定是给这个小孩买一辆自行车，甚至无须考虑过去的实践。然而，当过去的实践不是明显正确的答案时，它才会影响我们对是否该做其他行为的考虑。（这也证明判例如何不同于一个相关的观念：从经验中学习。①）

或许可以通过下述方法修正或澄清以上分析。如果我们不采取做出判决的裁判者的视角，而是采取试图设定一个将增加正确判决几率的制度程序的人的视角，当且仅当先前的判决正确时先例才是重要的，因为先例让后来的裁判者少犯错误，否则他们可能做出不正确的判决。②

普通法推理非常尊重先例。它秉承一种信念，即规则和原则的渐进发展——通过最为谨慎地考虑高度详细的事实情境的进化——是有价值的。普通法推理的部分魅力和先例在这种体系中地位的部分复杂性在于，案件会被重新概括（re-characterisation）。裁判第一个案件的法官或合议庭或许相信，一个结论的根据是某一条法律或道德原则，关键的事实是A、B和C。而一个后来的法院思考类似案件时或许会根据后来的案件重访第一个案件，并得出如下结论：在第一个案件中实例化的原则与最初裁判者的想法不同——比第一个法院的主张更宽或更窄——第一个法院在认定事实方面也犯了错误（例如，第一个法院提到的事实实际上不相关或多余，或者第一个法院没有强调的事实对案件判决是至关重要的）。一个后来的法院据说仅仅受先前法院的判决理由（ratio decidendi）的约束——处置所必需的原则；然而，后来的法院在

① 见Schauer，“Precedent”，pp. 575-576。

② 参见Frederick Schauer, *Playing by the Rules* (Clarendon Press, Oxford, 1991), pp. 158-162（讨论规则分配权力的方式）。

解释先前案件的判决理由是什么时拥有一定的自由。①

经常听到一种论调说，什么构成先前案件的“理由”（ratio）和“附带意见”（obiter dictum②）（原则上，后面的法院可以正当地忽视）是不确定的或完全是由人支配的；我在此不会详细思考这种指责（或对它的回应）。③ 愤世嫉俗评论的可比较的论题是后来的法院以一种方式重新概括先前案件的能力：“区分”（而不是“遵守”或在法院有权的情况下“推翻”）案件。有时提出的评论是，区分一个案件的能力是不受限制的，因而，一个法官或许表面上尊重了所有先前的案件，但其实她的判决不受到那些案件的约束。④ 如前所述，似乎至少存在一些不管多小的限制，控制人们能够以何种方式区分先前案件（假定一个法官至少关心判决的不被推翻或保持对同辈的尊重）。有些限制是语言的限制：什么（凭良心）可以被说成是（相同的范畴内）“相同的事情”。⑤

考虑到所有这些普通法推理的奇怪的扭曲和扭转，某人或许试图得出如下结论：这似乎是一种运行法律体系的完全奇怪的方式，或者说普通法推理似乎在更公共的层面上反映了人们形成自己的道德原则和人生观的方式。⑥ 这种类型的原则和概念的逐步发展以及根据真实和假设的事实情境检验直觉的方式，它也与约翰·罗尔斯在《正义论》中

① 文本中的讨论可能低估了先例的复杂性和争议。更全面的概览，见，例如，Larry Alexander, “Constrained by Precedent”, 63 *Southern California Law Review* 1 (1989)。

② 一个拉丁词汇，意指“附带的评论”。

③ 回应这种挑战的两种尝试，见，Rupert Cross and J. W. Harris, *Precedent in English Law* (4th ed., Clarendon Press, Oxford, 1991), pp. 39-96，特别是第52页；以及 Neil MacCormick, “Why Cases Have Rationes and What These Are”, in Laurence Goldstein ed., *Precedent in Law* (Clarendon Press, Oxford, 1987), pp. 155-182，特别是第180—182页。

④ 见肖尔的讨论，Schauer, *Playing by the Rules*, pp. 181-187。

⑤ 见 Schauer, “Precedent”, pp. 584-585。

⑥ 一般而言，在许多其他类型的个人和集体决策中可以找到大部分被视为“法律推理”的内容。Schauer, “Precedent”, pp. 602-603.

描述的道德问题的思考方式有关。罗尔斯的“反思性平衡”概念包括根据理论对特定的判断进行检验,反过来也一样,发现判断不一致时做出相应的调整。①

在普通法推理中,正如在个人的道德推理中,关于原则的陈述在面临一系列新的问题时可能是暂时的,并很可能受到重要的修正。② 在特定的层面做出足够的判决之后,在更高的一般性层面上一种更自信的陈述或许可以得到检验。在普通法推理中,这种宽泛的重述通常与长期流传下来的案件一致;虽然一个法官偶尔以一种令人惊讶的方式重新概括先前的案件,但这是一种法官运用溯及既往的权力或潜藏在重新概括后面的洞见来说服的方式。此类里程碑式的判决的例子包括阿特金大法官(Lord Atkin)在多诺霍诉斯蒂夫森(*Donoghue v Stevenson*)一案③中发表的言论和卡多佐(Benjamin Cardozo)法官(后来成为大法官)在麦克弗森诉别克摩托公司一案(*MacPherson v Buick Motor Co*)④中做出的判决,这两个案件都确立了一项一般性原则,即允许原告在和被告之间没有合同关系的情况下获得侵权赔偿。⑤

普通法推理和所有法律推理的核心是类比推理:X 应该获得与 Y 相同的对待,因为 X 和 Y 在相关的特征方面足够类似。虽然这种推理相比演绎推理和其他形式的推理似乎是不确定的(且/或易于受人

① 见 John Rawls, *A Theory of Justice* (Harvard University Press, Cambridge, Mass., 1971), pp. 48-51。

② 思考某些最近的例子,生殖科技、代孕和克隆的合法性(和道德性);或者把传统的知识产权规则适用于软件或转基因细菌的恰当方式。

③ [1932] A. C. 562.

④ 217 N. Y. 382; 111 N. E. 1050 (1916).

⑤ 我在一篇论文中讨论了这些主题以及适用于 *R. v Brown* [1994] 1 A. C. 212 案的情况,in Brian H. Bix, “Consent, Sado-Masochism and the English Common Law”, 17 *Quinnipiac Law Review* 157 (1997)。

支配)。劳埃德·温瑞伯认为,做出类比论证——以及依赖它们——的能力不仅对法律活动重要,对日常生活也是至关重要的,我们完全可以相信我们能够以这种方式推理……这种能力不同于幻想我们的推理具有不谬性。①

① 见 Lloyd L. Weinreb, *Legal Reason* (2nd ed., Cambridge University Press, Cambridge, 2017)。对那本书第一版的尖锐批评,见 Richard A. Posner, "Reasoning by Analogy", 91 *Cornell Law Review* 761 (2006)。作者的回应,见 Weinreb, *Legal Reason*, pp. 86-94。

建议进一步阅读的书目

13-02 Larry Alexander, "Precedent", in *A Companion to Philosophy of Law and Legal Theory* (2nd ed., D. Patterson ed., Blackwell, Oxford, 2010), pp. 493-503.

Brian H. Bix, "Law as an Autonomous Discipline", in Peter Cane and Mark Tushnet eds., *The Oxford Handbook of Legal Studies* (Oxford University Press, Oxford, 2003), pp. 975-987.

Benjamin N. Cardozo, *The Nature of the Judicial Process* (Yale University Press, New Haven, 1921).

Rupert Cross and J. W. Harris, *Precedent in English Law* (4th ed., Clarendon Press, Oxford, 1991).

Neil Duxbury, *The Nature and Authority of Precedent* (Cambridge University Press, Cambridge, 2008).

Melvin Aron Eisenberg, *The Nature of the Common Law* (Harvard University Press, Cambridge, Mass., 1988).

Laurence Goldstein ed., *Precedent in Law* (Clarendon Press, Oxford, 1987)(作者包括 Gerald Postema, Neil MacCormick 和 Michael Moore).

Kent Greenawalt, *Statutory and Common Law Interpretation* (Oxford: Oxford University Press, Oxford, 2013).

Grant Lamond, "Analogical Reasoning in the Common Law", 34 *Oxford Journal of Legal Studies* 567 (2014).

—, "Precedent and Analogy in Legal Reasoning", *http: //plato. stanford. edu/entries/legal-reas-prec/* (2006).

Barbara Baum Levenbook, "The Meaning of a Precedent", 6 *Legal Theory* 185 (2000).

Edward H. Levi, *An Introduction to Legal Reasoning* (University of Chicago Press, Chicago, 1949).

Neil MacCormick, *Rhetoric and the Rule of Law: A Theory of Legal Reasoning* (Oxford University Press, Oxford, 2005).

Gerald J. Postema, "Philosophy of the Common Law", in J. L. Coleman and S. Shapiro eds., *The Oxford Handbook of Jurisprudence and Philosophy of Law* (Oxford

University Press, Oxford, 2002), pp. 588–622.

Frederick Schauer, "Precedent", in Andrei Marmor ed., *Routledge Companion to Philosophy of Law* (Routledge, London, 2012), pp. 123–136.

A. W. B. Simpson, "English Common Law", in Peter K. Newman ed., *The New Palgrave Dictionary of Economics and the Law* (Macmillan, London, 1998), vol. 2, pp. 57–70.

—, "The Ratio Decidendi of a Case and the Doctrine of Binding Precedent", in A. G. Guest ed., *Oxford Essays in Jurisprudence* (Oxford University Press, Oxford, 1961), pp. 148–175.

Lloyd L. Weinreb, *Legal Reason* (2nd ed., Cambridge University Press, Cambridge, 2016).

第十四章　成文法解释与立法意图

14-01　成文法解释的问题以法院与立法机关①以及政府与公民的关系为主要议题。这个领域的基本问题包括:法官应该填补立法中的漏洞吗？规则制定者的意图在规则适用的过程中有多重要？公众的合理期望又有多重要？这些和类似的争议基本上是政治问题,关于制度能力和制度行为的不同理论或许会告诉我们这些问题的答案,关于法律性质或语言性质的理论不可能解决诸如此类的问题。这种观察似乎是显而易见的,但令人惊讶的是,法学家的著作常常忽视这一点。②

假定成文法解释的问题主要是由每个法律体系来决定的惯习问题,它们无法或不应在一般法理学层面上讨论。然而,有一些由法学家提出的主张值得注意,术语和概念的澄清便于这个领域的讨论。

立法意图

14-02　正如许多评论者指出的,有许多精妙、复杂和矛盾的因素包含在关

① 人们需要记住,由相互分离的机构来分别负责制定和适用规则没有必然的理由,虽然这种分离有许多实践上的优点。

② 见,例如,Brian H. Bix,"Can Theories of Meaning and Reference Solve the Problem of Legal Determinacy?", 16 *Ratio Juris* 281 (2003)。

于立法意图的讨论之中。[①] 有些因素源于如下事实:在宣布一条规则的群体语境中的"意图"的含义,不同于同一个概念("意图")在个体与另一个人对话的语境中的含义。个体、会话的意图在某种程度上是一个言说者谈话时的实际所思的问题,在群体语境中没有唾手可得的类似物。(一个群体有思想吗? 意图可以从个体的意图中分离出来吗? 如果我们聚焦于个体成员,我们如何"总结"他们相互冲突的思想和意图?)此外,立法通常包含一个期望:被颁布的规则可以用来作为无限未来的人们行为的指引,即使这些人们并不为立法者所知——这是一个在大多数个人会话中不会被发现的目标或期望。立法也更可能包括各种各样不同类型的意图:例如,关于文本意思的意图,关于应该如何解释文本的意图,以及关于应该如何适用文本的意图。[②] 要求"合理"行为这一条标准的作者可能相信,根据这条标准,特定类型的行为将是"不合理的",但同时相信,合理性判断应该由法官根据裁判那一刻的通行标准做出。

那么问题是:从立法与个人交流之间的差异这一事实中可以得出什么呢? 学者们已经提出了各种各样的回应,例如:立法意图应当仅仅在特定的条件下具有法律相关性(使得那些意图更像会话语境中的意图的一般性条件,例如,当所有的立法者共享着相同的意图时,当那种

① 见,例如,Ronald Dworkin, *Law's Empire* (Harvard University Press, Cambridge, Mass., 1986), pp. 313-354;又见 Jeremy Waldron, *Law and Disagreement* (Oxford University Press, Oxford, 1999), pp. 129-146。我在下文中讨论了某些问题,Brian H. Bix, "Questions in Legal Interpretation", in Andrei Marmor ed., *Law and Interpretation* (Clarendon Press, Oxford, 1995), pp. 137-154, at pp. 142-146。

② 见 Andrei Marmor, *Interpretation and Legal Theory* (Clarendon Press, Oxford, 1992), pp. 165-172; Larry Alexander, "All or Nothing at All? The Intentions of Authorities and the Authority of Intentions", in Andrei Marmor ed., *Law and Interpretation* (Clarendon Press, Oxford, 1995), pp. 357-404。

意图是时间上最晚近的意图时①);立法意图和立法史在成文法的解释中不应发挥任何功能②;立法意图最好理解为与意图没有任何关系的东西,它仅仅是说建构成文法的最佳解释时应该考虑特定类型的事实。③

"简明意义"

14-03 英国法院说它们试图发现一条成文法的议会意图,但是,直到最近④法官和律师才可以参考议会辩论的记录。解释的焦点仍然(很大程度上)是成文法的"字面"或"简明"意义("plain" meaning)。里德大法官(Lord Reid)解释道:"我们正在寻求议会使用的语词的意义。我们不是在寻求议会的意思是什么,而是他们说过的话的真正意义。"⑤虽然里德大法官的话不是最佳的表达,但他的要点是非常清楚的。著名的学者鲁珀特·克罗斯爵士(Sir Rupert Cross)与里德大法官争辩道:"这不是里德大法官最有意义的评论,因为,如果某人所说的话的真正意义不

---

① 见 Marmor, *Interpretation and Legal Theory*, pp. 155-184。

② 见,例如,Antonin Scalia, *A Matter of Interpretation* (Amy Gutmann ed., Princeton University Press, Princeton, 1997), pp. 16-37; Jeremy Waldron, "Legislators Intentions and Unintentional Legislation", in Andrei Marmor ed., *Law and Interpretation* (Clarendon Press, Oxford, 1995), pp. 329-356。

③ 见 Dworkin, *Law's Empire*, pp. 313-354。

④ 见 *Pepper v Hart* [1993] A. C. 593(在有限制的环境下允许参考议会的辩论记录来支持成文法的解释)。是否允许基于解释成文法的目标参考议会的陈述还是有争议的,某些法官和学者主张应该回到更严格的规则。见 Lord Steyn, "*Pepper v. Hart*: A Re-examination", 21 *Oxford Journal of Legal Studies* 59 (2001); Stefan Vogenauer, "A Retreat from *Pepper v. Hart*? A Reply to Lord Steyn", 25 *Oxford Journal of Legal Studies* 629 (2005)。

⑤ *Black-Clauson International Ltd. v. Papierwerke Waldhof-Ascbaffenburg AG* [1975] 1 All E. R. 810 at 814. 来自美国最高法院的可供比较的语言,见 *Schwegmann Bros. v Calvert Distillers Corp.*, 341 U. S. 384 at 397 (1951) (Jackson, J.,并存意见)(转引自霍姆斯法官:"我们不探求立法者的意谓;我们仅仅追问成文法的意思。")。

是他意图表达的，那么很难知道它究竟是什么。”①

鲁珀特爵士似乎忽视了这种明显的熟悉的区别，即我们希望获得的意义和我们的语词事实上传达给读者或听者的意义之间的区别，②频繁的误述、误解、言说者和听众之间的差异、不同的假设和期望等等证成了这种区别。至少，鲁珀特爵士是在追问“真正意义”这个短语是什么意思。

在戴维斯诉约翰逊案中（之前的章节讨论过），上诉法院的卡明-布鲁斯大法官（Lord Justice Cumming-Bruce）极力支持解释成文法的传统进路，他指出：“一项法案的意义是议会制定者选择的语词和短语的实际意思，而不是上下两个议院的单个议员所想的意思。”③

卡明-布鲁斯大法官想区分单个的立法者对文本的思考与文本的实际意思；但实际的意义不会自己向所有听众宣布。在实际的实践中，说得稍微犬儒一点，事情就变成了在立法者对文本意义的所思所想（在最好的情况下这可以用立法历史来修补）与法官对文本意义的所思所想之间的选择。这不是说偏好后者胜于前者没有好的理由，这仅仅是说，如果法官认为他们认识意义的方式不同于并优于其他人认识意义的方式，那么法官是在愚弄自己——好像一个群体直接认识了意义，而其他群体只能提出对意义的解释，并且这些解释还特别容易犯错。

卡明-布鲁斯大法官意指什么似乎是相当清楚的：应该根据文本的

① Rupert Cross, *Statutory Interpretation* (Butterworths, London, 1976), pp. 39-40.（该引文在问世于1995年的此书第三版中没有再出现。）

② 这个区分有时被称为“言说者的意谓”与“语言的意义”之间的区分。见，例如，Robert Audi ed., *The Cambridge Dictionary of Philosophy* (2nd ed., Cambridge University Press, Cambridge, 1999), p. 869（“言语行为理论”[speech act theory]词条）。

③ *Davis v Johnson* [1979] A. C. 316.

简明或惯习意义来解释成文法;当发生冲突时,文本的惯习意义应优先于更个性化的意义,后者是立法者们附加给文本的意义。然而,在这个论点中有两个未言明的假设。第一,存在有待发现的惯习意义。有人可能认为,对于特定环境中的特定文本而言(有些人或许提出一种关于所有时空中所有语言的论点),不存在关于意义的共识或准共识;存在的(或者,我们可以获得的)只是不同群体的不同解读。[①] 第二个假设是法官对文本的解释能够与它的惯习意义相符:有人可能认为(特别是在英国,至少在最近,司法在它的背景和个人特征方面是相对同质的,并且远远谈不上是能代表一般民众的[②]),法官至少和立法者一样可能屈服于个性化的解释。

至少在上个世纪,[③]美国研究成文法解释的方法比英国法院(佩珀诉哈特案[*Pepper v Hart*]以前)更易于接受基于立法历史的论点。然而,近些年最高法院大法官安东宁·斯卡利亚(Justice Antonin Scalia)领导了一场严格按照文本的字面意义来解释成文法的运动[④]:不参考立法历史(这种方式明显比传统的英国进路更进一步[⑤]),当字面解释导

---

① 标榜为批判法律研究(第十九章)和后现代主义(第二十二章)的理论家已经提出了这类主张。

② 见 John Griffith, *The Politics of the Judiciary* (Fontana, London, 1985)。

③ 在美国,司法中运用立法历史来解释成文法在 20 世纪早期才通行起来,后来越来越流行。见,例如,Scalia, *A Matter of Interpretation*, pp. 30-31。有证据表明,斯卡利亚大法官和其他人对立法历史的司法使用的批评导致美国法官中这种做法的减少。

④ 见 Scalia, *A Matter of Interpretation*。对斯卡利亚观点的批评,见 William N. Eskridge Jr., "Textualism, The Unknown Ideal?", 96 *Michigan Law Review* 1509 (1998)。

⑤ 对"黄金规则"而言,这条规则允许:在成文法语言的日常意义"将产生极大不一致,或者荒谬或不便,以致法院确信立法机构的意图不是在它们的日常意义上使用它们"的情况下,可以也应该做出不同的语言解读。见,例如,*River Wear Commissioners v Adamson* (1877) 2 App. Cas. 743 at 764-765 (per Lord Blackburn)。

致了荒谬的结果时也不例外。① 反对立法历史和确定立法意图的其他真正的普通法方法是对“法治”的强有力的辩护：

> 根据立法者的意图而不是立法者公布的法律来决定法律的意义，与民主政府甚至公正的政府是完全不相容的……是法律在治理，而不是立法者的意图在治理。②

基本的主张是人们仅仅应该受已经公开宣布的规则约束，立法历史经常是不容易获取的（更不要说，立法历史经常是由非选举产生的人员撰写的，而且通常不需要经过立法者多数的明确同意）。③

相反的立场是：美国和英国基本的制度结构包括一个有权为这个国家做出决定的立法机构，并且这些决定由包括法官在内的其他官员执行。因而，法官弄清立法者的意图是重要的——成为一个“忠诚的代理人”。④ 在这类争论中，“法治”价值经常与“权威”价值相冲突。这是一种令人不安的冲突，因为两种价值对评价政府行为的合法性都是核心的。

---

① 埃斯克里奇当然地假定，在斯卡利亚的文本主义中没有“荒谬”例外：见 Eskridge, “Textualism, The Unknown Ideal?”, p. 1549。并且斯卡利亚在《联邦法院如何解释法律》(*A Matter of Interpretation*)中使用的强语言也可被视为对这种假定的支持，尽管我一直无法找到他明确拒绝“荒谬”例外的地方。

② Scalia, *A Matter of Interpretation*, p. 17.

③ 见 Scalia, *A Matter of Interpretation*, pp. 16-18, 23-25。成文法解释的“简明意义”方法排除了对立法历史的援用，对这种方法提出的其他支持性论点包括：它节约了（律师和法官的）时间和成本；它将限制“任性的”法官，后者运用或尝试运用（模糊的）立法历史来获得他们想要的结果；它将迫使立法者在制定法律时更为细致。见 Scalia, *A Matter of Interpretation*, pp. 9-14, 16-37; Eskridge, “Textualism, The Unknown Ideal?”, pp. 1511-1515, 1540-1542。

④ 见，例如，Eskridge, “Textualism, The Unknown Ideal?”, pp. 1548-1551; Richard A. Posner, *Law and Literature* (Harvard University Press, Cambridge, Mass., 1988), pp. 209-268（这本书的修订版于 1998 年出版，2009 年出版了第三版；在后来的版本中，一些相关的讨论被删除或修改）。

芭芭拉·鲍姆·莱文布克(Barbara Baum Levenbook)提出了一种方法,试图从这两种方法中汲取元素,她主张应根据在给定颁布背景时的"社会突出"应用来解释法规。① 这种方法避免过于密切地聚焦于法律制定者的所思所想(大多数公民不容易获取),同时赋予了可能接近立法者实际意图的结果以权威。

不管在一个法律体系之内一个法官(和其他有义务执行法律的官员)采纳什么成文法解释的进路,重要的是实现解释规则的相对可预测、稳定和确定。② 这样可以更有效地起草立法。例如,如果立法机关知道其下属委员会的报告将在某条成文法的解释中被予以考虑,那重要的澄清信息将可能被放在这类报告中。另一方面,如果解释仅仅以"简明意义"为基础,那人们将不怎么关注委员会的报告,而更多地关注一份更清晰的且/或更详细的成文法文本。当然,如果根据一套解释惯习制定的法规要受到另一套惯习的约束,这将会招致错误的信息和错误的解释。③

最后,人们或许注意到一种可能的怀疑观点:法官选择一种(成文法)解释方法而不是另外一种解释方法或许对法官获得的结果没有任何影响(但也许只会导致对其他原因达成的结果的不同合理化——或许是先前的政治或道德倾向的理由)。至少一种经验性的研究似乎为怀疑论提供了支持。④

---

① Barbara Baum Levenbook, "How a Statute Applies", 12 *Legal Theory* 71 (2006).

② 法律体系内的解释准则是否真正约束法官且/或使决定更可预测,这是有争议的。卢埃林提出了关于规范解释的著名的批判性的(或者说愤世嫉俗的)观点,将它们视为单独或集体高度可操纵的,见 Karl N. Llewellyn, "Remarks on the Theory of Appellate Decision and the Rules or Canons of How Statutes Are to Be Construed", 3 *Vanderbilt Law Review* 395 at 401-406 (1950);又见 Anita S. Krishnakumar, "Dueling Canons", 65 *Duke Law Journal* 909 (2015)。

③ 见 Eskridge, "Textualism, The Unknown Ideal?", p. 1541 and n. 115。

④ 见 Daniel A. Farber, "Do Theories of Statutory Interpretation Matter? A Case Study", 94 *Northwestern University Law Review* 1409 (2000)。

建议进一步阅读的书目

Rupert Cross; John Bell and George Engle, *Statutory Interpretation*, (3rd ed., LexisNexis, London, 1995). 14-04

Ronald Dworkin, *Law's Empire* (Harvard University Press, Cambridge, Mass., 1986), Ch. 9("Statutes").

Richard Ekins, "Interpretive Choice in Statutory Interpretation", 59 *American Journal of Jurisprudence* 1 (2014).

—, *The Nature of Legislative Intent* (Oxford University Press, Oxford, 2012).

William N. Eskridge, Jr., "Textualism, The Unknown Ideal?", 96 *Michigan Law Review* 1509 (1998).

William N. Eskridge, Jr., Philip P. Frickey, Elizabeth Garrett, and James Brudney, *Cases and Materials on Legislation: Statutes and the Creation of Public Policy* (5th ed., West Academic Publishing, St. Paul, 2014).

Richard H. Fallon, Jr., "Three Symmetries Between Textualist and Purposivist Theories of Statutory Interpretation—and The Irreducible Roles of Values and Judgment Within Both", 99 *Cornell Law Review* 685 (2014).

Kent Greenawalt, *Legal Interpretation: Perspectives from Other Disciplines* (Oxford University Press, Oxford, 2010).

John F. Manning, "The Absurdity Doctrine", 116 *Harvard Law Review* 2387 (2003).

Andrei Marmor, *Interpretation and Legal Theory* (Clarendon Press, Oxford, 1992), Ch. 8("Legislative Intent and the Authority of Law").

Andrei Marmor ed., *Law and Interpretation* (Clarendon Press, Oxford, 1995)(包括 Michael Moore, Joseph Raz, Jeremy Waldron, Larry Alexander, Heidi Hurd 和 Meir Dan-Cohen 论述成文法解释的文章).

Joseph Raz, "Intention in Interpretation", in Robert P. George. ed., *The Autonomy of Law* (Clarendon Press, Oxford, 1996), pp. 249-286.

Antonin Scalia, *A Matter of Interpretation: Federal Courts and the Law* (Amy Gutmann ed., Princeton University Press, Princeton, 1997)(内含斯卡利亚大法官的一篇论文,包括 Laurence Tribe 和 Ronald Dworkin 在内的五位学者的评论,以及斯卡利亚大法官的回应).

Lawrence M. Solan, *The Language of Statutes: Laws and Their Interpretation* (University of Chicago Press, Chicago, 2010).

第十五章　道德的法律强制

15-01 虽然“道德的法律强制”这个短语是一个经常被使用的标签,但它对于这个题目通常引发的问题而言是一个引人误入歧途的标题。没有人严肃地认为,政府不应确立与道德规范一致并且能够强制道德实施的法律规则。法律标准和道德标准之间有着大量的交叉。如果某人禁止道德标准的法律强制,那么刑法(禁止谋杀、抢劫、强奸等等)、侵权法(要求对过失的或故意的伤害履行赔偿)、合同法(强制执行承诺)和法律体系中其他法律中大多数生效的法律将被认为是不恰当的。那些思考法律是否以及如何强制道德实施的人没有考虑对法律制度进行这样的全面改革。

虽然人们对法律应该强制实施的道德标准和法律不应强制实施的道德标准之间的界线划在哪里没有达成共识,但提及“道德的法律强制”通常会指向道德标准的某个子集。

分界线

15-02 讨论什么道德标准应该被法律强制实施而什么不应该时,经常被提及的界线是约翰·斯图亚特·密尔(John Stuart Mill, 1806—1873)在《论自由》这个小册子中提出来的“伤害原则”(“Harm Principle”)。他说:“权力用来反对文明社会中任一成员意志的唯一目的仅在于防止对其他人造成伤害。”①支持这一主张的论点以关于政府(什么是权限内的行为,什么是越权行事;或者关于政府权力界线的论点)和社会中的个人(在我们的生活中自由和自主性的核心地位;如果多样化的价值和关于生活的进路被容忍,社会会变得更好的可能性)的主张为基础。②

后面一点可能是密尔最知名的论点。密尔支持“伦理的对抗”(ethical confrontation)。③ 如果多种可选择的关于道德、政治和人们应该如何生活的观点可以在自由的意义上公开讨论,如果以这些可选择的价值为基础的生活方式是被容忍的并因此对公众评价保持开放性,那么道德进步更可能发生。

伤害其他人的行为和没有伤害其他人的行为之间划定的界线对许多人来说具有很强的直觉吸引力:“如果我的行为没有伤害任何其他人,那么它们就不关别人(特别是国家)的事。”然而,在保险无处不在的社会中(在许多情形下是法律的要求),在政府提供公共医疗卫生服务或提供公共卫生服务的最后救济的社会中,以及在政府对那些处于贫困状态的人提供社会服务的社会中,许多行为不再是纯粹的关于自我的行为。例如,如果我粗心大意的行为让我受到严重的伤害,国家将终止支付我的医疗费用或对我小孩的供给。我的行为表面上看似乎是纯

---

① John Stuart Mill, “On Liberty”, Ch. 1, in *On Liberty and Utilitarianism* (Bantam, New York, 1993), p. 12 (亦可见于 *http: //www. bartleby. com/130/*). 有趣的是,托马斯·阿奎那的观点与此没有很大不同,见 Thomas Aquinas, *Summa Theologiae*, I-II, Question 96, Art. 2, corpus, in R. J. Henle trans. and ed., *The Treatise on Law* (University of Notre Dame Press, Notre Dame, Indiana, 1993), p. 316:“现在,人定法是为整个人类社会制定的,在人类社会中大多数人在德行上是不完美的。因而人定法无法禁止所有的恶行,仅能禁止严重的恶行,这些恶行是大多数人能够戒掉的,特别是那些对他人构成伤害以及(如果不禁止)对人类社会的存在构成威胁的恶行……”

② 密尔的《论自由》和哈特的《法律、自由与道德》(*Law, Liberty and Morality* [Oxford University Press, Oxford, 1963])一书中详细地阐述了这些论点。

③ 我在此从沃尔德伦那里借用了一个术语和某些分析,参见 Jeremy Waldron, *Liberal Rights* (Cambridge University Press, Cambridge, 1993), pp. 120-121。

粹的关于自我的行为，其实我的行为已经影响到我周围的人，并且通过增加的税收和保险费用影响到更多的人。这类事实当然因国家而异，它们削弱了密尔分界线的一些说服力。此外，保守评论者“针对几乎所有的道德犯罪提出了非微不足道的伤害论证(non-trivial harm arguments)”①。人们或许能区分间接的、远程的或通过与他人类似行为的聚合导致的伤害行为与直接引起伤害的行为。“伤害预防”原则显然比狭义的“有害行为”原则涵盖的行为要多得多。② 不管如何解释它，这条分界线保留了许多实质的直觉诉求。③

论 题

15-03 “道德的法律强制”这个标题下的讨论经常聚焦于与性有关的问题——例如，同性恋④、色情⑤、代孕母亲⑥和施虐受虐狂⑦——这些问题自然而然就能吸引公众的高度兴趣和密切关注。然而，人们应该注

---

① Bernald E. Harcourt, “The Collapse of the Harm Principle”, 90 *Journal of Criminal Law and Criminology* 109 at 114 (1999).

② R. A. Duff and S. E. Marshall, “‘Remote Harms’ and the Two Harm Principles”, in A. P. Simester, Antje du Bois-Pedain, and Ulfrid Neumann (eds.), *Liberal Criminal Theory* (Hart Publishing, Oxford, 2014), pp. 205-223.

③ 有关密尔的“伤害原则”适用于侵权法和政府规制的有趣概括，以及有关这条原则应该如何被限制的建议，见 Richard A. Epstein, “The Harm Principle—and How it Grew”, 45 *University of Toronto Law Journal* 369 (1995)。

④ 见，例如，*Bowers v Hardwick*, 478 U. S. 186 (1986)(支持将关于鸡奸的刑法适用于私人的同性恋行为的合宪性)。鲍尔斯诉哈德威克案(*Bowers v Hardwick*)被接下来的劳伦斯诉得克萨斯案(*Lawrence v Texas*, 539 U. S. 558 [2003])所推翻。

⑤ 见，例如，*American Booksellers Assoc. Inc. v Hudnut*, 771 F. 2d 323 (7th Cir. 1985), affirmed mem., 475 U. S. 1001 (1986)(认为一个女权主义的反色情法令违反宪法，宣布其无效)。

⑥ 见，例如，*Re Baby M.*, 537 A. 2d 1227 (N. J. 1988)(发现一个代孕合同是无效的)。

⑦ 见，例如，*R. v Brown* [1994] 1 AC. 212(支持把刑法条款适用于私人的、合意的施虐受虐活动)。

意，这个领域的大量问题与性没有关系，例如：要求在骑摩托车或自行车时戴上安全帽以及开车或坐车时系上安全带；禁止自杀也禁止帮助别人自杀的法律；禁止使用和销售特定类型的毒品（区分这类药品仅对使用者造成的危害与使用者对“处于影响下”的他人造成的危害）；其他有危险但吸引许多人的活动（例如，攀岩）。人们也应该思考食品、毒品和机器等的管制。根据密尔式的进路，消费者应该知道，他们需要做出关于使用或消费的明智选择，但是对危险物品的生产和消费将没有限制。最后，有一些问题似乎可以列入“道德的法律强制”这个问题，但这些问题似乎与密尔提出的利己行为的界线没有关系。例如：如果不危及营救者本人营救就不可能完成，一个公民应该把另外一个处于危险的人营救出来吗？国家应该强制执行这种法律义务吗？①

以上的事例表明，即使某人接受了密尔的“伤害原则”所划定的界线，争论的空间也依然是很大的。例如，这种伤害包括“对他人的冒犯”吗（如同亵渎神明的行为或言论将会深深地伤害宗教信徒）？我们应该区分在面对活动或评论时感到的冒犯和仅仅因为知道其他人在私下做什么而可能感到的冒犯吗？例如，哈特虽然坚持一种类似于密尔的立场，但他允许立法机构保护“公共礼仪”（“public decency”）。② 不过，他拒绝再进一步增加一种保护，以反对那种以其他人私下所作所为为根据的冒犯。他写道：“免受仅仅因为得知他人正在以一种你认为错误的方式行为而感到的忧虑的权利，是不可能被任何承认个体自由之价值的人所认可的。”③

---

① 见，例如，Ernest J. Weinrib, “The Case for a Duty to Rescue”, 90 *Yale Law Journal* 247 (1980)。

② Hart, *Law, Liberty, and Morality*, pp. 38–48.

③ Hart, *Law, Liberty, and Morality*, p. 46.

对“公共礼仪”（正如密尔本人所为[①]）、“公共秩序”或其他形式的“臭名昭著的冒犯”而言，虽然密尔的非介入政策的例外情况是普遍的，但问题是能否以原则上符合密尔基本立场的方式做到这一点。区分（正如哈特和乔尔·范伯格［Joel Feinburg］这些法学家希望做的）我们能够/应该禁止的冒犯与一旦禁止就将过多地干预个人自由和自治的冒犯通常要求一种道德标准，用这条道德标准我们可以辨别能够/应该禁止的冒犯行为与不能/不应禁止的冒犯行为，但这种区分本身似乎与密尔进路的精神不合。[②]

哈特与德夫林

15-04 在许多地方，对道德的法律强制的讨论深受哈特和帕特里克·德夫林（Patrick Devlin）于 20 世纪 60 年代的一场交锋的影响。[③] 这场交锋在许多方面是没有意义的，因为它过于关注德夫林法官某些个人化的观点（以及他在防守时不怎么理想的论证）。然而，这场争论和德夫林的立场很有趣也很有影响，即使仅仅是因为德夫林捍卫运用法律促进和保护传统道德价值的话。正如下一节将看到的，相同的立场可以

---

① 密尔写道：“再看，还有许多行动，其直接损害只及于本人自身，因而不应当遭到法律的禁止，但若公开做出来会破坏良好的风气，因而又可以划入犯及他人的范畴，予以禁止是不失为正当的。凡所谓有伤体统的行动都属于这一类。这一点，没有必要加以深究，毋宁说和我们的题目并非直接相连，因为有许多本身丝毫无可遣责也无人以为可加谴责的行动也是同样强烈地与公开性相违的。”Mill, “On Liberty”, Ch. 5, at p. 113.

② 见 Larry Alexander, “The Legal Enforcement of Morality”, in R. G. Frey and Christopher H. Wellman eds., *A Companion to Applied Ethics* (Blackwell, Oxford, 2003), pp. 128-141。

③ Patrick Devlin, *The Enforcement of Morals* (Oxford University Press, Oxford, 1965); Hart, *Law, Liberty, and Morality*.

通过比德夫林提供的论证更强的论证捍卫。

在人们理解德夫林的观点以及它的弱点之前，我们必须首先理解"批判性"道德和"惯习性"道德的区别（相同的区别有时用不同的术语提出[1]；只要人们清晰地理解并运用了这种区分，术语明显是不重要的）。批判性道德陈述试图指出什么是道德上的真，惯习性道德陈述则试图把握大多数人所相信的道德上的真。

这是一种人们在非道德领域也能发现的区分：例如，人们可能会说，虽然惯习性信念是查尔斯·狄更斯是英国历史上最伟大的小说家，但更佳的观点是简·奥斯汀值得这一殊荣。一方是关于实在的陈述，关于事物真实存在的陈述；另一方是关于人们信念的陈述。[2] 为了决定批判性道德的真，人们或许需要对争论各方的论证进行长期而艰苦的思索；而为了决定惯习性道德的真，人们从一次民意测验中便能得出结论。

这不是说惯习性道德和批判性道德之间没有联系。例如，有人或许认为，没有与人们的信念相分离的（客观的）道德真；所有的道德真都是惯习性信念和个人的喜好。这个人或许还会（但无须）补充道：行为的正确方式不过是大多数人认为正确的行为。对于持有这种（极端）观点的人，惯习性道德和批判性道德合二为一了。

德夫林法官的大多数关于道德的法律强制的著作支持这种理解，他相信法律应该强制执行惯习性道德（在此我不把话说满，因为德夫

---

① 哈特用"实在的"道德和"批判的"道德这两个术语提到了相同的区分。见 Hart, *Law, Liberty, and Morality*, pp. 17-24。

② 思考这种对比的另一种方式如下：说"这个社会的大多数人相信 X（'狄更斯是最伟大的小说家'，'死刑在道德上是可接受的'，或者诸如此类的陈述），但我不相信它"是有意义的，但是说"通奸是错误的，这是真的（作为一个批判性道德问题），但我不相信它"则是荒谬的或至少是自相矛盾的。

林并不总是小心谨慎，以确保他的论证清晰一致）。他的论证如下：社会是通过共享的道德结合在一起的；危及共享道德的行为将会危及社会；所以社会运用法律强制执行社会的惯习性道德来保护自己是正当的。[①]

正如哈特指出的，问题在于关于道德问题的信念在改变。在一个社会给定的时间内或许存在关于某些道德问题的共识，虽然对其他问题存在尖锐的分歧。随着时间的迁移，一个原本有共识的问题或许会变成一个有争议的问题。再假以时日，一个以一种方式达成共识的问题可能最后会变成一个以其他方式达成共识的问题（后面这种现象的例子或许包括奴隶制和宗教容忍问题）。[②]

我们怎能知道我们的法律是在强制执行社会的道德共识，而不是仅仅在保护上一代人的偏见，以反对在另外的处境中形成的共识？[③] 德夫林仅仅根据关于特定问题的更大或更小的“容忍”来承认惯习性道德信念的改变。[④] 不过，当我们尊重宗教上的少数人时，我们并不认为我们自己是在容忍对古老的迫害少数人规则的偏离；我们认为自己是在遵守一条新的规则，即这种尊重是正确的。对德夫林的同性恋例子可以提出类似的分析。许多相信同性恋行为不应处以刑事制裁的人并不认为他们自己是在同性恋的反道德性问题上“松懈”了，他们压根就不认为它是不道德的。

---

① Devlin, *The Enforcement of Morals*, pp. 9–10.

② 哈特写道：“德夫林似乎从一个可接受的主张，即某些共同的道德对任何社会的存在必不可少，转向了一个不可接受的主张，即一个社会在其历史的任何特定时刻都与其道德相同，因此其道德的变化无异于一个社会的毁灭。”Hart, *Law, Liberty, and Morality*, p. 51.

③ 密尔指出，保护传统道德可以证成马可·奥勒留对早期基督徒的迫害。Mill, “On Liberty”, Ch. 2.

④ Devlin, *The Enforcement of Morality*, p. 18.

假定惯习性道德思维的改变仅仅是我们对道德问题的“松懈”或我们对偏离的“容忍”的改变,这一假定表明德夫林在一定程度上把惯习性道德与批判性道德混为一谈。他假定,有一些我们总要回归的真的道德思维。这至少是坏的道德历史和道德社会学。人们不会说19世纪美国和英国社会在不将奴隶归还给主人的问题上变得更加松懈或宽容。事实是惯习性道德意见已经改变,时过境迁之后,它发生了彻底的改变(有时变得更好)。

如果某人希望严肃地强制实施与批判性道德相反的惯习性道德,那他或她将要面对许多的问题。第一个问题是:他或她为什么要这样做?德夫林指出,一个社会是通过它的道德结合在一起的,由此社会有必要阻止任何“危及”共享的道德的东西,因为危及了共享的道德便危及了社会。德夫林在此基于一个隐喻提出了一个论点。人们完全可以轻易地说(我将更详细地论证),任何*改变*共享的道德的东西将改变社会。更切中要害地说,问题往往在另一个方向上发生作用:社会塑造了(惯习性)道德,当社会改变时,(惯习性)道德随之改变。因为偏离惯习性道德而导致的社会崩溃不是没有发生过,但这只是很例外的情况,而非必然发生的灾难。

正如前面表明的,如果此刻的惯习性道德事关重大,那么没有理由以这代人的惯习性道德为代价来强制实施上一代人的惯习性道德。更为复杂的问题是,许多(如果不是大多数)道德问题根本没有共识。

一个新的开始

基于以上给出的理由,对于支持密尔式的研究道德的法律强制问 15-05

题的自由主义进路而言,德夫林的观点可能不是最难以应付的对手。① 有一种被称为“至善论”(perfectionism)的立场提出了更重要的论证,这种立场包含如下观点:政府在鼓励善良生活观念方面具有合法的利益。(大多数支持公共道德的立法强制的现代理论家同时反对德夫林提出的论点和立场。②)

詹姆斯·费茨詹姆斯·斯蒂芬(James Fitzjames Stephen, 1829—1894)在撰文回应密尔的时候,支持一种这样的立法,它的目标是“建立、保持并授权立法者视为好的道德体系或道德标准”。进一步论证之后,他得出一个结论:“促进德行阻止邪恶的目的必须被视为一个好的简明易懂的立法目标。”③在反对政府无法就什么是道德上有价值的和什么不是道德上有价值的得出最终结论时,斯蒂芬写道:“如果国家或公众没有能力判断极端邪恶是一件坏事,它还有能力决定什么问题呢?”④

至于自由,斯蒂芬没有多少耐心进行抽象的讨论。⑤ 他认为,正确的问题是:自由指向什么目的,允许人们免受哪些束缚?⑥ 他无法把过

---

① 为捍卫德夫林的观点的某种版本做出的令人印象深刻的努力,见 Jeffrie G. Murphy, “Legal Moralism and Retribution Revisited”, 1 *Criminal Law and Philosophy* 5 (2007)。

② 例如, Robert P. George, *Making Men Moral* (Clarendon Press, Oxford, 1993), pp. x, 71-82。

③ James Fitzjames Stephen, *Liberty, Equality, Fraternity* (S. Warner ed., Liberty Fund, Indianapolis, 1993), Ch. 4, pp. 96-97.

④ Stephen, *Liberty, Equality, Fraternity,* p. 84.

⑤ 参见 Antonin Scalia, *A Matter of Interpretation* (Princeton University Press, Princeton, 1997), p. 42:“所有政府都代表了一种个人自由和社会秩序之间的平衡,将平衡点倾向于更多的个人自由是必要的善这个观念不总是对的。” 斯蒂芬也指出,虽然密尔大体上认为社会不应该使用强制或压力反对不直接伤害他人的行为,但密尔似乎接受反对不道德行为的社会压力:密尔似乎仅仅反对刑法的限制和强制。斯蒂芬本人认为在使用刑法打击不道德行为时要谨慎,但他指出,这不同于密尔更宽泛的主张,即社会没有正当的利益强制实施压力反对(不直接伤害他人的)不道德行为。见 Stephen, *Liberty, Equality, Fraternity,* pp. 87-92。

⑥ Stephen, *Liberty, Equality, Fraternity,* pp. 115-116.

一种无价值的或邪恶的生活的自由视为值得捍卫或遵从之事：

> 容忍没有危害的恶行是一回事，赋予它一项法律权利，在面对世界时声称它是一种与其他生活方式一样好的“生活体验”，以及认为它有权得到法律的相同保护，是另外一回事。①

对斯蒂芬而言，主要的问题是平衡问题：无须强迫、触犯、侵犯自由和隐私等价值，重要的善也可以（通过对恶行施加刑罚，因此，人们希望降低它的频率）实现吗？②

罗伯特·乔治最近提出了一种类似的“至善论”来捍卫道德的法律强制。乔治的观点是：保护公众道德的立法不会违反“正义规范或政治道德”，虽然容忍道德上的错误行为有时是根据慎思来证明其合理性的。③某些社群主义法学家力劝更大的社群（个体、机构和官员）参与创建和维持一个道德秩序，法律强制（法律在表达价值中的功能，甚至当相关规则没有被强制执行时）是这个过程的一个小的有机组成部分。④

有人可能既是一个至善论者，同时又支持与密尔类似的观点。约瑟夫·拉兹基于四项原则提出了⑤一系列相关的观点。

---

① Stephen, *Liberty, Equality, Fraternity*, p. 101. 又见 Joseph Raz, “Liberty and Trust”, in Robert P. George ed., *Nature Law, Liberalism and Morality: Contemporary Essays* (Clarendon Press, Oxford, 1996), p. 120(“一种自主的生活是有价值的，仅仅在它参与了有价值的活动和关系的意义上说。”)。

② Stephen, *Liberty, Equality, Fraternity*, pp. 91-92, 105-108.

③ George, *Making Men Moral*, p. viii.

④ 见，例如，Amitai Etzioni, *The Spirit of Community: Rights, Responsibilities, and the Communitarian Agenda* (Crown Publishers, New York, 1993), pp. 23-53。

⑤ 见 Raz, “Liberty and Trust”；又见 Joseph Raz, “Autonomy, Toleration, and the Harm Principle”, in Ruth Gavison ed., *Issue in Contemporary Legal Philosophy* (Clarendon Press, Oxford, 1987), pp. 313-433; Joseph Raz, *Ethics in the Public Domain* (Clarendon Press, Oxford, 1994), pp. 3-109。

(1)“在人们全心全意地成功地参与有价值的活动和关系的意义上,人们的生活是成功且令人满足的。”①

(2)对今天的大多数而言,②自主是过上一种好的生活的重要因素;也即,一个人的活动和关系由这个人自己选择是重要的。

(3)道德多元:存在各种各样的道德价值,以及过上一种道德上好的生活的各种方式,但这些善和生活方式是不一致的(例如:一个人不可能既是和尚又是一位伟大的将军;一个人同时擅长芭蕾舞、象棋和诗歌是很困难的)。

(4)政府有义务促进人的康乐(well-being),③其中包括:“确保有吸引力的选择是可得到的,无意义的没有价值的选择是可以消除的。”④

拉兹认为,这些原则的结论是:政府在塑造其公民可得的选择方面占有一席之地,但自治的重要性和(一种不同的有联系的价值⑤)自由的重要性结合在一起严格限制了证成强制的道德家长主义的环境。

以上的全部论证不同于纯粹的慎思论证(prudential arguments)。慎思论证认为法律应该抑制基于道德目标的行为,因为法律不适合完成这类目标(虽然大多数理论以各种方式思考了纯粹的慎思论证)。例如,某人可能认为,美国的禁酒实验(Prohibition, 1920—1933)——当时卖酒被禁止——是注定要失败的,因为人们喝酒的欲望太强了。

---

① Raz,“Liberty and Trust”, p. 113.

② 拉兹指出,有些社区在几乎没有自治的情况下(甚至也许只能在此情况下)也可以拥有繁荣的生活(例如,某些传统的/正统的/信奉原旨主义的人的宗教社区)。Raz,“Liberty and Trust”, pp. 120-121.

③ 政府对公民的义务或许大于它对非公民的义务;但大多数人认为,政府也对非公民拥有实质的道德义务(当然是那些居住在这个国家中的非公民;可能也对其他国家中的居民有义务,那些居民的康乐受到该政府行为的影响)。

④ Raz,“Liberty and Trust”, p. 114.

⑤ 见 Raz,“Liberty and Trust”, p. 115-120。

一个人也可以对法律和道德目标的不可比较性提出一种不同类型的论点。这一论点是：根据事物的本性，一个人不可能通过法律制裁的威胁来强迫某人有道德地行为。在这种观点看来，道德行为的本质是一个人自愿地做出正确的选择。通过法律制裁的威胁强迫做出的选择或许导致人们表面上遵守伦理法则要求的选择，但缺乏关键的内在目标或意图。① 这种观点指出，如果某人不吸毒或不观看色情作品仅仅是因为畏惧被当局抓到，那么这个人不应该以道德行为之名而受到赞扬，就像她因为抢匪的命令而行事一样。罗纳德·德沃金提出了一个略微不同的论点——即使刑事制裁的威胁迫使某人放弃了不道德的生活方式，并且他或她开始支持并重视这种改变，这个人的生活或许依然没有变好：

> 如果我们用来确保变更的机制削弱了他以反思方式考虑变更的关键优点的能力，即使他支持我们带来的这种改变，我们也无法改进某人的生活。②

当然，上面两种论点从被强制的人的视角出发延伸到了国家强制的价值，也即家长主义的辩护（被强制的人会变得更好）。这些论点没有触及以社会福利为基础的辩护：强制是合理的，假设强制是有效的，因为社会以某种方式变好了，因为社会上更少的人以不道德的方式行为。

---

① 参见 John Finnis, "Liberalism and Natural Law Theory", 45 *Mercer Law Review* 687 at 697-698 (1994)。正如菲尼斯指出的，这种立场与下面这种观点一致：国家应该通过它的陈述和它的长期决定支持有德性的选择，反对不道德的选择。

② Ronald Dworkin, "Liberal Community", 77 *California Law Review* 479 at 486 (1989); Ronald Dworkin, *Sovereign Virtue* (Harvard University Press, Cambridge, Mass., 2000), pp. 216-218.

最后,有许多理论家支持政府宣布某些活动或生活方式为不道德的,他们也从来不支持那些不道德的活动和生活方式,并且试图保护小孩远离这些活动或生活方式,但是,他们相信,政府对私下且充分自愿选择不道德行为或生活方式的成年人施加强制是不恰当的。①

---

① 见,例如,John M. Finnis, "Is Natural Law Theory Compatible with Limited Government", in Robert P. George ed., *Natural Law, Liberalism and Morality: Contemporary Essays* (Clarendon Press, Oxford, 1996), pp. 1–26, at pp. 7–9; John M. Finnis, "Law, Morality, and 'Sexual Orientation'", 69 *Notre Dame Law Review* 1049 at 1070–1076 (1994)。

建议进一步阅读的书目

Larry Alexander, "The Legal Enforcement of Morality", in R. G. Frey and Christopher H. Wellman eds., *A Companion to Applied Ethics* (Blackwell, Oxford, 2003), pp. 128–141. 15-06

Patrick Devlin, *The Enforcement of Morals* (Oxford University Press, Oxford, 1965).

Gerald Dworkin, "Moral Paternalism", 24 *Law and Philosophy* 305 (2005).

Gerald Dworkin, "Paternalism", in Edward N. Zalta ed., *Stanford Encyclopedia of Philosophy*, *http://plato.stanford.edu/entries/paternalism/* (2017).

Gerald Dworkin ed., *Morality, Harm and the Law* (Westview Press, Boulder, Colo., 1994).

James Edwards, "Harm Principles", 20 *Legal Theory* 253 (2014)

Joel Feinberg, *The Moral Limits of the Criminal Law* (Oxford University Press, Oxford, 1984–1988), four volumes.

Robert P. George, *Making Men Moral* (Clarendon Press, Oxford, 1993).

Robert P. George ed., *Nature Law, Liberalism and Morality: Contemporary Essays* (Clarendon Press, Oxford, 1996)(包括 John Finnis, Stephen Macedo, Michael Sandel 和 Joseph Raz 的论文).

Kent Greenawalt, "Legal Enforcement of Morality", in *A Companion to the Philosophy of Law and Legal Theory* (2nd ed., D. Patterson ed., Blackwell, Oxford, 2010), pp. 467–478.

H. L. A. Hart, *Law, Liberty and Morality* (Oxford University Press, Oxford, 1963).

Douglas N. Husak, "Legal Paternalism", in Hugh LaFollette ed., *The Oxford Handbook of Practical Ethics* (Oxford University Press, Oxford, 2003).

John Stuart Mill, "On Liberty", in *On Liberty and Utilitarianism* (Bantam Books, New York, 1993), pp. 1–133,亦可见于 *http://www.bartleby.com/130/*.

James Fitzjames Stephen, *Liberty, Equality, Fraternity* (Liberty Fund, Indianapolis, 1993).

Jeremy Waldron, *Liberal Rights* (Cambridge University Press, Cambridge, 1993), Chs. 1–8.

第十六章　守法的义务

16-01 本书前文的讨论中以各种方式提出了法律的道德内容论题。在单个的理论家中：自然法理论家，比如约翰·菲尼斯，他的法律分析与法律何时以及是否“具有良心上的约束力”直接相连（第五章）；哈特认为对法律的描述必须与对法律的评价分离，他以此为基础界定并捍卫了法律实证主义（第三章）；朗·富勒论述了法律的“内在道德”（第六章）；罗纳德·德沃金断言，道德评价是所有法律描述（“解释”）的组成部分（第七章）。人们也能在其他论题中发现法律的道德内容论题：例如，前面章节中讨论的问题，法律应该与道德保持什么样的关系，法律体系应该或不应该强制实施哪些道德。

本章思考这个问题的另外一面。本章不思考“从法律的角度看，道德的地位是什么？”，而是思考“从道德的角度看，法律的地位是什么？”。简而言之，问题在于，是否有一种遵守法律的道德义务，这种义务依附于规则，仅仅因为该规则具有法律效力，例如，在一个法律体系中的成员身份。虽然也有例外，但大多数讨论守法的道德义务的学者思考了相当温和的主张：

（1）**不是说**一个人在法律体系明显不公的情况下也必须遵守法律——这种讨论通常假设一个总体公正的法律体系；并且

（2）**不是说**一个人在无论什么情况下都必须遵守法律——这种义务顶多是一种假定的或“初始的”义务，如果一种更强的道德义务要求相反的行为，那这种义务可以被推翻。①

一种研究守法义务问题的进路是思考：凌晨3点你开车到达一个交叉路口，此时正是红灯，放眼看去没有行人也没有车辆（特别是警车），你将做什么？你会停下来吗？

许多人出于慎思的理由遵守法律：他们害怕坐牢或罚款，或者他们担心违法犯罪将损害他们的声誉或他们的职业生涯。有些人凌晨3点停在红灯面前纯粹是出于习惯：对他们而言，不经反思地遵守法律较为容易，而不是每次都很麻烦地计算所有的道德或慎思的因素。这类关注不是关于守法义务的争论直接包括的。问题在于一项命令、授权或禁止自身（没有更多的东西）是否为做或不做这种行为增加了任何道德理由。

人们提出了各种类型的论证来证成存在守法义务这个结论：基于同意、感恩、互惠和后果的论证。接下来将会详细解释这些不同的概念。目前，对所有这些论证而言，类似上面描述的这种类型的情境，即凌晨3点来到交叉路口，将是最棘手的情况，这是值得注意的。在这种类型的情境中，不服从似乎不会伤害任何人任何物，并且不服从是不会被发现的。最后一点是重要的，不仅因为违反者可以逃避制裁，而且因为不服从不会树立坏的榜样从而危及其他人对这个法律体系的尊重。②

---

① 为了遵守照看生病的父母这项更强的道德义务，一个人违反遵守许诺与一位朋友共进午餐这项道德义务是合理的，所以如果一个人因为要遵守更重要的道德义务而违反一项法律，这在道德上是合理的（例如，为了带生病的朋友去医院急救而超速驾驶）。

② 正如第五章讨论的，某些自然法理论家认为，如果不服从危及了一个总体上公正的法律体系，有时存在遵守一条不公的法律的道德义务。

义务与同意

16-02 守法的标准论证是以同意为基础的。申言之,我们通过某些行为(或不作为)间接地同意遵守社会的法律。这种行为或许是投票、接受政府的恩惠或者不离开这个国家。① 这种主张立即会遇到的回应通常是:将这些活动理解为构成了对法律或国家的同意是不正确的,这要么是因为公民不以这种方式理解行为,要么是因为公民经常没有其他合理的选项。例如,我们不离开这个国家或许仅仅反映了我们没有资源搬迁,或者周边邻国甚至是更坏的栖息之所。

另外一种有趣的回应是,即使行为可以被视为同意,这也没有终结下面这个问题:以这种方式行为的公民是否具有遵守这个社会的法律的义务?人们必须记住,这里的论证有两个步骤,并且这一论证要成功必须证明这两步。这两个步骤是:1. 某种行为(比如,投票)构成了对遵守社会的法律的“同意”;并且 2. 任何以这种方式同意的人在道德上有义务遵守法律。第二个步骤不必然从第一个步骤中得出。

第二个结论或许不会从第一个结论中得出的理由是:作为一个道德问题,同意行为或许具有有限的影响力。如果我同意为了 100 美元给你漆围墙,大多数人会得出一个结论:我的承诺是同意承担漆围墙的义务(出于说好了的报酬),如果没有我的承诺我就不会有这一义务。然而,如果我同意的是为了 1 美元漆整栋房子,或者同意杀死你的父亲,或者在接下来一整个月从事你告诉我去做的任何事情,对这些情境

① 最后一点出现在柏拉图的《克力同》和洛克对默示的同意政府权威的讨论中。见 John Locke, *Two Treatises on Government* II, Ch. 8, § 119 (Student ed., Peter Laslett ed., Cambridge University Press, Cambridge, 1988), pp. 347-348。

的道德评价或许会改变。即使考虑了(名义上的)交易的费用,纯粹的承诺也不足以维持宏大的道德主张:因为一个人的承诺,一个人有道德义务做纯粹利他的事情,或做不道德的事情,或放弃其自主性。

对这种特定的语境而言,这种主张是:假定的同意行为(投票或不离开等)不足以证成创设宽泛的义务,即遵守政府从那天起可能颁布的任何规定。作为一个道德问题,我们或许推断,这过于关注单一的承诺,"承诺"在此是一种有着其他目标和意义的行为。①

争论"同意"究竟是什么意思经常掩饰了真正的道德问题:我们如何为我们自己创立道德义务,那些义务的界线是什么?我们不可能单单假设同意的表达创立了道德权利和义务。我能同意成为另一个人的奴隶(并且让该承诺/同意在法律上成为可实施的或者道德上合理的)吗?我能同意被杀死(并且让那种同意足以在法律或道德上为杀人者辩护)吗?同意能够创立、免除或挫败法律和道德义务的程度本身是一个疑难的理论问题。因此应该清楚的是,在讨论遵守法律的道德义务时,提及同意最多只能为我们提供部分回应。②

人们或许回复道:同意或许不足以创设服从每个政权的道德义务,尤其是真正邪恶的政权,但是同意足以创设遵守总体公正的政权的道德义务。然而,为了论证的需要,假设这是真的(并且许多法学家将不承认这个主张),这仅仅表明:创造服从义务的是政权的正义,而不是政

---

① 关于同意的力量和限制的良好讨论,见,例如,Franklin G. Miller and Alan Wertheimer eds., *The Ethics of Consent* (Oxford University Press, Oxford, 2010); Andreas Müller and Peter Schaber eds., *The Routledge Handbook of the Ethics of Consent* (Routledge, New York, 2018)。

② 见,例如,Joseph Raz, *Ethics in the Public Domain* (Clarendon Press, Oxford, 1994), pp. 344-353。

权臣民的同意行为,同意行为仅仅可以限制公民的某些类型的正当投诉。[1]

其他进路

16-03 守法的一般性道德义务的根据的第二种进路是后果论:存在一种一般性的遵守法律的道德义务,因为如果人们没有这种义务,那就会给社会带来坏的后果。托马斯·霍布斯提出了这种视角的极端版本:即使当法律是不公正的时候,法律也必须被遵守,因为不遵守法律将导致自然状态下的混乱和人与人之间的战争。[2] 一种更精微的后果论来自奥诺尔(A. M. Honoré)。[3] 有些人不仅认为不存在遵守法律的义务,还认为我们不应担心这种事实,奥诺尔在开始讨论守法的义务时,试图驳斥持有上述主张的人。奥诺尔指出,最难的道德问题——如同最难的法律问题——的争论是如此激烈,以至于它们很可能会转向举证责任所在。至于守法的义务,如果初始的假设是法律应该被遵守,那么最后的道德判断往往是用来遵守的。然而,在奥诺尔看来,如果追随那些主张不存在义务的法学家,初始的假设是法律无须被遵守,那么人们会更倾向于无视法律的存在,这将导致“不服从的态度”以及社会发生作用

① 参见 Joseph Raz, “On the Authority and Interpretation of Constitutions: Some Preliminaries”, in Larry Alexander ed., *Constitutionalism* (Cambridge University Press, Cambridge, 1998), pp. 152-193, at pp. 162-164。

② 见,例如,Thomas Hobbes, *Leviathan* (Richard Tuck ed., Cambridge University Press, Cambridge, 1996), Ch. 20, pp. 144-145:“虽然这是一种不受限的[主权者]权力,人们也许会觉得有许多不良的后果,但缺乏这种权力的后果却是人人长久相互为战,更比这坏多了。”

③ A. M. Honoré, *Making Law Bind* (Clarendon Press, Oxford, 1987), pp. 115-138.

所需要的秩序和合作的崩溃。对后果论担忧的一种回应是：一个人无须过于担心不存在(或不相信或不接受)守法的道德义务所带来的后果,因为公民对法律制裁的畏惧连同我们之前存在的道德承诺(例如,我们中的大多数人将选择不做强盗和杀人犯,不管法律怎么规定)一起将带来足够的服从。①

学者有时提出的第三种论点是基于好处或感恩的论证：对那些从国家那里获取了大量的好处(警察保护、自由教育、某种类型的社会福利等等)的人而言,不反过来报之以政府要求的少量义务——遵守法律——是不道德的。这个类比常常与孩子对父母的感恩之情一起被提出。② 但是,正如我们认为值得怀疑的是,我们对父母的感恩——虽然是极大的感恩(如果他们是有能力和有爱心的父母)——是否足以让他们有权决定我们未来的所有选择,同理,人们也可以合理地怀疑我们对政府的感恩之情是否足以赋予它对我们大部分行动的道德权威。一个人也认为,仅仅在某人自愿接受好处并打算继续接受好处的情况下,一个人才可以在接受好处的基础上论证一种道德义务;然而,对出生并成长在某个国家的公民(他们通常没有权力放弃他们接受消防和警察等保护的权利)而言,这引发了一个严肃的问题,即接受的自愿性问题。③

第四种类型的论证把义务直接建立在“支持并促进公正制度

---

① 见 M. B. E. Smith, “Is There a Prima Facie Obligation to Obey the Law?”, 82 *Yale Law Journal* 950 at 969 (1973)。

② 柏拉图提出了一种基于感恩的论证和小孩欠父母的恩惠的类比,见 Plato, “Crito”, 50d－51d, in Edith Hamilton and Huntington Cairns eds., *Plato: The Collected Dialogues* (Princeton University Press, Princeton, 1961) pp. 35-36。

③ 见 John Rawls, *A Theory of Justice* (rev. ed., Harvard University Press, Cambridge, Mass., 1999), pp. 295-296。

的……义务"①的断言上。在某种程度上,这完全是传统自然法立场的现代回响:"实在法要么是公正的要么是不公正的。如果它们是公正的,它们具有良心上的约束力,一种来自实在法之源的永恒法的权力。"②即使一个人在一般条件下接受这一义务,也不清楚它如何产生遵守法律的一般道德义务,即在任何情况下(回忆在荒凉地区面对凌晨3点的红灯的汽车)都遵守每条法律的义务。许多不服从的例子并没有破坏公正(或不公)的制度。

第五种进路从公平或互惠的角度论证守法的义务,这种进路与其他进路有着基本的差别。因为它很少谈及一个人对国家的义务(以同意或感恩为基础)或抽象的义务(如同一个人为了逃避坏的后果而思考这项义务),它更多谈及的是对同胞的义务。哈特写道:"当许多人根据规则指引任何共同的事业并因此约束他们的自由时,那些服从这些约束的人有权要求那些受惠于他们的服从的人同样服从这些约束。"③我们的法律共同体可以被视为一个大型的联合事业,在此我们每个人都赞同限制我们自己的自由,其他人也类似地限制他们自己的自由。根据这种观点,不遵守法律的人是在不公平地利用他人的牺牲,而不是履行与这些牺牲相匹配的默示承诺。如果一种特定的不服从行为(例如,凌晨3点闯红灯)没有明显地伤害到同胞,也没有破坏共同的事业(破坏对法律体系的尊重),那就不清楚为什么一个人要让同胞服从。

---

① Rawls, *A Theory of Justice*, p. 334.

② Aquinas, *Summa Theologiae*, I-II, Question 96, Art. 4, corpus, in R. J. Henle trans. and ed., *The Treatise on Law* (University of Notre Dame Press, Notre Dame, 1993), p. 324.

③ 见 H. L. A. Hart, "Are There Any Natural Rights?", 64 *Philosophical Review* 175 at 185 (1955)。有关类似论点的详细论述,见 John Rawls, "Legal Obligation and the Duty of Fair Play", in Sidney Hook ed., *Law and Philosophy* (New York University Press, New York, 1964), pp. 3-18。

反对守法的一般性道德义务的论证

在哈特与富勒的争论（第三章和第六章讨论过）中，富勒挑战了法律实证主义，理由如下：如果一条法律的效力是一回事，它的道德价值是完全分离的另一回事，那么法律实证主义者怎能说是否遵守道德上可疑的法律是一种"道德困境"？① 如果法律仅仅是一个标签，它或许是道德上有价值的，或许是道德上没有价值的，那么就没有理由相信：仅仅因为某些事情是法律所要求或禁止的，这便构成了作为或不作为的道德理由。 16-04

富勒或许认为他的挑战是致命的，但许多晚近的学者，包括某些著名的法律实证主义者毫不羞愧或毫不勉强地接受了如下观点：一条规范的法律身份或许没有赋予它内在的道德分量。② 这些法学家并不认为，我们从来不应遵守法律，或者甚至从来没有按照法律的规定行为的道德理由。他们仅仅认为道德理由必须超越这种简单的宣告，即"因为法律如此规定"。

在约瑟夫·拉兹看来，如果并且当我们相信通过遵守法律而不是自己做出判断更可能做出道德上更佳的选择，那么我们就有按照法律的规定行为的道德理由。例如，如果问题是要不要使用特定的清洁剂，

---

① Lon L. Fuller, "Positivism and Fidelity to Law", 71 *Harvard Law Review* 630 at 656 (1958)："这就如同说我不得不在向穷人施舍和搪塞之间选择。"（"搪塞"原文为"mimsy with the borogoves"，出自《爱丽丝镜中奇遇记》中著名的无意义诗"Jabberwocky"，此处意为和前者毫不相干之事物。——译者注）

② 见，例如，Joseph Raz, *Ethics in the Public Domain* (Clarendon Press, Oxford, 1994), pp. 325-338; Joseph Raz, *The Morality of Freedom* (Clarendon Press, Oxford, 1986), pp. 70-105; Smith, "Is There a Prima Facie Obligation to Obey the Law?"

因为这种清洁剂可能会破坏环境,我们可能会听从立法机关的判断,立法者在听了我们没有接触到的科学证据之后就会做出允许或禁止使用该清洁剂的判断。

有关另外一种类型的例子,让我们思考纯粹的合作问题。在合作问题中,只要每个人选择相同的方式,选择什么就无关紧要。一个标准的例子是车辆左行还是右行的问题。对这类选择,有理由按法律的规定行为,因为政府足以做出此类选择并希望其他公民遵守这些选择。

在有些合作情境中某些选择或许比其他选择更好,但每个人选择相同的方式具有更大的价值,即使这个相同的选择不是最佳的选择。一个例子是防治水污染。作为一个治污专家,你或许知道,政府选择的治污方案不是最佳的计划,但你也知道政府的计划是以立法的形式制定的,它可以对不遵守这个计划的人处以制裁,大多数人最可能遵守这个计划。在这个计划中合作的每个人更可能实现治污的目标,而不同的人各自提出不同的治污计划则很难实现治污的目标。在这种情境中,即使你知道政府的计划不是最佳的计划,你或许也有好的理由去遵守它。

当然,当一个人有道德义务按照法律要求行事时,最常见的情况是该行为是道德的事情,无论法律怎么说。对我们大多数人而言,我们不抢劫或杀人是因为它是不对的,而不是因为法律告诉我们不要这样做。然而,在这种情境中,法律禁止这种活动的事实似乎没有增加不从事这种活动的道德考量。

正如已经指出的,那些并不接受存在守法的一般性道德义务的人认为,如果凌晨 3 点在红灯出现时不停车没有造成伤害也没有树立坏的例子,那么很难看到这种行为对公正的制度或共同的事业有什么损害。我们并不清楚,为什么我们提供的任何同意,或者我们可能有的任何公平竞争或感恩义务，都应该扩展到所有政府法律，无论法律多么微不足道，或者不服从多么无害。① 此外，虽然我们可能有遵守为了重要的集体福利（例如，清理供水）协调公共行为的法律规则的道德义务，但如果法律规则未能改变和协调公众的行为，我们可能就没有遵守的道德义务。②

人们遇到的（在文献中和课堂讨论中）这种类型的关于守法义务论题的论证通常反映了视角和问题的不断变化。对拉兹这样的论证，反对意见如下："你怎能知道你关于道德上正确的观点优于立法者的观点？"或者："如果每个人对如何行为做出自己的选择，而不是服从立法者的选择，那将导致无政府状态。"③讨论守法的义务时经常存在"我们"/"他们"的态度，此处潜在的假设是"我们"为"他们"寻找正确的态度。如果讨论维持在"我们"决定"我们"应该如何行为的层面上，或许会更好（或者"我们"应该如何决定"我们"应该如何行为）。这不是说我们应该忽视利己主义对评价人们道德义务的影响，包括对我们自己的影响；然而，这仅仅是众多评价道德义务的因素中的一个因素，并且我们不应总是在服从权威方面犯错。④

在任何事件中，人们不应混淆：

（1）一个伦理问题：我在这种情境下应该做什么？

（2）一个元伦理问题：我怎样决定什么是对我而言道德上正确的事情？

---

① 见 Smith, "Is There a Prima Facie Obligation to Obey the Law?", pp. 953-964。

② 见 Raz, *Ethics in the Public Domain*, pp. 335-336。

③ 在某种意义上，这种观点出现在奥诺尔的进路中。似乎接近那种论证却又从来没有完全屈服于此的一个复杂论证，见 John M. Finnis, "Law as Co-ordination", 2 *Ratio Juris* 97 (1989)。

④ 见 Raz, *Ethics in the Public Domain*, pp. 335。

(3) 政治考虑:基于一种特殊的视角,我们想要或需要公众持有什么信念和态度?

本章仅处理前面两个问题。

史密斯(M. B. E. Smith)在他关于这个主题的著作中指出,即使存在守法的道德义务,它似乎也不包含重要的道德分量。他为这个结论提出了两个论证。其一,对于我们大多数人来说,对于严重不道德的行为,法律将其评价为合法或非法基本不影响该行为的可谴责性(想想那些骗取老人终生储蓄,但根据相关法律规定,他们的欺诈行为的合法性尚不清楚的人——大多数人会认为这些欺诈行为同样卑鄙,即使他们在法律上得到了宽恕)。其二,如果有人告诉朋友自己的一位同事违反了法律规则,但又拒绝说明违反了哪条法律规则,那么这位朋友很可能不愿意强烈谴责,直到她查明具体被违反的法律规范。①

关 联

16-05 虽然守法的义务(正如在本章中)经常被视为一个独立的论题,但这样处理这个问题在许多方面是不合适的。从这个问题引发的讨论来看,一个人对是否存在守法的义务的回答明显取决于他或她对一系列更基本的问题的回答:基本的道德理论问题(例如:什么是我们的道德义务的根据?好处?同意?合作?后果?必然性和相互依赖性?),以及基本的法律理论问题(我们如何确定一条法律或一个法律体系的存在或效力?)。

例如,如果某人的理论起点是传统的自然法理论,他或她关于某人

① Smith, "Is There a Prima Facie Obligation to Obey the Law?", pp. 969-973.

是否或在什么程度上有守法的义务的答案(一个人有义务遵守公正的法律、“完全意义上的法律”;对于不公正的法律,人们还有最小的遵守义务,以便不会危及一个总体公正的法律体系)的大部分将早已包含在其关于某些东西是不是“法律”(或者完全意义上的“法律”)的结论中。[①] 法律实证主义提出了不可比较的指引。它的座右铭,即法律的效力是一回事,它的优点是另一回事,表明法律实证主义者将不得不在别处发现答案,无论他们将何种道德理论纳入考量。

① 这是自然法理论家托马斯·阿奎那和约翰·菲尼斯的观点,在第五章中讨论过了。

建议进一步阅读的书目

16-06 William A. Edmundson ed., *The Duty to Obey the Law: Selected Philosophical Writings* (Rowman & Littlefield, Lanham, Maryland, 1999)（作者包括 John Rawls, Robert Paul Wolff, M. B. E. Smith, A. John Simmons, Joseph Raz 和 Philip Soper).

—, "State of the Art: The Duty to Obey the Law", 10 *Legal Theory* 215 (2004).

John Finnis, "The Authority of Law in the Predicament of Contemporary Social Theory", 1 *Notre Dame Journal of Law, Ethics and Public Policy* 115 (1984).

—, "Law as Co-ordination", 2 *Ratio Juris* 97 (1989).

Leslie Green, "Legal Obligation and Authority", in Edward N. Zalta ed., *The Stanford Encyclopedia of Philosophy, http://plato.stanford.edu/legal-obligation/* (2003).

Ruth C. A. Higgins, *The Moral Limits of Law: Obedience, Respect, and Legitimacy* (Oxford University Press, Oxford, 2004).

A. M. Honoré, *Making Law Bind* (Clarendon Press, Oxford, 1987), pp. 115–138.

George Klosko, "The Moral Obligation to Obey the Law", in Andrei Marmor ed., *The Routledge Companion to Philosophy of Law* (Routledge, London, 2012), pp. 511–526.

Joseph Raz, *The Authority of Law* (1979), pp. 233–289.

A. John Simmons, *Moral Principles and Political Obligations* (Princeton University Press, Princeton, 1979).

M. B. E. Smith, "Is There a Prima Facie Obligation to Obey the Law?", 82 *Yale Law Journal* 950 (1973).

—, "The Duty to Obey the Law", in *A Companion to the Philosophy of Law and Legal Theory* (2nd ed., Dennis Patterson ed., Blackwell, Oxford, 2010), pp. 457–466.

Christopher Heath Wellman and A. John Simmons, *Is There a Duty to Obey the Law?* (Cambridge University Press, Cambridge, 2005).

第四部分

法律理论的现代视角

D-01 最后几章讨论在20世纪和21世纪异军突起的研究法律和法律教育的一般性方法，这些方法（除了第一种方法，即美国法律现实主义）都主要确立于最近几十年。

如果某人认为，理论可以划分为只是为了学习而追问问题的“纯哲学”倾向（“哲学”是一个希腊词，它的意思是“爱知识”或“爱智慧”）和探究应该始终聚焦于我们应该如何生活的伦理问题的信念，后面大部分章节中勾勒的方法可以视为推动法理学朝后一种态度发展。这些方法主要关注正义的实现，而不是纯粹的理解。这种推动不仅仅是在一个方向上进行的，有些学者关注经济学或文学，有些学者关注种族主义或性别主义。他们都认为自己的方法是理解法律体系的关键，他们也试图指出事物的性质，还关注如何让事物变得更好。

第十七章　美国法律现实主义

“法律现实主义”是 20 世纪早期美国的法学家群体所被给予的标签,[①]他们挑战那个时代在司法界和法学界占统治地位的法律推理理论和裁判观。[②] 他们对法律思想(特别是在美国,也包括其他地方)的影响可以通过下面这个事实来概括:“我们现在都是现实主义者”这个短语已经成为了法学界的陈词滥调。[③] 17-01

在那些把他们自己描述为(或者被别人描述为)“现实主义者”的学者当中很少有一致的观点、价值、议题或方法论。已经有无数声音指出,这些作者之间的差异极其显著,以至于即使只是使用“法律现实主义者”这个说法,仿佛他们形成了一个一致的运动(一个学者最近的著作把法律现实主义当作一种“感觉”或“情态”),也近乎对事实的扭曲。在给出以上免责声明后,本章试图勾勒出美国法律现实主义的一般轮廓。

法律现实主义者的许多主题(和许多论调)可以在奥利弗·温德尔·霍姆斯(1841—1935)的著作中找到,霍姆斯(通过许多方式界定了

---

① 平行的斯堪的那维亚法律现实主义流派将在第二十二章中讨论。

② 一些评论者认为美国的法律现实主义运动始于约瑟夫·宾厄姆的文章,Joseph Bingham, “What is the Law?” Part I and II, 11 *Michigan Law Review* 1 and 109 (1912),尽管宾厄姆的现实主义者同行也发现他的作品晦涩难懂,见,例如,Jerome Frank, *Law and the Modern Mind* (Brentano's, New York, 1930), p. 296 n. 17。

③ 见,例如,William Twining, *Karl Llewellyn and the Realist Movement* (2nd ed., Cambridge University Press, Cambridge, 2012), p. 382; 又见 Joseph W. Singer, “Legal Realism Now”, 76 *California Law Review* 465 (1988)。

这场现实主义运动)在更早的阶段写了大量影响巨大的著作。[①] 在1881年出版的《普通法》一书中,霍姆斯写下了一段脍炙人口的话:

> 法律的生命从来不是逻辑:而是经验。对时代需要的感知,流行的道德和政治理论,对公共政策的直觉,公开宣称的或无意识的,甚至法官和他们的同胞所共享的偏见对决定哪些人应该遵守规则所起的作用都远远大于三段论。[②]

在这短短的几句话中,我们可以发现(或者,至少读到)美国法律现实主义者被人们记住的大多数主题。

罗斯科·庞德(Roscoe Pound, 1870—1964)是另一位重要的先驱。[③] 庞德在早期的著作中拥护"社会法学"("Sociological Jurisprudence"),社会法学假定一种工具性法律观,这后来成为了现实主义的主题[④];他

---

① 大多数关于霍姆斯的讨论都称赞他是美国最伟大的法官和法律理论家之一。在波斯特马的著作中可以找到更细致、更少赞美的描绘, Gerald J. Postema, *Legal Philosophy in the Twentieth Century: The Common Law World* (Springer, Dordrecht, 2011), pp. 43-77。

② Oliver Wendell Holmes, *The Common Law* (Mark De Wolfe Howe ed., Little, Brown and Co., Boston, 1963), p. 5.

③ 一篇有影响的早期文献是 Roscoe Pound, "Mechanical Jurisprudence", 8 *Columbia Law Review* 605 (1908)。

④ 见,例如, Roscoe Pound, "The Scope and Purpose of Sociological Jurisprudence" (Pt I), 24 *Harvard Law Review* 591 (1911); (Pt II) 25 *Harvard Law Review* 140 (1912)。庞德的复杂之处在于,他后来的作品有时是对法律现实主义的批评,并且本身又是法律现实主义批评的主体。见 Roscoe Pound, "The Call for a Realist Jurisprudence", 44 *Harvard Law Review* 697 (1931); Karl N. Llewellyn, "Some Realism about Realism: Responding to Dean Pound", 44 *Harvard Law Review* 1222 (1931)。美国的法律现实主义也可以至少部分地追溯到19世纪后期的鲁道夫·冯·耶林(Rudolf von Jhering)和其他德国理论家,见 James E. Herget and Stephen Wallace, "The German Free Law Movement as the Source of American Legal Realism", 73 *Virginia Law Review* 399 (1987); Rudolf von Jhering, "In the Heaven for Legal Concepts: A Fantasy", 58 *Temple Law Quarterly* 799 (1985) (Charlotte L. Levy trans., John M. Lindsey, forward)。自由法运动将在第二十二章讨论。

也强调“书本上的法律”和“行动中的法律”之间的区别，这一区分是后期现实主义著作的核心。①

“法律现实主义”中的“现实主义”是在这个词的口头意义上使用的：“现实主义的”是指实际的、有些愤世嫉俗的，超越理想和表象地看待“真正发生的”一切。这种现实主义在霍姆斯的另一幅图像中变得生动起来：我们应该采取“坏人”的视角切入律师、法官和法律家的虚伪的道德说教式的语言，坏人仅仅想知道法院“事实上可能做”什么。② “坏人”想知道哪些行为会让他蹲监狱或让他交罚款，而哪些行为不会；其他的任何事情都是多余的和无关紧要的。③

总而言之，首先，这种“现实主义”的主要关注在司法裁判——断言对司法裁判的正确理解表明它是以事实为中心的；法官的判决经常以个人或政治的（有意识的或无意识的）偏见为基础，并且是靠预感建构出来的；公共政策和社会科学应当发挥重要的作用。④ 其次，在这种对裁判活动的集中关注中，他们展开了对法律推理的批判：在科学和演绎推理的虚假外表之下，法律规则和概念事实上经常是不确定的，它们不像人们所说的那样是中立的。法律概念和法律推理的不确定性，导致了以其他术语（预感和偏见）解释司法判决的需要，也刺激了以不同方

---

① Roscoe Pound, “Law in Books and Law in Action”, 44 *American Law Review* 12 (1910)。

② 见 Oliver Wendell Holmes, “The Path of the Law”, 10 *Harvard Law Review* 457 at 460-461 (1897)。波斯特马指出，在弗雷德里克·波洛克（Frederick Pollock）的早期著作中可以找到预测法院判决的法律等式，而霍姆斯的观点可能源于此。Postema, *Legal Philosophy in Twentieth Century*, pp, 52-55.

③ Holmes, “The Path of the Law”, pp. 459-462.

④ 这里又体现出霍姆斯的重要影响。见，例如，Oliver Wendell Holmes, “Privilege, Malice, and Intent”, 8 *Harvard Law Review* 1 (1894)。霍姆斯在该文中认为，关于特权的判决经常被认为是从一般的前提进行逻辑演绎的结果，事实上这些判决是以有意或无意的政策决定为基础的，这一点应该被更公开地讨论。霍姆斯指出：“或许，法官不喜欢讨论政策问题的一个理由……是：当你偏离了纯粹的逻辑演绎的路径时，你丧失了确定性的幻觉，这种幻觉使得法律推理看起来像数学。但是，虽然如此，确定性仅仅是幻觉。”Holmes, “Privilege, Malice, and Intent”, at 7.

式进行辩护和司法推理的机会:社会科学和"公共政策"。[①] 概述了法律形式主义之后,本章将更详细地讨论这些主题。我认为,所有法律现实主义者共享的唯一主张是反对法律的形式主义进路。

靶子:形式主义

17-02 在现实主义者写作的时代占统治地位的法律分析形式被批评为"形式主义"[②];这意味着,人们提出论点,好像结论是从不可否认的前提中自动地得出的。一旦将一种对象或行为的正确标签找出来了("合同""财产""侵占"等等),法律结论很快就得出了。[③] 有一种观念认为,

---

① 这两个主题显然是相互关联的,因此讨论从哪里开始,甚至在哪里放置各种子问题都有一定的随意性:例如,在任何一个主题下都可以轻松地讨论对社会科学的强调。

② 法律现实主义者在多大程度上夸大了这一时期(和之前时期)法官的"形式主义"仍然存在争议。见,例如,Brian Z. Tamanaha, *Beyond the Formalist-Realist Divide: The Role of Politics in Judging* (Princeton University Press, Princeton, 2009)(认为形式主义的描述在很大程度上是不真实的)。对塔玛纳哈观点的批评,见 Alfred L. Brophy, "Did Formalism Never Exist?", 92 *Texas Law Review* 383 (2013), 塔玛纳哈的回应,见 Brian Z. Tamanaha, "The Mounting Evidence Against the 'Formalist Age'", 92 *Texas Law Review* 1667 (2014)。如果现实主义者事实上严重歪曲了那个时期的法官,令人惊讶的是,当代对现实主义者的老练批评家,如朗·富勒、莫里斯·科恩和罗斯科·庞德并没有指出这一点。见,例如,Lon L. Fuller, "American Legal Realism", 82 *University of Pennsylvania Law Review* 429 (1934); Morris R. Cohen, "On Absolutisms in Legal Thought", 84 *University of Pennsylvania Law Review* 681 (1936); Roscoe Pound, "The Call for a Realistic Jurisprudence", 44 *Harvard Law Review* 697 (1931)。

③ 很大程度上因为美国法律现实主义者的批评,"形式主义"在法律界主要成为一个贬义词。然而,也有一些学者非常虔敬地对待法律中的形式因素:见,例如,Ernest J. Weinrib, "Legal Formalism: On the Immanent Rationality of Law", 97 *Yale Law Journal* 949 (1988); Frederick Schauer, "Formalism", 97 *Yale Law Journal* 509 (1988); Robert S. Summers, *Form and Function in a Legal System: A General Study* (Cambridge University Press, Cambridge, 2006)。又见 Antonin Scalia, *A Matter of Interpretation* (Princeton University Press, Princeton, 1997), p. 25 ("在所有瞄准文本主义的批评中,最不动脑子的批评就是指责其为'形式主义'。答案是:它当然是形式主义! 法治是关于形式的法治。")。有关过去和现在"形式主义"的用法的概述,见 Martin Stone, "Formalism", in Jules Coleman and Scott Shapiro eds., *The Oxford Handbook of Jurisprudence and Philosophy of Law* (Oxford University Press, Oxford, 2002), pp. 166-205。

司法判决应该或能够从一般性概念或一般性规则得出，而无须考虑真实世界的条件或后果，批评者给这种观念贴上了“机械法理学”的标签。[①] 一个著名的例子是美国最高法院在“糖业托拉斯案”中做出的判决。[②] 美国政府挑战了糖业的垄断，但是这种挑战被拒绝了，理由是调整制造业超出了国会调整州际贸易的权限，而不管一个公司控制了这个国家的98%的糖生产总额对州际贸易可能造成的影响。这个案件是根据“标签”来处理的；真实世界的后果被视为与正确的法律分析无关的（或者破坏性的）因素。[③]

一种同样显著的形式主义版本在美国法律教育中有很大影响。哈佛法学院院长、法律教学中的“案例方法”（“Case Method”）[④]的创始人克里斯托弗·哥伦布·兰德尔极力主张：“法律是一门科学，所有可用的科学材料都包含在印刷的［司法意见］书中。”[⑤]对兰德尔而言，法律科学的原则和教义应该在案例中“发现”，如同生物学家在他们的实验室中发现科学的原理一样。[⑥] 兰德尔的方法可以概括如下：

---

① 见 Roscoe Pound，“Mechanical Jurisprudence”，8 *Columbia Law Review* 605（1908）。

② *United States v E. C. Knight Co.*，156 U. S. 1（1895）.

③ *United States v E. C. Knight Co.*，156 U. S. at 10-18；又见 Holmes，*The Common Law*，p. 164（“当布伦斯要求一种从职业本身的性质得出的内在的法律上的必然性，并因此反对经验性的理由时，……他表达了德国心灵的典型渴望。”［注释省略］）。

④ 在案例方法中，学生通过阅读这个领域中一系列的（上诉法院）的判决来学习这个主题，细致并批判地分析法院在他们的判决中提出的论点。

⑤ Christopher Columbus Langdell，“Record of the Commemoration，November Fifth to Eighth，1886，on the Two Hundred and Fiftieth Anniversary of the Founding of Harvard College”（1887），p. 98，quoted in Twining，*Karl Llewellyn and the Realist Movement,* pp. 11-12.

⑥ 见 Langdell，“Record of the Commemoration，November Fifth to Eighth，1886，on the Two Hundred and Fiftieth Anniversary of the Founding of Harvard College”；又见 Christopher Columbus Langdell，“Preface”，in *A Selection of Cases on the Law of Contracts*（1871），quoted in Twining，*Karl Llewellyn and the Realist Movement*，p. 11。兰德尔不是唯一一个视法律为归纳科学的理论家。见 John Dickinson，“The Law Behind Law”，29 *Columbia Law Review* 113 at 141-146（1929）。约瑟夫·比尔还写道：“法律……不仅仅是任意规则的集合，而是一套科学原理。”Joseph Henry Beale，*A Treatise on The Conflict of Law or Private International Law*，Vol. 1，Part 1（Harvard University Press，Cambridge，Mass.，1916），p. 135.

在兰德尔看来，"科学"变戏法般地把秩序、体系、简单性、分类和最初的渊源这些观念浮现于脑际。法律科学以对特定事例的研究为基础，探求一般的、逻辑一致的原则。①

一旦一般的原理找出来了：

> ……然后，学者的任务是以分析的充满热情的方式解决一般原则所衍推的次级原则。兰德尔相信，当这些次级原则以命题形式指出后，当原则之间的衍推关系得到澄清后，它们将共同建构一个秩序良好的规则体系，这个规则体系为特定的法律部门提出了最可能的描述——在这个领域中法律是什么这个问题的最佳答案。②

兰德尔试图从基本的公理和逻辑演绎中得出法律。真实世界的后果和道德评价被排除在这个过程之外。在对合同法的正确理解是否能衍推出"邮筒规则"③的讨论中，兰德尔对这条规则"将产生不公正和荒谬的结果"这一论点的回应是："对这一论点的正确回答是：它不具有相关性。"④

---

① Twining, *Karl Llewellyn and the Realist Movement*, p. 12（注释省略）. 又见 Dennis Patterson, "Langdell's Legacy", 90 *Northwestern University Law Review* 901 (1995)。

② Anthony T. Kronman, *The Lost Lawyer* (Harvard University Press, Cambridge, Mass., 1993), p. 171.

③ 邮筒规则指出，在要约人邀请邮件答复的情况下，邮件一旦投递，承诺即生效。见，例如，*Adams v Lindsell* (1818) 106 Eng. Rep. 250(K. B.); *Henthorn v Fraser* [1892] 2 Ch. 27。

④ Christopher Columbus Langdell, *A Summary of the Law of Contract* (2nd ed., Little, Brown, and Co., Boston, 1880), pp. 20–21.

正如前文指出的,如果说存在一个贯穿不同的美国法律现实主义者的著作的主题,那就是不遗余力地反对法律形式主义。

现实主义与法律分析

对形式主义法律推理的攻击可以分为两个相互分离的批评：17-03

(1) 反对普通法概念和标准是"中立的"或"客观的"这种观念；

(2) 反对一般的法律概念或一般的法律规则能够决定特定案件的结果这种观念。

对于第一种批评,现实主义者认为,法律人运用的前提有待商榷,标签和范畴隐藏了应该被公开讨论的道德和政策假设。现实主义者的分析的一个例子见诸美国最著名的侵权法案例——帕斯格拉芙诉长岛火车站案(*Palsgraf v Long Island Railroad*)——中对败诉方的论述。① 在这个案件中,一位火车站的雇员在试图帮助一个旅客时疏忽了,他的疏忽导致这个旅客把行李掉在地上,不巧行李中装了炸药。炸药掉在铁轨上发生爆炸,伤到了案件的原告——爆炸时站在远处的第三方。这个案件的问题在于某人是否应该对自己的疏忽所"近因导致"(proximately caused)的伤害负责。本杰明·卡多佐法官撰写的多数意见做出了一个著名的判决:原告不能得到补偿,因为火车站的雇员对原告没有义务,他的疏忽只产生他对试图帮助的旅客的责任。然而,出于思考美国法律现实主义的目的,更有趣的意见是威廉·安德鲁斯(William Andrews)法官撰写的反对意见,其中包括一个现实主义者对"近因"概念的攻击：

---

① 248 N. Y. 339, 162 N. E. 99 (1928).

> 我们用“近因”一词意味的是:因为便利、公共政策、某种粗略的正义感,法律随意地拒绝追查超出某一要点的一系列事件。这不是逻辑。它是实际的政治。[1]

至于第二种批评,霍姆斯曾经做过著名的概括,即“一般性命题无法决定具体的案件”[2],裁判不是从一般性前提出发进行的精确的、机械的、逻辑的演绎。至少在疑难案件中,在一般性法律命题或一般性语词表达的成文法与特定案件的结果之间存在一个逻辑缝隙。[3]

有些后期的法律现实主义者,比如杰尔姆·弗兰克(Jerome Frank),[4]采取了一种更激进的立场:仅靠法律术语和概念并不能让我们做出判决,如果我们主张这样做,我们是在愚弄我们自己和公众。例如,有关“近因”是否存在的最终结论是以关于公共政策的未言明的前提为基础的(或者以未言明的偏见为基础)。

---

① *Palsgraf v Long Island Railroad*, 248 N. Y. 339 at 352, 162 N. E. at 103(安德鲁斯的反对意见). 尼古拉斯·圣约翰·格林在 50 多年前提出了对近因的类似批评,Nicholas St. John Green, in “Proximate and Remote Cause”, 4 *American Law Review* 201 (1870), reprinted in *Essays and Notes on the Law of Tort and Crime* 1-17(George Banta Publishing Co., Menasha, Wisc., 1933)。

② *Lochner v New York*, 198 U. S. 45 at 76 (1905) (霍姆斯的反对意见). 霍姆斯显然乐意支持这个主张,至少是以非正式的较劲的形式:“当他在最高法院时,霍姆斯常常在会议上邀请他的法官同事说出他们喜欢的任何法律原则,然后他会用它来决定正在审理的案件。‘成本效益分析’与‘权利谈话’一样具有可塑性。” Louis Menand, *The Metaphysical Club* (Farrar, Straus and Giroux, New York, 2001), p. 340.

③ 霍姆斯指的是非常一般性的法律概念或原则。霍姆斯相信,特殊的法律规则将确定大多数案件的结果,仅仅规则的适用模糊不清的边缘地带被留给法官去立法。见 Holmes, *The Common Law*, p. 101; *Southern Pacific Co v Jensen*, 244 U. S. 205 at 221 (1917) (Holmes, J., 反对意见) (“我毫无犹豫地承认,法官确实并必须立法,但他们仅仅在缝隙处立法”); Thomas C. Grey, “Molecular Motions: The Holmesian Judge in Theory and Practice”, 37 *William & Mary Law Review* 19 at 32-36 (1995)。

④ 见,例如,Jerome Frank, “Are Judge Human?”, 80 *University of Pennsylvania Law Review* 17 (1931)。

还可以在攻击中增加第三个要点。即使当人们可以确定法律是什么并且它足以决定案件时，法律可能也应改变。美国法律现实主义者当然不是第一批让法律遭受道德批评的人。然而，现实主义者攻击了"法律科学"的自负以及法律是一种自足的道德逻辑体系这种观念，这为道德和政治批评打开了缺口，也为立法或司法改革的道德（和法律的）合法性提供了可能性。我们可以在两个句子中看到霍姆斯从先例和传统的论证中汲取了大部分力量：

> 说一条法律规则是亨利四世时期制定的就是该规则最好的存在理由，这真是令人作呕。如果制定该规则的根据早就消逝不见了，而规则只是盲目模仿过去而继续存在，那就更令人作呕了。①

对霍姆斯这样一个司法克制的信奉者（认为法官应该尊重立法决定和严格遵守先例②）而言，这是一个支持以立法手段改变古老的普通法规则的论证。然而，在其他法律现实主义者看来，相同的论点是对陈旧规则进行司法改革的辩护。③

法律推理的现实主义观也对法律教育有重要影响。考虑到现实主义者的分析和上述批评，现实主义者嘲讽兰德尔的"法律科学"以及伴随而来的法律教育的所有方面是不足为奇的。人们可以谈论教育的

---

① Holmes, "The Path of the Law", p. 469.

② 见 Oliver Wendell Holmes, "Law in Science and Science in Law", 12 *Harvard Law Review* 443 at 460 (1899), reprinted in *Collected Legal Papers* (Harcourt, Brace and Company, New York, 1920), pp. 210–243, at p. 239（"我不期望或认为法官应该承诺修改法律。那不是他们的领域。"）；又见 Grey, "Molecular Motions: The Holmesian Judge in Theory and Practice", pp. 26–34。

③ 见，例如，Benjamin N. Cardozo, *The Nature of the Judicial Process* (Yale University Press, New Haven, 1921), pp. 98–141（作为立法者的法官）。

“现实主义观点”,这将主要是跟进其他现实主义观点的影响之一:法律概念应当以一种去神秘化的方式讲授;法律规则本身经常不能完全决定法律问题的结果,政策论证对于问题的解决是恰当且必要的。①

现实主义与法院

17-04 在现实主义者批判的时代,司法裁判经常被(法官在他们的司法意见中,也包括学者)描述成一种几乎机械的、从大前提到不可否认的结论的三段论过程。法律现实主义者的回应是:法官经常拥有自由裁量权,司法判决在实践中经常是由事实而不是法律规则决定的,司法判决应该把关注的焦点从概念分析转移到政策论证和事实发现。人们仅从某些文章的标题便能了解法律现实主义的涵义,例如:“法官是人吗?”;“法院事实上做什么”;“先验的废话和功能进路”;以及“裁判的直觉:司法判决中‘直觉’的功能”。②

法官通过发现恰当的法律规则——一个要求从基本原则出发的纯粹的逻辑演绎的适用过程——来裁决案件,这是司法裁判的经典视角。法律现实主义提出了各种各样的相反图景,他们认为自己的图景才是对裁判的真正描述,下面这段话概括了现实主义的夸张描述:“法官裁决案件时打着法治的幌子,事实上不过是遵守他们的直觉;一般而言,

---

① 见 Duxbury, *Patterns of American Jurisprudence*, pp. 135–149; William Fisher; Morton Horwitz and Thomas Reed eds., *American Legal Realism* (Oxford University Press, New York, 1993), pp. 270–294。

② Jerome Frank, “Are Judges Human?”; Jerome Frank, “What Courts Do In Fact”, Parts I and II, 26 *Illinois Law Review* 645, 761 (1932); Felix Cohen, “Transcendental Nonsense and the Functional Approach”, 35 *Columbia Law Review* 809 (1935); Joseph Hutcheson, Jr., “The Judgment Intuitive: The Function of the ‘Hunch’ in Judicial Decision”, 14 *Cornell Law Quarterly* 274 (1929).

他们自己不知道他们正在做什么,并且愚蠢地坚信他们正在遵守先例。"①

现实主义者有关司法裁判的讨论(至少)存在两个方面:法律规则、概念和先例不能完全决定判决(即,法官在许多或大多数案件中可以得出多种同样重要的结果);法官在获得他们的判决时对事实和提出事实的方法(并且据说应该)具有高度回应性。② 一位学者主张,"在裁决案件时,法官主要是回应案件事实的刺激",他把这一主张描述为美国法律现实主义的"核心主张"。③

美国法律现实主义者卡尔·卢埃林(Karl Llewellyn)区分了"纸上的规则"与"现实的规则"——我们不应该太快假设被宣布的白纸黑字的法律规则要么是法院如何裁决案件的准确预测指标,要么是法官如何做出裁决的可靠概括(他还认为,我们不应断定规则描述或预测了受规则约束的人将如何行动)。④ 他还主张法律规则与受法律约束的人所接受的社会规范之间应有更大的一致性,尤其是在他的专长商法范围内的规则。例如,卢埃林认为,如果商人认为自己受某些特定事实下的商业交易的约束,法律通常也应将他们视为受约束的。在他担任主要作者的《统一商法典》中,他把这些理念付诸实践。时至今日,《统一商法典》作

---

① Benjamin Kaplan, "Do Intermediate Appellate Courts Have a Lawmaking Function?", 70 *Massachusetts Law Review* 10 at 10 (1985).

② 关于后一点,见 Jerome Frank, *Courts on Trial* (Princeton University Press, Princeton, 1949)。

③ Brian Leiter, "American Legal Realism", in Dennis Patterson ed., *A Companion to the Philosophy of Law and Legal Theory* (2nd ed., Wiley-Blackwell, Oxford, 2010), pp. 249-266, at p. 257.

④ Karl N. Llewellyn, "A Realistic Jurisprudence—The Next Step", 30 *Columbia Law Review* 431 at 438-443, 447-453 (1930). 如前所述,将"书本上的"法律与"行动中的"法律区分开来的想法至少可以追溯到一代人之前的罗斯科·庞德的工作。Pound, "Law in Books and Law in Action".

为一部统一的法律(有些微修正)还在继续调整美国的商业生活。

一种主张认为一般性原则事实上没有决定特定案件的结果,另一种主张认为一般性原则不能决定特定案件的结果,这两种主张是迥然不同的,注意到这一点是重要的。① 第一种主张是关于实际存在的因果关系的陈述:为什么法官以这种方式裁决案件。第二种主张是关于逻辑可能性、语言性质或规则性质的陈述:其要义在于,人们不能从一般性原则中以演绎的方式得出(某些、大多数、所有)法律案件的结果。

这两种主张是相互独立的;人们可以肯定第一种主张,而不赞同第二种主张(也可能相反)。两个主题都出现在法律现实主义者的著述中。两个主题都已体现在现代律师和法律学者的法律思维当中,也体现在法律教学当中。如果认为法外因素影响司法判决曾经是颠覆性的,现在似乎只有幼稚的人才会怀疑这一点。人们普遍认为,至少在相对重要和疑难的案件中,当事人双方都能找到强有力的法律论据。

这和所讨论的第一个主题有些明显的联系:不确定性,法律概念缺乏中立性,以及在特定案件中不能从一般性法律规则中得出唯一的结果。如果这就是法律在抽象意义上的状态,那么得出如下结论便不足为奇:司法判决不能仅仅以那些规则和概念为基础,提出这样主张的法官要么是在愚弄自己,要么是在说谎。

当某人对法律概念的中立性和确定性的忠诚受到削弱时,用什么来填补概念的缝隙呢?在许多现实主义者看来,答案是社会科学:对人们实际上如何行为的理解,以及法律规则反映或影响行为的方式。求助于社会科学的做法比比皆是,包括“布兰代斯摘要”,这是一份关于法律问题的摘要,它把法律结论建立在大量的社会学研究的基础上。“布

① 这一段和下面一段参考了莱特的论点,Leiter,“Legal Realism”, at 265-269。

兰代斯摘要”是以路易斯·布兰代斯(Louis Brandeis)的名字命名的,布兰代斯是一位法律改革者,他后来成为美国最高法院的一名大法官。这个术语特指布兰代斯与人合写的一份案情摘要,这份摘要捍卫了一条限制妇女最长工作时间的成文法的合宪性。① “布兰代斯摘要包括两页的法律论证和九十五页的关于妇女在工厂生活条件的社会和经济信息,它强调了社会和经济现状,并指出现有法的困境在于它完全不了解那种现状。”②

从许多现实主义者在美国“新政”时期的所作所为中也可以看到对社会科学的这种忠诚,他们设立行政委托机构、颁布行政规章,这意味着通过法律解决社会问题。③ 现实主义者在这个领域的思考的弱点是技术官僚主义倾向,确信社会科学专业知识自身足以导致正确结果,忽略了总是需要一种道德或政治结构来呈现经验工作这一点;不可能存在关于社会应该如何组织的“中立的专家”。④

概括与附记

一些后来的作者对美国法律现实主义的基本误解导致了对现实主义者著作的目的和要旨的混淆。例如,当现实主义者声称我们应该从 17-05

① *Muller v Oregon*, 208 U. S. 412 (1908).

② Morton J. Horwitz, *The Transformation of American Law 1870-1960*, (Oxford University Press, Oxford, 1992), p. 209. 一个不那么赞美性的观点,见 David Bernstein, “Brandeis Brief Myths”, 15 *The Green Bag* 2d 9 (2011),可见于 *http://www.greenbag.org/v15n1/v15n1_articles_bernstein.pdf*。

③ 一般性论述,见 Horwitz, *The Transformation of American Law 1870-1960*, pp. 213-246(“Legal Realism, Bureaucratic State, and Law”)。尼尔·达克斯伯里警告我们不要过分强调“新政”和现实主义之间的联系,in Duxbury, *Patterns of American Jurisprudence*, pp. 153-158。

④ 见 Horwitz, *The Transformation of American Law 1870-1960*, pp. 217-246。

对法官将做什么的预测的角度("坏人的"角度①)看待法律时,后来的学者却把这一论点当作概念主张,从而误解了这种论点。②

法律现实主义作为一种概念主张有着明显的弱点。例如,一个最高法院的法官如何能够把法律视为对法官如何行为的预测呢?最高法院对法律的意思盖棺定论,最高法院的法官无须预测任何其他法院的判决。③ 法律是指引法官(至少是那些善意行事的人)的东西,不纯粹是法官行为的产物。此外,法律规则有助于确定谁算作法官。

最好把预测理论理解为一种尝试,一种动摇许多法官和学者用来讨论法律的过于抽象的形式化的方法的尝试。用另外一种方式来表述,现实主义者希望法律职业人士花更多的时间思考法律如何"在一线"或(换个比喻)"在风口浪尖"向公民们显现,而对这些公民而言,法律仅仅意味着对审判法官在他们的案件中将做什么的预测(或者,对警察在街头将如何处置他们的预测)。

从各个方面看,可以把美国法律现实主义视为下面章节所讨论的法律视角的先驱:法律与经济学④(第十八章)、批判法律研究、批判种族理论和女权主义法律理论(都在第十九章)。这种联系常常是间接的:现实主义者削弱了对法律"科学"的信心和从法律原则得出唯一正

---

① 见 Holmes, "The Path of the Law", pp. 460-461。

② 比较哈特的《法律的概念》与莱特的"法律现实主义",H. L. A. Hart, *The Concept of Law* (3rd ed., Clarendon Press, Oxford, 2012), pp. 136-141(对这种观点的概念性解读), Leiter, "Legal Realism", pp. 262-264。

③ Richard A. Posner, *The Problems of Jurisprudence* (Harvard University Press, Cambridge, Mass., 1990), p. 224.

④ 一位法律与经济学运动的核心人物否认法律现实主义的直接影响。Richard A. Posner, *Overcoming Law* (Harvard University Press, Cambridge, Mass., 1995), p. 3. 然而,波斯纳没有思考如下论点:法律现实主义削弱了更传统的研究法律的进路,法律与经济学填补了所出现的司法学术真空,所以说,法律现实主义间接地导致了法律与经济学。

确答案的能力(也质疑了那些法律原则的“中立性”),这样一来,就需要为法律规则和司法行为寻找一种新的辩护。现实主义者提出了一系列观点,这些观点被用来支持法律体系中偏见无处不在的主张(反对穷人、反对妇女,或反对少数群体),也成为后来的批判运动所使用的工具。

在美国法律思想中,有许多针对美国法律现实主义的短期回应。有些学术圈内人士和圈外人士不满现实主义者怀疑的、愤世嫉俗的以及略带虚无主义的语气。这种不满情绪在“二战”期间显得尤为强烈,那时学者们试图强调民主政府优于法西斯主义政府;战后,对共产主义也提出了相同的论点。① 如果可以用善良与邪恶来形容现实主义者,某些人并不总是确信现实主义者站在“正确的一边”。② 有些学者转向自然法理论(第五章的讨论),其他学者寻找一种既认可现实主义者的批评又承认“法治”的核心价值的方法。这种路径指向我在第六章和第二十二章简要讨论的法律过程学派。③

---

① 一般性的论述,见 Edward A. Purcell, *The Crisis of Democratic Theory: Scientific Naturalism & the Problem of Value* (University Press of Kentucky, Lexington, 1973)。珀塞尔写道:“[现实主义者]的观点提出了两个有关传统民主理论的基本问题。首先,自由人仅应遵守已知的现有的法律,这是共和政府相对于专制政府的标志,司法判决的主观性观念如何与这种信条相协调?其次,如果政府官员的行为才是真正的法律,人们在什么基础上评价或批评那些行为?换句话说,法律体系和民主政府的道德基础是什么?”Purcell, *The Crisis of Democratic Theory: Scientific Naturalism & the Problem of Value*, p. 94.

② 因而有人写了一篇题为“霍布斯、霍姆斯和希特勒”的文章, Ben W. Palmer, “Hobbes, Holmes, and Hitler”, 31 *American Bar Association Journal* 569 (1945)。

③ 有关美国法律现实主义和法律过程的联系的(传统)观点的讨论,见,例如,Horwitz, *The Transformation of American Law 1870-1960*, pp. 247-268。有关传统观点(至少)过于简单的论点,见 Duxbury, *Patterns of American Jurisprudence*, pp. 205-299。

建议进一步阅读的书目

17-06 Hanoch Dagan, *Reconstructing American Legal Realism & Rethinking Private Law Theory* (Oxford University Press, Oxford, 2013).

Neil Duxbury, *Patterns of American Jurisprudence* (Clarendon Press, Oxford, 1995), pp. 65-159.

William Fisher, Morton Horwitz and Thomas Reed eds., *American Legal Realism* (Oxford University Press, New York, 1993)(本书包括许多美国法律现实主义者论文的选篇[节录],附加一份完整的参考文献).

Jerome Frank, *Law and the Modern Mind* (Brentano's, New York, 1930).

Brian Leiter, "American Legal Realism", in Martin Golding and William A. Edmundson eds., *The Blackwell Guide to Philosophy of Law and Legal Theory* (Blackwell, Oxford, 2005), pp. 50-66.

—, "Legal Realism", in *A Companion to the Philosophy of Law and Legal Theory* (2nd ed., D. Patterson ed., Blackwell, Oxford, 2010), pp. 249-266.

—, *Naturalizing Jurisprudence: Essays on American Legal Realism and Naturalism in Legal Philosophy* (Oxford University Press, Oxford, 2007).

Karl N. Llewellyn, "Some Realism about Realism—Responding to Dean Pound", 44 *Harvard Law Review* 1222 (1931).

Michael Lobban, "Legal Formalism", in Markus D. Dubber and Christopher Tomlins, eds., *The Oxford Handbook of Legal History* (Oxford University Press, Oxford, 2018), pp. 419-456.

Michael Martin, *Legal Realism: American and Scandinavian* (New York: Peter Lang, 1997).

Roscoe Pound, "The Call for a Realist Jurisprudence", 44 *Harvard Law Review* 697 (1931).

Dan Priel, "The Return of Legal Realism", in Markus D. Dubber and Christopher Tomlins, eds., *The Oxford Handbook of Legal History* (Oxford University Press, Oxford, 2018), pp. 457-477.

William Twining, *Karl Llewellyn and the Realist Movement* (2nd ed., Cambridge University Press, Cambridge, 2012).

第十八章　法律的经济分析

奥利弗·温德尔·霍姆斯大法官于 1897 年写道： 18-01

> 对于法律的理性研究而言，现在是研究法律教义的人（black-letter man）的天下，但未来则属于统计学家和经济学家。①

霍姆斯是有先见之明的，虽然 70 年后他的预言才在法学界充分实现。

在美国，最近几十年没有哪种研究法律的方法比法律的经济分析（也以“法律与经济学”而著名）更有影响；它支配了反垄断法、侵权法和大多数商法领域的思维方式。甚至在似乎与经济分析志趣不相投的法律领域中，比如家庭关系（家庭法）、刑法和宪法（公民自由），法律与经济分析也做出了重要的贡献。似乎没有哪个法律领域不尝试运用这种方法。它的影响在英国和其他国家的法学界正在逐年上升；在美国，这种影响已经渗透到司法判决之中（任命经济分析的著名倡导者——包括理查德·波斯纳和弗兰克·伊斯特布鲁克［Frank Easter-

① Oliver Wendell Holmes, "The Path of the Law", 10 *Harvard Law Review* 457 at 469 (1897).（“black-letter law”指基本的法律规则和原则，它们常常被印成大的黑体字写在法律文本中。）

brook]——为联邦巡回法院的法官推进了这种发展①)。

法律与经济学有许多起源。正如将要讨论的,这场运动植根于功利主义、关于人际比较的经济学理论和罗纳德·科斯(Ronald Coase)和理查德·波斯纳的著作。人们还必须注意到加里·贝克尔(Gary Becker)的重要性,他支持将经济分析应用于非市场行为。② 在法律与经济学的发展过程中也有一些其他细微但重要的贡献:例如,芝加哥大学的校长爱德华·列维教授(Edward Levi,后来当上了杰拉德·福特总统期间的美国司法部长),他做出了聘请经济学家和律师在法学院联合授课的决定,许多人认为这是法律与经济学运动发展中的关键一步。③

甚至那些猛烈批评经济分析的学者也使用它的术语并且回应它提出的问题,从中可以看到法律与经济学当前的影响。在某种意义上,法律与经济学为美国学术、法律和政治争论中的大多数政策和改革讨论设定了议程或者至少提供了初始的框架。经济分析的力量在于它提出了一种适合分析和评价法律的工具性方法。它追问如下问题:这些法律规则完成了它们追求的目标吗?其他的替代规则会做得更好吗?不论对隐藏在经济学之中的价值和基础有多么不认同,人们或许也能从

① 两人都被任命为第七巡回上诉法院的法官。波斯纳于1981年至2017年任职。伊斯特布鲁克于1985年被任命为法官,截至撰写本书时仍然是法院法官。

② 见 Gary S. Becker, *The Economic Approach to Human Behavior* (University of Chicago Press, Chicago, 1976)。贝克尔因其在这方面的工作而获得了1992年的诺贝尔经济学奖(尽管本文将使用常规标签"诺贝尔经济学奖",但严格来说,并没有诺贝尔经济学奖,该奖项的真名是"瑞典中央银行纪念阿尔弗雷德·诺贝尔经济科学奖")。

有许多流行书籍将经济方法应用于广泛的非商业活动,例如,Steven D. Levitt and Stephen J. Dubner, *Freakonomics*(William Morrow, New York, 2005)。剑桥经济学家张夏准打趣说,经济学可以解释一切的说法是具有讽刺意味的,因为"该学科在大多数非经济学家认为是其主要工作——解释经济——的方面失败了"。Ha-Joon Chang, *Economics: The User's Guide* (Bloomsbury Press, New York, 2014), p. 16.

③ Neil A. Lewis, "Edward H. Levi, Attorney General Credited With Restoring Order After Watergate, Dies at 88", *New York Times*, March 8, 2000.

对后果问题的关注中受益。例如,一个试图向种族主义开战的改革者或许将追问:一项打算推行的法律改革将事实上减少歧视吗?这项改革会造成长期的负面影响吗?它将伤害我们试图保护的团体吗?这是法律的经济分析擅长提出的一类问题。(法律的经济分析价值的一个实际限制在于,随着经济学模型变得越来越复杂,很难找到能够将必要的经济学能力与法律实践的知识和经验结合起来的学者。①)

本章的第一部分追溯了法律与经济学在经济分析和美国法理学中的根源,试图借此理解法律与经济学。本章接着转向经济分析和正义的关系、各种不同的最近发展起来的经济分析并概述了各种批评。

寻求共识

先思考一个一般性的问题:如果不存在要求特定结果的成文法或 18-02
先例,人们可以支持一个法院采纳一种标准而不是其他标准的根据是什么?这个新的法律问题可能是:某类特定类型的活动应该受过错责任标准支配还是受严格责任标准支配?一个独立的承包商应该被视为一个代理人还是一个雇员?在何种情境下应该允许事故的旁观者因神经休克而获得赔偿?等等。

传统的进路主张:法律推理的恰当理解允许某人通过类比推理和根据一般性规则假设特定的事实情境得出正确的答案。不过,在很大程度上因为美国法律现实主义者的批评(以及其他批评者),对这类中立的手段能够解决每个法律问题(甚至最新的或最疑难的法律问题)的

---

① Richard A. Posner and Gary Becker, "The Future of Law and Economics", 10 *Review of Law and Economics* 235 (2014).

自信已经消失了。① 当法官说他们通过简单的逻辑适用和法律推理"演绎"出正确的答案时,怀疑论者会说判决事实上依靠法官没有揭示的(并且没有被承认的)政治假设。

选择一个法律结果而不是其他法律结果的另一个根据是道德判断。例如,人们可能认为,对正义的正确理解要求:没有人被要求支付赔偿,除非基于过错。② 问题在于大多数社会对于道德问题没有共识。人们希望为法律论证和法律辩护找到一个每个人或几乎每个人都赞同的基础。

在这个语境中可以更好地理解法律与经济学运动。③ 法律与经济学试图为判决提出一个基于共识的根据。论证的起点如下:不同的人拥有不同的欲求、目标和价值,但每个人都同意,他们希望自己的欲求得到满足而不愿欲求无法实现,并且他们希望这种满足发生得越多越好。

法律与经济学以这种方式(以及大量的其他方式,某些方式将在下文讨论)追溯到功利主义道德哲学的论证和辩护。简言之,功利主义认为,道德要求从事最大化快乐总量的事情(同时最小化痛苦的总量)。④

---

① 见 Joseph Singer, "Legal Realism Now", 76 *California Law Review* 465 at 468 (1988):"当前关于法律推理的争论最好理解为试图回答现实主义者悬而未决的核心问题:我们如何能够在既不回到形式主义的道路上又不减少政治利益团体的所有要求主张的情况下从事规范性法律论证?"

② 温里布提出了这样一种论证,Ernest J. Weinrib, *The Idea of Private Law* (Harvard University Press, Cambridge, Mass., 1995)。

③ 本节的第一部分主要源于(或至少赞同)阿瑟·莱夫的讨论,Arthur Leff, "Economic Analysis of Law: Some Realism About Nominalism", 60 *Virginia Law Review* 451 (1974),该文对法律与经济学的优点和弱点做了精彩的论述。

④ "功利主义"被界定为"根据最大化效用或快乐回答所有关于应该做什么、应该赞赏什么或如何生活的问题的……伦理理论"。Simon Blackburn, *The Oxford Dictionary of Philosophy* (2nd ed., Oxford University Press, Oxford, 2005), p. 377.(该书把"效用"界定为"欲求的基本单位";见该书)

功利主义的基本观点是:避苦求乐是所有人类生活的共同的普遍的特点,因为没有理由让你的欲望和快乐比我的或其他人的更受人喜欢,那么社会选择的正确依据是选择那种最大化快乐总量(最小化痛苦总量)的行为。①

相比其他道德理论,功利主义的优点是不要求在人与人之间或价值体系之间做出困难的价值判断。然而,试图运用功利主义作为一种有效的社会裁判体系存在大量的问题。对我们的目标而言,其中最重要的问题在于衡量和"统计"人们的快乐和痛苦非常困难(如果不是不可能)。(功利主义还有一些其他的问题,道德哲学文本中对此有详细讨论。②)

法律与经济学试图保留功利主义的优点——避免做出有争议的价值判断——同时克服其不能作为有效的社会裁判体系的弱点。通过采纳功利主义的"现实欲求"的讨论和将这种讨论置于经济行为的语境中,这种转化发生了。我们如何决定人们想要什么呢?我们审视他们如何行为:给定人们不同的消遣和花钱方式,审视人们最终做出的选择。③ 例如,如果某人选择每周加班,我们可以得出如下结论:相比不加班享受更多的休闲时光,这个人喜欢挣更多的钱。经济学(一般而言,不仅仅适用于法律)建立在"基本假设"之上,即"人们[总]是以理性的方式最大化他们的满足度"。④

---

① 我将不会详细区分各种不同的后来发展起来的功利主义(例如,行为功利主义与规则功利主义),或者思考与古典功利主义有着较大出入的几种后果论。

② 见,例如,Samuel Scheffler ed., *Consequentialism and its Critics* (Oxford University Press, Oxford, 1988)。

③ 在经济学分析中,这叫"显示性偏好"(revealed preferences)。

④ Richard A. Posner, *The Problems of Jurisprudence* (Harvard University Press, Cambridge, Mass., 1990), p. 353.

我们如何决定偏好的相对强度呢？经济学建议：看人们有多强的“支付”意愿——在“支付”这个词的最广泛的意义上讲，正如我们“支付”时间、努力和已知的机会，也支付更直接的金钱。在简单的市场集会的例子中，我买一本书表明我想要一本书。如果这本书在书店里只有一本了，并且我乐意花你买这本书的四倍价钱买它，那么可以合理地得出结论，在其他条件一样的情况下我比你更想买这本书。①

因而，在两次简单的转化中，功利主义变成一种（或多或少）有效的分析日常行为的进路。通过行为界定欲求，通过支付意愿界定欲求的层次，市场提供了我们需要的确定如何最大化欲求的证据和这样做的实践方法。

如果我卖给你一本书，你支付我20美元，人们将假定，我喜欢20美元胜过这本书，并且你喜欢这本书胜过20美元。如果这不是实情，为何我们双方进行这项交易呢？② 既然这是实情，这项交易就是让我们两个人都受益的（如果某人根据幸福的总量界定“受益”，这也让整个社会都受益）。③

市场交易因而是增加幸福总量的交易典范；人们也会说它是公平

---

① 如果我们两个都有可比较的财富，至少这个结论是站得住脚的；这种一般性进路在多大程度上受到这种假设常常不真实这一事实的削弱——财富不平等无处不在、远非无关紧要并且不必然能归因于主体的先前行为——是一个争论不休的问题。见，例如，Posner, *The Problems of Jurisprudence*, pp. 380–381; Leff, “Economic Analysis of Law: Some Realism About Nominalism”, pp. 478–479。

② 有关选择、利益和我们生活中的共识的不完美的契合以及此类事实如何削弱标准的法律与经济学分析的方式的论述，见 Robin West, “Authority, Autonomy and Choice: The Role of Consent in the Moral and Political Visions of Franz Kafka and Richard Posner”, 99 *Harvard Law Review* 384 (1985); Richard Posner, “The Ethical Significance of Free Choice: A Reply to Professor West”, 99 *Harvard Law Review* 1431 (1986); Robin West, “Submission, Choice and Ethics: A Rejoinder to Judge Posner”, 99 *Harvard Law Review* 1449 (1986)。

③ 这假定我们的交易不会对第三人产生消极的影响，这个假设在市场交易中并不总是站得住脚。

交易的典范——在双方同意它,没有交易的任何一方有权利主张它不公平的意义上。同意和自主是经济分析的另一面,或者说另一种正当化。

当一次转让或其他形式的交易至少让一人受益并且没有人受损时,转让或交易后的情境(在经济分析中)被称为"帕累托优化"①。当没有转让或交易可以导致"帕累托优化"的情境时,经济学家就称这种情境为"帕累托最优"。②

在这个意义上,帕累托分析有时可以与源于康德派道德哲学的分析进行比较。在宽泛的意义上讲,康德派道德哲学强调自主和同意。③根据定义,所有的参与者赞同一项要么让他们变好要么维持现状的交易。因此,以自主和同意为基础的道德分析将支持帕累托优化的交易。根据定义,所有自愿的市场交易将导致帕累托优化的事态(至少如果对

---

① "帕累托优化"和"帕累托最优"是以经济学家维尔弗雷多·帕累托(Vilfredo Pareto, 1848—1923)的名字命名的。虽然帕累托原则似乎给出了不证自明的规范性原则,但仔细看来,它事实上有时要求或证成了与其他基本价值相反的结果,比如自主和自由。见 Amartya K. Sen, "The Impossibility of a Paretian Liberal", 78 *Journal of Political Economy* 152 (1970), reprinted in *Choice, Welfare and Measurement* (MIT Press, Cambridge, Mass., 1982), pp. 285-290; 又见 Leo Katz, "Choice, Consent, and Cycling: The Hidden Limitations of Consent", 104 *Michigan Law Review* 627 at 635-640, 658-669 (2006)。

② 在可能的福利分配中可能存在——通常是——多种"帕累托最优"的情境。因而"帕累托最优"不同于"最优"的通常用法,因为没有所描述的情境是所有可能(可比较的)情境中"最佳的(唯一的)"情境的含义。

③ 大多数法律与经济学理论家在匆忙的比较经济分析与康德派的分析时没有注意康德的自主概念究竟比他们使用的概念窄多少。例如,康德不会把由某人的情感引发的选择或行为描述为自主的行为。对康德而言,自主的行为是以理性为基础的。见,例如,Immanuel Kant, *The Metaphysics of Morals* (Mary Gregor ed., Cambridge University Press, Cambridge, 1996), 6: 408, at p. 166:"既然德性是以内在的自由为基础的,它包含对人类的积极的命令,即将所有他的能力和意愿置于他的(理性)控制之下,并且因此支配他自己,这不仅仅是禁止他让自己受到情感和意愿的支配……;因为,除非理性控制着统治的缰绳,他的情感和意愿便会对他发挥着支配性作用。"一般性的论述,见 John Kemp, *The Philosophy of Kant* (Thoemme Press, Bristol, 1993), pp. 56-69。

第三方没有造成消极的后果)。① 问题是这种分析如何看待其他(例如,不以同意为基础的、政府命令的)类型的交易。

应该指出,如果一项交易中一人的财富增加了,其他人的财富总量不变,那么那些财富没有增加的人或许会以平等(或者嫉妒)为由反对这项交易。② 因而,在现实世界中,很难发现至少一人变好而其他人没有变糟(在这个词的日常意义上讲)的情境。

甚至在松散的帕累托优化的建构中,大多数政府的(立法的和司法的)行为也是不符合要求的。在大多数政府的行为中——签订合同、评定法律责任、设置税收和利益等等——都有赢家和输家。政府行为或决定做出之后,有些团体的生活变坏了。如果政府仅能做出让任何人都不会变坏的行为,那政府所能做的事情寥寥无几。

经济学家有时提出一种被称为"卡尔多-希克斯"(Kaldor-Hicks)③的分析形式或"潜在的帕累托优化"来辩护政府(甚至)让有些人处境变糟的行为。④ 这种分析是一类财富最大化的主张,但它是帕累托分析的变种。帕累托分析不谈论美元的数量或人们利益的相对价值:它仅仅观察偏好这一硬事实(一种不要求进一步的规范性评价的事实)——一方偏好一种事态胜过另一种事态。对卡尔多-希克斯进路而言,问题

---

① 见 Richard Posner, "Utilitarianism, Economics, and Legal Theory", 8 *Journal of Legal Studies* 103 at 114 (1979)。

② Lawrence Solum, "Constructing an Ideal of Public Reason", 30 *San Diego Law Review* 729 at 744 (1993).

③ 以发展出这种分析的两位理论家尼古拉斯·卡尔多(1907—1986)和约翰·希克斯(1904—1989)的名字命名;见 Nicholas Kaldor, "Welfare Propositions of Economics and Interpersonal Comparisons of Utility", 49 *Economics Journal* 549 (1939); J. R. Hicks, "The Foundations of Welfare Economics", 49 *Economics Journal* 696 (1939)。希克斯与肯尼思·阿罗(Kenneth Arrow)共同获得1972年的诺贝尔经济学奖。

④ 见,例如,George Fletcher, *The Basic Concepts of Legal Thought* (Oxford University Press, New York, 1996), pp. 158-162。

在于变好的各方能否在完全补偿了变坏的各方后仍然变得更好。例如,一项政府决定让我拥有的电视数量增加,同时让你拥有的书籍数量大量减少,我的境况变好了而你的境况变坏了。在不对书和电视的相对价值做出价值判断的情况下,人们仍然可以追问:我是否能够在补偿你(给你钱或给你书或电视)并让你的境况没有变坏之后还能变得更好(也即,我对我的处境更满意:考虑了我拥有的额外电视和我给你的作为补偿的财物后,我还是更喜欢我的新处境)?

这里的要旨不是赢家实际上给输家提供了补偿;如果他们补偿了,那么政府决定和补偿的结合是一次完全的帕累托优化的过程。要旨是可以支付这种补偿,并且如果支付,将达到帕累托优化状态;因而,不需要做任何有争议的价值比较,也有理由得出如下结论:后面的交易情境优于前面的交易情境,因此,政府行为的合理性得以证明。

许多法律与经济分析包括判断哪些司法或立法决定根据卡尔多-希克斯分析是可以被正当化的。然而,不需要长时间的思考就能发现卡尔多-希克斯的优越性不足以说服每个人:决策中的失败方可能不会因为情况更好的人本可以——*但还没有*——补偿他们的损失而感到安慰。本章的后面部分将讨论为卡尔多-希克斯进路辩护的方式。但首先,让我们讨论法律与经济学中的另一个关键要素:科斯定理。

科斯定理

如果一种修正的“实践”版的功利主义是法律与经济学的基础组成 18-03
部分,那另一组成部分就是罗纳德·科斯(1910—2013)(他后来获得了诺贝尔经济学奖,部分是因为他在这个领域的著作)关于市场和法律权利分配的相互影响的讨论。①

科斯的著作②试图纠正其他经济学家著作中的(他所认为的)两个缺点。第一个问题是关于法律和规制的讨论。阿瑟·庇古(Arthur Pigou, 1877—1959)提出了一种有影响的观点:为了保持经济高效,应该通过税收、规制或侵权制度的运作,将企业对其他活动强加的成本("外部性")"内部化"。③

自由市场中的效率是供求和成本的相互影响,并且在特定的供给和价格层面上导致一种平衡(即使只是一次临时的平衡)。不过,如果制造产品的成本获得了补助(通常是政府给的),那么结果是资源使用的无效率。④ 庇古的论点以如下观点为基础:一个企业制造的污染是那个企业的成本,如果让其他人为污染支付费用(不管是清洗衣服上污水的额外花费还是为了让政府能够清理污水所交的税),这就是为那个企业提供补助。因此,为了让市场恢复效率,这些外部性应该被内化——企业应该支付他们的活动强加给其他行动者的同等的成本。

科斯在相同的一般性思想框架中进行研究——福利的有效分配依赖自由市场,在那里活动在没有补助歪曲的情况下对应于价格和成本——但他认为庇古的进路有着严重的缺陷。正如科斯看到的,问题源于庇古的假设,一个源于普通法的假设,或者至少与普通法共享的假

① Ronald Coase, "The Problem of Social Cost", 3 *Journal of Law and Economics* 1 (1960), reprinted in Ronald Coase, *The Firm, the Market, and the Law* (University of Chicago Press, Chicago, 1988), pp. 95-156.

② 有关科斯定理、其背景和遗产的详细讨论,见 Francesco Parisi, "Coase Theorem", in Steven N. Durlauf and Lawrence Bloom eds., *The New Palgrave Dictionary of Economics* (Basingstoke, England, 2008)。

③ 见 A. C. Pigou, *The Economics of Welfare* (4th ed., Macmillan, London, 1932)。

④ 更详细的讨论(包括此类分析赖以著名的图表),见,例如,Jeffrie G. Murphy and Jules L. Coleman, *Philosophy of Law* (rev. ed., Westview Press, Boulder, Colo., 1990), pp. 182-194。

设,即在两种活动存在冲突的情况下(例如,污染者和邻居,或者铁路产生的火花点燃附近农田的庄稼),一方给另一方“强加”了成本。以一种不同的方式来看:这个假设是我们能够提前判断哪一方“有过错”。

科斯的观点相反,他认为在两种活动相互冲突的情况下,“成本”或“外部性”是两种活动结合的产物。如果没有铁路,那么农民的庄稼地不会发生火灾,这是实情;如果农民不在离铁路很近的地方种庄稼,那么也不会发生火灾,这也是实情。这是“因果关系的相互性”。科斯写道:

> 在牛群与庄稼的例子中,的确是没有牛群就不会有庄稼损失,同样,没有庄稼也就没有庄稼损失……如果我们根据因果关系讨论这个问题,那么双方都导致了损害。如果我们想达到资源的最优配置,那么双方在决定他们的行动时都应考虑有害的影响(妨害)。①

科斯在何种程度上证明了他关于因果关系相互性的情况②(或者说

---

① Coase, “The Problem of Social Cost”, in *The Firm, the Market, and the Law*, p. 112.

② In Richard A. Epstein, “A Theory of Tort Liability”, 2 *Journal of Legal Studies* 151 at 164-165 (1973), 爱泼斯坦提出了一种反对“因果相互性”的论证。科斯的观点假设存在一个(法律或道德的)体系,救济能够根据它被强加给破坏方。然而,如果我们消除可用的救济,导致的伤害将仅仅是单方的,此时做出一种初始的过失评价(给一方)和权利或优先性评价(给另一方)就是合理的。爱泼斯坦在后来的文章中修正了他的观点:Richard A. Epstein, “Causational—In Context: An Afterword”, 63 *Chicago-Kent Law Review* 653 at 664-666 (1987)。在那篇文章中,爱泼斯坦继续反对因果的相互性,但他更强调如下事实:在相互影响的双方间的确存在“已经确立的并被人理解的”最初的界线,这些范畴的属性规则减少了解决纠纷和就未来的权利归属达成一致的交易成本。Epstein, “A Theory of Tort Liability”, p. 666.

服了他的读者)仍然有争议。[1] 不过,科斯所证明的是市场在何种程度上"解决"了许多相互冲突的活动的问题(不管我们是否喜欢市场"解决"这些冲突的方式),这一点不能被轻易地辩驳或忽视。关于这一点,稍后再说。

科斯讨论的第二个问题是经济学理论中的一个更一般性的问题。像大多数理论一样,经济学理论建立在简单化的世界运行方式的模型之上。一种普遍运用的简单模型是没有"交易成本"。[2] 设置这种简单化的假设并非过错。如果没有这种假设,我们或许一步都无法往前迈:真实的世界如此复杂,有那么多因素需要考虑,没有简单化的假设将很难得出任何结论。简单化的世界模型是标准的并且不仅仅存在于社会科学之中(例如,物理学思想实验经常假设一个没有摩擦的世界)。难点在于弄清楚一个人的结论在现实世界中可能会有什么不同,在这里简单化的假设不再成立。这是科斯第二个批评的本质。许多经济学家假设一个没有交易成本的世界,但是在交易成本无处不在的现实情况下,他们没有对真实世界的差异进行充分的思考。

作为一个最初的要旨,科斯证明了经济学家模型中的世界的一种有趣属性。与人们的想法相反,在一个没有交易成本的世界中,法律权利的初始分配将不会影响那些权利的最终分配,并且不会影响活动的发生。请看一个简单的情境,一辆火车穿越农地时溅出的火花损害了

① 在批评了科斯关于因果相互性的论证之后,乔治·弗莱彻写道:"只要法律人而不是经济学家担任法官职务,庇古定理就将继续有效……科斯从来没有在法院取得成功,因为他的效率观与公平的基本原则不相容。" George Fletcher, *The Basic Concepts of Legal Thought* (Oxford University Press, New York, 1996), p. 167.

② 交易成本是妨碍应该发生的交易的所有成本(此处的"应该"意指买家愿买卖家愿卖并且交易的价格双方都接受的情形)。这些成本包括"信息成本"(一方如何发现其他方——报纸广告、向朋友咨询的成本等等)、协商成本、起草合同的成本、相关的税费等等。

附近的庄稼。初始的权利要么归属于铁路部门要么归属于农民:如果权利属于农民,那么铁路部门有责任支付损害赔偿;如果权利属于铁路部门,那么不存在恢复的权利。

先假设权利属于农民。如果铁路部门运营火车的利益高于对庄稼造成的损害,那么铁路部门为了溅出火花的权利和火车继续运营的权利,将与农民协商并向他们支付损害赔偿(大概的损害成本或更轻微)。另一方面,如果铁路部门的利益低于损害成本,此类安排将不会发生,因为铁路部门将不愿支付损害赔偿并且火车将不再运营。类似地,如果权利最初归属于铁路部门,如果(但当且仅当)保护他们的庄稼比火车运营更值,农民将为了阻止火车溅出火花而向铁路部门支付赔偿。

尽管这是科斯分析的中间步骤,它却可能是科斯最著名的洞见。权利(法律权利)的初始分配无关紧要,因为权利将终结于对它们估价最高的一方。如果没有火车火花的权利最初属于农民,但溅出火花的权利对铁路来说更有价值,铁路部门在赔偿了农民之后将终结这项权利。因而,如果关注点是"效率",至少作为一个权利初始分配的问题,政府规制将是无关的;不管哪一方最初拥有限制另一方的权利,相互冲突的活动的总体价值仍然是一样的。① 然而,不要忘记:这仅仅在没有交易成本的想象世界中才是如此。

科斯分析的第二部分没那么有名。虽然权利的初始分配在一个没有交易成本的世界中在许多方面是无关的,但在一个有着大量的交易成本的世界中是重要的并且那才是我们生活的世界。因为交易成本,一项权利(法律权利)或许不会终止于对它估价最高的一方,因为额外

① 见,例如,Murphy and Coleman, *Philosophy of Law*, pp. 191-194。

的交易成本费用或许使得从最初的持有者那里购买物品不再有价值。例如,你拥有一项污染一条河流的权利。这项权利对你值 80 美元;拥有这项权利对我值 100 美元,但影响权利交换的成本是 40 美元。这项权利归属于我是更有效率的(不管最初的或自愿的交易),因为我比你更重视它,但是如果这项权利最初归属于你,它将继续属于你,因为对我而言支付你要求的价格和交易成本是不值得的(总共是 120 美元,而对我的价值为 100 美元)。①

科斯对交易成本问题提出了多种回应,其中两种方法试图通过减低交易成本"提升产品的价值":首先,把相互竞争的活动组织为一个公司中的组成要件;其次,政府规制。科斯也提到第三种选择,即什么事也不做(在公司或政府规制的行政成本与市场成本一样大或者更大的情况下)。② 科斯对这个问题的概括是谨慎地拒绝教条性的选择:"所有的选择都有成本"和"福利经济学的问题必须最终溶入美学和道德的研究"。③ (他建议进行深入的经验研究,在此基础上决定以不同的方式处理问题的相对优点。④)

最后一步是科斯和法律与经济学运动的分歧。⑤ 法律与经济学对存在大量的交易成本(阻止市场把权利再分配给那些对权利估价最高的人)的回应是指出,政府(大多数情况下是司法机关)应该以如下方式

① 科斯在他的著述中并不试图为污染辩护,理解这一点是重要的;他仅仅在下述语境中探究效率:污染(或者火车溅出火花或牛群啃食谷物)被视为起因于两种活动的相互影响的成本。

② Coase, "The Problem of Social Cost", in *The Firm, The Market, and The Law*, pp. 114-119.

③ Coase, "The Problem of Social Cost", pp. 118, 154.

④ Coase, "The Problem of Social Cost", pp. 118-119.

⑤ 一般性的论述,见 Pierre Schlag, "An Appreciative Comment on Coase's *The Problem of Social Cost*: A View from the Left", 1986 *Wisconsin Law Review* 919 at 931-945。

行为:模拟市场在不存在交易成本的情况下将会做的事情。[①] 毋庸置疑,在这一论点中有许多步骤:

(1) 在特定(理想的)环境中,市场将以特定的方式再分配权利;

(2) 在其他(非理想的)环境中,政府(法院)应该模拟市场的作用。

不幸的是,法律与经济学的支持者很少澄清这种中间步骤,至少没有以一种让人信服的方式澄清这种中间步骤。[②]

奥利弗·威廉森(Oliver Williamson)和其他理论家在"新制度经济学"中采用了科斯的主题,即用公司作为市场交易的替代品。[③]

描述与分析

法律与经济学运动中最有影响的人物是理查德·波斯纳(1939—)。他写了将近50本书和300篇论文[④]——不是所有的书和论文都是关于法律与经济学的,但那是他最频繁讨论的论题。在许 18-04

① 科斯自己的评论比较谨慎:"因此,法院应该了解他们的决定的经济后果似乎是可取的,并且在不给法律地位本身造成太多不确定性的情况下,应该在做出判决时考虑这些后果。即使有可能通过市场交易改变权利的法律界定,减少此类交易的需要从而减少执行这些交易的资源使用也显然是可取的。"Coase, "The Problem of Social Cost", in *The Firm, the Market, and the Law*, p. 119.

② 这也搁置了谈论在有着各种交易成本的语境中行为的人(而这些人拥有的却是在不存在交易成本的虚拟世界里再分配会如何发生的知识)是否有意义这样一个(认识论)问题。有关从(1)到(2)的论证怎样必然失灵的说明,见 Fletcher, *The Concepts of Legal Thought*, pp. 167-168。

③ 例如,Oliver E. Williamson, "The New Institutional Economics: Taking Stock, Looking Ahead", 83 *Journal of Economic Literature* 595 (2000)。威廉森与埃莉诺·奥斯特罗姆(Elinor Ostrom)共同获得2009年诺贝尔经济学奖。

④ 这些出版物的很大一部分是在1981年之后撰写的,当时他被任命为联邦上诉法院法官。

多早期著述中,[①]波斯纳认为,财富最大化理论既可以用来解释普通法法院过去的行为又可以当作一种正义理论,证成法官和其他官员应该如何行为。本节主要讨论第一种(描述性的或“实证的”)主张。第二种(规定性的或“规范性的”)主张将在下一节详细讨论。

描述性主张是“最好这样解释普通法,即法官试图最大化经济福利”。[②] 这一观点是:虽然普通法法官很少使用经济学术语[③]并且很少有法官受过经济学训练,但他们创造的教义与试图最大化社会福利的经济学家创造的教义近似。[④] 这种观点的表述和辩护是:

> 发现许多法律教义依赖于不可言喻的效率追求是不足为奇的,尤其当我们记起其中的许多法律教义可以追溯到19世纪时更是如此,古典经济学的自由放任思想在那时是受教育阶层中的主

---

① 波斯纳已经放弃了许多更雄心勃勃的主张。见,例如,Posner, *The Problems of Jurisprudence*, pp. 353-392; Posner, *Economic Analysis of Law* (9th ed., Aspen Publishers, New York, 2014), pp. 34-35。

② Richard Posner, *The Economic of Justice* (Harvard University Press, Cambridge, Mass., 1983), p. 4; 又见 Paul H. Rubin, “Why is the Common Law Efficient?”, 6 *Journal of Legal Studies* 51 (1977); George L. Priest, “The Common Law Process and the Selection of Efficient Rules”, 6 *Journal of Legal Studies* 65 (1977)。有关该主题的论文集,见 Paul H. Rubin ed., *The Evolution of Efficient Common Law* (Edward Elgar Publishing, Cheltenham, 2007); 对于部分批判的重述,见 Francesco Parisi and Vincy Fon, *The Economics of Lawmaking* (Oxford University Press, Oxford, 2009)。

③ 一个著名的例外是勒尼德·汉德(Learned Hand)法官的确定行为或疏忽是否构成过失的“BPL”公式。*United States v Carroll Towing Co.*, 159 F. 2d 169 at 173 (2nd Cir. 1947) (通过比较防止损失的负担与损失的可能性乘以损失的成本来确定过失); 见 Stephen C. Gilles, “The Invisible Hand Formula”, 80 *Virginia Law Review* 1015 (1994)。有一种主张指出,“汉德公式”事实上没有反映汉德时代或当前法院所运用的过失法,见 Richard W. Wright, “Negligence in the Courts: Introduction and Commentary”, 77 *Chicago-Kent Law Review* 425 (2002); 又见 Benjamin C. Zipursky, “Sleight of Hand”, 48 *William and Mary Law Review* 1999 (2007)。

④ 见 Posner, *The Economics of Justice*, p. 5。

流意识形态。[1]

这是一个挑衅性的立场,不出所料,它招致了很多争议,也没有获得普遍同意。[2]

从早期法律与经济学中发展而来的具有更持久意义的是圭多·卡拉布雷西(Guido Calabresi)和 A. 道格拉斯·梅拉米德(A. Douglas Melamed)引入的分析权利的创新性方法。[3] 卡拉布雷西和梅拉米德注意到,可以用以下两种方法中的任何一种保护人们的利益:

(1) 一条"财产"规则,根据这条规则,没有所有人的许可任何人不得夺取或侵犯这种利益;或者

(2) 一条"责任"规则,根据这条规则,只有在事后支付(这种层次的支付通常是由法院设定的)做出的时候,这种利益才可以被拿走或侵犯。[4]

---

① 这来自波斯纳文本的早期版本:Richard Posner, *Economic Analysis of Law* (6th ed., Aspen Publishers, New York, 2003), p. 25;这种语言在随后的版本中有所软化;在当前的版本(2014 年第九版,第 32 页)中,文本仅仅指出:"许多法律学说可以追溯到 19 世纪,当时以古典经济学为基础的自由放任意识形态是受教育阶层的主要意识形态。"

② 支持实证主张的著述,见,例如,Posner, *The Problems of Jurisprudence*, pp. 353–374; William Landes and Richard Posner, *The Economic Structure of Tort Law* (Harvard University Press, Cambridge, Mass., 1987), pp. 1–24; 相关的批评,见,例如,Ronald Dworkin, *A Matter of Principle* (Harvard University Press, Cambridge, Mass., 1985), pp. 263–266; Lewis A. Kornhauser, "A Guide to the Perplexed Claims of Efficiency in the Law", 8 *Hofstra Law Review* 591 at 610–634 (1980); Mark Kelman, *A Guide to Critical Legal Studies* (Harvard University Press, Cambridge, Mass., 1987), pp. 115–116。

③ Guido Calabresi and A. Douglas Melamed, "Property Rules, Liability Rules, and Inalienability: One View of the Cathedral", 85 *Harvard Law Review* 1089 (1972); 又见 Symposium: "Property Rules, Liability Rules, and Inalienability: A Twenty-Five Year Retrospective", 106 *Yale Law Journal* 2081–2215 (1997)。

④ 卡拉布雷西和梅拉米德也讨论的第三种可能性是用一条"不可让与"规则保护一项权利:在那里国家严厉限制或完全禁止权利的转让。见 Calabresi and Melamed, "Property Rules, Liability Rules, and Inalienability", pp. 1111–1115。

在美国侵权法中，妨害法(nuisance law)例证了这种差异，在妨害法中法院有时认定一个污染者负有责任，但仅仅支持金钱赔偿而拒绝发布禁制令。[①] 获得一个禁制令的权利是一项“财产”救济，正如某人的权利仅仅在许可的情况下才能被破坏；任何未经同意的侵权行为将被禁止。相反，赔偿金救济纯粹是“责任”保护——现在拿走，后来支付。

卡拉布雷西和梅拉米德在他们的文章中主要用经济学术语思考了用财产或责任规则保护权利的相对优点[②]，例如：一条责任规则或许有时更好，因为它避免了合作的障碍(包括协商的成本[③])；在合作的障碍很少的情况下，一条财产规则更受欢迎，因为当事人可以自己制定条款，并且要求这样的谈判避免了在设定赔偿水平时出现司法错误的问题。

经济学与正义

18-05 如前所述，波斯纳在早期著作中认为，财富最大化既是描述性概念又是规定性概念：它是一条应该指导法官(以及其他人)裁判的标准。

---

① 最著名的案例是 *Boomer v Atlantic Cement Co.*, 26 N. Y. 2d 219, 257 N. E. 2d 870, 309 N. Y. S. 2d 312 (1970)，在这个案例中法院拒绝发布一个指令，理由是强制妨害的成本(通过关闭制造污染的工厂)与对原告造成的伤害不成比例。

② Calabresi and Melamed, “Property Rules, Liability Rules, and Inalienability”, pp. 1105-1110.

③ 例如，一个污染公司与所有受到污染影响的权利人协商存在大量的成本，其中包括把所有权利人聚集在一起的成本、支付律师协助解决这个问题的成本和各方的“策略行为”制造的附加成本。见 Robert Cooter and Thomas Ulen, *Law and Economics* (6th ed., Pearson Addison-Wesley, Boston, 2012), pp. 88-94。

据此，法官应该根据最大化社会总体财富的原则裁判案件。① 多少有些违反直觉的是，即使财产转让不是自愿的，把一个客体从一个所有人转让给另外一个所有人有时也能被认为增加了社会财富，因为财富是以某人已经支付或愿意支付的价格来衡量的，第二个所有者可能愿意为该物品支付比第一个所有者更多的费用。不过，波斯纳会说，在这种情况下，根据“财富最大化”原则，强制转移通常是不合理的，因为这种转移仅适用于高交易成本使得双方无法达成自愿的（市场）交易的情形，此时才有理由规避市场。②

波斯纳认为，财富最大化是效用和自主之间的最佳妥协，或者说它成功地同时例证了效用和自主。③ 正如本章前面所讨论的，人们可以把法律与经济学拥护的“财富最大化”视为建构功利主义的一种更具实践性的版本的尝试。福利或幸福（两个与“效用”的意思相近的词）是很难被发现或衡量的，所以“最大化效用”的指令无法清晰地指引司法和立法决定。④ 相比之下，使财富最大化是法官在其有限职责范围内可以有效做到的事情，这种作用受到足够的限制，因此也排除了对财富最大化的更严重的潜在滥用。⑤ 波斯纳还认为，相比功利主义，

---

① “‘财富最大化’中的‘财富’指所有有形的无形的商品和服务的总和，通过两类价格衡量：还价（人们愿意花多少钱买）；讨价（人们要求卖多少钱）。”Posner, *The Problems of Jurisprudence*, p. 356.

② Richard A. Posner, “Utilitarianism, Economics, and Legal Theory”, 8 *Journal of Legal Studies* 103 at 130–131 (1979)；又见 Posner, *The Economics of Justice*, pp. 108–109。政府强加的（法院强加的）转让应该限制在此类情况中的理由是，政府官员在猜测不同的各方如何对商品估价时仅能不完美地模拟市场；相反，在市场能够在没有交易成本的情况下运作的情况下，自愿的交换将自然地把商品带到对它们估价最高的那一方。

③ 见，例如，Posner, *The Economics of Justice*, pp. 98, 115。

④ Posner, *The Economics of Justice*, pp. 112–113; Posner, “Utilitarianism, Economics, and Legal Theory”, pp. 122, 129–130.

⑤ 见 Posner, *The Economics of Justice*, pp. 103–106; Posner, *The Problems of Jurisprudence*, pp. 372–373, 387–392。

从财富最大化中也能更轻易地获得许多传统的价值（比如工作伦理、讲真话和遵守诺言）。[1]

至于自主性，一种对此特别强调的道德理论（波斯纳提到伊曼努尔·康德的理论）或许会要求：仅仅在那些公民通过他们的选择和实际的同意授权那些行为的情况下，公民才能被强制或让他们的财产被重新分配。不过，这种以自主性为基础的进路的问题在于，如果严格地适用于政府行为，它将变得不切实际，帕累托优化（它的同源概念）也将因为相同的理由不起作用：许多政府决定影响了一大批的人（不是所有人都能被事先识别出来），因此要求每个受到影响的人一致同意将变得明显不可能。[2] 类似地，如果人们不把实际同意的焦点放在单个的政府决定上，而是放在政府的形式、制度或裁判的模式上，从每个受到影响的人那里——也即，从每个公民那里——获得实际的同意如果不是不可能的，也是明显不切实际的。

在波斯纳看来，财富最大化比功利主义更好，因为金钱比效用更容易衡量。它比以自主为基础的进路好，因为，即使在那些受到影响的人的实际同意不可能获得的情况下，它也允许政府行动。因为所允许的唯一行为是那些最大化社会财富的行为，每个人（或几乎每个人）都会同意这条原则，因为这是一条让每个人（或几乎每个人）以后变得更好的原则。

这种同意不是明确的同意，而是一种假设的或暗含的同意：如果他们被提前问到，他们将会说些什么。虽然事故的当事人不会选择一个她得不到补偿的责任体系，但是，如果某人提前选择，在事故发生之前，

---

① 见，例如，Posner，"Utilitarianism, Economics, and Legal Theory", pp. 123–126。

② Richard A. Posner, "The Ethical and Political Basis of the Efficiency Norm in Common Law Adjudication", 8 *Hofstra Law Review* 487 at 494 (1980).

在她知道她是侵权原告、侵权被告或两种都不是之前，她将理性地选择一个将增进总体财富的体系（因为她没有理由选择一个减少总体财富的体系）。①

波斯纳试图把正义等同于财富最大化，这存在许多基本问题②；本章只涉及其中的一部分。第十一章探讨了波斯纳关于同意的讨论中存在的问题。在接下来的段落中我将简要地讨论波斯纳把财富最大化与效用和自主性放在一起比较所存在的问题。在后面的关于法律与经济学限度的一节中，我将概述某些更详细的批评。

在试图建立功利主义与基于自主性的进路的最佳结合的过程中，财富最大化可以说同时丢失了两者的优点。功利主义理论的要旨是认为下述观点是不可争辩的：快乐和幸福是好的，痛苦和不幸福是坏的，在几乎每一个环境中如果好的事情能最大化而坏的事情能最小化，那就更好。功利主义（和相关）理论的问题是确定什么时候少数人（或甚至绝大多数人）的快乐或幸福或财富的增加能够证明其余人的痛苦和牺牲的合理性。

相反，说财富的增加总是道德上的善是更有争议的，很难以其他人财富的增加为由论证让某些人牺牲和痛苦的合理性。在道德哲学的术语中，增加的财富通常被视为一种工具性善：它是有价值的，因为它能

---

① 见 Posner, *The Economics of Justice*, pp. 94-99。（这里因为篇幅的限制，我排除了波斯纳某些详细而精微的分析。）

② 波斯纳后来部分地放弃了财富最大化的规范性主张："财富最大化作为一种普遍的社会规范是不尽如人意的，但是……当把它限定在普通法领域时它是有吸引力的或至少是可以辩护的。"Posner, *The Problems of Jurisprudence*, p. 373. 总的来说，波斯纳声称他现在"不太信任纯粹的经济分析——这部分是因为 2008 年的崩盘和随之而来的经济衰退。这动摇了我对经济分析的一些信心。而心理学的发展也要求对经济行为的'理性选择'模型进行限定"。Joel Cohen, "An Interview with Judge Richard A. Posner", *ABA Journal*, July 2014, pp. 52-60, at p. 58.

帮助某人获得其他具有内在道德价值的东西,比如健康、身体的舒适和娱乐放松。鼓吹财富最大化的理论家或许会回应道:财富本身不是一种善,而是效用或其他价值的测算代替物。① 不过,虽然财富最大化或许是功利主义或以自主性为基础的定理的最切实可行的近似理论,但这种近似理论或许在疑难案件中彻底失败了,在这些案件中我们希望我们的理论能够提供指引。②

博弈论

18-06 近些年,有各种各样的专著和论文继承了"法律与经济学"传统或者至少与这个传统相关(至少在它们共享了经济学的基本假设——即"人们以理性的方式最大化他们的满足度"——的意义上,这是本章的开头提到的),但那些专著和论文采取了一种些微不同的视角。这些进路包括博弈论和公共选择理论。③ 博弈论是本节的主题;下一节讨论公共选择理论。

粗略地说,博弈论是建立各种情境的模型:"在这些情境中,两个或更多的玩家可以在许多决定(策略)中选择一个;在这里,结果取决于所有的策略;并且每个玩家都有一系列的界定结果的偏好。"④博弈论部分

---

① 见,例如,Posner, "Utilitarianism, Economics, and Legal Theory", pp. 121-127; Posner, *The Economics of Justice*, pp. 112-113。

② 德沃金的《原则问题》中详细讨论了一种类似的论点,见 Dworkin, *A Matter of Principle*, pp. 237-266; 有关波斯纳的回应,见 Posner, *The Economics of Justice*, pp. 107-115。

③ 有时"理性选择"理论这个短语被用来指称新古典经济分析、博弈论和公共选择理论的结合。见 Daniel A. Farber and Philip P. Frickey, "Public Choice Revisited", 96 *Michigan Law Review* 1715 at 1715 n. 4 (1998)。

④ Simon Blackburn, *The Oxford Dictionary of Philosophy* (2nd ed., Oxford University Press, Oxford, 2005) p. 147.

是情境的数学研究，部分是情境的经济学研究，在这些情境中每个人的行为取决于其他人的行为和选择以及对那些行为和选择的期望。[①] 学者分析那些情境就像讨论游戏，因为他们考虑了“玩家”用来最大化他们的结果的各种可能“策略”。与传统的（“新古典”）法律与经济学的比较总结如下：

> 博弈论提出了一种优于传统新古典经济分析的模式。根据传统的分析，你拥有各种基本的假设：人们理性地行为、充分的信息、零交易成本。根据博弈论，你能放宽某些假设。事实上，博弈论的要旨是检验不充分的信息、策略行为或交易成本的问题。[②]

学者们用博弈论来思考法律规则如何影响人们的策略行为，并试图建构如下论证：当前的法律规则在满足其宣布或假定的目的方面是否成功（例如，防止欺诈或鼓励某种有效的事故防止办法）。[③] 法律可以被视为“游戏”的关键部分，有时是设计的，有时是偶然的，因为它强烈影响人们以一种方式而不是另一种方式行事的理由。一个人是否遵守法律标准自身可以变成一个游戏的组成部分。例如，抛开避免强加

---

① 博弈论领域的巨著包括：John von Neumann，“Zur Theorie der Gesellschaftsspiele”，100 *Mathematische Annalen* 295（1928）；John von Neumann and Oskar Morgenstern，*Theory of Games and Economic Behavior*（Princeton University Press，Princeton，1944）；John Nash，“The Bargaining Problem”，18 *Econometrica* 155（1950）；and John Nash，“Equilibrium Points in N-Person Games”，36 *Proceedings of the National Academy of Sciences* 48（1950）。罗伯特·奥曼（Robert J. Aumann）和托马斯·谢林（Thomas C. Schelling）凭借他们在博弈论方面的著作获得 2005 年诺贝尔经济学奖；约翰·纳什（John Nash）及另外两名经济学家于 1994 年获得相同的奖项。

② Kenneth Dau-Schmidt，*et al.*，“On *Game Theory and the Law*”，31 *Law and Society Review* 613 at 616（1997）.

③ 一般性的论述，见 Douglas Baird，Robert Gertner and Randal Picker，*Game Theory and the Law*（Harvard University Press，Cambridge，Mass.，1994）。

法律制裁的问题，人们可能希望获得始终遵守公开强制规范的声誉。

提出相同要点的另外一种方式是主张存在两种平行的洞见。首先是双方一直在“法律的阴影中”讨价还价的观念——在协商的时候，各方都会考虑法律规则和潜在的诉讼导致的可能结果。① 其次，相反的要点反映了法律的博弈论视角：如果那些规则是有效的，法律规则应该用关于人们如何讨价还价的理解来表述。②

博弈论（和其他法律与经济学学者）的一个洞见是：旨在产生一种效果的法律规则往往会无意中产生相反的效果或根本没有效果。例如，通过强制在新车上安装昂贵的反污染设备来降低污染的规则或许起到了增加污染的效果——因为人们会倾向于继续使用旧车，高污染的旧车的使用年限反而更长了。由于需要防污染设备，现在新车价格要高得多，所以人们往往不会去买新车。或者，反歧视立法或许伤害了所保护群体的成员，因为雇主会回避雇用受保护类别的人员，以防任何不利的决定（例如，解聘他们或不让他们晋升）所可能导致的反歧视法诉讼。

博弈论试图解决的基本问题包括：

（1）在个体似乎不想合作的情境中如何建立或保持合作；

（2）如何协调无组织的人的行为；以及

（3）如何确立处理各方信息必然不对称的规则。

合作问题的一个标志是著名的“囚徒困境”。③ 两个人犯有某一罪

---

① 见 Robert H. Mnookin and Lewis Kornhauser, “Bargaining in the Shadow of the Law: The Case of Divorce”, 88 *Yale Law Journal* 950 (1979)。

② Douglas C. Baird, “Game Theory and the Law”, in Peter K. Newman ed., *The New Palgrave Dictionary of Economics and the Law* (Macmillan, London, 1998), vol. 2, pp. 192-198, at p. 197.

③ Steven Kuhn, “Prisoner's Dilemma”, in Edward N. Zalta ed., *Stanford Encyclopedia of Philosophy, http://plato.stanford.edu/entries/prisoner-dilemma/* (2014).

行，但是被分别关押、分别讯问。两个囚犯面临相同条件的惩罚：

（1）如果两人都保持沉默，他们将被判轻罪，被处以的刑罚也很轻；

（2）如果一方坦白并同意作为证人证明另一个囚犯的罪行，同时另一个囚犯保持沉默，作证的囚犯将会免于惩罚，同时不坦白的囚犯将被处以最大可能的刑罚；并且

（3）如果双方都同意坦白并作证，那么双方都将得到较重的刑罚，但比第二种情况中提到的最重的刑罚要轻。

从囚徒的视角看，最佳的结果是第一种，两个人都保持沉默——如果他们能够协调他们的行为，他们将得到相同的结果。然而，矛盾的自我利益将驱使每个囚犯与那个结果擦肩而过，而得到一个最小化他们共同利益的结果。

每个囚犯都会想：

（1）如果另外一个囚犯保持沉默，我最好的回应是坦白，因为那样我将不会受到惩罚；并且

（2）如果另外一个囚犯坦白，我最好的回应是坦白，因为那样我将避免最重的刑罚。

坦白似乎是最好的回应，因而双方都将坦白。如果他们能够合作，两个玩家都将获益，但是自我利益把双方带到了不同的方向。这与亚当·斯密（Adam Smith）的"看不见的手"①相反：自我利益行为经常让我们远离共同福祉，而不是得到它。

---

① "看不见的手"是指亚当·斯密的观察：在商业交易中，当人们都为自己的个人利益行事时，整体效果将趋于增加共同福利。"通过以产品价值最大化的方式指引该行业，他只为自己谋取利益，而在此情况下，就像在许多其他情况下一样，他被一只看不见的手引导，以促进一个并非他意图的目的。"Adam Smith, *The Wealth of Nations* (University of Chicago Press, 1976) (1776), book IV, chap. 2, para. 9.

“囚徒困境”的其他变种强调双方出于“背叛”的可能利益或担心其他方或许会“背叛”的考虑而选择不合作的方式。想象一个我先履行你后履行的协议。对你而言,有一种从我的履行中获益,然后背弃你的诺言的诱惑。如果我们是“重复博弈”的玩家,这种诱惑或许可以消除:当你以后还想和我打交道,或者,至少,当你想在你的同事当中保持一个“可信赖的合作者”的名声时。

关于合同法的违约规则的著作例证了信息不对称的问题:关于合同双方自由设置各种可能的条款的问题,①在双方没有言明的地方立法机关或法院应该强加什么规则呢?有些学者主张,在合同可能不完整的情况下应使用惩罚性违约规则,因为一方比其他方拥有更多的信息并且采用了策略行为。惩罚违约规则与拥有这种信息一方的利益相反,它刺激这一方在合同谈判过程中透露这种信息,以协商出不同的合同条款。②

公共选择理论

18-07 经济理性选择理论的第二种后期发展是“公共选择理论”③,这种理论将“博弈论和微观经济学分析适用于立法机关、行政管理机关和法

---

① 也即,在公共政策仅允许一个可能的标准的地方它不是一个问题。

② 见 Ian Ayres and Robert Gertner, “Filling Gaps in Incomplete Contracts: An Economic Theory of Default Rules”, 99 *Yale Law Journal* 87 (1989)。

③ 甚至“最新的”进路也有古老的祖先,公共选择理论可以追溯到早期的数学家,比如发现了与投票相关的悖论的孔多塞(Condorcet, 1743—1794)。在宽泛的意义上讲,公共选择也能追溯到马基雅维里(Machiavelli, 1469—1527)在《君主论》(1513)中提出的领袖观。

院的法律产品"①。大致说来,公共选择理论家试图审视:多少官员行为能够根据官员(立法者、法官、行政官员等等)实现他们个人利益的行为来解释和预测。这个传统内的理论家对如何界定自我利益存在不同的看法:有些理论家把自我利益界定为狭义的金钱或权力;其他理论家试图在他们的模型中建立一种更微妙的自利观,比如,纳入官员的意识形态信念。

如果立法者和其他官员在立法时被更准确地视为为狭隘的自身利益行事,而不是为公共利益行事,那么就有理由改变法律体系的一些方面。例如,法院在或许不那么尊重立法,或者他们可能在解释模糊的成文法时采用不一致的方法②;公共选择理论也为重构立法或行政机关运作的方式提出了一个论点,试图以此约束或引导利益集团对官员的影响。③

追随本章前面讨论的科斯式分析,官员和其他政治人物可被视为试图最大化他们的利益,同时克服交易成本问题。④ 例如,试图影响政府的个体通过有组织的游说工作减少了他们的交易成本(例如,获得关于立法机关正面临的某些议题的信息的成本)。立法机关自身可以被看作"一个公司"——它是一个组织,这个组织把各种各样的人物统合

---

① Jonathan R. Macey, "Public Choice and the Law", in Peter K. Newman ed., *The New Palgrave Dictionary of Economics and the Law* (Macmillan, London, 1998), vol. 3, pp. 171-178; 又见 Daniel Farber and Philip Frickey, *Law and Public Choice* (University of Chicago Press, Chicago, 1991), pp. 1-11。1986 年的诺贝尔经济学奖被授予詹姆斯·布坎南(James Buchanan),以表彰他在公共选择理论方面的工作。

② 见,例如, Farber and Frickey, *Law and Public Choice*, pp. 61-115; William N. Eskridge Jr. and John Ferejohn, "Statutory Interpretation and Rational Choice Theories", in Peter K. Newman ed., *The New Palgrave Dictionary of Economics and the Law* (Macmillan, London, 1998), vol. 3, pp. 535-540。

③ 见,例如, Farber and Frickey, *Law and Public Choice*, pp. 12-37。

④ 见 Macey, "Public Choice and the Law", pp. 171-177。

到一个整体中,它通过这种方式避免了“通过市场”协商的成本,也避免了某些确保服从协议的问题。①

公共选择理论家有时被夸张地描述为愤世嫉俗的不相信利他行为或“为了公共福祉”行为的可能性的人。无论对他们的这种描述在多大程度上是准确的,人们都不必声称真正为他人谋福利的行动从未发生过,公共选择理论才有价值。相比其他的解释官员行为的理论,公共选择理论常常更好地预测了官员在特定环境中将如何行为(据支持者称,这是一个被轻松达到的标准),这便足矣。

其他变种

18-08 越来越多的文献探讨了在新古典经济学的以个体为中心的分析框架中理解和解释“社会规范”和“社会意义”的正确方法问题。② 这个领域中的奠基性著作可能是罗伯特·埃里克森(Robert Ellickson)的《无需法律的秩序》③一书,该书讨论了加州沙斯塔县大牧牛场主用非正式的规则(“社会规范”)解决他们之间冲突的方法,这些非正式的规则与法律规范有着重大的差别。这个领域中的其他著名人物还有劳伦斯·莱西格

---

① Macey, “Public Choice and the Law”, pp. 174–177. 关于公司作为避免交易成本问题的手段的经典论述,见 R. H. Coase, “The Nature of the Firm”, reprinted in *The Firm, the Market and the Law*, pp. 33–55。

② 见 Conference:“Social Norms, Social Meaning, and the Economic Analysis of Law”, 27 *Journal of Legal Studies* 537–823 (1998)(包括 Robert Ellickson, Richard Posner, Lawrence Lessig, Martha Nussbaum, Eric Posner 和 Cass Sunstein 等作者的贡献);又见 Symposium:“Law, Economics, and Norms”, 144 *University of Pennsylvania Law Review* 1643–2339 (1996)。

③ Robert C. Ellickson, *Order Without Law: How Neighbors Settle Disputes* (Harvard University Press, Cambridge, Mass., 1991).

(Lawrence Lessig)①、凯斯·桑斯坦(Cass Sunstein)②和埃里克·波斯纳(Eric Posner)。波斯纳把他的社会规范分析与博弈论联系在一起,他认为,许多社会规范可以被理解为人们试图发出他们是好的合作——不同于商业往来和组建一个家庭——伙伴的"信号"的直接或间接的结果。③

有些学者倡导一种包含更丰富(和更精确)的对人类行为的说明的法律与经济学,特别是,那种考虑了大量的关于"有限理性"——人类的大多数决定都是在有限理性的情况下做出的——的洞察的法律与经济学。④这有时被称为"行为经济学"或"行为主义的法律与经济学"。赫伯特·西蒙(Herbert A. Simon, 1916—2001)的著作论述了人们分析数据、回忆事实和我们用来回应这些限度的(合理的)方法方面的能力限度,他在1978年部分地凭借这方面的著作获得诺贝尔经济学奖。⑤ 丹尼尔·卡尼曼(Daniel A. Kahneman, 1934—)获得了2002年的诺贝尔经济学奖,他的工作是通过实验证明人们如何系统地高估或低估某些类型的风险,并以与传统经济学关于人类决策观点的主张或预期相悖的各种其他方式行为。⑥

① 见,例如,Lawrence Lessig, "The Regulation of Social Meaning", 62 *University of Chicago Law Review* 943 (1995)。

② 见,例如,Cass R. Sunstein, "Social Norms and Social Roles", 96 *Columbia Law Review* 903 (1996)。

③ 见 Eric A. Posner, *Law and Social Norms* (Harvard University Press, Cambridge, Mass., 2000)。

④ 见,例如,Christine Jolls, Cass R. Sunstein and Richard Thaler, "A Behavioral Approach to Law and Economics", 50 *Stanford Law Review* 1471 (1998); Cass R. Sunstein, "Behavioral Analysis of Law", 64 *University of Chicago Law Review* 1175 (1997)。

⑤ 见 Herbert A. Simon, "A Behavioral Model of Rational Choice", 69 *Quarterly Journal of Economics* 99 (1955)。

⑥ 丹尼尔·卡尼曼和弗农·史密斯(Vernon L. Smith)一起获得2002年的诺贝尔经济学奖。丹尼尔·卡尼曼的大部分工作是与阿莫斯·特沃斯基(Amos Tversky, 1937—1996)一起完成的。卡尼曼观点的概述,见 Daniel Kahneman, *Thinking, Fast and Slow* (New York, Farrar, Straus & Giroux, 2011)。对于卡尼曼部分作品的怀疑性回应,见 Alex Stein, "Are People Probabilistically Challenged?", 111 *Michigan Law Review* 855 (2013)。

理查德·塞勒(Richard Thaler)凭借对行为经济学的贡献赢得了2017年诺贝尔经济学奖。①

举一个行为经济学建议改变的例子:一般的经济分析,特别是科斯定理,假设人们无论是否拥有商品,都同样重视商品,但实验工作一直表明这不是真的。相反,存在一种"禀赋效应"("endowment effect"),以至于我们在拥有物品之后往往会更加重视它们。② 另一个实验工作挑战的经济学理性假设是:我们对A的偏好胜过B,或偏好B胜过A,我们的偏好不会受到插入第三个选项C的影响,而事实上,额外的选项似乎对我们的偏好产生了深远的(如果可以说是"非理性的")影响。③ 还有迹象表明,个人可能比经济学的"理性行为者模型"所假设和断言的更加利他主义。④

---

① Richard H. Thaler, *Misbehaving: The Making of Behavioral Economics* (W. W. Norton & Co., New York, 2015).

② 禀赋效应被广泛接受,但也有一些反对的声音。见,例如,Gregory Klass and Kathryn Zeiler, "Against Endowment Theory: Experimental Economics and Legal Scholarship", 61 *UCLA Law Review* 2 (2013)。

③ 关于这些和其他形式的启发式、认知偏差和有限理性的文献越来越多,包括"损失厌恶"、"锚定"(甚至随机或任意数字对我们的估计的影响)、"可用性"(偏向于容易获得的信息)、"影响"(我们对某些事物的情绪反应取代了理性评估)、认知启动、现状偏见、沉没成本偏见、支持证据偏见和过度自信。见,例如,Daniel Kahneman, Paul Slovic and Amos Tversky eds., *Judgment Under Uncertainty: Heuristics and Biases* (Cambridge University Press, Cambridge, 1982); Dan Ariely, *Predictably Irrational: The Hidden Forces that Shape Our Decisions* (HarperCollins, New York, 2008); Kahneman, *Thinking, Fast and Slow*。

④ 例如,Jonah Lehrer, *How We Decide* (Houghton Mifflin, New York, 2009)。同时,有证据表明,人类利他主义的水平或类型可能因文化而异。见 Steven D. Levitt and Stephen J. Dubner, *Super Freakonomics* (William Morrow, New York, 2009), pp. 107-123; Joseph Henrich, Seven J. Heine and Ara Norenzayan, "The Weirdest People in the World?", 33 (2) *Behavioral and Brain Sciences* 1 (2010)。

法律与经济学的限度

可以以一种内在的或外在的方式批评法律与经济学。就内在批评而言,我意指那种接受了其进路的大部分目标和假设的批评;相反,外在批评在基本层面上挑战了经济分析。 18-09

上一节讨论的行为经济学是内在批判的一个例子。另外一个例子是乔恩·汉森(Jon Hanson)、凯瑟琳·汉森(Kathleen Hanson)和梅丽莎·哈特(Melissa Hart)提出的。① 汉森和哈特观察到,特定规则将增加效率(换句话说,最大化社会财富)这一论点通常依赖于一系列的假设。这些假设包括关于交易成本、活动层次、行政成本、各方的中立性风险和各方的法律知识假设,也包括关于法官对各种活动的成本和利益做出精确估价的能力的假设。汉森和哈特认为,法律与经济学运作的模式往往提出了不切实际的假设或者对变量假设了各种定值,这些值事实上将随着各方的变化而变化(以不可预测的和难以衡量的方式)。例如,汉森和哈特就"活动层次"(指出事故成本不仅是注意层次上的功能,还是活动层次上的功能)写了下面这段话:

> 为了制止所有能够以成本合理为由阻止的事故,法官和陪审员需要比较一方从更多的参与中获得的利益与预期的事故成本的增加。不幸的是,法院往往忽视了活动层次的考虑,并且大多数学者相信,作为一个实践问题,法院不能引导必要的活动层次计算,

---

① Jon D. Hanson, Kathleen Hanson and Melissa R. Hart, "Law and Economics", in *A Companion to the Philosophy of Law and Legal Theory* (2nd ed., Dennis Patterson ed., Blackwell, Oxford, 2010), pp. 299–326.

因为他们需要的信息总量太大了。[①]

正如在谈及科斯定理时提到的，一种分析包含简单化的假设这一事实不是致命的。不过，汉森和哈特认为，当某人试图通过思考事物实际上如何来调整某人的计算和预测结果时，效率预测要么被直接削弱了，要么留下种种疑问，以致人们对使用这种模式证明改变(或不改变)法律的合理性提出了严厉的质疑。[②]

法律与经济学的一个“外在”批评是：一种试图根据单一的参数(金钱、财富、支付意愿)分析每件事的法律和生活进路是一个还原论体系。这种批评是分析它的“可通约性”措辞。可通约性认为“所有有价值的事物可以用单一的尺度衡量”[③]。这种还原的不可避免的结果是歪曲了人们的描述和规定。[④]

除了将所有事项转化为支付意愿的一些相当直接的困难之外(首先，有些东西是我们认为最有价值的东西，我们经常把它们当作“人们不能开价”的东西[⑤]；其次，有时人们乐意支付纯粹是因为支付能力强，

---

① Jon D. Hanson, Kathleen Hanson and Melissa R. Hart, “Law and Economics”, in *A Companion to the Philosophy of Law and Legal Theory*, p. 321(引文省略).

② 阿瑟·莱夫用一种更生动的语言提出了类似的论点：“如果一种事态是 n 个变量的产物，并且你知道或控制的变量少于 n 个，那么如果你认为，当你变换‘你的’变量时你能知道将会发生什么，你就是个傻瓜。”Leff, “Economic Analysis of Law: Some Realism About Nominalism”, p. 476.

③ Martha C. Nussbaum, *Poetic Justice* (Beacon Press, Boston, 1995), p. 14. 她补充道，那些相信价值是可比较的人必定相信，“所有有价值的事物是有价值的，因为它们包含某些仅仅在数量上发生变化的东西……或者，尽管价值是如此多元，但有一种论证证明一种单一的度量标准足以把握所有事物的价值”。

④ 努斯鲍姆提出了一长串的外在批评，in Martha C. Nussbaum, “Flawed Foundations: The Philosophical Critique of (a Particular Type of) Economics”, 64 *University of Chicago Law Review* 1197 (1997)。

⑤ Margaret Jane Radin, “Market-Inalienability”, 100 *Harvard Law Review* 1849 (1987).

而或许与他们如何高度重视某事物没有关系),还有更基本的反对意见,即任何将人类决定和行动还原为单一变量的尝试都会将它们扭曲得面目全非。约翰·菲尼斯[①]举例说明了法律与经济学没有(在菲尼斯看来,因为它不能)区分意外(过失)行为和故意不当行为(都是可预见的,但无意识的意外和有意的伤害在波斯纳的分析中仅仅被当作可归于一方或活动的成本)的方式,[②]这种区分似乎是我们的世界道德观的基本而关键的方面。[③]

相关文献中还有各种各样的"外在"批评。例如:

(1) 经济分析是富人控制穷人、生产者控制消费者以及保持现状优于改革的内在根据[④];

(2) 看待语言和世界的法律方式不同于经济方式,并且,在允许经济学观点支配法律的意义上,法律(和这个社会)将变坏[⑤];并且

---

① John M. Finnis, "Allocating Risks and Suffering: Some Hidden Traps", 38 *Cleveland State Law Review* 193 at 200-205 (1990).

② 一种相反的观点捍卫了法律与经济学恰当地区分意外行为和故意行为的能力,这种观点源于威廉·兰德斯和理查德·波斯纳在《侵权法的经济结构》一书中有关故意的错误行为的讨论。William Landes and Richard Posner, *The Economic Structure of Tort Law* (Harvard University Press, Cambridge, Mass., 1987, pp. 149-160.

③ 阿瑟·莱夫讨论了法律与经济学的还原分析如何根除了心理和社会的因素(对于后者,种族和阶级是明显的例子),而那些因素对于恰当地理解现代行为而言是至关重要的。Leff, "Economic Analysis of Law: Some Realism About Nominalism", pp. 469-477.

④ 见,例如,Kelman, *A Guide to Critical Legal Studies*, pp. 151-185; Morton Horwitz, "Law and Economics: Science or Politics?", 8 *Hofstra Law Review* 905 (1981)。

⑤ 见 James Boyd White, "Economics and Law: Two Cultures in Tension", 54 *Tennessee Law Review* 161 (1987)。类似经济学视角让我们关于人是什么的观点变得贫乏并且恶化了个体(自我)改进的可能性的论点,见,例如,Robin West, "The Other Utilitarians", in Brian H. Bix ed., *Analyzing Law* (Clarendon Press, Oxford, 1998), pp. 197-222(比较经济学家的个人观和早期功利主义者的个人观); Jonathan Lear, *Open Minded* (Harvard University Press, Cambridge, Mass., 1998), pp. 28-32(比较经济学家与弗洛伊德派心理学的观点)。还有经验证据表明接触经济学将导致更多的自私行为(读者当心!)。Robert H. Frank, Thomas Gilovich and Dennis T. Regan, "Does Studying Economics Inhibit Cooperation?", 7 *Journal of Economic Perspectives* 159 (1993).

(3) 效率或财富最大化的目标与矫正正义无关,并且通常与矫正正义不相容,而矫正正义是私法的本质,甚至被一些人认为是私法唯一正当的目标。①

即使人们接受了以上批评的有效性和重要性(当然,不是每个人都如此),经济分析在法律中还是有它的价值。第一,有些法律问题以(或应该以)纯粹的经济学问题为主要议题。例如,就竞争(反垄断)法的目标而言,公司的纵向或横向结合长期内是否支持、阻碍了竞争或对竞争毫无影响。第二,经济分析常常有助于澄清不同领域中现有的模糊的法律思维。经济分析用定量的术语把握了许多长期存在的被模糊地描述的普通法概念,比如"合理注意""疏忽"和"近因"。经济分析有时会特别注意到一些按照传统的方式——比如,根据"公平"和"正义"——讨论时长期被丢失的要点。例如,在思考破产法规则时,法律规则的发展方式不仅影响了债权人对债务人的权利(传统分析的关注),而且也在某种程度上影响了单个的债权人收缩可得资产总量的动力,因而不利于债权人作为一个团体的利益,或许也不利于社会利益。②(当然,人们没有经济分析的指导或许也能获得这种洞见,但它是用一种典型的依经济方法能自然得出的某种分析和论证。)

第三,即使人们相信效率/财富最大化充其量是众多价值中的一种价值(或者一种不完美的近似价值),人们还想知道,当前的法律规则或实践或者它们的改变对效率/财富最大化有什么影响。③ 至少,有些情

---

① 见 Weinrib, *The Idea of Private Law*。

② 见 Posner, *Economic Analysis of Law*, pp. 544–555。感谢斯蒂芬·吉勒斯(Stephen Gilles)提供了这个例子。

③ 见,例如,Posner, "Utilitarianism, Economics, and Legal Theory", pp. 109–110。

况下，一幅精确的（和精微的）规则或行动成本的图景将影响规则或行动的最终（道德的）选择。[1] 第四，法律与经济学推动的分析方法提请我们考虑在其他情形下也许会忽视的长期影响。[2] 一个标准的例子是房东想驱赶没有支付房租的贫困潦倒的房客。虽然我们的同情心会立刻让我们站在房客那一边，但我们应该考虑房东在此类情境中不能驱赶房客这条规则的长期后果。结果是，房东要么变得不情愿把房间出租给那些不怎么富有的人，要么对每个人要求更高的房租，以补偿不能驱赶没有交付房租的房客所造成的损失。[3] 因此，虽然对房客裁决的短期结果是一个贫困的房客得以继续租房，但长期的影响或许是许多其他贫困的房客不能找到（支付得起的）房子。第五，经济学思维强化的另一个分析取向（有时可能是过头的），是一个人的偏好可以从她的行为中得出，而这些偏好的（相对）强度通常可以通过询问他或她愿意为某事支付多少（金钱，或者放弃其他有价值的东西）推导出来。一个人的陈述，甚至他或她有意识的信念，可以被他或她的行为证明为虚假，这并不是什么新发现；然而，它是一个经常并且很容易被人遗忘的问题。另一方面，当一个人只看行动和支付意愿来决定一个人的偏好时，分析可能同样是错误的，特别是当这种分析忽视了如下方面时：我们拥有某些东西不是因为我们已经选择了它们（或者想要它们），而是因为它们是我们的确想要的东西的不可避免的副

---

① 见，例如，Posner，“Utilitarianism，Economics，and Legal Theory”，p. 109。

② 见，例如，Leff，“Economic Analysis of Law：Some Realism About Nominalism”，pp. 459-462。

③ 见，例如，Posner，“The Ethical and Political Basis of the Efficiency Norm in Common Law Adjudication”，pp. 500；Leff，“Economic Analysis of Law：Some Realism About Nominalism”，pp. 459-461。第三种可能性是：房东在租约中加上一条，要求房客根据新规则放弃他们的权利。如果这种条款后来被认为是无效的（如同这种类型的免除条款有时遭遇的），那么房东将可能回到本文勾勒的其他两种策略。

产品（国际旅行者不是想要有时差，而是接受它作为一个到达她想去参观的地点的后果），[1]并且不愿支付大笔的经费或许仅仅是因为没有能力支付那笔费用。

① 见 Finnis，"Allocating Risks and Suffering：Some Hidden Traps"，p. 201。

建议进一步阅读的书目

法律与经济学的一般性文献 18-10

Ronald H. Coase, "The Problem of Social Cost", 3 *Journal of Law and Economics* 1 (1960), reprinted in *The Firm, the Market, and the Law* (University of Chicago Press, Chicago, 1988), pp. 95-156.

Nicholas L. Georgakopoulos, *Principles and Methods of Law and Economics: Basic Tools for Normative Reasoning* (Cambridge University Press, Cambridge, 2005).

William Landes and Richard Posner, *The Economic Structure of Tort Law* (Harvard University Press, Cambridge, Mass., 1987).

Peter K. Newman ed., *The New Palgrave Dictionary of Economics and the Law* (Macmillan, London, 1998), three volumes.

A. Mitchell Polinsky, *An Introduction to Law and Economics* (4th ed., Aspen Publishers, New York, 2011).

Francesco Parisi, *The Language of Law and Economics: A Dictionary* (Cambridge University Press, Cambridge, 2013).

Richard Posner, *Economic Analysis of Law* (9th ed., Aspen Publishing, New York, 2014).

—, *The Economics of Justice* (Harvard University Press, Cambridge, Mass., 1983).

Alan Schwartz, "Two Culture Problems in Law and Economics", 2011 *University of Illinois Law Review* 1531.

Steven Shavell, *Foundations of Economic Analysis of Law* (Harvard University Press, Cambridge, Mass., 2004).

Cento Veljanovski, *Economic Principles of Law* (Cambridge University Press, Cambridge, 2007).

法律与经济学的视角和批评

Jon D. Hanson, Kathleen Hanson and Melissa R. Hart, "Law and Economics", in *A Companion to the Philosophy of Law and Legal Theory* (2nd ed., Dennis Patterson ed., Blackwell, Oxford, 2010), pp. 299-326.

Aristides N. Hatzis and Nicholas Mercuro eds., *Law and Economics: Philosophical Issues and Fundamental Questions* (Routledge, New York, 2015).

Daniel M. Hausman, "Philosophy of Economics", in Edward N. Zalta ed., *The Stanford Encyclopedia of Economics, http://plato. stanford, edu/entries/economics/* (2018).

Avery Wiener Katz ed., *Foundations of the Economic Approach to Law* (Oxford University Press, New York, 1998).

Duncan Kennedy, "Law and Economics from the Perspective of Critical Legal Studies", in P. Newman ed., *The New Palgrave Dictionary of Economics and the Law* (Macmillan, London, 1998), vol. 2, pp. 465-474.

Lewis Kornhauser, "The Economic Analysis of Law", in Edward N. Zalta ed., *Stanford Encyclopedia of Philosophy, http://plato. stanford. edu/entries/legal-econo-analysis* (2017).

Arthur Leff, "Economic Analysis of Law: Some Realism About Nominalism", 60 *Virginia Law Review* 451 (1974).

Jeffrie G. Murphy and Jules L. Coleman, *Philosophy of Law* (revised ed., Westview Press, Boulder, Colo., 1990), pp. 181-234("Law and Economics").

Scott Shapiro and Edward F. McClennan, "Law and Economics from a Philosophical Perspective", in P. Newman ed., *The New Palgrave Dictionary of Economics and the Law* (Macmillan, London, 1998), vol. 2, pp. 460-465.

Symposium: "Efficiency as a Legal Concern", 8 *Hofstra Law Review* 485-770 (1980) (作者包括 Richard Posner, Jules Coleman, Guido Calabresi, Ronald Dworkin, Duncan Kennedy 和 Frank Michelman).

Symposium: "Post-Chicago Law and Economics", 65 *Chicago-Kent Law Review* 3-191 (1989) (作者包括 Randy Barnett, Robert Ellickson, Richard Posner, Jonathan Macey, Daniel Farber 和 Jules Coleman).

Symposium: "The Future of Law and Economics: Looking Forward", 64 *University of Chicago Law Review* 1129-1224 (1997) (作者包括 Ronald Coase, Richard Posner, Richard Epstein, Gary Becker, Cass Sunstein 和 Martha Nussbaum).

博弈论

Ian Ayres, "Playing Games with the Law", 42 *Stanford Law Review* 1291 (1990).

Douglas G. Baird, "Game Theory and the Law", in Peter K. Newman ed., *The New Palgrave Dictionary of Economics and the Law* (Macmillan, London, 1998), vol. 1, pp. 192–198.

Douglas G. Baird, Robert H. Gertner and Randal C. Picker, *Game Theory and the Law* (Harvard University Press, Cambridge, Mass., 1994).

Theodore M. Benditt, "Acting in Concert or Going It Alone: Game Theory and the Law", 23 *Law and Philosophy* 615 (2004).

Eric Rasmusen, *Games & Information: An Introduction to Game Theory* (4th ed., Blackwell, Oxford, 2007).

Don Ross, "Game Theory", in Edward N. Zalta ed., *The Stanford Encyclopedia of Philosophy, http://plato.stanford.edu/entries/game-theory/* (2014).

Thomas C. Schelling, *The Strategy of Conflict* (Harvard University Press, Cambridge, Mass., 1960).

公共选择理论

James M. Buchanan and Gordon Tullock, *The Calculus of Consent: Logical Foundations of Constitutional Democracy* (University of Michigan Press, Ann Arbor, 1962).

Daniel Farber and Philip Frickey, *Law and Public Choice* (University of Chicago Press, Chicago. 1991).

Jonathan R. Macey, "Public Choice and the Law", in Peter K. Newman ed., *The New Palgrave Dictionary of Economics and the Law* (Macmillan, London, 1998), vol. 3, pp. 171–178.

Richard A. Posner, "Economics, Politics, and the Reading of Statutes and the Constitution", 49 *University of Chicago Law Review* 263 (1982).

Maxwell L. Stearns and Todd J. Zywicki, *Public Choice Concepts and Applications in Law* (West, St. Paul, 2009).

"Symposium on the Theory of Public Choice", 74 *Virginia Law Review* 167－518 (1988)(作者包括 Geoffrey Brennan, James Buchanan, Jonathan Macey, Daniel Farber, Philip Frickey, Mark Kelman 和 William Eskridge, Jr.).

Gordon Tullock, "Public Choice", in John Eatwell, Murray Milgate and Peter K. Newman eds., *The New Palgrave Dictionary of Economics* (Palgrave, New York, 1987), vol. 3, pp. 1040-1044.

行为主义的法律与经济学

Herbert Simon, "A Behavioral Model of Rational Choice", 69 *Quarterly Journal of Economics* 99 (1955).

Gregory Mitchell, "Taking Behavioralism Too Seriously? The Unwarranted Pessimism of the New Behavioral Analysis of Law", 43 *William & Mary Law Review* 1907 (2002).

Cass R. Sunstein, *Behavioral Law & Economics* (Cambridge University Press, Cambridge, 2000).

Eyal Zamir and Doron Teichman, *Behavior Law and Economics* (Oxford University Press, Oxford, 2018).

第十九章　现代批判视角

最近40年来,一系列有着松散联系的法律的批判方法发展起来了,这些批判方法植根于美国的民权运动、美国法律现实主义和欧洲的社会理论。 19-01

在许多情形中,被置于单一标签下——“批判法律研究”“女权主义法律理论”或“批判种族理论”——的拥护者仅仅是共享了那个标签以及与主流法学理论在某些问题上的一定距离。在几乎任何实质性问题或方法论问题上,这些群体内部的差异或分歧与这些群体与其他理论家之间的差异或分歧都一样多。尽管如此,这些是其他理论家认识和概括这些理论的范畴,在某种意义上,这也是拥护这些理论的理论家概括他们自己的著作的方法。本章将概述某些和这三种批判方法联系在一起的主题。

批判法律研究

批判法律研究运动这个称号被赋予给下面这群学者:他们用与左翼政治相连的观点撰写法律理论著作,他们试图用法律、法律教育、法律著述来实现左翼的目标。 19-02

批判法律研究(“CLS”)作为一个自成一体的群体活跃于20世纪70年代后期。① 大多数被冠以批判法律研究之名的工作是美国学者完

---

① 有关批判法律研究的兴起和衰落的精辟总结,见 Neil Duxbury, *Patterns of American Jurisprudence* (Clarendon Press, Oxford, 1995), pp. 428-509。

成的，但也有一些工作是其他国家的追随者完成的。[①] 批判法律研究作为一场运动遭到了（并且经常招惹）极大的非议和反对，这场运动在20世纪80年代中期达到了顶峰，主要媒体刊登了许多激烈反对批判法律研究的文章，[②]批判法律研究的追随者在哈佛大学法学院和其他学校被高调地拒绝给予教职。[③] 虽然今天还有许多人声称自己是批判法律研究者，但是这场运动的主要精力已经传递给了有关联但又不同的思想流派，即女权主义法律理论和批判种族理论（将在下文讨论）。

批判法律研究的法学家认为自己拓展并详细阐述了美国法律现实主义计划的更激进的方面。批判法律研究著作中的许多共同主题是：法律的政治性（内在于表面中立的概念和分析中的意识形态偏见）——"作为意识形态的法律"（也支持"法律即政治"这个口号），[④]法律的彻底的不确定性，[⑤]声称法律促进了强权者的利益并给不正义披上了合法

---

① 见，例如，Peter Fitzpatrick and Alan Hunt, *Critical Legal Studies* (Blackwell, Oxford, 1987)（英国的批判法律研究者）。关于英国的批判法律研究如何不同于（依该文作者之见，是优于）美国的批判法律研究，见 Adam Thurschwell, "Critical Legal Studies", in John Protevi ed., *A Dictionary of Continental Philosophy* (Yale University Press, New Haven, 2006), pp. 112-114。

② 见，例如，Terry Eastland, "Radicals in the Law Schools", *Wall Street Journal*, January 10, 1986, p. 10; Louis Menand, "Radicalism for Yuppies", *The New Republic*, March 17, 1986, pp. 20-23; 参见 Calvin Trillin, "A Reporter at Large: Harvard Law", *New Yorker*, March 26, 1984, pp. 53-83（一份相对平衡的报告）。

③ 主流学界以各种方式威胁批判法律研究者，不仅扬言要解聘追随批判法律研究的教员，更厉害的一招是声称法学院将不会聘用那些加盟批判法律研究运动的学者，因此，学者们被吓得远离批判法律研究。保罗·卡林顿的一篇文章加强了"抵制"批判法律研究者的趋势，卡林顿后来成为杜克法学院院长，他认为拥护"虚无主义"观点的人不能占据法学院的教席。Paul D. Carrington, "Of Law and the River", 34 *Journal of Legal Education* 222 (1984)。来自批判法律研究的观点，见 Jerry Frug, "McCarthyism and Critical Legal Studies", 22 *Harvard Civil Rights-Civil Liberties Law Review* 665 at 676-701 (1987)。

④ 见，例如，Lewis Kornhauser, "The Great Image of Authority", 36 *Stanford Law Review* 349 at 371-387 (1984)。

⑤ 见，例如，Duncan Kennedy, "Freedom and Constraint in Adjudication: A Critical Phenomenology", 36 *Journal of Legal Education* 518 (1986)。

的外衣,[①]权利修辞实际上反对共同的善和权利致力于保护的群体的利益。[②] 批判法律研究追随者论述过的其他论题有:现代法律教育的意识形态含义、[③]对法律与经济学运动的批判[④]以及激进理论在反思激进的法律实践中的运用。[⑤] 批判法律研究也以把欧洲文学理论家、社会理论家和哲学家的思想运用于法律而著称。[⑥] 很明显,本章有限的篇幅无法全面涵盖这些论题;我只能涉及其中一些论题的某些方面。

关于法律的不确定性,批判法律研究的法学家针对"不确定性"的含义、它的原因以及伴随而来的后果,提出了各种各样的观点。詹姆斯·博伊尔(James Boyle)用下面这段话解释了"批判法律研究者提出的最强版本的不确定性论题":

---

① 见,例如,Douglas Hay, Peter Linebaugh, John Rule, E. P. Thompson and Cal Winslow, *Albion's Fatal Tree* (Penguin, Middlesex, England, 1975); Alan David Freeman, "Legitimizing Racial Discrimination Through Antidiscrimination Law: A Critical Review of Supreme Court Doctrine", 62 *Minnesota Law Review* 1049 (1978)。

② 见,例如,Mark Tushnet, "An Essay on Rights", 62 *Texas Law Review* 1363 (1984)。批判法律研究对权利的批判激发了一种从早期的批判种族理论出发捍卫权利的尖锐回应。见,例如,Patricia J. Williams, "Alchemical Notes: Reconstructing Ideals From Deconstructed Rights", 22 *Harvard Civil Rights-Civil Liberties Law Review* 401 (1987)。有关答复,见 Duncan Kennedy, "The Critique of Rights in Critical Legal Studies", in Wendy Brown and Janet Halley eds., *Left Legalism/Left Critique* (Duke University Press, Durham, N. C., 2003), pp. 178-228, esp. pp. 213-220。

③ 见,例如,Duncan Kennedy, "Legal Education as Training for Hierarchy", in *The Politics of Law* (revised ed., David Kairys ed., Pantheon, New York, 1990), pp. 38-58。

④ 见,例如,Mark Kelman, *A Guide to Critical Legal Studies* (Harvard University Press, Cambridge, Mass., 1987), pp. 114-185。

⑤ 见,例如,Peter Gabel and Paul Harris, "Building Power and Breaking Images: Critical Legal Theory and the Practice of Law", 11 *New York University Review of Law and Social Change* 369 (1982-1983)。

⑥ 被频繁讨论或引用的思想家是雅克·德里达(Jacques Derrida)、米歇尔·福柯(Michel Foucault)、安东尼奥·葛兰西(Antonio Gramsci)、尤尔根·哈贝马斯、路德维希·维特根斯坦、卡尔·马克思(Karl Marx)和雅克·拉康(Jacques Lacan)。

> 没有什么内在于语言的东西能保证得出一种特定的结果。在每个案件中,法官都能够根据法律推理的准则得出许多形式上正确的判决。当然,共享的意义、社群的期望、职业习惯等等使得特定的判决似乎是必然得出的(虽然这远不是人们所想的)。但是,即使在那些案件中,产生判决的也不是规则的语词,而是一组因素,这组因素绝对不是普遍的、理性的或客观的,这是它们最显著的特征。人们假定,法律规则不仅是确定的(毕竟,以种族偏见为基础的判决是完全确定的),而且通过特定的解释方法产生确定性。然而,那种解释方法本身会产生不确定的结果;如果不推翻它假设的客观性与政治和道德中立性,增补解释方法就不足以得出明确的结论。①

如果法律材料不能决定法律案件的结果,那么基本的"法治"价值就会受到损害。②

关于法律的历史,批判法律研究的法学家有时指出了表面中立的规则实际上为权势者利益服务的方式。然而,更普遍的主题是法律规则和概念的偶然性:法律规则可能的发展方式不同于它们实际的发展方式。类似地,不应把现有的法律规则和概念视为自然的或不可避免

① James Boyle, "Introduction", in James Boyle ed., *Critical Legal Studies* (New York University Press, New York, 1994), p. xx. 关于批判法律研究不确定性观的不同重述,见 Duncan Kennedy, *A Critique of Adjudication (fin de siècle)* (Harvard University Press, Cambridge, Mass., 1997)。对于不确定性立场的一些可能变化以及对这些立场的批评,见 Lawrence B. Solum, "On the Indeterminacy Crisis: Critiquing Critical Dogma", 54 *University of Chicago Law Review* 462 (1987); Kenneth J. Kress, "Legal Indeterminacy", 77 *California Law Review* 283 (1989)。

② 甚至对法律推理持更中间派立场的学者也认真对待这个问题。见,例如,Neil MacCormick, *Rhetoric and the Rule of Law* (Oxford University Press, Oxford, 2005), pp. 12-16(讨论"有争议的法律性质"和"法治"价值观之间的紧张关系)。

的，而应视为偶然的且可以改变的。①

批判法律研究批评法律概念表面的中立性的一个例子是对公/私区分的抨击。② 论证大致如下：在法律体系内部和外部，属于"公"领域的问题（因而容易受到政府的控制）与属于"私"领域的问题（免于政府侵犯的避难所）被做了大量的区分。然而，强制与压迫常常发生在"私"领域：在家庭、家庭暴力和虐待中，以及个人的经济订购中经济上的强势者对弱势者设置的压迫性条款中。公与私的区分因此被削弱了；私领域不是免于公领域强制的避难所。恰恰是政府对保护"私人问题"（家庭关系和合同）中的弱者的拒绝，使得压迫能够发生并为其提供合法性证明。与某些法律现实主义者一样，批判法律研究法学家也想强调，私法规则在某种程度上不比公法规则更"自然"或"必然"（或"中立"），它们只不过是官员政策的产物。③

批判法律研究另外一个有影响的观点是"基本矛盾"（"fundamental contradiction"）这个概念。邓肯·肯尼迪（Duncan Kennedy）发明了这个

---

① 批判法律研究关于法律史的最著名的著作包括：Morton Horwitz, *The Transformation of American Law 1780–1860* (Harvard University Press, Cambridge, Mass., 1977); Hay, Linebaugh, Rule, Thompson and Winslow, *Albion's Fatal Tree*; and Robert W. Gordon, "Critical Legal Histories", 36 *Stanford Law Review* 57 (1984)；也见 Robert W. Gordon, "'Critical Legal Histories Revisited': A Response", 37 *Law & Social Inquiry* 200 (2012)。

② 见，例如，Frances Olsen, "The Family and the Market: A Study of Ideology and Legal Reform", 96 *Harvard Law Review* 1497 (1983); Morton Horwitz, "The History of the Public/Private Distinction", 130 *University of Pennsylvania Law Review* 1423 (1982)。可以在布赖恩·莱特那里找到对现实主义/批判法律研究针对公/私区分攻击的一个很好的反驳，Brian Leiter, "American Legal Realism", in Dennis Patterson ed., *A Companion to the Philosophy of Law and Legal Theory* (2nd ed., Wiley-Blackwell, Oxford, 2010), pp. 249–266, at p. 265。

③ 法律现实主义者关于这个主题的论文包括：Robert Hale, "Coercion and Distribution in a Supposedly Non-Coercive State", 38 *Political Science Quarterly* 470 (1923); and Morris Cohen, "Property and Sovereignty", 13 *Cornell Law Quarterly* 8 (1927)。

概念。[①] 它是指"与其他人的关系既是我们自由的必要部分,又与我们的自由不相容"[②],并且这些矛盾——分离与联系、个体与集体——渗透到我们的生活以及我们制定的法律规则和教义的各个方面。肯尼迪认为自由主义[③]法律理论否认这些矛盾或致力于"调解"这种矛盾,但是这种调解必然失败。这一论证也把这些矛盾与法律功能的合法化联系在了一起。[④] 肯尼迪和其他批判法律研究的法学家提出了有关法律对利他主义和个人主义,以及对规则和标准做出的同时且相互矛盾的承诺的相关主张。[⑤]

很难更明确地界定批判法律研究的立场,自认为是(或者别人认为是)批判法律研究运动成员的法学家对某些问题并没有采取相同的立场。这不仅仅是不同的法学家强调了不同的问题,而是,对任何给出的问题——例如,"法治"的价值、[⑥]权利话语的价值[⑦]和法律是否服务于

---

① Duncan Kennedy, "The Structure of Blackstone's Commentaries", 28 *Buffalo Law Review* 205 at 211-221 (1979). 简短而有效的回应,见 Andrew Altman, *Critical Legal Studies: A Liberal Critique* (Princeton University Press, Princeton, 1990), pp. 186-189。

② Kennedy, "The Structure of Blackstone's Commentaries", p. 213.

③ 在左派的批判性讨论中,"自由主义"通常泛指所有传统的、基于个人主义的政治理论和方法,包括一系列实质性观点,从文化保守派和自由主义保守派到非社会主义、非共产主义左派("自由派"和"进步主义者")。

④ Kennedy, "The Structure of Blackstone's Commentaries", pp. 213-221.

⑤ 见 Duncan Kennedy, "Form and Substance in Private Law Adjudication", 89 *Harvard Law Review* 1685 (1976); Kelman, *A Guide to Critical Legal Studies*, pp. 15-63(规则和标准)。罗伯托·昂格尔提出了另外一种可供比较的论点,他认为法律教义是不确定的,因为它同时包括对立的原则和相反的原则(比如"合同自由"与合同法中的公平与社群)。见 Roberto Mangabeira Unger, *The Critical Legal Studies Movement* (Harvard University Press, Cambridge, Mass., 1986), pp. 57-75。

⑥ 见,例如,Morton Horwitz, "The Rule of Law: An Unqualified Human Good?", 86 *Yale Law Journal* 561 (1977) (反对 E. P. 汤普森[E. P. Thompson]的观点——法治永远是不受限的善)。

⑦ 见,例如,Tushnet, "An Essay on Rights"; Morton J. Horwitz, "Rights", 23 *Harvard Civil Rights-Civil Liberties Law Review* 393 (1988)。

权势者的利益,不同的批判法律研究的法学家都有不同的立场。

由于在批判性法律研究中有大量作者就广泛的主题提出了各种观点,因此批评者和批评主题也相对广泛。我在注释中提供了简要的索引。①

"局外人的法理学"

女权主义法律理论和批判种族理论这两种法律进路有时被贴上了"局外人的法理学"的标签,②因为这两种法律理论都源于相同的核心问题:法律在某种程度上反映了白人的视角和价值,这对那些不是白人的公民和法律职业工作者产生了很大的影响。③ 19-03

下面这段出自一次关于批判种族理论的研讨会的话可以概括偏见问题:

> 很久以前,掌握权力的行动者和言说者把它们的意义、喜好和世界观保存到共同的文化和语言之中。现在在这种——声称一直

---

① 见,例如,Altman, *Critical Legal Studies: A Liberal Critique*; John Finnis, "On 'The Critical Legal Studies Movement'", 30 *American Journal of Jurisprudence* 21 (1985), reprinted in *Oxford Essays in Jurisprudence*, Third Series (J. Eekelaar and J. Bell eds., Clarendon Press, Oxford, 1987), pp. 145-165; Neil MacCormick, "Reconstruction after Deconstruction: A Response to CLS", 10 *Oxford Journal of Legal Studies* 539 (1990)。

② 见 Mari Matsuda, "Public Response to Racist Speech: Considering the Victim's Story", 87 *Michigan Law Review* 2320 at 2323 and n. 15 (1989); Mary Coombs, "Outsider Scholarship: The Law Review Stories", 63 *University of Colorado Law Review* 683 at 683-684 (1992)。

③ 见 Scott Brewer, "Introduction: Choosing Sides in the Racial Critiques Debate", 103 *Harvard Law Review* 1844 at 1850-1851 (1990) ("Moral Visions of Racial Distinctiveness"); Scott Brewer, "Pragmatism, Oppression, and the Flight to Substance", 63 *Southern California Law Review* 1753 (1990);一般性论述,见 Martha Minow, *Making All the Difference* (Cornell University Press, Ithaca, New York, 1990)。

是中立的、公平的——语言内做出的思考,就会不可避免地产生反映他们利益的结果。[①]

差异问题可以分两步来论证:

(1) 多数人或有权有势的人和少数人或无权无势的人之间的差异仅仅是长年压迫的反映吗?或者这种差异是内在的?

(2) 如果存在内在的差异,法律应该(如果真的会的话)怎样反映或回应这些差异?

有些学者认为有权有势的人与无权无势的人之间的差异是内在的:在这里,女人不同于男人,并且应当被区别对待。相比批判种族理论,这种观点在女权主义法律理论中更普遍。

有些问题是女权主义法律理论和批判种族理论共同关注的问题,这些问题源于如下事实:在法律体系中或通过法律体系创造平等、正义和改革的尝试发生在这样一种社会背景下,在这种背景下,不平等、歧视和压迫仍然普遍存在,即使不再像以前那样普遍。这导致提出改革的标准类型的困境:执行严格的表面中立制度是否更好,虽然这可能只会加剧现有的社会不平等?或者,提倡特殊待遇的形式是否更好,虽然这可能在短期内有所帮助的同时具有强化如下观点的长期效果,即接受特殊待遇的群体是弱势或劣等的?

最后,人们或许会注意到,女权主义法律理论、批判种族理论以及批判法律研究,都在以一种与本书讨论的其他法律进路不同的方式直接关注正义。[②] 这三种进路的论点基本上是:法律是不公的,因为它从

---

① Richard Delgado and Jean Stefancic, "Hateful Speech, Loving Communities: Why Our Notion of 'A Just Balance' Changes So Slowly", 82 *California Law Review* 851 at 861 (1994).

② 杰克·巴尔金(Jack Balkin)指出了这一点,在此谨致谢意。

整体上被歪曲了或存在(倾向于男人、白人和/或富人与有权有势者的)偏见。然而,虽然这些领域中的论点经常用公平和正义的措辞来表达,但是一种完整的正义或"善"理论很少被清楚地表达过。

女权主义法律理论和批判种族理论区别于其他大多数法律进路的一种方法是持续地关注改革提议,以及通过立法或司法行为改变法律的方式,这将消除法律体系或社会中被人们视为不正义的现象。后文将要详细讨论的一个例子是女权主义者提议改变对明示性色情材料的法律规定。女权主义者对改革法律的强调进一步表明她们与美国法律现实主义者之间的联系。某些现实主义者努力改革法律,使得法律符合他们关于法律应该如何运行的观念。①

女权主义法律理论

女权主义者的分析在各种语境中提出了重要的批评,从文化理论的一般性政治分析到特定学科门类的具体分析。虽然有些主题是大多数认同"女权主义"标签的学者所共同关注的——特别是,对理论或实践都被男性视角或利益歪曲了的主张——但甚至在一门学科中,那些自称为"女权主义者"的学者中间也有着许多不同,女权主义法律理论也不例外。然而,在这些学者(和这些文本)能被称为一个群体的意义上讲,她们在美国有着重要的影响,并且其影响在其他国家逐渐扩大。② 19-04

① 见,例如,Zipporah Wiseman,"The Limits of Vision: Karl Llewellyn and the Merchant Rules", 100 *Harvard Law Review* 465 (1987)(论述了现实主义思想和《统一商法典》之间的联系)。

② 一位同情的批评者近期写道:"现在的趋势就是,对女权主义的关切和创新无所贡献的法理学将不会有太多有趣的东西。" Matthew H. Kramer, *Critical Legal Theory and the Challenge of Feminism* (Rowman & Littlefield, London, 1995), p. 265.

如前所述,女权主义法律理论一方面分析了法律体系反映和加强男性视角的程度,另一方面分析了在法律规则、法律制度和法律教育中应当(或不应当)如何反映女人与男人的差异。

关于第一个方面,帕特里夏·史密斯(Patricia Smith)认为,女权主义者的法律理论共同反对支配社会和(与女权主义者的法律理论相关)法律体系的父权观念。① 女权主义法学家内部的差异反映了描述父权的许多面相和影响时重心或视角的差异,反映了她们集中关注的问题方面的差异,以及克服父权问题的策略方面的差异(例如,有些人信奉温和的改革,而有些人信奉对社会的彻底重建)。②

至于第二个方面,有人认为,女权主义者的法律理论的共同方面在于,她们各自回应了男人和女人之间内在的或社会建构的差异,回应了这些差异对于我们思考法律的影响。一个女权主义者对差异的回应是:

(1) 男人和女人之间存在内在的差异;

(2) 社会和法律是围绕着男性的标准和男性的规范组织起来的,在这个环境中社会和法律一直忽视了女人的利益;因此

(3) 应该对社会和法律进行改革,消除偏见并同时反映男人和女人的经验。

被人们强调的男人和女人之间的差异包括:价值观的差异、看待世界的差异、对他人反应的差异、③对问题反应的差异、说法方式

---

① Patricia Smith, "Feminist Jurisprudence", in Dennis Patterson ed., *A Companion to the Philosophy of Law and Legal Theory* (2nd ed., Wiley-Blackwell, Oxford, 2010), pp. 290-298, at pp. 294-296.

② Smith, "Feminist Jurisprudence", at 307-308.

③ 卡萝尔·吉利根的著作用某些方式例证了三种回应。见 Carol Gilligan, *In a Different Voice: Psychological Theory and Women's Development* (rev. ed., Harvard University Press, Cambridge, Mass., 1993)。

的差异[1]等等。一般而言,这种观点与卡萝尔·吉利根(Carol Gilligan)的著作联系在一起;在法律理论中,最著名的支持者可能要数罗宾·韦斯特(Robin West, 1954—)。[2] 论证如下:传统的惯习的道德("正义伦理")进路强调个体权利、自主性和距离,但在此之外还存在一种主要(虽然不仅仅)与女人联系在一起的不同的道德思想。[3] 这种"照护伦理"强调联系、互相依赖和关心的给予。

女权主义者对差异的第二种回应是认为男人和女人之间没有内在的(重要的)差异,任何法律中假设相反情形的方面都应改变。这种立场经常包含如下观点:男人和女人之间的差异是不重要的,或者,这些差异是偶然的社会或文化强制的结果。

凯瑟琳·麦金农(Catharine MacKinnon, 1946—)的著作所赞同的第三种进路认为,可能出现在男人和女人之间的大多数差异是男人统治和利用女人的结果。[4] 女人不被允许在高身份或高收入领域工作,但是随着时间的迁移,女人适应了这些限制,她们赞同她们被允许从事的工作的价值(例如,护理职业的价值、被子的艺术价值等)。女人倾向于谈判,努力解决问题,而不是在"赢者通吃"的竞争中战斗,那是因为她们已经知道她们很可能在这类竞争中失败,这个社会把所有权力都赋予给男人并鼓励对女人的压迫。类似地,女人重视护理和养育的价值,那是因为

---

① 见,例如,Deborah Tannen, *You Just Don't Understand* (William Morrow, New York, 1990)。

② 见,例如,Robin West, *Caring for Justice* (New York University Press, New York, 1997)。

③ 见 Gilligan, *In a Different Voice;* 但见 Sara Jaffee and Janet Shibley Hyde, "Gender Differences in Moral Orientation: A Meta-Analysis", 126 *Psychology Bulletin* 703 (2000) (质疑了照护小孩是女性的伦理责任这一经验性主张)。

④ 见,例如,Catharine A. MacKinnon, *Feminism Unmodified* (Harvard University Press, Cambridge, Mass., 1987), pp. 32-45("Difference and Dominance: On Sex Discrimination")。

这些价值是社会(也即,男人)赋予女人的价值。社会鼓励女人成为优秀的母亲和保姆;不鼓励她们成为优秀的立法者和政治家。①

麦金农也是众多批评平等视角倾向于为男性利益服务的方式的女权主义者之一:"为什么任何人都必须像白人男性一样才能得到他们所拥有的,而白人男性不必像除彼此之外的任何人一样?"②麦金农认为,巧合的是,性别压迫的最大领域在没有男性等同物、没有男性标准的地方:怀孕、堕胎、强奸等。③

女权主义者的进路和视角被适用于各种论题和问题,其中包括堕胎权、④关于强奸的法律、⑤性骚扰、⑥代孕母亲、⑦怀孕和产假⑧以及(或许最富争议的)色情作品。⑨ 虽然这些论点必然因文而异、因人而异,但

---

① 麦金农的"支配理论"回应了弗里德里希·尼采(1844—1900)关于"主人道德"和"奴隶道德"的观点。在尼采看来,如果某人是一个强人或一个强势群体的一员,其更可能重视力量、活动或胜利的价值;如果某人是一个弱者或一个弱势群体的一员,其更可能发展出这样一种道德观,这种道德观认为,胜利、力量和财富均属可疑,温驯长存,谦逊和服从是最大的价值。见,例如,Friedrich Nietzsche, *On the Genealogy of Morality* (K. Ansell-Pearson ed., Cambridge University Press, Cambridge, 1994), First Essay (1887)。

② Catharine MacKinnon, "Reflections on Sex Equality Under Law", 100 *Yale Law Journal* 1281 at 1287 (1991).

③ 见 MacKinnon, "Reflections on Sex Equality Under Law", at 1297。

④ 见,例如,MacKinnon, *Feminism Unmodified*, pp. 93-102; Antia Allen, "The Proposed Equal Protection Fix for Abortion Law: Reflections on Citizenship, Gender, and the Constitution", 18 *Harvard Journal of Law and Public Policy* 419 (1995)。

⑤ 见,例如,Panel Discussion, "Men, Women and Rape", 63 *Fordham Law Review* 125 (1994); Susan Estrich, *Real Rape* (Harvard University Press, Cambridge, Mass., 1987)。

⑥ 见,例如,Catharine MacKinnon, *Sexual Harassment of Working Women* (Yale University Press, New Haven, 1979)。

⑦ 见,例如,Martha Field, "Surrogacy Contracts: Gestational and Traditional: The Argument for Nonenforcement", 31 *Washburn Law Review* 3 (1991)。

⑧ 见,例如,Minow, *Making All the Difference*, pp. 56-60; Herma Hill Kay, "Equality and Difference: The Case of Pregnancy", 1 *Berkeley Women's Law Journal* 1 (1985)。

⑨ 见,例如,MacKinnon, *Feminism Unmodified*, pp. 127-213; 又见 Nicola Lacey, "Theory into Practice? Pornography and the Public/Private Dichotomy", 20 *Journal of Law and Society* 93 (1993)。

最普遍的主题是这些领域中当下的法律或进路为男性偏见提供了例证,并且/或者损害了女性这个群体。

我将简短地讨论女权主义法律理论中一个更著名的论题——麦金农-德沃金关于明示性色情材料的拟议立法,以让读者对这些问题的复杂性和难度有一定的了解。[①] 对凯瑟琳·麦金农而言,男性在性别问题上对女人的统治和利用是性别主义和父权的核心。她写道:“从女权主义的观点看,色情作品是强迫性的性、色情政治、性别不平等的制度表现”。[②] 一种观点是:(大多数)色情材料的核心指出,女人是男人的附属品,并且女人享受这种作为附属品的状态。[③] 色情作品的影响超出了它是否因为它的“不道德”(因为赤裸裸的色情而变得不道德)而受到限制这个问题。在麦金农和德沃金看来,色情作品通过强化女性的从属地位和男性对女性享受这种从属地位的看法来使女性沉默。[④]

麦金农(与安德烈娅·德沃金[Andrea Dworkin]一起)起草了一项参考性的民权法令,为与表现出极端性别不平等的明示性色情材料相关的伤害提供民事追索权。[⑤] 在这份法令中,任何直接或间接受到色情材料[⑥]伤害的人都可以提起损害赔偿。该参考性法令在美国多

---

① 我并不声称这个论题代表了女权主义理论家提出的问题;我也不认为任何议题能具有这种代表性。女权主义法律理论提出的问题范围如此广泛,具有如此不同的轮廓,以至于任何对“代表性”问题的探索都注定要失败。

② MacKinnon, *Feminism Unmodified*, p. 148.

③ 见,例如,MacKinnon *Feminism Unmodified*, pp. 148, 160, 172。

④ 见,例如,MacKinnon *Feminism Unmodified*, pp. 146-213。

⑤ 麦金农和德沃金(与第七章的罗纳德·德沃金无关)也以她们关于异性性关系的观点而知名,虽然这些观点经常被误解或错误地概括。有关麦金农关于这个问题的观点的精妙概括和分析,见 Frances Olsen, “Feminist Theory in Grand Style”, 89 *Columbia Law Review* 1147 at 1154-1160 (1989)。

⑥ 伤害的种类包括“强迫进行色情活动”“勉强一个人接受色情”“色情猥亵”和“色情诽谤”。

个城市被提出并在一个城市获得通过，但法院以言论自由为由宣布其无效。①

在麦金农-德沃金的提案中，“色情作品”被界定为“赤裸裸地展示女人附属地位的色情文字”，界定的方式是把女人描述成或说成喜欢侮辱、痛苦，或成为强奸或其他暴力犯罪受害者。（宣布这条法令无效的宪法依据是：根据表达自由权，政府不得以态度为基础区别对待不同材料；因此，如果一项法律规定，暗示妇女享受从属地位的露骨色情材料应承担民事责任，而将妇女描述为不享受这种待遇的类似材料不用承担责任，那么该法律应当被认为是对言论自由的不当政府干预。②）

一位同情麦金农-德沃金提案的学者把反色情提议放在更一般的女权主义分析的语境中进行考察，她把这种分析概括如下：

> 麦金农认为，男人剥夺了女人的性，色情增加了女人附属地位的性魅力，女人的附属地位创造了我们对性别差异的感知和体验。她认为，色情是女人附属地位的关键，色情使得女人的附属地位具有了性的吸引力，并且不断地强化附属领域，并让附属领域充满色情。规制色情的要点不是让生命变得无趣，而是从根本上扭转男

---

① 见 Cynthia Grant Bowman, Laura A. Rosenbury, Deborah Tuerkheimer, and Kimberly A. Yuracko, *Feminist Jurisprudence: Taking Women Seriously* (4th ed., West Publishing, St. Paul, 2011), pp. 383-392。麦金农和德沃金的“参考性法令”部分重印于该书的第 383—386 页。有关思考这部法令时的证据和政治策略的同情概括，见 Paul Brest and Ann Vandenberg, “Politics, Feminism, and the Constitution: The Anti-Pornography Movement in Minneapolis”, 39 *Stanford Law Review* 607 (1987)。

② *American Booksellers Assoc. Inc. v Hudnut*, 771 F. 2d 323 (7th Cir. 1985), affirmed mem., 475 U.S. 1001 (1986).

人和女人的关系。①

指出如下这点是重要的,即如同针对许多更富争议的论题,女权主义法学家针对这个问题也分为两派:反对麦金农-德沃金的提议和对明示性性言论的限制的,和支持那种限制的。② 那些反对限制色情的人提出了各种论点,包括以下主张:色情有助于削弱传统的压迫或限制女人的性道德;任何政府的规制在影响"坏的"或"压迫性的"色情的同时,也必然影响到"好的"或"解放性的"色情;有些女人喜欢创作或"消费"色情作品,甚至是那种特别表现女人享受痛苦或虐待的色情作品(比如,施虐与受虐)。③

一些支持和反对诸如麦金农-德沃金提案的辩论转向了关于自主性和"虚假意识"("false consciousness")的问题。④ 有些女人认为她们实际上喜欢从事麦金农-德沃金法令试图限制的赤裸裸的色情活动或阅读色情作品,对这一论点的通常回应是:这些女人对喜欢的感知本身是无处不在的社会压迫的产物,一个充满压迫的社会培养了一批喜欢色情的女人(女人,如同以前的奴隶,在所处的环境中发现她们所能享

---

① Olsen, "Feminist Theory in Grand Style", p. 1160(注释和参考页码省略). 女权主义对色情提出了批评,色情不是"纯粹的言论",而是帮助建立或建构了一种支配女人的社会实在,这种批评与批判种族理论对"憎恨言论"提出的分析类似。见 Mari J. Matsuda, Charles R. Lawrence III, Richard Delgado and Kimberlè Williams Crenshaw, *Words That Wound: Critical Race Theory, Assaultive Speech, and the First Amendment* (Westview Press, Boulder, Colo., 1993)。

② 反对限制明示性性言论的观点,见,例如, Varda Burstyn ed., *Women Against Censorship* (Douglas & MaIntyre, Ltd., Vancouver, 1985); Wendy McElroy, *XXX: A Woman's Right to Pornography* (St. Martin's Press, New York, 1995)。

③ 上一个注释中引用的文本详细阐述了这些论点。

④ "虚假意识"是指"不能看到事物特别是社会关系和利用关系的真正面目"。Blackburn, *The Oxford Dictionary of Philosophy*, 2nd ed., p. 130.

受的有意义的东西，并且说服自己相信自己是自愿选择她们的道路的）。① 这个问题造成了麻烦和不安。

至于“虚假意识”的可能性，一方面，我们承认来自我们自己和他人的熟悉经验，这种情况下一个人似乎相信（基于某些理由）某些东西是她想要的或者符合她的最佳利益，而实际上它不是如此。我们明白广告商、政治家、宗教领袖和其他试图（有时成功地）说服我们相信我们“应该”想要什么的人的影响。（如果试图创造新的需要和欲望的过程从来没有成功过，那么，人们将早就停止花费大量的时间和金钱致力于这类事业。）

另一方面，说在社会压力（不管是商业、宗教、政治或其他的因素）强加给的所有自我之下还存在一个“真我”，这幅图景不能完全令人信服。② 即使人们原则上可以区分“真”我及其“真正”利益、欲望和每天都被洗脑的人，这种决定又是如何做出的呢？以及（或许更重要的），谁来做出这个决定呢？

批判种族理论

19-05 根据大多数人的解释，在20世纪80年代后期批判种族理论从批判法律研究运动中分离了出来。③ 许多来自少数种族和部落群体的学者

---

① 见，例如，MacKinnon *Feminism Unmodified*, pp. 218-219; Catherine MacKinnon, *Towards a Feminist Theory of the State* (Harvard University Press, Cambridge, Mass., 1989), pp. 148-154。

② 对“自我”的一致性或坚固性的质疑是“后现代主义者”的一个共同论题，本书第二十二章将要讨论后现代主义进路。

③ 安杰拉·哈里斯把1989年7月在麦迪逊召开的一次会议当作“批判种族理论的第一届年会”。Angela P. Harris, “Foreword: The Jurisprudence of Reconstruction”, 82 *California Law Review* 741 at 741 (1994). 这场运动的历史也可以用另一种方式概括：批判种族理论植根于20世纪70年代，理论家开始思考美国民权运动完成了什么没有完成什么的时候，便产生了批判种族理论。见，例如，Richard Delgado and Jean Stefancic, “Critical Race Theory: An Annotated Bibliography”, 79 *Virginia Law Review* 461 at 461 (1993); Matsuda, Lawrence, Delgado and Crenshaw, *Words That Wound*, p. 3。

不满批判法律研究,很大程度上是基于两点理由:1. 他们认为批判法学的社会观低估了种族和种族主义的地位;以及 2. 他们相信批判法学的权利批判低估了权利对于受压迫群体的价值。①

如同这个部分前面讨论的其他论题(美国法律现实主义、法律与经济学、批判法律研究和女权主义法律理论),很难一般性地谈论批判种族理论,各种理论家和分析接受或运用了批判种族理论这个称号。虽然我们依然要谨记这份免责声明,但有些东西似乎可以适用于这个领域中的很多部分。② 批判种族理论可以被理解为具有许多主要主题。第一个主题是种族主义:种族主义渗透在社会的各个方面,在许多声称中立的概念、程序和分析方法中可以找到种族偏见。③ 第二个主题认为,法律——即使它声称中立,甚至试图服务于少数人的利益④——运作的最终结果是维持或深化种族从属地位。第三个主题在批判种族理论中是常见的,尽管肯定不是无处不在。该主题认为,来自少数族

---

① 见,例如,J. Williams, "Alchemical Notes: Reconstructing Ideals From Deconstructed Rights", 22 *Harvard Civil Rights-Civil Liberties Law Review* 401 (1987)。

② 在批判种族理论的注解文献中(引自注释 62),理查德·德尔加多(Richard Delgado)和琼·斯蒂芬西克(Jean Stefancic)列举了十个批判种族理论共同的或不同的"主题"。其他地方列举了批判种族理论的六大略有不同的"要素",in Matsuda, Lawrence, Delgado and Crenshaw, *Words That Wound*, pp. 6-7。本文提出的批判种族理论的图景将涵盖某些相同的基础,但必然是以某种简化的方式。

③ 见,例如,Harris, "Foreword: The Jurisprudence of Reconstruction", pp. 770-771。这与"无意识的种族主义"这个有趣的概念联系在一起。见 Charles R. Lawrence III, "The Id, the Ego and Equal Protection: Reckoning with Unconscious Racism", 39 *Stanford Law Review* 317 (1987); 又见 Charles Lawrence III, "Unconscious Racism Revisited: Reflections on the Impact and Origins of the Id, the Ego, and Equal Protection", 40 *Connecticut Law Review* 931-977 (2008)。对无意识种族主义思想的批判性回应,见 Amy L. Wax, "The Discriminating Mind: Define It, Prove It", 40 *Connecticut Law Review* 979 (2008)。

④ 见 Derrick A. Bell, Jr., "Racial Remediation: An Historical Perspective on Current Conditions", 52 *Notre Dame Law Review* 5 (1976); Alan David Freeman, "Legitimizing Racial Discrimination Through Antidiscrimination Law: A Critical Review of Supreme Court Doctrine", 62 *Minnesota Law Review* 1049 (1978)。

群的人(或者,至少那些因为他们的作为少数族群一员的身份而遭受痛苦的人)具有不同的观点、感知和经历,主流或传统的法律讨论没有恰当地认可或充分讨论这些不同的观点、感知和经历(不管这些讨论发生在法庭、法学院的教室、法律期刊的论文当中还是发生在新闻报道当中)。①

批判种族理论家经常试图展示普遍的种族主义如何影响法律和法律学术,无论是在种族因素至为明显的领域,②还是在种族对大多数观察者来说不会立即显得突出的领域。③ 一些理论家还考虑了种族平等在多大程度上不再是一个现实的目标,④或者至少,少数群体应该在多大程度上关注法院或法律以外的手段以实现他们的目标。⑤

批判种族学派的一个自然关注点是平权行动(有时也以"积极性差别待遇"或"反向歧视"而著称),⑥支持具有某种少数种族或民族成员身份的候选人当选。⑦ 有许多学者极力捍卫和论证此类政策的正当性,

---

① 见,例如,Matsuda, Lawrence, Delgado and Crenshaw, *Words That Wound*, p. 6。

② 见,例如,Kimberlé Crenshaw, "Race Reform, and Retrenchment: Transformation and Legitimation in Antidiscrimination Law", 101 *Harvard Law Review* 1331 (1988); Lani Guinier, "The Triumph of Tokenism: The Voting Rights Act and the Theory of Black Electoral Success", 89 *Michigan Law Review* 1077 (1991)。

③ 见,例如,Patricia J. Williams, "Fetal Fictions: An Exploration of Property Archetypes in Racial and Gendered Contexts", 42 *Florida Law Review* 81 (1990); Stephen Carter, "When Victims Happen to Be Black", 97 *Yale Law Journal* 420 (1988)。

④ 见 Derrick Bell, "Racial Realism", 27 *Connecticut Law Review* 363 (1992)。

⑤ 见 Girardeau A. Spann, *Race Against the Court* (New York University Press, New York, 1993); Richard Delgado, "Rodrigo's Ninth Chronicle: Race, Legal Instrumentalism, and the Rule of Law", 143 *University of Pennsylvania Law Review* 379 (1994)。

⑥ 有关平权行动的一般性论述,见,例如,Robert K. Fullinwinder, "Affirmative Action", in Edward N. Zalta ed., *Stanford Encyclopedia of Philosophy*, *http://plato.stanford.edu/entries/affirmativeaction* (2018)。

⑦ 平权行动政策也经常优先支持女性,有迹象表明女性(而非少数族群成员)成为了美国平权行动的首要受益者。

但是其他学者提出了更加矛盾的回应。① 平权行动论题调和了批判种族理论的第一个主题的某些方面——种族主义在社会上的蔓延(这既为这些政策提供了辩护,又解释了此类政策为何以它们当前的形式做了更多的坏事而不是好事)——与第三个主题的某些方面——少数群体工人、职业人士和学者能够把不同的有价值的东西带到他们的工作环境中(为平权行动政策提供的一种辩护)。

至于身份问题,此处的论点是,群体身份和经验是我们自我认知的一个核心部分并强烈地影响了我们感知这个世界的方式,所以存在多种视角是重要的,因此,一个环境的所有方面才能都被恰当地审视,而多数人或支配群体的观点也不会被误当作客观的或普遍的。② 虽然这一论点有时被作为“后现代”理论的一个分支提出来,③但它不必然如此。这种主张不需要比声称那些终生遭受种族歧视的人可能对歧视问题拥有多数人所不具备的观点或洞察力更雄心勃勃或更具争议性。一位批判种族理论家米尔纳·鲍尔(Milner Ball)把他同行的文章描述为“教给我们法律的感觉效果以及关于法律性质的某些东西:成为财产的客体、被宪法所保护的言论所伤害、成为白人法学院系的少数成员”④。

---

① 见,例如,Derrick Bell,“Xerces and the Affirmative Action Mystique”, 57 *George Washington Law Review* 1595 (1989); Richard Delgado,“Affirmative Action as a Majoritarian Device: Or, Do You Really Want to be a Role Model”, 89 *Michigan Law Review* 1222 (1991); Mari Matsuda,“Affirmative Action and Legal Knowledge: Planting Seeds in Plowed-Up Ground”, 11 *Harvard Women's Law Journal* 1 (1988)。

② 见,例如,Drucilla Cornell,“Loyalty and the Limits of Kantian Impartiality” (book review), 107 *Harvard Law Review* 2081 (1994)。

③ 关于后现代主义,见第二十二章。

④ Milner Ball,“The Legal Academy and Minority Scholars”, 103 *Harvard Law Review* 1855 (1990) (注释省略).

根据与主流思想的关系,批判种族理论家的主张既有被认为是有帮助的和不足为奇的,也有被认为是激进的、引发分裂的或荒谬的。不足为奇的一面包括已经提到的内容,声称受压迫少数群体的成员体验法律的方式与多数特权成员的体验方式不同,在此基础上他们能提供不同的想法和观点。我所说的"法律经验",是指人们(不是律师和法官)在日常生活基础上与法律制度交往的各个方面。对少数群体的成员而言,这或许意味着警察的欺凌或不信任,或者多数群体成员的歧视或侮辱(这些行为或许是不合法的,但是,作为一个实践问题,在这个法律体系中没有救济的手段)。[①]

沿着相似的、相对没有争议的路线,批判种族理论家认为,既然少数群体的成员对生命的体验不同于多数群体的成员,在法律课堂、法学院系、警察机关、司法部分等地方增加族群多样性便是很有价值的,因为这种多样性往往会带来丰富多样的观点和观念。一位学者把这些论点概括如下:"正如仆人比主人更了解这个家庭,美国社会的'下层'人士对这个社会的认识比上层人士更清楚。"[②]如前所述,这是平权行动(积极性差别待遇)的标准论点的组成部分。

更富争议的主张(某些是对更具可接受性的观点的彻底改造)包括如下观点:有些真理是少数群体的成员能够发现,而多数群体的成员却发现不了的。[③] 一位批判种族理论家写道:

---

① 有关思考受害人视角的重要性的司法认可,见,例如,*Lynch v Donnelly*, 465 U. S. 668 at 688-694 (1984) (奥康纳, 并存意见) (在思考政府的行为是否构成对[多数]宗教的公开支持时,考虑宗教少数群体的视角的重要性); *Ellison v Brady*, 924 F. 2d 872 at 878-879(9th Cir. 1991) (在评价性骚扰时,适用"受害人的视角","理性女性"的检验标准)。

② 见 Harris, "Foreword: The Jurisprudence of Reconstruction", p. 769(注释省略)。

③ 例如,Mari Matsuda, "Looking to the Bottom: Critical Legal Studies and Reparations", 22 *Harvard Civil Rights-Civil Liberties Law Review* 323 at 326,346 (1987) ("种族压迫的受害者拥有不同的规范性洞察";"现世受压迫的人能够最雄辩地谈论一个更美好的世界")。

> 少数人的视角迫切需要彻底改变我们思考和建构知识的方式……区分少数族裔的意识需要承认那些在美国历史中在社会、结构和智力上被边缘化的人所特有的感受和无形的感知模式。[①]

一个从更温和的前提推导出来的同样有争议的结论是：只有特定群体的成员才能恰当地或充分地讨论特定主题，例如，只有少数族群的成员能够（或应该）讨论种族主义的法律和道德方面。[②]

除了这些主要分支，某人或许也找到了批判种族理论中其他两个相对突出的主题[③]：首先，“交叉性”问题——不同的身份和不同的压迫（例如，种族和性别）如何交叉[④]；其次，强调穷人和边缘人的视角。[⑤]

连同批判种族理论的大量分支，人们也注意到这场运动中的许多著作在文体上常常是不同的。这场运动中的学术著作常常使用“叙事”或“讲故事”的方法，[⑥]尽管这些方法绝不是批判种族理论独有的。[⑦] 在

---

① Robin Barnes, “Race Consciousness: The Thematic Content of Racial Distinctiveness in Critical Race Scholarship”, 103 *Harvard Law Review* 1864 at 1864 (1990)（注释省略）.

② 一种批判性观点，in Randall Kennedy “Racial Critique of Legal Academia”, 102 *Harvard Law Review* 1745 at 1778-1787 (1989)。

③ 小亚历克斯·M. 约翰逊（Alex M. Johnson, Jr.）指出了这些主题在批判种族理论中的重要性，在此谨致谢意。

④ 见，例如，Angela P. Harris, “Race and Essentialism in Feminist Legal Theory”, 42 *Stanford Law Review* 581 (1990)。

⑤ Matsuda, “Looking to the Bottom: Critical Legal Studies and Reparations”.

⑥ 见，例如，William N. Eskridge, Jr., “Gaylegal Narratives”, 46 *Stanford Law Review* 607 (1994); Kathryn Abrams, “Hearing the Call of Stories”, 79 *California Law Review* 971 (1991)。

⑦ 见，例如，Delgado and Stefancic, “Critical Race Theory: An Annotated Bibliography”, p. 462; Richard Delgado, “Legal Storytelling: Storytelling for Oppositionists and Others: A Plea for Narrative”, 87 *Michigan Law Review* 2411 (1989)。叙事是批判种族理论的核心要素，基于大体相同的理由，它也是女权主义法律理论的重要部分。见，例如，Martha Fineman and Nancy Thomadsen eds., *At the Boundaries of Law* (Routledge, New York, 1991), pp. 1-58 (“Perspectives from the Personal”)。

更传统的规范性论证领域运用讲故事的方法至少有两个目标可供选择。[①] 首先,一种丰富的叙事有助于多数群体的成员理解少数群体的成员对法律体系的体验[②];其次,故事和寓言可以用来削弱关于人类动机的过于简化的观点。[③] 人们或许想知道,一个虚拟的故事或寓言对我们的世界观能提出什么观点。首先,有些人的喜好我们在世俗的日常生活中可能永远无法知晓,所以即使故事是虚拟的,它也有助于我们了解那些人的视角和体验。其次,一个虚拟的故事或寓言让我们相信它在某种程度上"听起来真";因而,威廉·戈尔丁的《蝇王》或德里克·贝尔的《我们没有被拯救》是否影响了我们的世界观,取决于我们是否相信这些寓言中的人物在所描述的情况下表现得就像真人一样。[④]

反对叙事学派的人认为,叙事会导致或掩盖严格的事实、关联或因果关系的缺乏,并且,叙事虽然刺激了同感,但它经常片面地刺激同感(例如,如果它表明雇农的境况,那么它或许没有反映地主的视角)。[⑤] 作为回应,批判种族理论中的一些叙事支持者(他们将其视为对知识、学术和优点的传统观念的更广泛挑战的一部分)认为,抱怨叙事学术达

---

① Harris, "Foreword: The Jurisprudence of Reconstruction", pp. 755-757.

② 某些运用叙事的最佳例子,见 Patricia J. Williams, *The Alchemy of Race and Rights* (Harvard University Press, Cambridge, Mass., 1991)。

③ 关于"叙事"的其他主张是:它"创立并确认了个体和集体的身份",并且有助于"调动"我们的情感、精神性的感觉和我们的理性。Harris, "Foreword: The Jurisprudence of Reconstruction", pp. 780-781(注释省略).

④ 见 William Golding, *Lord of the Flies* (Perigee, New York, 1954); Derrick Bell, *And We Are Not Saved: The Elusive Quest for Racial Justice* (Basic Books, New York, 1987)。

⑤ 见 Danniel A. Farber and Suzanna Sherry, "Telling Stories Out of School: An Essay on Legal Narratives", 45 *Stanford Law Review* 807 (1993); Richard A. Posner, *Overcoming Law* (Harvard University Press, Cambridge, Mass., 1995), pp. 368-384(reviewing Williams, *The Alchemy of Race and Rights*); David A. Hyman, "Lies, Damned Lies, and Narrative", 73 *Indiana Law Journal* 797 (1998)。

不到传统标准是“没有抓住要点”。[1]

批判种族理论的性质如此，以致越来越多的以更狭小的群体为基础的大量主张从批判种族理论中发展出来，或者与批判种族理论类似：最初的主张是“批判拉丁理论”（也称“拉丁批判理论”）和“酷儿理论”。[2] 如果一种观察世界的方式很大程度上是由一个人成长的文化和社群以及他或她面对的歧视塑造的，那么得出如下结论似乎是顺理成章的：不仅少数群体观察这个世界的方式不同于多数群体，（例如）拉丁裔美国人和亚裔美国人观察这个世界的方式也不同于非洲裔美国人，并且人们还可以依此类推。墨西哥裔美国人认为（并且已经认为），他们的经验和文化迥异于其他拉丁裔美国人。类似地，西印度裔美国人不同于其他“非洲裔美国人”。这种论点可以依此类推，女人对生活的体验不同于男人，[3]同性恋和双性恋者不同于异性恋（并且，属于少数族

---

① Derrick A. Bell, “Who's Afraid of Critical Race Theory”, 1995 *University of Illinois Law Review* 893 at 907-910.

② 有关拉丁批判理论，见，例如，Symposium：“LatCrit Theory：Latinas/os and the Law”, 85 *California Law Review* 1087-1686（1997），10 *La Raza Law Journal* 1-600（1997）；又见 Richard Delgado and Jean Stefancic eds., *The Latino Condition: A Critical Reader*（New York University Press, New York, 1998）；关于“批判拉丁理论”如何以及为什么从批判种族理论中分裂出来的一种解释，见 Francisco Valdes, “Theorizing ‘OutCrit’ Theories：Coalition Method and Comparative Jurisprudential Experience—RaceCrits, QueerCrits and LatCrits”, 53 *University of Miami Law Review* 1265（1999）。有关“酷儿理论”，见，例如，Francisco Valdes, “Queers, Sissies, Dykes, and Tomboys：Deconstructing the Conflation of ‘Sex’, ‘Gender’, and ‘Sexual Orientation’ in Euro-American Law and Society”, 83 *California Law Review* 3（1995）；William N. Eskridge, Jr., *Gaylaw: Challenging the Apartheid of the Closet*（Harvard University Press, Cambridge, Mass., 1999）。有关其他许多以团体和社群为基础的主张的努力，见，例如，Robert S. Chang, “Toward an Asian American Legal Scholarship：Critical Race Theory, Post-Structuralism, and Narrative Space”, 81 *California Law Review* 1244（1993）。

③ 见，例如，Adrien Katherine Wing ed., *Critical Race Feminism: A Reader*（New York University Press, New York, 1997）；Adrien Katherine Wing ed., *Global Critical Race Feminism: An International Reader*（New York University Press, New York, 2000）。

群成员的同性恋者对生活的体验不同于白人同性恋者[①])。这个问题分解为小问题之后变得更迫切了:这些差异是“本质的”吗?——群体中的每个人确实拥有并必然拥有相同的视角和特征吗?[②] 用充分的对话和解释可以让一个群体的人理解另一个群体的人的观点和价值吗?

对批判种族理论和许多相关的以身份为基础的理论而言,一个相关的复杂因素是这些进路的边界经常变得模糊不清。这些理论通常没有一致的方法,唯一把这些思想流派的成员联系在一起的东西是受压迫群体的成员身份,以及对影响他们所在群体的问题的关注。然而,那种描述可能涵盖了许多不认为自己属于这个流派的学者。[③]

其他批判进路

19-06 此外,还有各种各样的研究法律的批判方法,例如:

(1) 将社会学运用于法律研究,以“社会-法律研究”“法律与社会”和“语境中的法律”而著称。这种研究方法长期以来以经验为基础来批评当前的法律和法律实践,并且对法律变迁提出建议。[④] 虽然社会学致

---

① 见,例如,Darren Lenard Hutchinson, “Out Yet Unseen: A Racial Critique of Gay and Lesbian Legal Theory and Political Discourse”, 29 *Connecticut Law Review* 561 (1997)。

② 批判种族理论对某些女权主义著作明显的本质主义提出了重要的有影响的批判,见 Angela P. Harris, “Race and Essentialism in Feminist Legal Theory”, 42 *Stanford Law Review* 581 (1990)。

③ 例如,吴华扬(Frank Wu)写了一本优秀的书论述反对亚裔美国人的种族主义的问题,*Yellow: Race in America Beyond Black and White* (Basic Books, New York, 2002), 他经常被人描述(或“指责”)为一个批判种族理论家,但他从来没有说自己是该学派的一员。

④ 见,例如,Richard L. Abel ed., *The Law & Society Reader* (New York University Press, New York, 1995); Austin Sarat ed., *The Blackwell Companion to Law and Society* (Blackwell, Oxford, 2004); Stewart Macaulay, Lawrence M. Friedman and Elizabeth Mertz eds., *Law In Action: A Socio-Legal Reader* (Foundation Press, New York, 2007)。

力于描述性的和道德中立的研究，但是许多认同这种方法的人具有“进步的”或激进的观点，因此这些运动通常被视为批判研究而不是科学研究。①

（2）以尤尔根·哈贝马斯（1929—　）的著作为基础的理论，以及他从“理想言谈情境”的目的或规范产生道德和政治价值的著作。②

（3）马克思主义的法律理论和后现代法律理论，这将在第二十二章讨论。

---

① 见，例如，Roger Cotterrell，“Subverting Orthodoxy，Making Law Central：A View of Sociolegal Studies”，29 *Journal of Law and Society* 632（2002）。

② 见，例如，Jürgen Habermas，*Between Facts and Norms: Contributions to a Discourse Theory of Law and Democracy*（William Rehg trans.，MIT Press，Cambridge，Mass.，1996）；Michel Rosenfeld and Andrew Arato eds，*Habermas on Law and Democracy: Critical Exchanges*（University of California Press，Berkeley，1998）。

建议进一步阅读的书目

19-07 批判法律研究

James Boyle ed., *Critical Legal Studies* (New York University Press, New York, 1994).

Critical Legal Studies Symposium, 36 *Stanford Law Review* 1674 (1984)(论题广泛的文集,包括批判法律研究运动史的文章和批评批判法律研究运动的文章,也有解释或运用批判法律研究运动观点的文章).

Douglas Hay, Peter Linebaugh, John Rule, E. P. Thompson and Cal Winslow, *Albion's Fatal Tree* (Penguin, Middlesex, England, 1975).

Alan Hunt, "The Theory of Critical Legal Studies", 6 *Oxford Journal of Legal Studies* 1 (1986).

David Kairys ed., *The Politics of Law* (3rd ed., Pantheon, New York, 1998)(作者包括 Duncan Kennedy, Robert Gordon, Morton Horwitz, Mark Kelman, Peter Gabel 和 Frances Olsen).

Mark Kelman, *A Guide to Critical Legal Studies* (Harvard University Press, Cambridge, Mass., 1987).

Duncan Kennedy, *A Critique of Adjudication (fin de siècle)* (Harvard University Press, Cambridge, Mass., 1997).

Roberto Mangabeira Unger, *The Critical Legal Studies Movement* (Harvard University Press, Cambridge, Mass., 1986).

女权主义法律理论

Katharine Bartlett, and Rosanne Kennedy eds., *Feminist Legal Theory: Readings in Law and Gender* (Westview Press, Boulder, Colo., 1991)

Nancy E. Dowd and Michelle S. Jacobs eds., *Feminist Legal Theory: An Anti-Essentialist Reader* (New York University Press, New York, 2003).

Martha Fineman and Nancy Thomadsen eds., *At the Boundaries of Law: Feminism and Legal Theory* (Routledge, New York, 1991).

Carol Gilligan, *In a Different Voice: Psychological Theory and Women's Development* (rev. ed., Harvard University Press, Cambridge, Mass., 1993).

Christine Littleton, "Feminist Jurisprudence: The Difference Method Makes", 41 *Stanford Law Review* 751 (1989).

Catharine MacKinnon, *Feminism Unmodified* (Harvard University Press, Cambridge, Mass., 1987).

Patricia Smith, "Feminist Jurisprudence and the Nature of Law", in *A Companion to the Philosophy of Law and Legal Theory* (2nd ed., Dennis Patterson ed., Blackwell, Oxford, 2010), pp. 290–298.

Patricia Smith ed., *Feminist Jurisprudence* (Oxford University Press, Oxford, 1993).

D. Kelly Weisberg ed., *Feminist Legal Theory: Foundations* (Temple University Press, Philadelphia, 1993).

批判种族理论

Derrick Bell, *And We Are Not Saved* (Basic Books, New York, 1987).

Devon W. Carbado, "Critical What What," 45 *Connecticut Law Review* 1593 (2011).

Kimberlé Williams Crenshaw, "Twenty Years of Critical Race Theory: Looking Back to Move Forward", 43 *Connecticut Law Review* 1253 (2011).

Kimberlé Crenshaw, Neil Gotanda, Gary Peller, and Kendall Thomas eds., *Critical Race Theory: The Key Writings That Formed the Movement* (The New Press, New York, 1995).

Richard Delgado, "The Imperial Scholar: Reflections on a Review of Civil Rights Literature", 132 *University of Pennsylvania Law Review* 561 (1984).

Richard Delgado ed., *Critical Race Theory: The Cutting Edge* (Temple University Press, Philadelphia, 1995)(包括来自不同背景的作者的涉及广泛论题的50多篇论文).

Richard Delgado and Jean Stefancic, *Critical Race Theory: An Introduction* (3rd ed., New York University Press, New York, 2017).

Richard Delgado and Jean Stefancic eds., *The Latino/a Condition: A Critical Reader* (New York University Press, New York, 1998).

Danniel A. Farber and Suzanna Sherry, *Beyond All Reason: The Radical Assault on Truth in American Law* (Oxford University Press, New York, 1997).

Randall Kennedy, "Racial Critiques of Legal Academia", 102 *Harvard Law Review* 1745 (1989).

Daria Roithmayr, *Reproducing Racism: How Every Choices Lock In White Advantage* (New York University Press, New York, 2014).

Girardeau A. Spann, *Race Against the Court: The Supreme Court and Minorities in Contemporary America* (New York University Press, New York, 1993).

Symposium: "Critical Race Theory", 82 *California Law Review* 741–1125 (1994).

Francisco Valdes, Jerome McCristal Culp and Angela P. Harris eds., *Crossroads, Directions, and a New Critical Race Theory* (Temple University Press, Philadelphia, 2002).

Patricia J. Williams, *The Alchemy of Race and Rights* (Harvard University Press, Cambridge, Mass., 1991).

Wing, Adrien K., "Is There a Future for Critical Race Theory?", 66 (1) *Journal of Legal Education* 44 (2016).

其他批判进路

Richard L. Abel ed., *The Law & Society Reader* (New York University Press, New York, 1995).

Roger Cotterrell, *The Sociology of Law: An Introduction* (2nd ed., Butterworths, London, 1992).

Paul W. Kahn, *The Cultural Study of Law: Reconstructing Legal Scholarship* (University of Chicago Press, 1999).

Niklas Luhmann, *Law as a Social System* (Kalus A. Ziegart trans., Fatima Kastner, Richard Nobles, David Schiff and Rosamund Ziegert eds., Oxford University Press, Oxford, 2004).

Richard Nobles and David Schiff, *A Sociology of Jurisprudence* (Hart Publishing, Oxford, 2006).

Michel Rosenfeld and Andrew Arato eds., *Habermas on Law and Democracy: Critical Exchanges* (University of California Press, Berkeley, 1998).

第二十章 法律与文学

在法学界越来越频繁地向其他学科寻找答案的时代(这某种程度上是对美国法律现实主义[第十七章]和相关的运动的长期回应),他们当中的许多人关注文学和文学理论或许是不可避免的。许多文学研究和许多法律研究一样,包括对文本的解释和随之而来的问题;因而,其中一个学科具有某些可传授给另一个学科的理论也不足为奇。[①] 20-01

法律家和其他学者关注法律与文学的联系不是最近的事。本杰明·卡多佐,"新政"/美国法律现实主义盛行时期的一位主要人物,几十年前写了一篇关于司法意见的文学体裁的文章[②];在20世纪70年代早期,威廉·比欣(William R. Bishin)和克里斯托弗·斯通(Christopher D. Stone)在一本很有影响的关于法理学和法律伦理学的教科书中混杂了文学和哲学材料。[③] 大约在同时,詹姆斯·博伊德·怀特(James Boyd White)出版了被许多人视为法律与文学运动第一书的《法律的想象》。[④] 然而,直到20世纪80年代早期,这个领域的文章和专著才逐渐

① 犬儒点讲,阅读和研究查尔斯·狄更斯或弗兰兹·卡夫卡当然比阅读和研究禁止永久权规则或汇票更有趣。

② Benjamin N. Cardozo, "Law and Literature", 14 *Yale Review* 699 (1925).

③ William R. Bishin and Christopher D. Stone, *Law, Language and Ethics: An Introduction to Law and Legal Method* (Foundation Press, Mineola, New York, 1972).

④ James Boyd White, *The Legal Imagination: Studies in the Nature of Legal Thought and Expression* (Little, Brown, and Co., Boston, 1973).

多起来。①

那些从事“法律与文学”研究的学者的一个基本主题是，文学可以教会律师、法官和法律学者一些关于法律如何运行与法律应该如何运行的基本道理。一个例子是：弗兰兹·卡夫卡的著作或许会告诉我们合意的性质（表面的合意应不应该用来作为判断实践的正当性的根据），赫尔曼·梅尔维尔的《比利·巴德》或许会告诉我们裁判的有罪性和过程。② 更一般地说，法律和文学运动可以被视为试图构建人文主义理想的法律实践，或对法律进行批判的人文基础。③ 然而，本章主要关注法律与文学的一个不同方面：用文学理论来影响法律解释的努力。

解释与约束

20-02 文学和法律之间的一个明显联系是解释的过程：在文本中或从文本中发现意义。这个问题变成：小说的读者或文学理论家的解释，与法官和其他试图理解法律文本的人的解释相同吗？④

有许多人认为两种类型的解释有着明显的联系，罗纳德·德沃金是其中最强有力的支持者。德沃金认为“建构性解释”——一种使得被

---

① 见，例如，Symposium：“Law and Literature”，60 *Texas Law Review* 373-586（1982）。

② 见 Robin West，“Authority，Autonomy and Choice：The Role of Consent in the Jurisprudence of Franz Kafka and Richard Posner”，99 *Harvard Law Review* 384（1985）；Richard Weisberg，“How Judge Speak：Some Lessons on Adjudication in *Billy Budd, Sailor* with an Application to Justice Rehnquist”，57 *New York University Law Review* 1（1982）。

③ Robin L. West，“The Literary Lawyer”，27 *Pacific Law Journal* 1187（1996）.

④ 对这个主题的早期讨论，见 Kenneth S. Abraham，“Statutory Interpretation and Literary Theory：Some Common Concerns of an Unlikely Pair”，32 *Rutgers Law Review* 676（1979）。

解释的对象成为这个门类中最佳的对象的解释——对所有形式的艺术解释和包括法律在内的社会实践的理解而言都是正确的进路。①

德沃金在发展"建构性解释"概念之前,提出了另外一种关于法律与文学以及法律解释与文学解释的联系。他声称,一个普通法体系中的法官如同写连环小说的作者,每个人接着前面的人续写一"章"。②后面的作者受到前面所写章节的约束,但仍然保留了自由发挥的余地。然而,作者有义务在自由发挥的范围内使得文本成为它所能成为的最佳文本。德沃金认为,对法官来说也是一样的,法官也受到先例的约束,他们也有义务使得法律成为它所能成为的最佳法律。

理查德·波斯纳提出了一种相反的观点。他认为,虽然法律与文学之间有着表面的相似性,它们都以关注文本的解释为要务,但是文学与法律的制度性差异以及目标方面的差异共同衍推出一个结论:法律从文学理论中学不到什么东西。③ 一部作品之所以是优秀的文学文本,部分是因为它具有多种可能的解释;相反,具有多种同样有理的解释的成文法或司法判决将是"糟糕的法律"。波斯纳也提出了第二种比较:欣赏优秀的文学无须知道作者的意图,某些文学解释流派(例如,"新批判主义")还极力反对参照作者的意图。相反,波斯纳认为,适用法律的法官试图确定立法者的意图是政府结构的重要方面。此类环境中的立

① 见 Ronald Dworkin, *Law's Empire* (Harvard University Press, Cambridge, Mass., 1986), pp. 45-68。德沃金关于法律和法律理论的一般方法在第七章讨论过了。

② 见 Ronald Dworkin, *A Matter of Principle* (Harvard University Press, Cambridge, Mass., 1985), pp. 158-162。在文学领域中,这样的连环小说是罕见的,但确实存在。见,例如,Carl Hiaasen, *et al.*, *Naked Came the Manatee* (Putnam, New York, 1996); Roddy Doyle, *et al.*, *Yeats is Dead* (Joseph O' Connor ed., Alfred A. Knopf, New York, 2001); William Bernhardt, *et al.*, *Natural Suspect* (Ballantine Books, New York, 2001)。

③ 见 Richard A. Posner, *Law and Literature* (Harvard University Press, Cambridge, Mass, 1988), pp. 209-268 (1998 年出了修订版,2009 年出了第三版;在后来的版本中,一些相关的对话被删除或修改)。

法者试图发布一条信息,法官纯粹是作为立法机关的一个代理机构而行动的。对法官而言,以一种与立法意图相悖的方式解释法律是不合法的(即使这样做让法律更道德)。① 波斯纳总结了这些差异,正如他看到的:

> 法官试图破解一则来自具有更高宪法地位的上级的信息,他必须运用所有可以获得的信息,包括那些制定正在被解释的条款的人的有意识的意图。相反,文学解释的检验可以是纯粹实用和功利主义的——它使得文学作品更丰富、更有教益、更美吗?②

另外一场争论属于宽泛的法律、文学理论和解释的范围,它包括解释者(他们是法律官员或解释小说的读者)在何种程度上受到所解释文本的约束。欧文·菲斯(Owen Fiss)反对一种传统的观点,即文本严格地约束解释,他提出了一种乍一看很挑衅的观点。他认为,文本仅仅在某人考虑解释者行为的制度环境的"约束规则"时才会限制解释。③ 因而,一位解释文本的美国或英国法官受到文本的语词以及相关法律体系中被普遍接受的规则的约束,这些规则与本文(语境)的各种因素应给与何种分量有关——例如,这个法律体系关于成文法解释的惯习。

---

① 波斯纳在《法律与文学》的第一版中没有赞同解释法律文本的"原初意图"进路:"我承认意图的相关性,因此将用宽泛语词写成的成文法和宪法条款视为……委托司法机关创立而非确定意义也是合适的。" Richard A. Posner, *Law and Literature* (Harvard University Press, Cambridge, Mass, 1988), p. 245.

② Posner, *Law and Literature*, p. 245. 又见 Andrei Marmor, "Farewell to Conceptual Analysis (in Jurisprudence)", in Wil Waluchow and Stefan Sciaraffa eds., *Philosophical Foundations of the Nature of Law* (Oxford University Press, Oxford, 2013), pp. 209 - 229 at pp. 220-221。

③ 见 Owen Fiss, "Objectivity and Interpretation", 34 *Stanford Law Review* 739 (1982)。

然而,斯坦利·费什(Stanley Fish)对菲斯的回应是他的观点还不够激进。[1] 对费什而言,"约束规则"或其他成文的指引不可能成为约束文本解释的手段,因为它们自身也是文本。如果小说或成文法这些文本不会自我解释,为什么用来解读成文法或小说的成文规则就会自我解释?费什的替代答案是,因为"位于实践领域内"——已经在一种特定的实践和学科领域内受到训练——某人内化了一种感知、概念化和讨论这种实践的对象(不管它们是小说、成文法或宪法)的特定方法。[2] 费什断言,这些内化了的标准、价值和感知方式是说明解释约束的充要条件。

有些学者认为解释在很大程度上是不受约束的,或完全不受约束的。桑福德·莱文森(Sanford Levinson)留意了某些哲学家和文学批评家的教诲,他曾经略有几分不情愿地推断,不存在对解释的有效约束,并且说一种解释正确另一种解释不正确的根据也是不存在的。[3] 有一种观点认为法官在解释宪法、成文法和先例时完全不受约束,不用说,这种观点为我们的法律体系制造了重要的合法性问题。这些问题来自判决的反民主性(如果法官仅仅适用民选立法者的清晰意义或清晰意图,那这个问题不会出现)和"法治"问题(如果解释是不受约束的,它很可能也是不可预测的——影响人们自由和财产的判决将被随意地做出)。

---

① 见 Stanley Fish, "Fish v Fiss", 36 *Stanford Law Review* 1325 (1984), reprinted in *Doing What Comes Naturally* (Clarendon Press, Oxford, 1989), pp. 120-140。

② 见 Fish, "Fish v Fiss", at 1330-1332, 1339-1347, 又见 Stanley Fish, "Dennis Martinez and the Uses of Theory", 96 Yale Law Journal 1773 (1987), reprinted in *Doing What Comes Naturally* (Clarendon Press, Oxford, 1989), pp. 372-398。费什在后来的作品中放弃了许多更激进的观点。Stanley Fish, "One More Time", in Gary A. Olson and Lynn Worsham eds., *Postmodern Sophistry: Stanley Fish and the Critical Enterprise* (State University of New York Press, Albany, 2004), pp. 265-297.

③ Sanford Levinson, "Law as Literature", 60 *Texas Law Review* 373 (1982).

其他批评家

20-03 许多学者对“法律与文学”进行了批判。前面已经提到了某些批评(例如,法律从文学那里学不到什么东西,两种活动的内在差异意味着研究意义和解释的不同进路)。此外,罗伯特·科弗(Robert Cover)担心,过分强调文学理论的精微之处和它在法律解释中的可能运用导致我们忽视了一点,即法律解释在实践中不是一种文雅的学术讨论而是一种对我们的日常生活具有重大影响的实践。他在“暴力与语词”一文的开篇写道:“法律解释在痛苦和死亡之处发生。”①作为一个实践问题,法律解释事关暴力的显现和证成;基于此类目标,优秀的制度设计以及仪式和象征的有效运用至少与“解释”的说服力一样重要。② 作为一个相连的要点,科弗指出,美国法律体系(和许多其他的体系)在施加重大的惩罚之前要求某种层次的共识可能不是意外——预审法庭的判决必须得到上诉法庭的肯定,并且/或者上诉合议庭中至少两个法官必须同意。单个的法官连同他或她对法律体系的洞察这种德沃金式的图景③不符合实践;因为要求多个法官的同意,判决和辩护可能反映了各种观点的妥协。④

---

① Robert M. Cover, “Violence and the Word”, 95 *Yale Law Journal* 1601 (1986)(注释省略).

② 见 Cover, “Violence and the Word”, pp. 1618–1625。对科弗的回应,见 James Boyd White, “What Can a Lawyer Learn from Literature”, 102 *Harvard Law Review* 2014 at 2045–2046 (1989)。

③ 见第七章关于德沃金法律理论的讨论。

④ 见 Cover, “Violence and the Word”, pp. 1624–1628; Brian H. Bix, *Law, Language and Legal Determinacy* (Clarendon Press, Oxford, 1993), pp. 111–118; 又见 Cass R. Sunstein, “Incompletely Theorized Agreements”, 108 *Harvard Law Review* 1733 (1995)(讨论了获得关于结果和低层次原则的同意的需要如何阻止了法官提出宏大理论)。

罗宾·韦斯特跟科弗一样强调，裁判不是或不仅仅是解释，而是一种权力行为。[①] 她在相关的地方认为，文学和法律解释，特别是法律解释，倾向于表达或包含特定群体的视角。解释排除并遮蔽了那些不分享那种视角的人。[②] 坚持一种关于宪法、成文法或某种社会传统的观点的正确性，会拒斥相竞争的观点，同时反映并加强胜利方的权力。

各种各样的联系

（1）法律与文学的重要联系是在法律界运用叙事这一转变，在第十九章已有讨论。[③] 这种转变采取了多种形式，例如：传记或自传作为揭示法律或法律理论含义的手段[④]；运用寓言提出可比较的要点[⑤]；运用虚构的或真实的故事阐述法律教义的难题。[⑥] 20-04

（2）有些学者提出了相反的主张，他们强调叙事、讲故事和“翻译”已经是法律实践的普遍的重要组成部分，例如：有效的辩护模式通过

---

① 见 Robin West, “Adjudication is Not Interpretation: Some Reservations about the Law-as-Literature Movement”, 54 *Tennessee Law Review* 203 (1987), reprinted in *Narrative, Authority, and Law* (University of Michigan Press, Ann Arbor, 1993). pp. 89-176。来自法律与文学内部的回应，见，例如，James Boyd White, “Law and Literature: ‘No Manifesto’”, 39 *Mercer Law Review* 739 at 746-749 (1988)。

② 见 Robin West, *Caring for Justice* (New York University Press, New York, 1997), pp. 180-188；又见 Angela P. Harris, “Race and Essentialism in Feminist Legal Theory”, 42 *Stanford Law Review* 581 at 582-583 (1990)。

③ 又见 Symposium: “Legal Storytelling”, 87 *Michigan Law Review* 2073-2494 (1989)（贡献作者包括 Patricia Williams, David Luban, Mari Matsuda, Derrick Bell 和 Richard Delgado）; Anthony G. Amsterdam and Jerome S. Bruner, *Minding the Law* (Harvard University Press, Cambridge, Mass., 2000)。

④ 见，例如，Patricia J. Williams, *The Alchemy of Race and Rights* (Harvard University Press, Cambridge, Mass., 1991)。

⑤ 见，例如，Derrick Bell, *And We Are Not Saved* (Basic Books, New York, 1987)。

⑥ 见，例如，Norval Morris, *The Brothel Boy and Other Parables of the Law* (Oxford University Press, Oxford, 1992)。

“讲故事”来说服法官或陪审团；把法律适用于立法者制定它时没有预见的情境时，我们必须“翻译”法律。①

（3）对裁判文书进行文学的分析是一件有趣的事情：例如，法官为了让他们的意见变得更有说服力所运用的修辞技巧。②

（4）有些人相信，小说（至少是优秀的小说）有助于道德教育，尤其应该被推荐给法官，他们对法律与文学的联系采取了一种些微不同的观点。这一论点是：文学对于获取同感是有价值的，并且同感对于有效的裁判和道德分析是有价值的。③

（5）最后，对文学或流行文化的方式如何描述法律人或法律体系，④或者法律问题在文学作品中可能充当重要情节的方式的分析，⑤有时也被包括在“法律与文学”这个论题下。

---

① 见，例如，Robert Weisberg, "Proclaiming Trials as Narratives: Premises and Pretenses", in Peter Brooks and Paul Gewirtz eds., *Law's Stories: Narrative and Rhetoric in Law* (Yale University Press, New Haven, 1996), pp. 61-83; James Boyd White, *Justice as Translation* (University of Chicago Press, Chicago, 1990)。

② 见，例如，Richard A. Posner, *Law and Literature: A Misunderstood Relation* (Harvard University Press, Cambridge, Mass., 1988), pp. 281-299; Sanford Levinson, "The Rhetoric of the Judicial Opinion", in Peter Brooks and Paul Gewirtz eds., *Law's Stories: Narrative and Rhetoric in Law* (Yale University Press, New Haven, 1996), pp. 187-205。

③ 见 Martha C. Nussbaum, *Poetic Justice* (Beacon Press, Boston, 1995)，又见 Robin West, "Law and Fancy", 95 *Michigan Law Review* 1851 (1997); and Thomas Morawetz, "Empathy and Judgement", 8 *Yale Journal of Law & the Humanities* 517 (1996)。West 和 Morawetz 评论了《诗性正义》(*Poetic Justice*) 并反对某些核心的论点。

④ 见，例如，Richard H. Weisberg, "The Quest for Silence: Faulkner's Lawyer in a Comparative Setting", 4 *Mississippi College Law Journal* 193 (1984); David Ray Papke, "The Advocate's Malaise: Contemporary American Lawyer Novels", 38 *Journal of Legal Education* 413 (1988)。

⑤ 见，例如，G. H. Treitel, "Jane Austen and the Law", 100 *Law Quarterly Review* 549 at 557-584 (1984)。

建议进一步阅读的书目

Peter Brooks and Paul Gewirtz eds., *Law's Stories: Narrative and Rhetoric in the Law* (Yale University Press, New Haven, 1996). 20-05

Stanley Fish, *Doing What Comes Naturally: Change, Rhetoric, and the Practice of Theory in Literary and Legal Studies* (Clarendon Press, Oxford, 1989).

Sanford Levinson and Steven Mailloux eds., *Interpreting Law and Literature* (Northwestern University Press, Evanston, Ill., 1988).

Thomas Morawetz, *Literature and the Law* (Aspen Publishers, New York, 2007).

Richard A. Posner, *Law and Literature: A Misunderstood Relation* (Harvard University Press, Cambridge, Mass., 1998, rev. ed. 1998, 3rd ed., 2009).

Symposium:"Law and Literature", 60 *Texas Law Review* 373-586 (1982).

Richard H. Weisberg, "What Remains 'Real' About the Law and Literature Movement?: A Global Appraisal", 66 *Journal of Legal Education* 37 (2016).

James Boyd White, *Heracles' Bow: Essays on the Rhetoric and Poetics of Law* (University of Wisconsin Press, Madison, 1985), 特别是第2、5和6章.

—, *Justice as Translation: An Essay in Cultural and Legal Criticism* (University of Chicago Press, Chicago, 1990).

第二十一章　普通法的哲学基础

21-01 有一个一般性问题与抽象理论是否或者在什么层面上能够适用于法律（或对法律有用）有关。第一章和第二章思考了某些与人们是否能够（或应该）拥有一种关于法律性质的“普遍”或“概念性”理论相关的问题。法律人和法科学生常常对这种抽象的理论思考感到迷惘，但对略微不那么抽象的理论问题却很在行：侵权法、合同法或财产法理论或诸如因果关系或权利这样的核心概念（后一个概念在第十章讨论过了）。

一个重要的入门问题（虽然经常被人忽略）是“解释”一个法律领域意味着什么。有时提出的一种回应是——但更多时候这种回应可能只是隐含在讨论中——在对法律领域进行理论化时，人们使用律师（在给委托人提出建议时）和法官（在审判案件时）试图理解判例法时使用的相同形式的推理：“理性重建”。在理性重建中，人们试图对某些表面上看来似乎缺乏有组织的原则并且在细节方面存在不一致的案例重新整理概括。这种重新概括将尽可能地匹配先前案例的结果和理由，同时以尽可能强有力的方式将这些反映道德或政策的案例呈现为一个前后一致的序列。①

在一种意义上，此类理性重建忽视了历史：它们为规则、原则和结

① 理性重建和罗纳德·德沃金的建构性解释方法（第七章讨论过）之间有着明显的平行或关联关系。

果提出的辩护忽视了人们宣布那些规范和判决时对它们的看法。为什么以这种方式忽视最初的理解和意图是正当的，这是值得思考的——注意，法官审判案件时忽视历史相比理论家忽视历史可能要求不同类型的辩护（见第十三章关于先例推理的讨论），因为司法者这么做的风险更大。即使人们接受了用一般性的理性建构来思考部门法的理论化模式，历史解释还是占有一席之地，因为在有些法律教义中起源的历史环境是最——或许是唯一的——连贯的解释。①

部门法的一般理论或一般解释不是现成的，它的任务本身并非没有争议，谨记这一点是重要的。古罗马法和中世纪英国法体系的令状系统都视法律为一系列单个的问题或者对纠纷提出的特殊答案。仅仅16世纪以后理论家才发展出一套一般性的部门法理论。② 最近，美国法律现实主义者（第十七章讨论了）也对部门法中的一般性理论、概念或解释持怀疑态度，他们相信这种一般性理论往往导致个案中坏的结果。美国法律现实主义者喜欢关注狭义的案例领域的最佳结果（例如，他们认为，没有理由相信相同的原则应该适用于所有合同，不管是商人之间、家庭成员之间、雇主与雇员之间还是地主与佃农之间）。

（揭示）普通法的“哲学基础”是一项宏大的工程。如同注释中提到的文献和建议进一步阅读的书目所表明的，你可以很容易地找到许多书，它们用一整部书的体量只探讨下面的某一个论题。本章只能就这些问题提出简短的、有选择性的概述。

---

① 历史解释的优秀例子（这里适用于侵权法），见 Guido Calabresi, "Supereditor or Translator: Comments on Coleman", in Brian Bix ed., *Analyzing Law* (Clarendon Press, Oxford, 1998), pp. 107-115, at pp. 113-115。

② 见，例如，James Gordley, "The Moral Foundational of Private Law", 47 *American Journal of Jurisprudence* 1 (2002); A. W. B. Simpson, "Innovation in Nineteenth Century Contract Law", 91 *Law Quarterly Review* 247 (1975)。

侵权法

21-02 侵权法——对意外地和有意地伤害其他人的自由和财产的民事责任规则——或许是哲学基础中最激烈的讨论的焦点。侵权法的哲学基础的讨论主要存在两个思想流派:一个流派建立在经济分析的基础之上(见第十八章),这一派认为侵权法的责任和补偿规则是维持效率(预防的最佳程度)①;第二个流派强调侵权法的矫正正义方面,认为侵权法是关于错误行为者因为自己行为所导致的伤害而补偿受害人的规则。

支持侵权法的矫正正义理论的法学家强调,如果某人唯一的或主要的目标是降低事件的成本,那她很难解释或辩护侵权法中不同的双边结构。② 此外,与立法者和法官的语言(和他们的可能意图)相匹配的程度对解释这个法律部门的理论而言是重要的,因为侵权法理论频频诉诸矫正正义(交换正义),而较少诉诸法律与经济学学者常常提到的效率、交易成本的降低、最便宜的成本规避或任何其他的目标。③ 不过,罗纳德·科斯(第十八章讨论了他的著作)证明了普通法法官在发展某些侵权法条文时常常思考了经济因素。④

侵权法中的一系列重要的问题——某种程度上,也包括刑法——

---

① 支持和反对对法律进行经济分析的人都强调的一个问题是,我们可以、应该或必须在多大程度上用市场术语来量化非市场商品。在侵权法中,这包括事故法应如何评价生命,以及如何与其他(市场或非市场)价值进行权衡的问题。见,例如,Gregory C. Keating, "Pricelessness and Life: An Essay for Guido Calabresi", 64 *University of Maryland Law Review* 159 (2005)。

② 但见 Jody S. Kraus, "Transparency and Determinacy in Common Law Adjudication: A Philosophical Defense of Explanatory Economic Analysis," 93 *Virginia Law Review* 287 (2007)。

③ 例如,Gordley, "The Moral Foundations of Private Law", pp. 5-11。

④ Ronald Coase, "The Problem of Social Cost", 3 *Journal of Law and Economics* 1 (1960).

思考了在哪种意义上责任应该建立在过失(过错)或严格责任的标准之上。采取经济学进路的人考虑的是哪种标准更好地增加了效率。[①] 采取道德/正义进路的人思考的是严格责任是否与对道德过错的正确理解一致(或者,在某些情况中,为这种理解所要求)。[②]

(侵权法中的“近因”概念将在之后的“因果关系”一节中讨论。)

合　同

合同法内部和关于合同法的争议通常与侵权法的争议相似。与侵权法一样,主要的解释理论基于经济效率或矫正正义,因此对于合同法,主要的替代选择是经济效率以及自治、矫正正义和守信道德的某种组合。 21-03

对于自主性的论证是:“合同自由”理念——英美合同法的核心价值或目标——基于这样一种理念,即合同法(如同紧密联系的道德类似物承诺)应该是当事人自愿承担义务的平台,并且仅在他们选择的范围内产生约束力。

对于矫正正义观的论证建立在合同诉讼的基本结构的基础之上:受到违约伤害的人起诉违约的人(国家并不对每个违约的人造成的伤害都计较,也不为所有遭受违约之苦的人都提供补偿),并且裁定的赔偿金等于(至少大致相当于,并受制于限制赔偿金上限的特定规则)造成的损失。

---

① 见,例如,Richard Posner, *Economic Analysis of Law* (9th ed., Wolters Kluwer, New York, 2014), pp. 205-210。

② 见,例如,Arthur Ripstein, *Equality, Responsibility, and the Law* (Cambridge University Press, Cambridge, 1999), pp. 24-93。

与非经济理论相比,合同法的经济理论的相对优势在于,效率论证更适合证成(或批评)合同成立、履行和损害赔偿的详细规则。虽然一些批评者认为经济分析的叙事有时近似"事情就是如此",并且老练的理论家能够证成任何结果或相反的结果,但与诉诸"自主"或"正义"的模糊性相比,经济效率仍然是一个更确定的标准。①

财 产

21-04 财产的道德辩护长期以来更多地属于一般性政治理论而不是法律理论。从约翰·洛克到卡尔·马克思(仅举出两位杰出的理论家),他们的财产观是他们关于国家的恰当地位和结构的观点核心。(关于财产权利的观点也是第八章关于正义的讨论以及第十八章经济分析的核心。)洛克的政治理论部分地建立在财产的自然权利的基础之上,而像杰里米·边沁("财产权完全是法律的创造"②)和美国法律现实主义者(财产权作为"一捆棍子"③,可以而且确实被政府以不同的方式分割)这样形形色色的作家对财产则持有相反的看法。

在一个资源分配高度不平等的世界中,人们或在寻求一种对现状的辩护,或在寻求一种重要的改革或再分配乃是正义所需的论证,这都是可理解的。此外,鉴于政府常常试图规制资源的使用或传输(例如,通过土地使用法、环境规则或继承税),因此提出关于私人财产中的公

---

① 见,例如,Richard Craswell, "Contract Law, Default Rules, and the Philosophy of Promising", 88 *Michigan Law Review* 489 (1989)。

② Jeremy Bentham, *The Works of Jeremy Bentham, vol. 1: Principles of the Civil Code* (John Bowring, ed., William Tait, Edinburgh, 1843), Ch. VIII, p. 556.

③ 对于"一捆棍子"方法的详细阐述和辩护,见 Stephen R. Munzer, "A Bundle Theorist Holds On to His Collection of Sticks", 8 *Econ Journal Watch* 265 (2011)。

共利益、关于私产的公共主张或限制私产使用的公共善的问题也是自然而然的。关于私人财产的公共利益主张与政府为了公共福利而对私人财产(有或没有补偿)进行征收的权力联系在一起。① 类似地,大多数法律体系承认个体推翻财产主张的有限权利和未经同意使用其他人的财产的权利,在不这么做就将导致对健康或财产的严重伤害的情况下。②

前面已经提到,许多著名的哲学家提出了财产理论。约翰·洛克是其中之一,他从每个人自己拥有财产并且用自己的劳动取得财产的观念出发发展出一套为私人财产观辩护的理论。洛克认为,人们一旦在土地上进行耕种或采集食物,那么至少在人们能够利用其所耕种或采集而得的食物,而同时又给他人"留有余裕"的情况下,人们便对那些客体拥有一种自然权利。③ 相反,黑格尔认为,私人财产是发展个人人格的组成部分,④许多现代学者采纳了这个主题(虽然经常不是以通常的黑格尔式的术语来表达)。⑤

对洛克、黑格尔和其他人来说,财产是具有固定轮廓的自然权利。然而,当代法律文献中有关财产的讨论通常不是把财产权看作单一权利,而是看作"一捆棍子"("一捆权利")——一系列主张权以及与所有

---

① 见,例如,U.S. Const., Amend. V(授权为了公共的使用征收私人财产,在此要支付"公正的补偿");*Kelo v City of New London*, 545 U.S.469 (2005)(认为"公共的使用"包括把私人财产从一方转移到另一方,如果这种转移是对公共福利有意义的经济发展计划的组成部分)。

② 见 *Ploof v Putnam*, 71 A. 188(Vt. 1908)。然而,法律体系可以要求人们为使用过的或损害了的财产承担赔偿责任。*Vincent v Lake Erie Transportation Co.*, 124 N. W. 221 (Minn. 1910). 一般性的论述,见 Gordley, "The Moral Foundations of Private Law", pp. 6-10。

③ Locke, *Two Treatises on Government*, § 33, at p. 291.

④ G. W. F. Hegel, *Philosophy of Right* (T. M. Know trans. and ed., Oxford University Press, Oxford, 1952), § § 41-53, at pp. 40-46.

⑤ 见,例如,Margaret Jane Radin, "Property and Personhood", 34 *Stanford Law Review* 957 (1982).

权相连的一般性义务，但其中的某些方面可能会根据公共利益而在不同语境下发生变化。①

财产的经济分析往往集中关注私人财产如何有助于刺激商业所得，以及阻止集体所有的资源的无效率的过度利用。②

刑 法

21-05 虽然（甚至）在大多数普通法地区中，刑法现在很大程度上已经法典化了，但是许多责任原则依然植根于古老的普通法司法判决之中（并且，许多这些原则被现代成文法间接地采纳了，而不是被明确地取代）。此外，许多现代刑法教义和原则的发展仍然是通过个案司法推理延续的。

"刑法哲学"包括与第九章讨论过的惩罚相关的哲学问题。惩罚的恰当辩护问题类似于（并且或许等同于）可以或应当如何为刑法辩护的一般性问题。人们是用工具主义的术语把刑法主要视为一种降低未来错误行为总量的手段吗？或者是把刑法主要视为一个给错误行为者提供恰当惩罚的（报复）正义问题吗？

---

① 见 Stephen R. Munzer, "The Commons and the Anticommons in the Law and Theory of Property", in Martin P. Golding and William A. Edmundson eds., *The Blackwell Guide to the Philosophy of Law and Legal Theory* (Blackwell Publishing, Oxford, 2005), pp. 148–162, at pp. 148–149。

② 集体所有资源的过度利用经常被称为"公地悲剧"。见 Garrett Hardin, "The Tragedy of the Commons", 162 *Science* 1243 (1968)。也有人指出把财产分割为过多的人所有可能产生自身的无效率（"反公地悲剧"）。见 Michael A. Heller, "The Tragedy of the Anticommons: Property in Transition from Marx to Markets", 111 *Harvard Law Review* 621 (1998); Munzer, "The Commons and the Anticommons in the Law and Theory of Property"; Michael A. Heller, "The Tragedy of the Anticommons: A Concise Introduction and Lexicon," 76 *Modern Law Review* 6 (2013)。

前面的章节(第十五章)也思考了刑法理论中的另一个重要问题:刑法施加禁止的边界(如果有的话)在哪里?正如第十五章讨论的,约翰·斯图亚特·密尔认为,国家强制仅应适用于那些危害了第三方的行为者,不应适用于那些仅危害行为者本人的行为者(家长主义),也不应适用于仅仅为了强制执行道德规范的领域(法律道德主义)。

跟侵权法理论一样,刑法理论与道德和法律上的应受惩罚性(法律应受惩罚性在什么意义上不同于道德应受惩罚性本身是一个重要的问题)的根据和限制纠缠在一起。此类探究的例子包括:如果有的话,个人在严重的事实或法律错误的情况下行事在什么情况下是有关系的?(以及,那个错误合理与否有影响吗?)是否应该将失败的尝试或不可能的尝试视为与"成功"犯罪一样应受惩罚?精神病、醉酒、强迫、自我防卫、保护他人或保护财产何时应该成为错误行为被免除或减轻处罚的理由呢?①

因果关系

因果关系是侵权法和刑法争议的核心问题(并且也在合同法中占有一席之地②)。在私法领域,以及作为矫正正义观念的一种反映,"因果关系"限制了赔偿金的数额("如果 X 没有导致你的伤害,那么你不可能从 X 那里获得赔偿金")。在公法领域,我们的传统道德观念和我们的法律规则往往将刑事责任限定于可公平地归因于被告人的行为, 21-06

① 有关这些问题和刑法哲学的一般性论述,见 Larry Alexander, "The Philosophy of Criminal Law", in Jules Coleman and Scott Shapiro eds., *The Oxford Handbook of Jurisprudence and Philosophy of Law* (Oxford University Press, Oxford, 2002), pp. 815-869。

② 某人要想在毁约行为中取得赔偿,其必须证明,是被告人的毁约导致了这种他或她正在寻求取得的赔偿。见,例如,*Restatement (Second) of Contracts* § 346 (2) (1981)。

而因果关系是此类归因的必要组成部分。

虽然有许多著名的哲学家挑战了基本的因果关系理念,[①]但这些问题仅在极少数情况下才会引发法律辩论。在更世俗的层面上,有一个常识性的因果关系概念,法律概念大致与其对应。最广义的因果关系有时被描述为“要不是因果关系”:由是观之,“A 导致 B”等同于“要不是事件 A,事件 B 不会发生”这一陈述。然而,在日常话语和道德或法律责任的归属中,这种含义过于宽泛。当一次闪电导致一场森林火灾时,人们会说闪电导致了火灾,而不会说树木导致了这场火灾,即使说没有树木便没有火灾与说没有闪电就没有火灾一样正确。[②] 类似地,如果我没有提前下课,我的学生在那一刻不会恰好出现在交叉路口,此时粗心大意的醉酒司机闯红灯并撞了她,所以,虽然我的提前下课行为明显是这种伤害的一个“要不是因果关系”,但是说它(或我)“导致了”这个学生的受伤似乎是不恰当的。

此外,甚至在有些普通话语会说一个人做出了错误行为并且这个错误行为“导致了”另一个人的伤害的地方,英国和美国侵权法有时也会得出结论,认为这个人没有责任,理由是一方的错误行为和他人所受的伤害之间的联系不是足够的“直接”。“近因”的限度最好被理解为正义的一个方面还是理解为出于公共政策理由而强加的一种限制(例如,为了刺激商业而限制责任),这是一个还在争论的问题(在与美国法

---

① 这方面最著名的哲学家是休谟。有关休谟观点的概述,见,例如,William Edward Morris, “David Hume”, in Edward N. Zalta ed., *The Stanford Encyclopedia of Philosophy, http: plato. stanford. edu/entries/hume/*(2014)。

② 不过,这种“因果的相互性”(“reciprocity of causation”)——拒绝在两种相互冲突的/相互影响的活动中的任何一种上予以更大的谴责——是罗纳德 · 科斯的侵权法的经济分析的核心(第十八章讨论过)。

律现实主义相关的第十七章有过讨论)。①

当同时或连续出现了多个原因时,因果关系的难题也出现了。如果两个人同时射中了受害人并且两颗子弹都足以致受害人死命,那将会怎么样呢?如果在带她去医院的救护车没有被另一辆车撞上的情况下这次袭击的受害人本可能幸存,那将会怎么样呢?(如果驾驶那辆车的人粗心大意并喝醉酒了,它有影响吗?)我们关于这类问题的道德直觉经常是不清楚的或者相互冲突的,如前所述,法学家对应该如何澄清这些问题有着截然不同的回应(对于工具主义者或经济学家而言,这是一个最佳激励问题;对于正义理论家而言,这是一个我们所理解的最佳道德要求是什么的问题)。

---

① 一般性论述,见 Kenneth S. Abraham, *The Forms and Functions of Tort Law* (Foundation Press, Westbury, N. Y., 1997), pp. 117-135。

建议进一步阅读的书目

21-07 侵权法

Guido Calabresi, "Toward a Unified Theory of Torts", 1(3) *Journal of Tort Law,* article 1 (2007).

Jules Coleman, Scott Hershovitz and Gabriel Mendlow, "Theories of the Common Law of Torts", in Edward N. Zalta ed., *The Stanford Encyclopedia of Philosophy, http://plato.stanford.edu/entries/tort-theories/* (2015).

John Gardner, "What is Tort Law For? Part 1: The Place of Corrective Justice", 30 *Law and Philosophy* 1 (2011).

John C. P. Goldberg and Benjamin C. Zipursky, *Torts* (Oxford University Press, Oxford, 2010).

John Oberdiek ed., *Philosophical Foundations of The Law of Torts* (Oxford University Press, Oxford, 2014).

David G. Owen ed., *Philosophical Foundations of Tort Law* (Clarendon Press, Oxford, 1995).

Gerald J. Postema ed., *Philosophy and the Law of Torts* (Cambridge University Press, Cambridge, 2001).

合同

Randy E. Barnett, *Contracts* (Oxford University Press, Oxford, 2010).

Brian H. Bix, *Contract Law: Rules, Theory, and Context* (Cambridge University Press, Cambridge, 2012).

—, "The Promise and Problems of Universal, General Theories of Contract Law", 30 *Ratio Juris* 391-402 (2017).

Peter Benson ed., *The Theory of Contract Law* (Cambridge University Press, Cambridge, 2001)(包括六种不同的法律理论,反映了各种视角).

Eric Brousseau and Jean-Michel Glachant eds., *The Economics of Contracts: Theories and Applications* (Cambridge University Press, Cambridge, 2002).

Charles Fried, *Contract as Promise* (2nd ed., Oxford University Press, Oxford, 2015).

Jody S. Kraus, "The Philosophy of Contract Law", in Jules Coleman and Scott Shapiro eds., *The Oxford Handbook of Jurisprudence and Philosophy of Law* (Oxford University Press, Oxford, 2002), pp. 687-751.

财产

Gregory Alexander and Eduardo Peñalver, *An Introduction to Property Theory* (Cambridge University Press, Cambridge, 2012).

J. W. Harris, *Properly & Justice* (Oxford University Press, Oxford, 1996).

Thomas W. Merrill and Henry E. Smith, *Property* (Oxford University Press, Oxford, 2010).

Christopher Pierson, *Just Property: A History in the Latin West, Volume One: Wealth, Virtue, and the Law* (Oxford University Press, Oxford, 2013).

Laura S. Underkuffler, *The Idea of Property: Its Meaning and Power* (Oxford University Press, Oxford, 2003).

Jeremy Waldron, "Property and Ownership", in Edward N. Zalta ed., *The Stanford Encyclopedia of Philosophy, http://plato.stanford.edu/entries/property/* (2004).

刑法

Larry Alexander, "The Philosophy of Criminal Law", in Jules Coleman and Scott Shapiro eds., *The Oxford Handbook of Jurisprudence and Philosophy of Law* (Oxford University Press, Oxford, 2002), pp. 815-869.

John Deigh and David Dolinko eds., *The Oxford Handbook of Philosophy of Criminal Law* (Oxford University Press, Oxford, 2011).

R. A. Duff, *The Realm of Criminal Law* (Oxford University Press, Oxford, 2018).

R. A. Duff and Stuart P. Green eds., *Philosophical Foundations of Criminal Law* (Oxford University Press, Oxford, 2011).

James Edwards, "Theories of Criminal Law", in Edward N. Zalta ed., *The Stanford Encyclopedia of Philosophy, http://plato.stanford.edu/entries/criminal-law/* (2018).

Jeremy Horder, *Ashworth's Principles of Criminal Law* (8th ed., Oxford University Press, Oxford, 2016).

Douglas Husak, "Criminal Law Theory", in Martin P. Golding and William A. Edmundson eds., *The Blackwell Guide to the Philosophy of Law and Legal Theory* (Blackwell Publishing, Oxford, 2005), pp. 107-121.

Sanford H. Kadish, *Blame and Punishment: Essays in the Criminal Law* (Macmillan, New York, 1987).

因果关系

H. L. A. Hart and Tony Honoré, *Causation in the Law* (2nd ed., Clarendon Press, Oxford, 1985).

Antony Honoré, "Causation in the Law", in Edward N. Zalta ed., *The Stanford Encyclopedia of Philosophy, http://plato.stanford.edu/entries/causation-law/* (2010).

Michael Moore, *Causation and Responsibility: An Essay in Law, Morals, and Metaphysics* (Oxford University Press, Oxford, 2009).

Jane Stapleton, "Choosing What We Mean by 'Causation' in the Law", 73 *Missouri Law Review* 433 (2008).

第二十二章　其他进路

本章概述的法律进路在当前是边缘性的，其中有些进路虽然在它们的时代很有影响，但是当下没那么重要了。 22-01

历史法学

历史法学试图提出关于社会、历史和法律的关系的宽泛主张。历史法学派的两位最著名的法学家是弗里德里希·卡尔·冯·萨维尼(Friedrich Carl von Savigny, 1779—1861)和亨利·梅因爵士(Sir Henry Maine, 1822—1888)。根据一种解释，历史法学是"美国19世纪末和20世纪头几十年的主流法学流派，无论在学术界还是法院"①。 22-02

历史法学派的理论家认为，社会经历了可预见的阶段并且社会的法律确实或应该反映社会的发展阶段。梅因提出了法律进化理论，根据这种理论，法律变化反映并反作用于社会和文化的变化。梅因在《古代法》一书中写道："我们可以说，到目前为止，所有进步社会的运动是一个从身份到契约的运动。"②

萨维尼认为，法律和语言一样，表达了一个民族的文化、精神、习惯

① Harold J. Berman, "The Historical Foundations of Law", 54 *Emory Law Journal* 13 at 16 (2005).

② Henry Summer Maine, *Ancient Law* (University of Arizona Press, Tucson, 1986), p. 165(end of Ch. 5).

和历史。他用这种理论来反对他那个时代(德国)大规模的法典化运动。正如法律应该并通常反映了一个社会的发展阶段,把法则制定为僵化的成文法冒着把法律带进超前发展阶段的风险,这种超前阶段并不适合当下社会的现状。或许此处更重要的论点是,从另一个社会引进法律原则(在萨维尼时代的德国,被提议的法典化以法国法为基础)是一个坏主意,而不是说所有的法典编纂都是不明智的。①

历史法学的基本要点是历史具有规范性力量:以前出现过的事情和以前我们处理事件的方式与我们现在的处境有关系。同样有生气的原则遍布法律——最明显地出现在判例的运作中(第十三章讨论过)。然而,在对传统的笼统服从与对广泛的历史变迁理论的信仰之间存在差异。

历史法学随着对社会历史宏大叙事(不管是马克思派、黑格尔派、辉格党还是其他党派)信仰的减弱而逐渐消退,至少在法学家中是如此。虽然历史法学很大程度上已经消失了,但还是有许多法学家提出关于历史和特定法律部门的发展的联系的论点。正如第二十一章讨论的普通法的哲学基础,在许多法律部门,历史解释在证明法律教义和原则怎么和为什么发展出它们具有的方式中占有一席之地。人们也能发现历史法学(特别是梅因的著作)的一些因素出现在现代法律人类学中。②

自由法运动

22-03 “自由法运动”(Freirechtsbewegung)是于 19 世纪晚期和 20 世纪早

---

① 见 Robert E. Rodes, Jr., “On the Historical School of Jurisprudence”, 49 *American Journal of Jurisprudence* 165 (2004)。

② 见 Stanley L. Paulson, “Legal Theory”, in *The Cambridge History of Philosophy 1870–1945* (Cambridge University Press, Cambridge, 2003), pp. 309–317, at p. 314。

期主要在德国和法国兴起的一场运动。一群法学家认为法官需要立法去填补法典法的漏洞,并且他们支持法官利用社会知识和社会意识。[①] 法律存在漏洞,以及法官可以根据政策来填补那些漏洞的观念在现代法律思想中似乎是一种流行的观念,但是在自由法运动的时代却是极端有争议的观点。[②] 在那个时代相反的观点被称为"学说汇纂模式"(指来自古罗马法的《查士丁尼学说汇纂》);根据这种模式,民法典包含所有的法律以及法官解决案件的所有资源,并且法律是一个逻辑封闭的体系。

与这场运动联系在一起的法学家包括弗朗索瓦·惹尼(François Gény, 1861—1959)、鲁道夫·冯·耶林(Rudolf von Jhering, 1818—1892)、尤根·埃利希(Eugen Ehrlich, 1862—1922)、奥斯卡·布洛(Oscar Bulow, 1837—1907)和赫尔曼·坎托罗维奇(Hermann Kantorowicz, 1877—1940)。有证据表明这场运动激发了美国法律现实主义的某些方面(第十七章讨论过)。[③] 自由法运动的某些法学家和后期的法律的社会学研究方法之间也有联系,尤其是强调把司法裁判与社会环境联系起来。[④]

马克思主义法学

马克思主义是卡尔·马克思(1818—1883)的哲学。马克思是一位 22-04

---

① 见 J. M. Kelly, *A Short History of Western Legal Theory* (Clarendon Press, Oxford, 1992), pp. 359-363。

② 见 James E. Herget and Stephen Wallace, "The German Free Law Movement as the Source of American Legal Realism", 73 *Virginia Law Review* 399 at pp. 401-417 (1987)。

③ 见 James E. Herget and Stephen Wallace, "The German Free Law Movement as the Source of American Legal Realism", pp. 419-434。

④ 见,例如,Kelly, *A Short History of Western Legal Theory*, pp. 360-365。

出生于德国的经济学家、社会评论家、哲学家和革命理论家。“马克思主义”通常指马克思后期著作中的一些主题,特别是下面这个观点:社会(包括文化和法律)仅仅是“上层建筑”——反映了社会的经济基础、社会中的阶级斗争以及统治阶级的利益。

“马克思主义法学”有时指向苏联的法学家,其中最著名的法学家是叶夫根尼·帕舒卡尼斯(Evgeny Pashukanis, 1891—1937)。① 帕舒卡尼斯在《法与国家的一般理论》中提出了一种“商品形式”理论:“主体间的法律关系仅仅是已经变成商品的劳动产品之间的关系的翻版。”②

马克思主义法律理论与批判法律研究的许多著作有所重叠,并且影响着在第十九章讨论过的其他法律批判理论的诸多方面。那些批判理论往往有选择性地借鉴了马克思主义理论:例如,反对法律总是直接为权势者的利益服务的观点,因为法律通过葛兰西所说的“霸权”③(以及其他人所说的“合法化”)间接地服务于那些利益——一种改变人们看待世界方式的过程,以致事实上不公平的或压迫性的东西看似自然、合理或不可避免。某些现代批判理论家也修正了传统的马克思主义分析,认为种族和性别在决定法律体系方面发挥了与经济结构和阶级同样重要的作用。

---

① 帕舒卡尼斯在20世纪20年代和30年代早期的苏联享有盛名,但后来名声扫地。斯大林在1937年下令处死了他,但是在1956年苏联给他和他的著作恢复了名誉。

② 见 Evgeny B. Pashukanis, *The General Theory of Law and Marxism* (3rd ed., Transaction Publishers, London, 1978), p. 85。

③ Antonio Gramsci, *Prison Notebooks*, vols. I and II (Joseph A. Buttigieg, ed. and trans., Columbia University Press, New York, 1992 and 1996).

斯堪的那维亚法律现实主义

斯堪的那维亚法律现实主义者著述的年代与美国法律现实主义者（第十七章）大致相同，但他们的影响没有那么持久，并且现在很少有人阅读他们的著作（甚至在他们自己的国家）。这场运动的智识领袖是哲学家阿克塞尔·汉克斯托姆（Axel Hägerström，1868—1939）；著名法学家有阿尔夫·罗斯（1899—1979）、卡尔·奥利维克罗那（Karl Olivecrona，1897—1980）以及 A. V. 伦德斯泰特（A. V. Lundstedt，1882—1955）。 22-05

斯堪的那维亚法律现实主义以一种对形而上学主张和法律中的形而上学语言的怀疑进路为基础。汉克斯托姆的著作强调语言的奇特性以及我们的法律语言的神秘的或充满魅力的历史（也许现在亦然）基础：

> 我们通过财产权和合法的主张意指实际的力量，它们的存在独立于我们自然的权力；这些力量属于自然以外的另外一个世界，这些力量是立法或其他形式的法律创制释放出来的。国家的权威仅仅提供帮助，将这些力量带进现实。但是在国家给予帮助之前它们就已经存在了。所以，我们能够理解：为什么某人在相信其确实有某权利时会更好地战斗。我们在此感到在我们背后有许多神秘的支持力量。现代法理学处于这种普遍需求的支配之下，它试图发现与这些神秘的力量相符的事实，结果步入绝望的困境中，因为没有这类事实。①

① Axel Hägerström, *Inquiries into the Nature of Law and Morals* (Karl Olivecrona ed., C. D. Broad trans., Almqvist & Wiksell, Stockholm, 1953), pp. 5-6；又见 John Passmore, "Hägerström's Philosophy of Law", 36 *Philosophy* 143 (1961)。

许多斯堪的那维亚法律现实主义者的著作试图把“权利”“义务”“财产”等指称转化为更经验性的术语。当他们寻求某些与“规范”和“权利”这类法律概念相对应的客体时,他们反对任何假定非物质存在体的解释。[①] 这些理论家提出了心理学和人类学的解释来填补这个空白。请思考卡尔·奥利维克罗那关于权利的讨论:

> 法学和日常话语中使用的“权利”一词缺乏语义指称。
>
> ……
>
> 然而,我们有一种错觉,认为“权利”这个词指称一种对客体的权力,虽然我们从来不能抓住这种权力。这种错觉源于情感的背景。在某些情境中,特别是在冲突情境中,拥有一项权利这种观念激发了一种感觉上的力量。当我确信自己拥有一项权利时,我在某些方面比我的对手更强有力,即使对手实际上更强大。[②]

有一种假设认为,抽象的概念代表“真正的存在体”,其性质可以并且必须被研究,而相反的假设认为,抽象的概念必须立即被驳斥为“形而上学的废话”,这两种假设可能都会让理论家走向歧途。人们以这样的方式对“规范”和“权利”这类明显抽象的术语做出反应或许能够避免这些问题:追问支配法律体系中那些术语的用法的规则,并且把这些

---

① 把这种类型的反形而上学的分析适用于法律概念的一个简短的有趣的例子,见 Alf Ross, “Tû-Tû”, 70 *Harvard Law Review* 812 (1957);又见 A. Vilhelm Lundstedt, *Legal Thinking Revised: My Views on Law* (Almqvist & Wiksell, Stockholm, 1956), pp. 93-100(“错误的法律权利观念背后的实体”)。

② Karl Olivecrona, *Law as Fact* (2nd ed., Stevens & Sons, London, 1971), p. 184.

术语的意义视为正确用法的规则。①

法律过程

法律过程学派是一种在20世纪50和60年代美国法律思想中位居核心的方法，这个学派主要是在回应美国法律现实主义（第十七章讨论过）的过程中产生的。法律过程学派认可许多美国法律现实主义者对那个时期的“形式主义者的”裁判方式的批评——法律材料常常是不确定的，超法律的价值或规范在法律纠纷裁决中常常是被需要的；然而，法律过程学派的法学家认为，尽管如此，一种不同的通过法律解决纠纷的方式还有存在的空间。法律过程学派视不同的法律回应为对不同的制度和裁判程序（制度能力）的相对优点和弱点的理解，这种理解让人因而能够决定用裁判、仲裁、制定行政法规或立法来解决特定纠纷何者最好。此外，法律过程提出了一幅裁判图景，在这幅图景中法院拥有自由裁量权，但是这种裁量权受到对司法功能的正确理解的约束。 22-06

法律过程进路集中关注应该如何并且应该由谁做出判决的问题：发现某种类型的问题的答案的最佳程序是什么？哪种制度最适合用来

---

① 这种类型的避免形而上学的分析植根于H. L. A.哈特和路德维希·维特根斯坦的著作。我曾详细讨论过这种进路，in Brian H. Bix, “Questions in Legal Interpretation”, in Andrei Marmor ed., *Law and Interpretation* (Clarendon Press, Oxford, 1995), pp. 137-154, at pp. 137-141。

以上的论述不是否认重要的哲学著作能够从事分析的规范理论研究。见，例如，Georg Henrik von Wright, *Norm and Action* (Routledge & Kegan Paul, London, 1963)。目前，指出大多数法学家不足以从事这类研究即已足够，此类探究往往导致法学家的迷惘，追问这类问题几乎总是与法学家希望知道的东西无关。见Bix, “Questions in Legal Interpretation”, pp. 137-141。

解决这类问题?[①] 法律过程进路既强调了法律的功能,又认真关注了法律中不同制度的制度能力以及这些制度相互影响的方式。

特别是在一个普遍怀疑达致确定性或解决基本社会问题的共识之可能性的时代(如同20世纪早期的法律思想受到法律现实主义者对形式主义的批评的刺激),集中关注应该由谁以及应该如何判决的问题是正确的。然而,在某种意义上法律过程学派的方法过分强调了过程和制度能力的问题,导致他们对正义的最终结果漠不关心,并且拥护一种错误且极端的司法谦抑模式。[②]

法律过程是美国法理学思想史上的一场过渡运动。如前所述,可以把它视为对美国法律现实主义提出的挑战的主流回应。[③] 反过来,第十九章讨论过的批判法律研究很大程度上是对法律过程学派的回应。[④]

实用主义

22-07 实用主义和后现代主义(下一节讨论的)共同反对关于真理和正当化的传统的或惯习的观念。对传统分析形式的这种批判性(有时是轻

---

① 见 Henry M. Hart, Jr, and Albert M. Sacks, *The Legal Process: Basic Problems in the Making and Application of Law* (William Eskridge, Jr and Philip Frickey eds., Foundation Press, New York, 1994)。这一法律过程学派最有影响的文献完成于1958年并且广为流传,但直到1994年才正式出版。有关"法律过程"的语境、发展和相关批评的详细讨论,见 William N. Eskridge, Jr and Philip Frickey, "An Historical and Critical Introduction to *The Legal Process*", in ibid. at pp. li-cxxxvi。

② Neil Duxbury, *Patterns of American Jurisprudence* (Clarendon Press, Oxford, 1995), pp. 233-241.

③ 见,例如,Morton Horwitz, *The Transformation of American Law 1870-1960* (Oxford University Press, Oxford, 1992), pp. 254-255。

④ 见,例如,Mark Kelman, *A Guide to Critical Legal Studies* (Harvard University Press, Cambridge, Mass., 1987), pp. 186-212。

蔑)态度是他们共享的,如同批评中运用的某些论证是他们共享的一样。然而,这两种进路在态度和结论方面有着明显的分歧。① 实用主义主要关注成功、成绩以及“有效的东西”,而后现代主义的大多数代表人物颂扬或者至少强调碎片、不连贯、非理性和矛盾。

人们必须首先区分哲学实用主义和法律实用主义。哲学实用主义主要是一场20世纪早期在美国兴起的运动,它的重要代表人物包括查尔斯·桑德斯·皮尔斯(Charles Sanders Peirce, 1839—1914)、约翰·杜威(John Dewey, 1859—1952)和作家亨利·詹姆斯的兄弟威廉·詹姆斯(William James, 1842—1910)。② 哲学实用主义主要提出了一种研究意义和真理的不同于传统的进路。这种进路可以概括为:(a)教义的意义等同于遵从它所产生的实际效用或实验结果;(b)某些东西在长期以来取得成功(在宽泛的意义上)的意义上是真的。③ 科学和科学方法经常被视为实用主义的最佳例子(以及最佳的论证):“生效的”——产生有用的预测或有益的革新——理论被视为“真”,而那些无效的理论则被抛弃。

在20世纪早期,哲学实用主义和法律实用主义有大量的交叉:

(a) 奥利弗·温德尔·霍姆斯是许多著名的哲学实用主义者的朋

---

① 有关实用主义和后现代主义(下文的作者们称为“后结构主义”——但对某些人而言,“后结构主义”是一场不同的运动,它的批判针对的是“结构主义”,但那不是这个术语在这篇文章中的用法)的联系和区别的讨论,见 Margaret Jane Radin and Frank Michelman, “Pragmatist and Poststructuralist Critical Legal Practice”, 139 *University of Pennsylvania Law Review* 1019 (1991)。

② 某些学者将实用主义的起源追溯到英国道德和政治哲学家杰里米·边沁(1748—1832),他认为应该根据行为产生的好或坏的后果来单独评价行为。

③ 见,例如,Christopher Hookway, “Pragmatism”, in Edward N. Zalta ed., *Stanford Encyclopedia of Philosophy, http://plato.stanford.edu/entries/pragmatism/* (2013); Ted Honderich ed., *The Oxford Companion to Philosophy* (Oxford University Press, Oxford, 1995), pp. 710-713(词条“实用主义”)。

友并且他的著作表达了类似的观点；

(b) 哲学实用主义者约翰·杜威撰写了两篇重要的横跨哲学和法学的论文①;并且

(c) 美国法律现实主义(见第十七章)的许多重要学者以及他们的直接继承者从哲学实用主义者那里借鉴了语言和论点(即使这种联系有时不被承认)。

关于最后一点,请看下面两处来自罗斯科·庞德的引文:

> [法律]规则的制定和执行不是为了它们自己的目的,而是为了实现社会目的。对怎样制定和执行法律规则的说明是不够的。问题不仅仅是法律制定和法律执行的功能如何实现,还在于如何实现它们的功能以便更佳地完成它们的目标,以及那些实施它们的人将得出什么样的关于这些功能的观念。当然,这里的实用主义标准是合理的。正确的司法理论和正确的司法方法是带来好的效果的理论和方法。②
>
> 应该根据[法律]准则的结果以及它们的实践适用,而不是基于(通过研究罗马和日耳曼法的历史得出的)原则的逻辑演绎来计算和检验它们。③

---

① John Dewey, "Logical Method and the Law", 10 *Cornell Law Quarterly* 17 (1924); John Dewey, "The Historical Background of Corporate Legal Personality", 35 *Yale Law Journal* 655 (1926).

② Roscoe Pound, "The Scope and Purpose of Sociological Jurisprudence", Part I, 24 *Harvard Law Review* 591 at 598 (1911); 又见 Benjamin N. Cardozo, *The Nature of the Judicial Process* (Yale University Press, New Haven, 1921), p. 98("在我们的时代,只有少数的规则是这样确立的,不至于会要它们出来证明自身作为顺应某个目的之手段而存在的正当性")。

③ Roscoe Pound, "The Scope and Purpose of Sociological Jurisprudence", Part II, 25 *Harvard Law Review* 140 at 142 (1912).

再看奥利弗·温德尔·霍姆斯的引文：

> 你们能赋予任何结论以一种合乎逻辑的形式。你们总是可以在一份合同中暗含一个条件。但是你为什么要暗含这个条件呢？这是因为这个社会或一个阶层的实践中的信念，或者是因为某些政策性意见，或者，简言之，是因为你们对某个问题的不能准确量化的因而也无法得出精确逻辑结论的态度。这些事物实际上处于相互竞争之中，在那里各种方法无法确定适用于所有时代的善，而判决仅仅可以体现特定时空中某一团体的偏好。我们没有意识到，我们的法律的组成部分在何等巨大的程度上向对公众心灵习惯的些微变化的反思保持开放。没有具体的命题是不证自明的，不论我们多么愿意接受它……①

这三段引文都明显体现了哲学实用主义的回响。

现代法律实用主义与几十年前的哲学实用主义联系在一起，虽然这种联系有时似乎是松散的并且只不过是一种家族相似性的联系。许多自称为“实用主义者”的法律学者似乎更多的是指称这个词在口语中的用法而不是这个哲学流派——在这个意义上，现代商人喜欢采用“实用主义的”思考方式，担心“什么有效”，担心“底线”，没有陷入毫无意义的哲学上的吹毛求疵，等等。同时，其他法律实用主义者十分严肃地

---

① Oliver Wendell Holmes, “The Path of the Law”, 10 *Harvard Law Review* 457 at 466 (1897). 霍姆斯在该文的前面部分写道：“司法判决的语言主要是逻辑语言。逻辑方法和形式迎合了对于确定性和存在于人类心灵的宁静平和的渴望。但是确定性一般来说是一种幻想，而心灵的宁静也不是人的命运。”Holmes, “The Path of the Law”, pp. 465-466.

对待他们的著作与哲学实用主义者的著作的联系①(初期的哲学实用主义者杜威、皮尔斯和詹姆斯,或者现代哲学实用主义者,例如,理查德·罗蒂[Richard Rorty]和希拉里·帕特南[Hilary Putnam]②)。

在法律理论中处处自称"实用主义者"的一位理论家是理查德·波斯纳,这让人有些惊讶。③ 波斯纳是一个持续高产且涉猎广泛的人,他试图在成为"实用主义"者——因而,根据他自己的实用主义观,"经验的……怀疑的……[并且]反教条的"④——和成为描述性以及规范性法律理论的经济学进路的著名倡导者之间保持一种微妙而困难的平衡。⑤ 为了做到这一点,他一方面减少某些经济分析的主张,⑥另一方面试图把经济学与实用主义等同起来。⑦ 这种等同在某些方面是站得

---

① 对于法律理论能够从实用主义那里学到很多这种观点的有洞见的批评,见 Brian Z. Tamanaha, *Realistic Socio-Legal Theory: Pragmatism and A Social Theory of Law* (Clarendon Press, Oxford, 1997), pp. 35–57。

② 见,例如,Richard Rorty, *Philosophy and the Mirror of Nature* (Princeton University Press, Princeton, 1979); Hilary Putnam, *Words & Life* (James F. Conant ed., Harvard University Press, Cambridge, Mass., 1994), pp. 151–241。

③ 见 Richard A. Posner, *The Problems of Jurisprudence* (Harvard University Press, Cambridge, Mass., 1990), pp. 454–469("A Pragmatist Manifesto"); Richard A. Posner, *Overcoming Law* (Harvard University Press, Cambridge, Mass., 1995), pp. 4–21。有关波斯纳作为一个实用主义者的身份的思考,见 Eric Rakowski, "Posner's Pragmatism", 104 *Harvard Law Review* 1681 (1991); Stanley Fish, "Almost Pragmatism: Richard Posner's Jurisprudence", 57 *University of Chicago Law Review* 1447 (1990)。另外一个来自不同学派的采用"实用主义者"这个标签的法学家是朱尔斯·科尔曼。见 Jules Coleman, *The Practice of Principle: In Defence of a Pragmatist Approach to Legal Theory* (Oxford University Press, Oxford, 2001), 特别是第3—12页。

④ Posner, *Overcoming Law*, pp. 5, 6.

⑤ 该领域的代表性作品波斯纳的《法律的经济分析》一书的第九版问世于2014年。

⑥ 见,例如,Richard A. Posner, *Economic Analysis of Law* (9th ed., Wolters Kluwer, New York, 2014), p. 35("显然,读者在评估本书中的规范性陈述时应该牢记一点:相比于经济学,它们更多的是关于正义")。

⑦ 波斯纳写道:法律与经济学"集中体现了实用主义意义上的科学探究伦理在法律中的运用。经济学不是它的诋毁者认为的那样,它不是还原主义的,经济学是最典型的工具性科学"。Posner, *Overcoming Law*, p. 15.

住脚的，虽然人们可以想象，相比波斯纳的努力，一个热心的实用主义者或许更乐意寻找经济学以外的源头和资源。①

波斯纳的实用主义形式的一个典型例子是他研究先例的方法。②他认为，我们不应仅仅为了古老的规则和范畴自身的利益或出于对传统的尊重而遵从它们。遵从先例有一个目标和一种价值：降低裁判的成本，增加可预测性并且因此促进规划（依赖过去的判决，假设未来的判决将以相同的方式得出结果）。因而，当人们遇到这些价值没有特别凸显的情况时，其他价值可能会证成忽视先例的行为。例如，当人们处理新技术或新形式的财产时，将新问题归入旧范畴可能对效率或可预测性几乎没有帮助。波斯纳认为，最好尝试找到最符合案情的法律规则（例如，那些有助于促进工业的规则或者确保投资的公平补偿的规则等等）。

一系列指向实用主义者（哲学的和法律的）的批评是：如果真和正确性是由这个社群的通常实践决定的，那么理论和实践将存在过于保守的风险——很难认为一个社群的社会实践是完全不公的，因为不存在人们批评传统或常见之事的基础性的真之标准。③

后现代主义

如果法律实用主义植根于20世纪早期的哲学实用主义运动，法律 22-08

---

① 波斯纳试图回应暗含在这个文本中的批评及类似意见，见 Posner, *Overcoming Law*, pp. 15-21。

② 见 Posner, *Economic Analysis of Law*, pp. 759-762; Posner, *Overcoming Law*, p. 399。

③ 严肃地思考这种反对意见并试图克服它的一篇论文，见 Margaret Jane Radin, "The Pragmatist and the Feminist", 63 *Southern California Law Review* 1699 (1990)。来自现代哲学实用主义这一方的一个例子，见 Hilary Putnam, "Pragmatism and Moral Objectivity", in M. C. Nussbaum and J. Glover eds., *Women, Culture, and Development* (Clarendon Press, Oxford, 1995), pp. 199-224。

后现代主义则可视为自其他各个领域的“后现代”运动发展而来：或许最突出的出现在建筑和文学理论领域，但也出现在哲学、绘画和音乐领域。

虽然本章频频指出，共享这场运动标签的理论家常常在态度、信念、主题和方法方面存在分歧，但“后现代主义”的分歧可能特别广泛。[①] 或许人们的最佳办法是指出大多数（虽然远不是所有）自称为或被他人称为法律后现代主义者的某些观念和观点。

后现代主义者的法律著作倾向于利用各种来自文学理论和社会理论的思想家的观点：例如，雅克·德里达、米歇尔·福柯、保罗·德·曼(Paul de Man)、让-弗朗索瓦·利奥塔(Jean-François Lyotard)和理查德·罗蒂。他们也往往从其他理论家那里吸取理论资源，如果通盘考虑，那些理论家的著作肯定不能被毫无问题地归入后现代的范畴：例如，弗里德里希·尼采、路德维希·维特根斯坦和马丁·海德格尔(Martin Heidegger)。

后现代主义的主题包括：

(1) 反对有关真理或正当化的基础的或先验的渊源[②]；

(2) 反对陈述、文本或事件具有确定的唯一的意义的观念；

(3) 主张真理和身份是社会或文化建构的；

(4) 反对所有宏大叙事（例如，把历史视为一场越来越理性或自由的运动，或者把法律视为一场“从身份到契约”[③]的运动）；以及

---

① 见，例如，Jennifer Wicke, “Postmodern Identity and the Legal Subject”, 62 *University of Colorado Law Review* 455 at 456 (1991)：“后现代主义有不止三十一个特点……你可以用后现代主义命名一场理论争论、一系列话语和学科、艺术上的风格标准、一个历史时期，乃至一种生活方式。”

② 用哲学的术语说，后现代主义往往反对基础主义、本质主义、形而上学实在论和真理符合论。

③ 见 Henry Sumner Maine, *Ancient Law* (University of Arizona Press, Tucson, 1986), p. 165。

(5) 着重强调非理性或无意识对行为和信念的影响。①

因而,后现代主义在真理和正当化问题的态度上似乎与实用主义一致,②虽然在其他方面后现代主义持一种更激进的观点。

后现代主义否认一次陈述、一个文本或一个事件存在唯一正确的(并且稳定的)意义或解释,人们通常在"解构"的标签之下讨论他们的挑战,虽然对于解构意味着什么以及它对文学、法律和生活可能产生的后果,人们有着截然不同的理解。③

第十九章讨论的许多批判传统的理论家借鉴了后现代主义者的思想。批判法律学者的法律不确定性观借鉴了解构理论,④后现代主义者对身份的社会或文化建构的强调与批判法律学者对传统上关于种族和性别的观念的攻击相吻合。⑤

后现代主义者在有些方面似乎与批判事业不符。虽然后现代主义表明,建构观和传统的社会规则没有根据并且无法排他性地主张真或正确性,后现代主义者刻薄的批评似乎同样适合于改革者运用的观点和规则。后现代主义仅在被有选择地使用时,才是左翼的一个有用的

---

① 见,例如,Pierre Schlag, "Normativity and the Politics of Form", 139 *University of Pennsylvania Law Review* 801 (1991)。

② 这是一个新实用主义者(比如理查德·罗蒂)常常被标识为后现代主义者的原因。

③ 这个领域有着巨大影响的著作是:Jacques Derrida, *Of Grammatology* (Gayatri C. Spivak trans., Johns Hopkins University Press, Baltimore, 1974);有关解构的运用的概述,见 Christopher Norris, "Jurisprudence, Deconstruction and Literary Theory: A Brief Survey and Critical Review", 1 *Res Publica* 57 (1995);有关解构是什么以及它对法律理论的意义的两种截然不同的观点,见 Matthew H. Kramer, *Hobbes and the Paradoxes of Political Origins* (St. Martin's Press, New York, 1997), pp. 1-53; Jack Balkin, "Deconstructive Practice and Legal Theory", 96 *Yale Law Journal* 743 (1987)。

④ 见,例如,Duncan Kennedy, *A Critique of Adjudication (fin de siècle)* (Harvard University Press, Cambridge, Mass., 1997), pp. 348-350。

⑤ 见,例如,Kimberlé Crenshaw, Neil Gotanda, Gary Peller and Kendall Thomas eds., *Critical Race Theory* (The New Press, New York, 1995), pp. 440-494("Race and Postmodernism")。

工具。[1] 当被严肃地对待时，后现代主义可能具有独特的保守的影响：认为真、意义和正义是完全主观的或依赖于语境的观念削弱了任何关于彻底的社会变迁的主张的力度。[2] 后现代主义者（和那些被贴上“后现代主义”和“解构”标签的著作）经常被指责不能阻止（“客观的”）不正义或邪恶的主张，而他们似乎难以驳斥这种指责。[3]

① 见，例如，Jack Balkin, "Tradition, Betrayal, and the Politics of Deconstruction", 11 *Cardozo Law Review* 1613 (1990)。

② 见，例如，Martha C. Nussbaum, "The Professor of Parody", *The New Republic*, February 22, 1999, p. 45（讨论朱迪斯·巴特勒[Judith Butler]的作品）。

③ 见，例如，Werner Hamacher, Neil Hertz and Thomas Keenan eds., *Responses: On Paul de Man's Wartime Journalism* (University of Nebraska Press, Lincoln, Neb., 1989)（论证保罗·德·曼的解构理论和他在“二战”期间一家通敌者报纸上发表的反犹论文之间的联系[假如真的存在的话]）；Edward Rothstein, "Moral Relativity Is a Hot Topic? True. Absolutely", *New York Times*, July 13, 2002; Peter Berkowitz, "Fish Story", *New Republic Online*, *http://www.thenewrepublic.com*, posted June 28, 2002（罗思坦和伯科威茨都讨论了斯坦利·费什为后现代主义对2001年“9·11”恐怖主义袭击提出道德判断的能力做出的辩护）。

建议进一步阅读的书目

历史法学 22-09

Harold J. Berman, "The Historical Foundations of Law", 54 *Emory Law Journal* 13 (2005).

—, "The Origins of Historical Jurisprudence: Coke, Selden, Hale", 103 *Yale Law Journal* 1651 (1994).

Brian H. Bix, "A New Historical Jurisprudence?", 95 *Washington University Law Review* 1035 (2018).

Hermann Kantorowicz, "Savigny and the Historical School of Jurisprudence", 53 *Law Quarterly Review* 326 (1937).

Henry Sumner Maine, *Ancient Law* (University of Arizona Press, Tucson, 1986).

Mathias Reimann, "Historical Jurisprudence", in Markus D. Dubber and Christopher Tomlins eds., *The Oxford Handbook of Legal History* (Oxford University Press, Oxford, 2018), pp. 397-417.

Friedrich Karl von Savigny, *On the Vocation of Our Age for Legislation and Jurisprudence* (Abranham Hayward trans., Arno Press, New York, 1975).

自由法运动

Oskar Bulow, "Statutory Law and the Judicial Function" (James E. Herget and Ingrid Wade, trans.), 39 *American Journal of Legal History* 71 (1995).

Albert S. Foulkes, "On the German Free Law School (Freirechtsschule)", 55 *Archiv für Rechts-und Sozialphilosophie* 367 (1969).

François Gény, *The Method of Interpretation and Sources of Private Positive Law* (Jaro Mayda trans., West, 1954).

James E. Herget and Stephen Wallace, "The German Free Law Movement as the Source of American Legal Realism", 73 *Virginia Law Review* 399 (1987).

Hermann Kantorowicz(使用了 Gnavius Flavius 这一笔名), "The Battle for Legal Science" (translated by Cory Merrill), 12 *German Law Journal* 2005 (2011).

马克思主义法学

Alan Hunt, "Marxist Theory of Law", in *A Companion to Philosophy of Law and Legal Theory* (2nd ed., Dennis Patterson, ed., Blackwell, Oxford, 2010), pp. 350-360.

Evgeny B. Pashukanis, *The General Theory of Law and Marxism* (Transaction Publishers, London, 2002).

斯堪的那维亚法律现实主义

Brian H. Bix, "Ross and Olivecrona on Rights", 34 *Australian Journal of Legal Philosophy* 103 (2009).

Jes Bjarup, "The Philosophy of Scandinavian Legal Realism", 18 *Ratio Juris* 1 (2005).

Axel Hägerström, *Inquiries into the Nature of Law and Morals* (Karl Olivecrona ed., C. D. Broad trans., Almqvist & Wiksell, Stockholm, 1953).

Holtermann, Jakob v. H., "Alf Ross: On Law and Justice, Editor's Introduction" (2018), 可见于 *https://papers.ssrn.com/sol3/papers.cfm?abstract_id=3121015.*

A. Vilhelm Lundstedt, *Legal Thinking Revised* (Almqvist & Wiksell, Stockholm, 1956).

Patricia Mindus, *A Real Mind: The Life and Work of Axel Hägerström* (Springer, Dordrecht, 2009).

Karl Olivecrona, *Law as Fact* (2nd ed., Stevens & Sons, London, 1971).

—, "Legal Language and Reality", in Ralph A. Newman ed., *Essays in Jurisprudence in Honor of Roscoe Pound* (Bobbs-Merrill Co., Indianapolis, 1962), pp. 151-191.

Alf Ross, *Towards a Realistic Jurisprudence* (Annie I. Fausboll trans., Scientia Verlag Aalen, Darmstadt, 1989).

—, "Tû-Tû", 70 *Harvard Law Review* 812 (1957).

Torben Spaak, "Alf Ross on the Concept of a Legal Right", 27 *Ratio Juris* 461 (2014).

—, *A Critical Appraisal of Karl Olivercrona's Legal Philosophy* (Springer, Dordrecht, 2014).

法律过程

Neil Duxbury, *Patterns of American Jurisprudence* (Clarendon Press, Oxford, 1995), pp. 251–299.

Henry M. Hart, Jr. and Albert M. Sacks, *The Legal Process: Basic Problems in the Making and Application of Law* (William N. Eskridge, Jr. and Philip P. Frickey eds., Foundation Press, Westburry, New York, 1994).

实用主义

Michael Brint and Weaver William eds., *Pragmatism in Law & Society* (Westview Press, Boulder, Colo., 1991)(作者包括 Richard Posner, Stanley Fish, Richard Rorty, Margaret Jane Radin, Hilary Putnam 和 Ronald Dworkin; 该书的基础是 Symposium on the Renaissance of Pragmatism in American Legal Thought, 63 *Southern California Law Review* 1569–1853 [1990]).

Thomas C. Grey, "Holmes and Legal Pragmatism", 41 *Stanford Law Review* 787 (1989).

Louis Menand ed., *Pragmatism: A Reader* (Vintage Books, New York, 1993)(收录了 Charles Sanders Peirce, William James, Oliver Wendell Holmes, Jr., John Dewey,以及同时代学者的一些文章).

Richard Warner, "Legal Pragmatism", in *A Companion to the Philosophy of Law and Legal Theory* (2nd ed., Dennis Patterson ed., Blackwell, Oxford, 2010), pp. 406–414.

后现代主义

Gary Aylesworth, "Postmodernism", in Edward N. Zalta ed., *Stanford Encyclopedia of Philosophy, http://plato.stanford.edu./entries/postmodernism/* (2015).

Jack Balkin, "What is Postmodern Constitutionalism?", 90 *Michigan Law Review* 1966 (1992).

Costas Douzinas; Ronnie Warrington and Shaun McVeigh, *Postmodern Jurisprudence* (Routledge, London, 1991).

Michael Freeman, *Lloyd's Introduction to Jurisprudence* (9th ed., Sweet & Maxwell, London, 2014), pp. 1189–1255("Postmodernist Jurisprudence").

Fredric Jameson, *Postmodernism, or, The Cultural Logic of Late Capitalism* (Duke University Press, Durham, N. C., 1991).

Christopher Norris, *Deconstruction: Theory & Practice* (Methuen, London, 1982).

Dennis Patterson, "Postmodernism", in *A Companion to the Philosophy of Law and Legal Theory* (2nd ed., Dennis Patterson ed., Blackwell, Oxford, 2010), pp. 381–391.

"Postmodernism and Law: A Symposium", 62 *University of Colorado Law Review* 439–636 (1991) (作者包括 Pierre Schlag, David Kennedy, Mary Joe Frug 和 Dale Jamieson).

Symposium:"Deconstruction and the Possibility of Justice", 11 *Cardozo Law Review* 919–1726 (1990) (作者包括 Jacques Derrida, J. Hillis Miller, Jonathan Culler, Drucilla Cornell 和 Pierre Schlag).

参考文献

Abel, Richard L. ed., *The Law & Society Reader* (New York University Press, New York, 1995)

Abraham, Kenneth S., *The Forms and Functions of Tort Law* (Foundation Press, Westbury, N.Y., 1997)

—, "Statutory Interpretation and Literary Theory: Some Common Concerns of an Unlikely Pair", 32 *Rutgers Law Review* 676 (1979)

Abrams, Kathryn, "Hearing the Call of Stories", 79 *California Law Review* 971 (1991)

Alexander, Gregory and Peñalver, Eduardo, *An Introduction to Property Theory* (Cambridge University Press, Cambridge, 2012)

Alexander, Larry, "All or Nothing at All? The Intentions of Authorities and the Authority of Intentions", in Andrei Marmor ed., *Law and Interpretation* (Clarendon Press, Oxford, 1995), pp. 357-404

—, "Constrained by Precedent", 63 *Southern California Law Review* 1 (1989)

—, "Harm, Offense, and Morality", 7 *Canadian Journal of Law and Jurisprudence* 199 (1994)

—, "The Legal Enforcement of Morality", in R. G. Frey and Christopher H. Wellman eds., *A Companion to Applied Ethics* (Blackwell, Oxford, 2003), pp. 128-141

—, "The Philosophy of Criminal Law", in Jules Coleman and Scott Shapiro eds., *The Oxford Handbook of Jurisprudence and Philosophy of Law* (Oxford University Press, Oxford, 2002), pp. 815-869

—, "Precedent", in *A Companion to Philosophy of Law and Legal Theory* (2nd ed., D. Patterson ed., Blackwell, Oxford, 2010), pp. 493-503

Alexander, Larry; Ferzan, Kimberly Kessler and Morse, Stephen, *Crime and*

Culpability: A Theory of Criminal Law (Cambridge University Press, Cambridge, 2009)

Alexander, Larry and Schauer, Frederick, "On Extrajudicial Constitutional Interpretation", 110 *Harvard Law Review* 1359 (1997)

Alexander, Larry and Sherwin, Emily, *Demystifying Legal Reasoning* (Cambridge University Press, Cambridge, 2008)

Allen, Anita, "The Proposed Equal Protection Fix for Abortion Law: Reflections on Citizenship, Gender, and the Constitution", 18 *Harvard Journal of Law and Public Policy* 419 (1995)

d'Almeida, Luís Duarte; Edwards, James and Dolcetti, Andrea eds., *Reading HLA Hart's The Concept of Law* (Hart Publishing, Oxford, 2013)

d'Almeida, Luís Duarte; Gardner, John and Green, Leslie eds., *Kelsen Revisited: New Essay on the Pure Theory of Law* (Hart Publishing, Oxford, 2013)

Altman, Andrew, *Critical Legal Studies: A Liberal Critique* (Princeton University Press, Princeton, 1990)

Amsterdam, Anthony G. and Bruner, Jerome S., *Minding the Law* (Harvard University Press, Cambridge, Mass., 2000)

Aquinas, Thomas, *The Treatise on Law* (R. J. Henle trans. and ed., University of Notre Dame Press, Notre Dame, 1993)

Archard, David, "Political and Social Philosophy", in Nicholas Bunnin and Eric P. Tsui-James eds., *The Blackwell Companion to Philosophy* (2nd ed., Blackwell, Oxford, 2003), pp. 257-289

Ariely, Dan, *Predictably Irrational: The Hidden Forces that Shape Our Decisions* (HarperCollins, New York, 2008)

Aristotle, *The Complete Works of Aristotle* (Jonathan Barnes ed., Princeton University Press, Princeton, 1984), two volumes

Aron, Raymond, *Main Currents in Sociological Thought* (Richard Howard and Helen Weaver trans., Anchor Books, New York, 1970), volumes I and II

Ashworth, Andrew, *Sentencing and Criminal Justice* (Weidenfeld & Nicolson, London, 1992)

Associated Press, "Victim gets to fire back in pepper-spray assault case", *Detroit*

News, May 29, 2015

Audi, Robert ed., *The Cambridge Dictionary of Philosophy* (2nd ed., Cambridge University Press, Cambridge, 1999)

Augustine, *The City of God Against the Pagans* (R. W. Dyson trans., Cambridge University Press, Cambridge, 1998)

Austin, J. L., *How to Do Things With Words* (J. O. Urmson and M. Sbisa eds., Harvard University Press, Cambridge, Mass., 1975)

Austin, John, *Lectures on Jurisprudence, or The Philosophy of the Positive Law* (4th ed., R. Campbell ed., John Murray, London, 1879) (Thoemme Press reprint, Bristol, 2002), two volumes

—, *The Province of Jurisprudence Determined* (Wilfrid E. Rumble ed. Cambridge University Press, Cambridge, 1995) (1832)

Avineri, Shlomo and de-Shalit, Avner eds., *Communitarianism and Individualism* (Oxford University Press, Oxford, 1992)

Aylesworth, Gary, "Postmodernism", in Edward N. Zalta ed., *Stanford Encyclopedia of Philosophy, http://plato.stanford.edu./entries/postmodernism/* (2015)

Ayres, Ian, "Playing Games with the Law", 42 *Stanford Law Review* 1291 (1990)

Ayres, Ian and Gertner, Robert, "Filling Gaps in Incomplete Contracts: An Economic Theory of Default Rules", 99 *Yale Law Journal* 87 (1989)

Baird, Douglas G., "Game Theory and the Law", in Peter K. Newman ed., *The New Palgrave Dictionary of Economics and the Law* (Macmillan, London, 1998), vol. 2, pp. 192-198

Baird, Douglas G., Gertner, Robert H. and Picker, Randal C., *Game Theory and the Law* (Harvard University Press, Cambridge, Mass., 1994)

Balkin, Jack, "Deconstructive Practice and Legal Theory", 96 *Yale Law Journal* 743 (1987)

—, "Tradition, Betrayal, and the Politics of Deconstruction", 11 *Cardozo Law Review* 1613 (1990)

—, "What is Postmodern Constitutionalism?", 90 *Michigan Law Review* 1966 (1992)

Ball, Milner, "The Legal Academy and Minority Scholars", 103 *Harvard Law Review* 1855 (1990)

Barnes, Robin, "Race Consciousness: The Thematic Content of Racial Distinctiveness in Critical Race Scholarship", 103 *Harvard Law Review* 1864 (1990)

Barnett, Randy E., *Contracts* (Oxford University Press, Oxford, 2010)

Bartlett, Katharine and Kennedy, Rosanne eds., *Feminist Legal Theory: Readings in Law and Gender* (Westview Press, Boulder, Colo., 1991)

Bayles, Michael, *Hart's Legal Philosophy: An Examination* (Kluwer Academic Publishers, Dordrecht, 1992)

Beale, Joseph Henry, *A Treatise on The Conflict of Law or Private International Law*, vol. 1 (Harvard University Press, Cambridge, Mass., 1916)

Beaney, Michael, "Analysis", in Edward N. Zalta ed., *Stanford Encyclopedia of Philosophy, http://plato.stanford.edu/entries/analysis/* (2014)

Becker, Gary S., *The Economic Approach to Human Behavior* (University of Chicago Press, Chicago, 1976)

Bedau, Hugo Adam and Kelly, Erin, "Punishment", in Edward N. Zalta ed., *The Stanford Encyclopedia of Philosophy, http://plato.stanford.edu./entries/punishment/* (2015)

Bell, Daniel, "Communitarianism", in Edward N. Zalta ed., *Stanford Encyclopedia of Philosophy, http://plato.stanford.edu./entries/communitarianism/* (2016)

Bell, Derrick A., *And We Are Not Saved* (Basic Books, New York, 1987)

—, *Faces at the Bottom of the Well* (Basic Books, New York, 1992)

—, "Racial Realism", 27 *Connecticut Law Review* 363 (1992)

—, "Racial Remediation: An Historical Perspective on Current Conditions", 52 *Notre Dame Law Review* 5 (1976)

—, "Who's Afraid of Critical Race Theory", 1995 *University of Illinois Law Review* 893

—, "Xerces and the Affirmative Action Mystique", 57 *George Washington Law Review* 1595 (1989)

Benditt, Theodore M., "Acting in Concert or Going It Alone: Game Theory and the Law", 23 *Law and Philosophy* 615 (2004)

Benson, Peter ed., *The Theory of Contract Law* (Cambridge University Press, Cambridge, 2001)

Bentham, Jeremy, "Anarchical Fallacies", reprinted in J. Waldron ed., *Nonsense upon Stilts: Bentham, Buke and Marx on the Rights of Man* (Methuen, London, 1987), pp. 46–69

—, *Of Law in General* (H. L. A. Hart ed., Athlone, London, 1970)

—, *Of the Limits of the Penal Branch of Jurisprudence* (Philip Schofield ed., Oxford University Press, Oxford, 2010)

—, "Truth versus Ashhurst", in *The Works of Jeremy Bentham* (W. Tait, Edinburgh, 1843), vol. V, pp. 233–237

—, *The Works of Jeremy Bentham, vol. 1: Principles of the Civil Code* (John Bowring ed., William Tait, Edinburgh, 1843)

Berkowitz, Peter, "Fish Story", *New Republic Online, http://www.thenewrepublic.com,* posted June 28, 2002

Berlin, Isaiah, "The Purpose of Philosophy", in *Concepts and Categories* (Penguin, New York, 1981), pp. 1–11

Berman, Harold J., "The Historical Foundations of Law", 54 *Emory Law Journal* 13 (2005)

—, "The Origins of Historical Jurisprudence: Coke, Selden, Hale", 103 *Yale Law Journal* 1651 (1994)

Berman, Mitchell N., "For Legal Principles", in Heidi Hurd ed., *Moral Puzzles and Legal Perplexities* (Cambridge University Press, Cambridge, 2019), pp. 241–259

—, "Rehabilitating Retributivism", 32 *Law and Philosophy* 83 (2013)

Berman, Paul Schiff, *Global Legal Pluralism: A Jurisprudence of Law Beyond Borders* (Cambridge University Press, Cambridge, 2012)

Bernhardt, William, *et al.*, *Natural Suspect* (Ballantine Books, New York, 2001)

Bernstein, David, "Brandeis Brief Myths", 15 *The Green Bag* 2d 9 (2011),可见于 *http://www.greenbag.org/v15n1/v15n1_articles_bernstein.pdf*

Beyleveld, Deryck and Brownsword, Roger, *Law as a Moral Judgment* (Sweet & Maxwell, London, 1986)

Bingham, Joseph, "What is the Law?" Parts I and II, 11 *Michigan Law Review* 1 and 109 (1912)

Bishin, William R. and Stone, Christopher D. eds., *Law, Language and Ethics: An*

Introduction to Law and Legal Method (Foundation Press, Mineola, N. Y., 1972)

Bix, Brian H., "A. D. Woozley and the Concept of Right Answers in Law", 5 *Ratio Juris* 58 (1992), reprinted in modified form in *Law, Language and Legal Determinacy* (Clarendon Press, Oxford, 1993), pp. 79-88

—, Book Review (reviewing Scott J. Shapiro, *Legality*), 122 *Ethics* 444 (2012)

—, "Can Theories of Meaning and Reference Solve the Problem of Legal Determinacy?", 16 *Ratio Juris* 281 (2003)

—, "Conceptual Questions and Jurisprudence", 1 *Legal Theory* 415 (1995)

—, "Consent, Sado-Masochism and the English Common Law", 17 *Quinnipiac Law Review* 157 (1997)

—, *Contract Law: Rules, Theory, and Context* (Cambridge University Press, Cambridge, 2012)

—, "Global Error and Legal Truth", 29 *Oxford Journal of Legal Studies* 535 (2009)

—, "H. L. A. Hart and the Hermeneutic Turn in Legal Theory", 52 *SMU Law Review* 167 (1999)

—, "A New Historical Jurisprudence?" 95 *Washington University Law Review* 1035 (2018)

—, "John Austin", in Edward N. Zalta ed., *The Stanford Encyclopedia of Philosophy, http://plato.stanford.edu./entries/austin-john/* (2018)

—, "Joseph Raz and Conceptual Analysis", 06 (2) *American Philosophical Association Newsletter on Philosophy and Law*, pp. 1-7 (Spring 2007)

—, *Law, Language and Legal Determinacy* (Clarendon Press, Oxford, 1993)

—, "Law as an Autonomous Discipline", in Peter Cane and Mark Tushnet eds., *The Oxford Handbook of Legal Studies* (Oxford University Press, Oxford, 2003), pp. 975-987

—, "Legal Positivism", in Martin P. Golding and William A. Edmundson eds, *Blackwell Guide to Philosophy of Law and Legal Theory* (Blackwell, Oxford, 2005), pp. 29-49

—, "Legal Positivism and 'Explaining' Normativity and Authority", 05 (2) *American Philosophical Association Newsletter* 5-9 (Spring 2006)

—, "Natural Law Theory", in *A Companion to the Philosophy of Law and Legal Theory*

(2nd ed., Dennis Patterson ed., Blackwell, Oxford, 2010), pp. 211–227

—, "Natural Law Theory: The Modern Tradition", in Jules Coleman and Scott Shapiro eds., *The Oxford Handbook of Jurisprudence and Philosophy of Law* (Oxford University Press, Oxford, 2002), pp. 61–103

—, "On Description and Legal Reasoning", in Linda R. Meyer ed., *Rules and Reasoning* (Hart Publishing, Oxford, 1999), pp. 7–28

—, "On the Dividing Line Between Natural Law Theory and Legal Positivism", 75 *Notre Dame Law Review* 1613 (2000)

—, "Patrolling the Boundaries: Inclusive Legal Positivism and the Nature of Jurisprudential Debate", 12 *Canadian Journal of Law & Jurisprudence* 17 (1999)

—, "The Promise and Problems of Universal, General Theories of Contract Law", 30 *Ratio Juris* 391 (2017)

—, "Questions in Legal Interpretation", in Andrei Marmor ed., *Law and Interpretation* (Clarendon Press, Oxford, 1995), pp. 137–154

—, "Questions in Legal Interpretation", 18 *Tel Aviv Law Review* 463 (1994)

—, "Ross and Olivecrona on Rights", 34 *Australian Journal of Legal Philosophy* 103 (2009)

—, "Rules and Normativity in Law", in Tomasz Gizbert-Studnicki, Krzysztof Pleszka, Michal Arszkiewicz & Pawel Banas eds., *Problems of Normativity, Rules and Rule Following* (Springer, 2015), pp. 125–146

—, "Some Reflections on Contract Law Theory", 1 *Problema* 143 (2007)

—, "Will versus Reason: Truth in Natural Law, Positive Law, and Legal Theory", in Kurt Pritzl ed., *Truth: Studies of a Robust Presence* (Catholic University of America Press, Washington, D. C., 2010), pp. 208–231

Bjarup, Jes, "The Philosophy of Scandinavian Legal Realism", 18 *Ratio Juris* 1 (2005)

Blackburn, Simon, *The Oxford Dictionary of Philosophy* (2nd ed., Oxford University Press, Oxford, 2005)

Blackstone, William, *Commentaries on the Law of England* (Clarendon Press, Oxford, 1765–1769), four volumes

Boonin, David, *The Problem of Punishment* (Cambridge University Press, Cambridge,

2008)

Bourke, Vernon J., *Will in Western Thought: An Historico-Critical Survey* (Sheed and Ward, New York, 1964)

Bowman, Cynthia Grant, Rosenbury, Laura A., Tuerkheimer, Deborah, and Yuracko, Kimberly A., *Feminist Jurisprudence: Taking Women Seriouly* (4th ed., West Publishing, St. Paul, 2011),

Boyle, James, "Introduction", in James Boyle ed., *Critical Legal Studies* (New York University Press, New York, 1994), pp. viii-liii

Boyle, James ed., *Critical Legal Studies* (New York University Press, New York, 1994)

Brest, Paul, "The Misconceived Quest for the Original Understanding", 60 *Boston University Law Review* 204 (1980)

Brest, Paul and Vandenberg, Ann, "Politics, Feminism, and the Constitution: The Anti-Pornography Movement in Minneapolis", 39 *Stanford Law Review* 607 (1987)

Brewer, Scott, "Introduction: Choosing Sides in the Racial Critiques Debate", 103 *Harvard Law Review* 1844 (1990)

—, "Pragmatism, Oppression, and the Flight to Substance", 63 *Southern California Law Review* 1753 (1990)

Brint, Michael and Weaver William eds., *Pragmatism in Law & Society* (Westview Press, Boulder, Colo., 1991)

Brooks, Peter and Gewirtz, Paul eds., *Law's Stories: Narrative and Rhetoric in the Law* (Yale University Press, New Haven, 1996)

Brooks, Thom, *Punishment* (Routledge, London, 2012)

Brophy, Alfred L., "Did Formalism Never Exist?", 92 Texas Law Review 383 (2013)

Brousseau, Eric and Glachant, Jean-Michel eds., *The Economics of Contracts: Theories and Applications* (Cambridge University Press, Cambridge, 2002)

Buchanan, James M. and Tullock, Gordon, *The Calculus of Consent: Logical Foundations of Constitutional Democracy* (University of Michigan Press, Ann Arbor, 1962)

Bulow, Oskar, "Statutory Law and the Judicial Function" (James E. Herget and

Ingrid Wade trans.), 39 *American Journal of Legal History* 71 (1995)

van der Burg, Wilbren, "Conceptual Theories of Law and the Challenges of Global Legal Pluralism: A Legal Interactionist Approach" (2018), in Paul Schiff Berman ed., *The Oxford Handbook on Global Legal Pluralism* (Oxford University Press, Oxford, forthcoming), 可见于 *https: // papers. ssrn. com/sol3/paper. cfm? abstract_id=3288451*

Burley, Justine ed., *Dworkin and His Critics* (Blackwell Publishing, Oxford, 2004)

Bursyn, Varda ed., *Women Against Censorship* (Douglas & McIntyre, Ltd., Vancouver, 1985)

Calabresi, Guido, "Supereditor or Translator: Comments on Coleman", in Brian H. Bix ed., *Analyzing Law* (Clarendon Press, Oxford, 1998), pp. 107-115

—, "Toward a Unified Theory of Torts", 1(3) *Journal of Tort Law,* article 1 (2007)

Calabresi, Guido and Melamed, A. Douglas, "Property Rules, Liability Rules, and Inalienability: One View of the Cathedral", 85 *Harvard Law Review* 1089 (1972)

Campbell, Kenneth, "Legal Rights", in Edward N. Zalta ed., *Stanford Encyclopedia of Philosophy, http: //plato. stanford. edu. /entries/legal-rights/* (2017)

Campbell, Tom D., *The Legal Theory of Ethical Positivism* (Dartmouth, Aldershot, 1996)

Carbado, Devon W., "Critical What What", 45 *Connecticut Law Review* 1593 (2011)

Cardozo, Benjamin N., "Law and Literature", 14 *Yale Review* 699 (1925)

—, *The Nature of the Judicial Process* (Yale University Press, New Haven, 1921)

Carrington, Paul D., "Of Law and the River", 34 *Journal of Legal Education* 222 (1984)

Carter, Stephen, "When Victims Happen to Be Black", 97 *Yale Law Journal* 420 (1988)

Chang, Ha-Joon, *Economics: The User's Guide* (Bloomsbury Press, New York, 2014)

Chang, Robert S., "Toward an Asian American Legal Scholarship: Critical Race Theory, Post-Structuralism, and Narrative Space", 81 *California Law Review* 1244 (1993)

Chang, Ruth ed., *Incommensurability, Incomparability, and Practical Reason* (Harvard University Press, Cambridge, Mass., 1997)

Cicero, Marcus Tullius, *De Re Publica: De Legibus* (C. W. Keyes, trans., Harvard University Press, Cambridge, Mass., 1928)

Coase, Ronald H., "The Nature of the Firm", reprinted in *The Firm, the Market and the Law* (University of Chicago Press, Chicago, 1988), pp. 33-55

—, "The Problem of Social Cost", 3 *Journal of Law and Economics* 1 (1960), reprinted in *The Firm, the Market and the Law* (University of Chicago Press, Chicago, 1988), pp. 95-156

Cohen, Felix, "Transcendental Nonsense and the Functional Approach", 35 *Columbia Law Review* 809 (1935)

Cohen, Joel, "An Interview with Judge Richard A. Posner", *ABA Journal*, July 2014, pp. 52-60.

Cohen, L. Jonathan, *The Dialogue of Reason* (Clarendon Press, Oxford, 1986)

Cohen, Morris R., "On Absolutisms in Legal Thought", 84 *University of Pennsylvania Law Review* 681 (1936)

—, "Property and Sovereignty", 13 *Cornell Law Quarterly* 8 (1927)

Coleman, Jules L., "Authority and Reason", in Robert P. George ed., *The Autonomy of Law* (Oxford University Press, Oxford, 1996), pp. 287-319

—, "Beyond Inclusive Legal Positivism", 22 *Ratio Juris* 359 (2009)

— ed., *Hart's Postscript: Essays on the Postscript to the Concept of Law* (Oxford University Press, Oxford, 2001)

—, "Incorporationism, Coventionality and the Practical Difference Thesis", 4 *Legal Theory* 381 (1998)

—, *Markets, Morals and the Law* (Cambridge University Press, Cambridge, 1988)

—, "Methodology", in Jules L. Coleman and Scott Shapiro eds., *The Oxford Handbook of Jurisprudence and Philosophy of Law* (Oxford University Press, Oxford, 2002), pp. 311-351

—, "The Normative Basis of Economic Analysis: A Critical Review of Richard Posner's *The Economics of Justice*", 34 *Stanford Law Review* 1105 (1982)

—, *The Practice of Principle: In Defence of a Pragmatist Approach to Legal Theory* (Oxford University Press, Oxford, 2001)

—, "Second Thoughts and Other First Impressions", in Brian H. Bix ed., *Analyzing*

Law: New Essays in Legal Theory (Clarendon Press, Oxford, 1998), pp. 257-322

—, "Truth and Objectivity in Law", 1 *Legal Theory* 33 (1995)

Jules Coleman, Hershovitz, Scott and Gabriel Mendlow, "Theories of the Common Law of Torts", in Edward N. Zalta ed., *The Stanford Encyclopedia of Philosophy, http://plato.stanford.edu/entries/tort-theories/* (2015)

Coleman, Jules L. and Leiter, Brian, "Legal Positivism", in *A Companion to the Philosophy of Law and Legal Theory* (2nd ed., Dennis Patterson ed., Blackwell, Oxford, 2010), pp. 228-248

Conference: "Social Norms, Social Meaning, and the Economic Analysis of Law", 27 *Journal of Legal Studies* 537-823 (1998)

Coombs, Mary, "Outsider Jurisprudence: The Law Review Stories", 63 *University of Colorado Law Review* 683 (1992)

Cooter, Robert and Ulen, Thomas, *Law and Economics* (6th ed., Pearson Addison-Wesley, Boston, 2012)

Cornell, Drucilla, "Loyalty and the Limits of Kantian Impartiality", 107 *Harvard Law Review* 2081 (1994)

Cotterrell, Roger, *The Politics of Jurisprudence* (Butterworths, London, 1989)

—, *The Sociology of Law: An Introduction* (2nd ed., Butterworths, London, 1992)

—, "Subverting Orthodoxy, Making Law Central: A View of Sociolegal Studies", 29 *Journal of Law and Society* 632 (2002)

—, "Why Jurisprudence is Not Legal Philosophy", 5 *Jurisprudence* 41 (2014)

Cover, Robert M., "Violence and the Word", 95 *Yale Law Journal* 1601 (1986)

Coyle, Sean, "Are There Necessary Truths About Rights?", 15 *Canadian Journal of Law and Jurisprudence* 21 (2002)

—, *Modern Jurisprudence: A Philosophical Guide* (Hart Publishing, Oxford, 2014)

—, "Natural Law in Aquinas and Suarez", 8 *Jurisprudence* 319 (2017)

—, "Thomas Hobbes and the Intellectual Origins of Legal Positivism", 16 *Canadian Journal of Law and Jurisprudence* 243 (2003)

Craswell, Richard, "Contract Law, Default Rules, and the Philosophy of Promising", 88 *Michigan Law Review* 489 (1989)

Crenshaw, Kimberlé Williams, "Race Reform, and Retrenchment: Transformation and

Legitimation in Antidiscrimination Law", 101 *Harvard Law Review* 1331 (1988)

—, "Twenty Years of Critical Race Theory: Looking Back to Move Forward", 43 Connecticut Law Review 1253 (2011)

Crenshaw, Kimberlé; Gotanda, Neil; Peller, Gary and Thomas, Kendall eds., *Critical Race Theory: The Key Writings That Formed the Movement* (The New Press, New York, 1995)

Critical Legal Studies Symposium, 36 *Stanford Law Review* 1–674 (1984)

Cross, Rupert, *Statutory Interpretation* (Butterworths, London, 1976)

Cross, Rupert; Bell, John and Engle, George, *Statutory Interpretation* (3rd ed., LexisNexis, London, 1995)

Cross, Rupert and Harris, J. W., *Precedent in English Law* (4th ed., Clarendon Press, Oxford, 1991)

Dagan, Hanoch, *Reconstructing American Legal Realism & Rethinking Private Law Theory* (Oxford University Press, Oxford, 2013)

Daniels, Norman ed., *Reading Rawls: Critical Studies of A Theory of Justice* (Basic Books, New York, 1990)

Dau-Schmidt, Kenneth, *et al.*, "On *Game Theory and the Law*", 31 *Law and Society Review* 613 (1997)

Davidson, Donald, *Inquiries into Truth and Interpretation* (Clarendon Press, Oxford, 1984)

Deigh, John and Dolinko, David eds., *The Oxford Handbook of Philosophy of Criminal Law* (Oxford University Press, Oxford, 2011)

Del Mar, Maksymilian and Bankowski, Zenon eds., *Law as Institutional Normative Order* (Ashgate, Surrey, 2009)

Delgado, Richard, "Affirmative Action as a Majoritarian Device: Or, Do You Really Want to be a Role Model", 89 *Michigan Law Review* 1222 (1991)

— ed., *Critical Race Theory: The Cutting Edge* (Temple University Press, Philadelphia, 1995)

—, "The Imperial Scholar: Reflections on a Review of Civil Rights Literature", 132 *University of Pennsylvania Law Review* 561 (1984)

—, "Rodrigo's Ninth Chronicle: Race, Legal Instrumentalism, and the Rule of Law",

143 *University of Pennsylvania Law Review* 379 (1994)

—, "Storytelling for Oppositionists and Others: A Plea for Narrative", 87 *Michigan Law Review* 2411 (1989)

Delgado, Richard and Stefancic, Jean, "Critical Race Theory: An Annotated Bibliography", 79 *Virginia Law Review* 461 (1993)

—, *Critical Race Theory: An Introduction* (3rd ed., New York University Press, New York, 2017)

—, "Hateful Speech, Loving Communities: Why Our Notion of 'A Just Balance' Changes So Slowly", 82 *California Law Review* 851 (1994)

— (eds.), *The Latino/a Condition: A Critical Reader* (New York University Press, New York, 1988)

Derrida, Jacques, *Of Grammatology* (Gayatri C. Spivak trans., Johns Hopkins University Press, Baltimore, 1974)

Devlin, Patrick, *The Enforcement of Morals* (Oxford University Press, Oxford, 1965)

Dewey, John, "The Historical Background of Corporate Legal Personality", 35 *Yale Law Journal* 655 (1926)

—, "Logical Method and the Law", 10 *Cornell Law Quarterly* 17 (1924)

Dickinson, John, "The Law Behind Law", 29 *Columbia Law Review* 113 (1929)

Dickson, Julie, *Evaluation and Legal Theory* (Hart Publishing, Oxford, 2001)

—, "Legal Positivism: Contemporary Debates", in Andrei Marmor ed., *The Routledge Companion to Philosophy of Law* (Routledge, London, 2012), pp. 48-64

—, "Methodology in Jurisprudence: A Critical Survey", 10 *Legal Theory* 117 (2004)

Dolcetti, Andrea and Ratti, Giovanni Battista, "Legal Disagreements and the Dual Nature of Law", in Wil Waluchow and Stefan Sciaraffa eds., *Philosophical Foundations of the Nature of Law* (Oxford University Press, Oxford, 2013), pp. 301-321

Donahue, Charles, Jr., "*Ius* in the Subjective Sense in Roman Law. Reflections on Villey and Tierney", in Domenico Maffei ed., *A Ennio Cortese* (Il Ciegno Edizioni, Rome, 2001), vol. I, pp. 506-535,可见于 *http://www.law.harvard.edu/faculty/cdonahue/writings.php*

Douzinas, Costas; Warrington, Ronnie and McVeigh, Shaun, *Postmodern*

Jurisprudence (Routledge, London, 1991)

Dowd, Nancy E. and Jacobs, Michelle S. eds., *Feminist Legal Theory: An Anti-Essentialist Reader* (New York University Press, New York, 2003)

Doyle, Roddy, *et al.*, *Yeats is Dead* (Joseph O' Connor ed., Alfred A. Knopf, New York, 2001)

Duff, Antony and Hoskins, Zachary, "Legal Punishment", in Edward N. Zalta ed., *Stanford Encyclopedia of Philosophy, http://plato.stanford.edu/entries/legal-punishment/* (2018)

—, "Punishment", in Hugh LaFollette ed., *The Oxford Handbook of Practical Ethics* (Oxford University Press, Oxford, 2003), pp. 331–357

—, *The Realm of Criminal Law* (Oxford University Press, Oxford, 2018)

Duff, Antony and Garland, David eds., *A Reader on Punishment* (Oxford University Press, Oxford, 1994)

Duff, R. A. (Antony) and Green, Stuart P. eds., *Philosophical Foundations of Criminal Law* (Oxford University Press, Oxford, 2011)

Duff, R. A. (Antony) and Marshall, S. E., "'Remote Harms' and the Two Harm Principles", in A P. Simester, Antje du Bois-Pedain, and Ulfrid Neumann eds., *Liberal Criminal Theory* (Hart Publishing, Oxford, 2014), pp. 205–223

Dupré, John, "Natural Kinds and Biological Taxa", 90 *Philosophical Review* 66 (1981)

Duxbury, Neil, "Kelsen's Endgame", 67 *Cambridge Law Journal* 51 (2008)

—, *The Nature and Authority of Precedent* (Cambridge University Press, Cambridge, 2008)

—, *Patterns of American Jurisprudence* (Clarendon Press, Oxford, 1995)

—, "Post-Realism and Legal Process", in *A Companion to the Philosophy of Law and Legal Theory* (2nd ed., Dennis Patterson ed., Blackwell, Oxford, 2010), pp. 279–289

Dworkin, Gerald, "Moral Paternalism", 24 *Law and Philosophy* 305 (2005)

— ed., *Morality, Harm and the Law* (Westview Press, Boulder, Colo., 1994)

—, "Paternalism", in Edward N. Zalta ed., *Stanford Encyclopedia of Philosophy, http://plato.stanford.edu/entries/paternalism/* (2017)

Dworkin, Ronald, "Hart's Posthumous Reply", 130 *Harvard Law Review* 2096 (2017)

—, *Justice for Hedgehogs* (Harvard University Press, Cambridge, Mass., 2011)

—, *Justice in Robes* (Harvard University Press, Cambridge, Mass., 2006)

—, "Law as Interpretation", 60 *Texas Law Review* 527 (1982)

—, *Law's Empire* (Harvard University Press, Cambridge, Mass., 1986)

—, "Legal Theory and the Problem of Sense", in Ruth Gavison ed., *Issues in Contemporary Legal Philosophy* (Clarendon Press, Oxford, 1987), pp. 9–20

—, "Liberal Community", 77 *California Law Review* 479 (1989)

—, *A Matter of Principle* (Harvard University Press, Cambridge, Mass., 1985)

—, "Pragmatism, Right Answers and True Banality", in Michael Brint and William Weaver eds., *Pragmatism in Law and Society* (Westview Press, Boulder, Colo., 1991), pp. 359–388

—, "A Reply by Ronald Dworkin", in Marshall Cohen ed., *Ronald Dworkin and Contemporary Jurisprudence* (Duckworth, London, 1984), pp. 247–300

—, *Sovereign Virtue* (Harvard University Press, Cambridge, Mass., 2000)

—, *Taking Rights Seriously* (Duckworth, London, 1977)

Eastland, Terry, "Radicals in the Law Schools", *Wall Street Journal*, January 10, 1986, p. 10

Edmundson, William A. ed., *The Duty to Obey the Law: Selected Philosophical Writings* (Rowman & Littlefield, Lanham, Maryland, 1999)

—, *An Introduction to Rights*, (2nd ed., Cambridge University Press, Cambridge, 2012)

—, "State of the Art: The Duty to Obey the Law", 10 *Legal Theory* 215 (2004)

Edwards, James, "Harm Principles", 20 *Legal Theory* 253 (2014)

—, "Theories of Criminal Law", in Edward N. Zalta ed., *Stanford Encyclopedia of Philosophy, htttp: //plato. stanford. edu/entries/criminal-law/* (2018)

Eekelaar, J. M, "Principles of Revolutionary Legality", in A. W. B. Simpson ed., *Oxford Essays in Jurisprudence, Second Series* (Clarendon Press, Oxford, 1973), pp. 22–43

Ehrenberg, Kenneth M., "Law as Plan and Artefact", 7 *Jurisprudence* 325 (2016)

Eisenberg, Melvin Aron, *The Nature of the Common Law* (Harvard University Press, Cambridge, Mass., 1988)

Ekins, Richard, "Interpretive Choice in Statutory Interpretation", 59 *American Journal of Jurisprudence* 1 (2014)

—, *The Nature of Legislative Intent* (Oxford University Press, Oxford, 2012)

Eleftheriadis, Pavlos, "Austin and the Electors", 24 *Canadian Journal of Law and Jurisprudence* 441 (2010)

Ellickson, Robert C., *Order Without Law: How Neighbors Settle Disputes* (Harvard University Press, Cambridge, Mass., 1991)

Emon, Anver M., *Islamic Natural Law Theories* (Oxford University Press, Oxford, 2010)

Epstein, Richard A, "Causation—In Context: An Afterword", 63 *Chicago-Kent Law Review* 653 (1987)

—, "The Harm Principle—and How it Grew", 45 *University of Toronto Law Journal* 369 (1995)

—, "A Theory of Strict Liability", 2 *Journal of Legal Studies* 151 (1973)

Eskridge, William N., Jr., *Gaylaw: Challenging the Apartheid of the Closet* (Harvard University Press, Cambridge, Mass., 1999)

—, "Gaylegal Narratives", 46 *Stanford Law Review* 607 (1994)

—, "Textualism, The Unknown Ideal?", 96 *Michigan Law Review* 1509 (1998)

Eskridge, William N., Jr and Ferejohn, John, "Statutory Interpretation and Rational Choice Theories", in Peter K. Newman ed., *The New Palgrave Dictionary of Economics and the Law* (Macmillan, London, 1998), vol. 3, pp. 535-540

Eskridge, William N., Jr. and Frickey, Philip P., "An Historical and Critical Introduction to *The Legal Process*", in Henry M. Hart, Jr. and Albert M. Sacks, *The Legal Process: Basic Problems in the Making and Application of Law* (William N. Eskridge, Jr. and Philip P. Frickey eds., Foundation Press, Westbury, NY, 1994), pp. li-cxxxvi

Eskridge, William N., Jr.; Philip P.; Garrett, Elizabeth and Brudney, *Cases and Materials on Legislation: Statutes and the Creation of Public Policy* (5th ed., West Academic Publishing, St. Paul, 2014)

Estrich, Susan, *Real Rape* (Harvard University Press, Cambridge, Mass, 1987)

Etzioni, Amitai, *The Spirit of Community: Rights, Responsibilities, and the Communitarian Agenda* (Crown Publishers, New York, 1993)

—, "Eye for an Eye, Judge Rules", *New York Times*, Dec. 13, 2003

Fallon, Richard H., Jr., "Three Symmetries Between Textualist and Purposivist Theories of Statutory Interpretation—and The Irreducible Roles of Values and Judgment Within Both", 99 *Cornell Law Review* 685 (2014)

Farber, Daniel A., "Do Theories of Statutory Interpretation Matter? A Case Study", 94 *Northwestern University Law Review* 1409 (2000)

Farber, Daniel A. and Frickey, Philip P., *Law and Public Choice* (University of Chicago Press, Chicago, 1991)

—, "Public Choice Revisited", 96 *Michigan Law Review* 1715 (1998)

Farber, Danniel A. and Sherry, Suzanna, *Beyond All Reason: The Radical Assault on Truth in American Law* (Oxford University Press, New York, 1997)

—, "Telling Stories Out of School: An Essay on Legal Narratives", 45 *Stanford Law Review* 807 (1993)

Farrell, Daniel M., "The Justification of General Deterrence", 94 *Philosophical Review* 367 (1985)

Feinberg, Joel, "The Expressive Function of Punishment", in *Doing and Deserving: Essays in the Theory of Responsibility* (Princeton University Press, Princeton, 1970), pp. 95-118

—, *The Moral Limits of the Criminal Law* (Oxford University Press, Oxford, 1984-1988), four volumes

—, "The Nature and Value of Rights", 4 *Journal of Value Inquiry* 19 (1970)

Field, Martha, "Surrogacy Contracts: Gestational and Traditional: The Argument for Nonenforcement", 31 *Washburn Law Review* 3 (1991)

Fine, Kit, "Essence and Modality", 8 *Philosophical Perspectives* 1 (1994)

Fineman, Martha A., "Contract, Marriage and Background Rules," in Brian H. Bix ed., *Analyzing Law: New Essays in Legal Theory* (Clarendon Press, Oxford, 1998), pp. 183-195

—, *The Neutered Mother, the Sexual Family, and Other Twentieth Century Tragedies*

(Routledge, New York, 1995)

Fineman, Martha and Thomadsen Nancy eds., *At the Boundaries of Law Feminism and Legal Theory* (Routledge, New York, 1991)

Finnis, John M., "Allocating Risks and Suffering: Some Hidden Traps", 38 *Cleveland State Law Review* 193 (1990)

—, "Aquinas' Moral, Political, and Legal Philosophy", in Edward. N. Zalta ed., *Stanford Encyclopedia of Philosophy, http://plato.stanford.edu/entries/aquinas-moral-political/* (2017)

—, *Aquinas: Moral, Political, and Legal Theory* (Oxford University Press, Oxford, 1998)

—, "The Authority of Law in the Predicament of Contemporary Social Theory", 1 *Notre Dame Journal of Law, Ethics and Public Policy* 115 (1984)

—, *Collected Essays,* five volumes (Oxford University Press, Oxford, 2011)

—, "Concluding Reflections", 38 *Cleveland State Law Review* 231 (1990)

—, *Fundamentals of Ethics* (Georgetown University Press, Washington, D.C., 1983)

—, "Is Natural Law Theory Compatible with Limited Government?", in R. George ed., *Natural Law, Liberalism and Morality: Contemporary Essays* (Clarendon Press, Oxford, 1996), pp. 1–26

—, "Law and What I Should Truly Decide", 48 *American Journal of Jurisprudence* 107 (2003)

—, "Law as Co-ordination", 2 *Ratio Juris* 97 (1989)

—, "Law as Fact and as Reason for Action: A Response to Robert Alexy on Law's 'Ideal Dimension'", 59 *American Journal of Jurisprudence* 85 (2014)

—, "Law, Morality, and 'Sexual Orientation'", 69 *Notre Dame Law Review* 1049 (1994)

—, "Liberalism and Natural Law Theory", 45 *Mercer Law Review* 687 (1994)

—, *Moral Absolutes: Tradition, Revision, and Truth* (Catholic University of America Press, Washington, D.C., 1991)

— ed., *Natural Law* (Dartmouth Pub. Co., London; New York University Press, New York, 1991), two volumes

—, "Natural Law and Legal Reasoning", 38 *Cleveland State Law Review* 1 (1990), reprinted in modified form in Robert P. George ed., *Natural Law Theory* (Clarendon Press, Oxford, 1992), pp. 134-157

—, *Natural Law and Natural Rights* (Oxford: Clarendon Press, 1980, 2nd ed., 2011)

—, "Natural Law: The Classical Tradition", in Jules Coleman and Scott Shapiro eds., *The Oxford Handbook of Jurisprudence and Philosophy of Law* (Oxford University Press, Oxford, 2002), pp. 1-60

—, "Natural Law Theories", in Edward N. Zalta ed., *Stanford Encyclopedia of Philosophy, http://plato. stanford. edu/entries/natural-law-theories/* (2015)

—, "Natural Law Theory: Its Past and Its Present", 57 *American Journal of Jurisprudence* 81 (2012), reprinted in Andrei Marmor ed., *The Routledge Companion to Philosophy of Law* (Routledge, London, 2012), pp. 16-30

—, "On Reason and Authority in Law's Empire", 6 *Law and Philosophy* 357 (1987)

—, "On 'The Critical Studies Movement'", 30 *American Journal of Jurisprudence* 21 (1985), reprinted in John Eekelaar and John Bell eds., *Oxford Essays in Jurisprudence, Third Series* (Clarendon Press, Oxford, 1987), pp. 145-165

—, "On the Incoherence of Legal Positivism", 75 *Notre Dame Law Review* 1597 (2000)

—, *Reason in Action: Collected Essays Volume I* (Oxford University Press, Oxford, 2011)

—, "Revolutions and Continuity of Law", in A. W. B. Simpson ed., *Oxford Essays in Jurisprudence, Second Series* (Clarendon Press, Oxford, 1973), pp. 44-76

—, "The Truth in Legal Positivism", in Robert P. George ed., *The Autonomy of Law* (Clarendon Press, Oxford, 1996), pp. 195-214

Fish, Morris J., "An Eye for an Eye: Proportionality as a Moral Principle of Punishment", 28 *Oxford Journal of Legal Studies* 57 (2008)

Fish, Stanley, "Almost Pragmatism: Richard Posner's Jurisprudence", 57 *University of Chicago Law Review* 1447 (1990)

—, "Dennis Martinez and the Uses of Theory", 96 *Yale Law Journal* 773 (1987), reprinted in *Doing What Comes Naturally* (Clarendon Press, Oxford, 1989), pp. 372-398

—, *Doing What Comes Naturally: Change, Rhetoric, and the Practice of Theory in Literary and Legal Studies* (Clarendon Press, Oxford, 1989)

—, "Fish vs. Fiss", 36 *Stanford Law Review* 1325 (1984), reprinted in *Doing What Comes Naturally* (Clarendon Press, Oxford, 1989), pp. 120–140

—, "One More Time", in Gary A. Olson and Lynn Worsham eds., *Postmodern Sophistry: Stanley Fish and the Critical Enterprise* (State University of New York Press, Albany, 2004), pp. 265–297

Fisher, William; Horwitz, Morton and Reed, Thomas eds., *American Legal Realism* (Oxford University Press, New York, 1993)

Fiss, Owen, "Objectivity and Interpretation", 34 *Stanford Law Review* 739 (1982)

Fitzpatrick, Peter and Hunt, Alan eds., *Critical Legal Studies* (Blackwell, Oxford, 1987)

Fletcher, George, *Basic Concepts of Legal Thought* (Oxford University Press, New York, 1996)

—, "Punishment and Responsibility", in *A Companion to Philosophy of Law and Legal Theory* (2nd ed., Dennis Patterson ed., Blackwell, Oxford, 2010), pp. 504–512

Foot, Philippa, "Moral Arguments", 67 *Mind* 502 (1958)

Foulkes, Albert S., "On the German Free Law School (Freirechtsschule)", 55 *Archiv für Rechts- und Sozialphilosophie* 367 (1969)

Frank Jerome, "Are Judges Human?", Part I and II, 80 *University of Pennsylvania Law Review* 17, 233 (1931)

—, *Courts on Trial* (Princeton University Press, Princeton, 1949)

—, *Law and the Modern Mind* (Brentano's, New York, 1930)

—, "What Courts Do In Fact", Parts I and II, 26 *Illinois Law Review* 645, 761 (1932)

Frank, Robert H. ; Gilovich, Thomas; and Regan, Dennis T., "Does Studying Economics Inhibit Cooperation?", 7 *Journal of Economic Perspectives* 159 (1993)

Freeman, Alan David, "Legitimizing Racial Discrimination Through Antidiscrimination Law: A Critical Review of Supreme Court Doctrine", 62 *Minnesota Law Review* 1049 (1978)

Freeman, Michael, *Lloyd's Introduction to Jurisprudence* (9th ed., Sweet & Maxwell, London, 2014)

Freeman, Michael and Mindus, Patricia eds., *The Legacy of John Austin's Jurisprudence* (Springer, Dordrecht, 2013)

Freeman, Samuel ed., *The Cambridge Companion to Rawls* (Cambridge University Press, Cambridge, 2003)

—, "Original Position", in Edward N. Zalta ed., *Stanford Encyclopedia of Philosophy, http://plato.stanford.edu/entries/original-position/* (2014)

Fried, Charles, *Contract as Promise* (2nd ed., Oxford Universiity Press, Oxford, 2015)

Friel, Dan, "Lon Fuller's Political Jurisprudence of Freedom", 10 *Jerusalem Review of Legal Studies* 18 (2014)

Frug, Jerry, "McCarthyism and Critical Legal Studies", 22 *Harvard Civil Rights-Civil Liberties Law Review* 665 (1987)

Fuller, Lon L., "American Legal Realism", 82 *University of Pennsylvania Law Review* 429 (1934)

—, "Human Purpose and Natural Law", 53 *Journal of Philosophy* 697 (1956), reprinted at 3 *Natural Law Forum* 68 (1958)

—, *The Morality of Law* (revised ed., Yale University Press, New Haven, 1969)

—, "Positivism and Fidelity to Law—A Reply to Professor Hart", 71 *Harvard Law Review* 630 (1958)

—, *The Principles of Moral Order* (Kenneth I. Winston ed., Duke University Press, Durham, 1981)

—, "Reason and Fiat in Case Law", 59 *Harvard Law Review* 376 (1946)

—, "A Rejoinder to Professor Nagel", 3 *Natural Law Forum* 83 (1958)

Fullinwinder, Robert K., "Affirmative Action", in Edward N. Zalta ed., *Stanford Encyclopedia of Philosophy, http://plato.stanford.edu.affirmative-action/* (2018)

Gabel, Peter, Book Review, 91 *Harvard Law Review* 302 (1977)

Gabel, Peter and Harris, Paul, "Building Power and Breaking Images: Critical Legal Theory and the Practice of Law", 11 *New York University Review of Law and Social Change* 369 (1982-1983)

Gardner, John, "How Law Claims, What Law Claims", in Matthias Klatt ed., *Institutionalized Reason: The Jurisprudence of Robert Alexy* (Oxford University Press, Oxford, 2012), pp. 29-44

—, "Legal Positivism: 5½ Myths", 46 *American Journal of Jurisprudence* 199 (2001)

—, "What is Tort Law For?" Part 1: The Place of Corrective Justice", 30 *Law and Philosophy* 1 (2011)

Gardner, John and Macklem, Timothy, Book Review (reviewing Scott J. Shapiro, *Legality*), *Notre Dame Philosophical Reviews, http://ndpr.nd.edu/news/*27609-*legality/* (2011)

Garvey, Stephen P., "Can Shaming Punishments Educate?", 65 *University of Chicago Law Review* 733 (1998)

Gavison, Ruth, ed., *Issues in Contemporary Legal Philosophy: The Influence of H. L. A. Hart* (Clarendon Press, Oxford, 1987)

Gény, François, *The Method of Interpretation and Sources of Private Positive Law* (Jaro Mayda, trans., West, 1954)

Georgakopoulos, Nicholas L., *Principles and Methods of Law and Economics: Basic Tools for Normative Reasoning* (Cambridge University Press, Cambridge, 2005)

George, Robert P. ed., *The Autonomy of Law: Essays on Legal Positivism* (Clarendon Press, Oxford, 1996)

—, *In Defense of Natural Law* (Clarendon Press, Oxford, 1999)

—, *Making Men Moral* (Clarendon Press, Oxford, 1993)

—, "Natural Law", in Keith E. Whittington, R. Daniel Kelemen and Gregory A. Caldeira eds., *The Oxford Handbook of Law and Politics* (Oxford University Press, Oxford, 2008), pp. 399-413

—, "Natural Law and Positive Law", in Robert P. George ed., *The Autonomy of Law: Essays on Legal Positivism* (Clarendon Press, Oxford, 1996), pp. 321-334

—, "Natural Law Ethics", in Philip L. Quinn and Charles Taliaferro eds., *A Companion to Philosophy of Religion* (Blackwell, Oxford, 1997), pp. 460-465

— ed., *Nature Law, Liberalism and Morality: Contemporary Essays* (Clarendon Press, Oxford, 1996)

— ed., *Natural Law Theory: Contemporary Essays* (Clarendon Press, Oxford, 1992)

—, "Recent Criticism of Natural Law Theory", 55 *University of Chicago Law Review* 1271 (1988)

Gewirth, Alan, *Reason and Morality* (University of Chicago Press, Chicago, 1978)

Gilles, Stephen G., "The Invisible Hand Formula", 80 *Virginia Law Review* 1015 (1994)

Gilligan, Carol, *In a Different Voice: Psychological Theory and Women's Development* (rev. ed., Harvard University Press, Cambridge, Mass., 1993)

Goldberg, John C. P. and Zipursky, Benjamin C., *Torts* (Oxford University Press, Oxford, 2010)

Golding, William, *Lord of the Flies* (Perigee, New York, 1954)

Goldstein, Laurence ed., *Precedent in Law* (Clarendon Press, Oxford, 1987)

Gordon, Robert, "Critical Legal Histories", 36 *Stanford Law Review* 57 (1984)

—, "'Critical Legal Histories Revisited': A Response", 37 *Law & Social Inquiry* 200 (2012)

Gramsci, Antonio, *Prison Notebooks*, vols. I and II (Joseph A. Buttigieg ed. and trans., Columbia University Press, New York, 1992 and 1996)

Gray, John Chipman, *The Nature and Sources of the Law* (Columbia University Press, New York, 1909)

Green, Leslie, "The Germ of Justice" (2010), 可见于 *http://papers.ssrn.com/sol3/paper.cfm?abstract_id=1703008*

—, "Legal Obligation and Authority", in Edward N. Zalta ed., *The Stanford Encyclopedia of Philosophy, http://plato.stanford.edu/entries/legal-obligation/* (2003)

—, "Legal Positivism", in Edward N. Zalta ed., *The Stanford Encyclopedia of Philosophy, http://plato.stanford.edu/entries/legal-positivism/* (2003)

—, "Positivism and the Inseparability of Law and Morals", 83 *New York University Law Review* 1035 (2008)

—, "Three Themes from Raz", 25 *Oxford Journal of Legal Studies* 503 (2005)

Green, Michael Steven, "Hans Kelsen and the Logic of Legal Systems", 54 *Alabama Law Review* 365 (2003)

Green, Nicholas St. John, "Proximate and Remote Cause", 4 *American Law Review*

201 (1870), reprinted in *Essays and Notes on the Law of Tort and Crime* 1-17 (Menasha, Wisc.: George Banta Publishing Co., 1933)

Greenawalt, Kent, "Legal Enforcement of Morality", in *A Companion to the Philosophy of Law and Legal Theory* (2nd ed., Dennis Patterson ed., Blackwell, Oxford, 2010), pp. 467-478

—, *Legal Interpretation: Perspectives from Other Disciplines* (Oxford University Press, Oxford, 2010)

—, *Statutory and Common Law Interpretation* (Oxford University Press, Oxford, 2013)

Greenberg, Mark, "How to Explain Things with Force", 129 *Harvard Law Review* 1932 (2016)

—, "The Moral Impact Theory of Law", 123 *Yale Law Journal* 1288 (2014)

—, "The Moral Impact Theory, the Dependence View, and Natural Law", in George P. Duke and Robert P. George eds., *The Cambridge Companion to Natural Law and Jurisprudence* (Cambridge University Press, Cambridge, 2017), pp. 275-313

—, "The Standard Picture and Its Discontents", in Leslie Green and Brian Leiter eds., *Oxford Studies in Philosophy of Law,* vol. 1 (Oxford, Oxford University Press, 2011), pp. 39-106

—, "What Makes a Method of Legal Interpretation Correct? Legal Standards vs. Fundamental Determinants", 130 *Harvard Law Review Forum* 105 (2017)

Grey, Thomas C., "Holmes and Legal Pragmatism", 41 *Stanford Law Review* 787 (1989)

—, "Molecular Motions: The Holmesian Judge in Theory and Practice", 37 *William & Mary Law Review* 19 (1995)

Griffith, John, *The Politics of the Judiciary* (Fontana, London, 1985)

Grisez, Germain C., "The First Principle of Practical Reason: A Commentary on the *Summa Theologiae*, 1-2, Question 94, Art. 2", 10 *Natural Law Forum* 168 (1965)

Guest, Stephen, *Ronald Dworkin* (3rd ed., Stanford University Press, Stanford, 2012)

Guinier, Lani, "The Triumph of Tokenism: The Voting Rights Act and the Theory of

Black Electoral Success", 89 *Michigan Law Review* 1077 (1991)

Haakonssen, Knud, "Protestant Natural Law Theory: A General Interpretation", in Natalie Brender and Larry Krasnoff eds., *New Essays on the History of Autonomy* (Cambridge University Press, Cambridge, 2004), pp. 92–109

Habermas, Jürgen, *Between Facts and Norms: Contributions to a Discourse Theory of Law and Democracy* (William Rehg, trans., MIT Press, Cambridge, 1996)

Hacker, P. M. S. and Raz, Joseph eds., *Law, Morality and Society: Essays in Honour of H. L. A. Hart* (Clarendon Press, Oxford, 1977)

Hägerström, Axel, *Inquiries into the Nature of Law and Morals* (Karl Olivecrona ed., C. D. Broad trans., Almqvist & Wiksell, Stockholm, 1953)

Hale, Sir Matthew, *The History of the Common Law of England* (6th ed., Henry Butterworth, London, 1820) (1713)

Hale, Robert, "Bargaining, Duress, and Economic Liberty", 43 *Columbia Law Review* 603 (1943)

—, "Coercion and Distribution in a Supposedly Non-Coercive State", 38 *Political Science Quarterly* 470 (1923)

Halpin, Andrew, "Austin's Methodology? His Bequest to Jurisprudence", in Michael Freeman and Patricia Mindus (eds.), *The Legacy of John Austin's Jurisprudence* (Springer, Dordrecht, 2013), pp. 15–40

—, "Concepts, Terms, and Fields of Inquiry", 4 *Legal Theory* 187 (1998)

—, *Reasoning with Law* (Hart Publishing, Oxford, 2001)

Hamacher, Werner; Hertz, Neil and Keenan, Thomas eds., *Responses: On Paul de Man's Wartime Journalism* (University of Nebraska Press, Lincoln, Neb., 1989)

Hanson, Jon D, Hanson, Kathleen, and Hart, Melissa R., "Law and Economics", in *A Companion to the Philosophy of Law and Legal Theory* (2nd ed., Dennis Patterson ed., Blackwell, Oxford, 2010), pp. 299–326

Harcourt, Bernard E., "The Collapse of the Harm Principle", 90 *Journal of Criminal Law and Criminology* 109 (1999)

Hardin, Garrett, "The Tragedy of the Commons", 162 *Science* 1243 (1968)

Harel, Alon, "Theories of Rights", in Martin P. Golding and William A. Edmundson eds., *The Blackwell Guide to the Philosophy of Law and Legal Theory* (Blackwell,

Oxford, 2005), pp. 191–206

—, "What Demands are Rights? An Investigation into the Relation between Rights and Reasons", 17 *Oxford Journal of Legal Studies* 101 (1997)

Harman, Gilbert, "Doubts About Conceptual Analysis", in Murra. Michael and John O' Leary-Hawthorne eds., *Philosophy in Mind: The Place of Philosophy in the Study of Mind* (Kluwer, Dordrecht, 1994), pp. 43–48

Harris, Angela P., "Foreword: The Jurisprudence of Reconstruction", 82 *California Law Review* 741 (1994)

—, "Race and Essentialism in Feminist Legal Theory", 42 *Stanford Law Review* 581 (1990)

Harris, J. W., *Law and Legal Science* (Clarendon Press, Oxford, 1979)

—, *Legal Philosophies* (2nd ed., Butterworths, London, 1997)

—, *Property & Justice* (Oxford University Press, Oxford, 1996)

—, "Rights and Resources—Libertarians and the Right to Life", 15 *Ratio Juris* 109 (2002)

Hart, H. L. A., "Are There Any Natural Rights?", 64 *Philosophical Review* 175 (1955)

—, "Comment", in R. Gavison ed., *Issues in Contemporary Legal Philosophy* (Clarendon Press, Oxford, 1987), pp. 35–42

—, *The Concept of Law* (Clarendon Press, Oxford, 1961; 2nd ed., 1994; 3rd ed., Leslie Green, Joseph Raz and Penelope A. Bulloch eds., 2012)

—, "Definition and Theory in Jurisprudence", 70 *Law Quarterly Review* 37 (1954), reprinted in *Essays in Jurisprudence and Philosophy* (Clarendon Press, Oxford, 1983), pp. 21–48

—, *Essays in Jurisprudence and Philosophy* (Clarendon Press, Oxford, 1983)

—, *Essays on Bentham: Jurisprudence and Political Theory* (Clarendon Press, Oxford, 1982)

—, *Law, Liberty and Morality* (Oxford University Press, Oxford, 1963)

—, "Positivism and the Separation of Law and Morals", 71 *Harvard Law Review* 593 (1958), reprinted in *Essays in Jurisprudence and Philosophy* (Clarendon Press, Oxford, 1983), pp. 49–87

—, "Postscript", in Leslie Green, Penelope A. Bulloch and Joseph Raz eds., *The Concept of Law* (3rd ed., Clarendon Press, Oxford, 2012), pp. 238-276

—, *Punishment and Responsibility: Essays in the Philosophy of Law* (2nd ed., John Gardner ed., Oxford University Press, Oxford, 2008)

Hart, H. L. A. and Honoré, Tony, *Causation in the Law* (2nd ed., Clarendon Press, Oxford, 1985)

Hart, Henry M., Jr and Sacks, Albert M., *The Legal Process: Basic Problems in the Making and Application of Law* (William Eskridge, Jr. and Philip P. Frickey eds., Foundation Press, Westbury, N. Y., 1994)

Hartney, Michael, "Introduction" and "Appendix: Bibliography of Kelsen's Publications in English", in Hans Kelsen, *General Theory of Norms* (Michael Hartney trans. and ed., Clarendon Press, Oxford, 1991), pp. ix-liii, 440-454

Hatzistavrou, Antony, "Plato's Legal Positivism in the *Laws*", 9 *Jurisprudence* 209-235 (2018)

Hausman, Daniel M., "Philosophy of Economics", in Edward N. Zalta ed., *The Stanford Encyclopedia of Economics, http://plato. stanford. edu/entries/economics/* (2018)

Hatzis, Aristides N. and Mercuro, Nicholas eds., *Law and Economics: Philosophical Issues and Fundamental Questions* (Routledge, New York, 2015)

Hay, Douglas; Linebaugh, Peter; Rule, John; Thompson, E. P and Winslow, Cal, *Albion's Fatal Tree* (Penguin, Middlesex, England, 1975)

Hegel, G. W. F., *Philosophy of Right* (T. M. Know, trans. and ed., Oxford University Press, Oxford, 1946, 1952) (1821)

Heller, Michael A., "The Tragedy of the Anticommons: A Concise Introduction and Lexicon", 76 Modern Law Review 6 (2013)

—, "The Tragedy of the Anticommons: Property in Transition from Marx to Markets", 111 *Harvard Law Review* 621 (1998)

Helmholz, R. H., "Natural Law and Human Rights in English Law: From Bracton to Blackstone", 3 *Ave Marie Law Review* 1 (2005)

—, *Natural Law in Court* (Harvard University Press, Cambridge, Mass., 2015)

Herget, James E. and Wallace, Stephen, "The German Free Law Movement as the

Source of American Legal Realism", 73 *Virginia Law Review* 399 (1987)

Hershovitz, Scott ed., *Exploring Law's Empire: The Jurisprudence of Ronald Dworkin* (Oxford University Press, Oxford, 2006)

Hiaasen, Carl, *et al., Naked Came the Manatee* (Putnam, New York, 1996)

Hicks, J. R., "The Foundations of Welfare Economics", 49 *Economics Journal* 696 (1939)

Higgins, Ruth C. A., *The Moral Limits of Law: Obedience, Respect, and Legitimacy* (Oxford University Press, Oxford, 2004)

Hill, H. Hamner, "H. L. A. Hart's Hermeneutic Positivism: On Some Methodological Difficulties in *The Concept of Law*", 3 *Canadian Journal of Law and Jurisprudence* 113(January 1990)

Hill, Thomas E., Jr., *Respect, Pluralism and Justice: Kantian Perspectives* (Oxford University Press, Oxford, 2000)

Himma, Kenneth Einar, "Inclusive Legal Positivism", in Jules Coleman and Scott Shapiro eds., *The Oxford Handbook of Jurisprudence and Philosophy of Law* (Oxford University Press, Oxford, 2002), pp. 125–165

—, *The Nature of Law: Philosophical Issues in Conceptual Jurisprudence and Legal Theory* (Foundation Press, New York, 2011)

Hittinger, Russell, *A Critique of the New Natural Law Theory* (University of Notre Dame Press, Notre Dame, 1987)

Hobbes, Thomas, *Leviathan* (R. Tuck ed., Cambridge University Press, Cambridge, 1996) (1651)

Hohfeld, Wesley Newcomb, "Some Fundamental Conceptions as Applied in Judicial Reasoning", 23 *Yale Law Journal* 16 (1913)

—, "Fundamental Legal Conceptions as Applied in Judicial Reasoning", 26 *Yale Law Journal* 710 (1917)

Holmes, Oliver Wendell, *The Common Law* (Mark De Wolfe Howe ed., Little, Brown, and Co., Boston, 1963)

—, "Law in Science and Science in Law", 12 *Harvard Law Review* 443, reprinted in *Collected Legal Papers* (Harcourt, Brace and Company, New York, 1920), pp. 210–243

—, "The Path of the Law", 10 *Harvard Law Review* 457 (1897), reprinted at 110 *Harvard Law Review* 991 (1997)

—, "Privilege, Malice and Intent", 8 *Harvard Law Review* 1 (1894)

Holtermann, Jakob v. H., "Alf Ross: On Law and Justice, Editor's Introduction" (2018),可见于 *https://papers.ssrn.com/sol3/papers.cfm?abstract_id=3121015*

Homer, *The Iliad* (W. H. D. Rouse, trans., Thomas Nelson and Sons, Edinburgh, 1938)

Honderich, Ted ed., *The Oxford Companion to Philosophy* (Oxford University Press, Oxford, 1995)

Honoré, A. M., "Causation in the Law", in Edward N. Zalta ed., *The Stanford Encyclopedia of Philosophy, http://plato.stanford.edu/entries/causation-law/* (2010)

—, *Making Law Bind* (Clarendon Press, Oxford, 1987)

—, "The Necessary Connection Between Law and Morality", 22 *Oxford Journal of Legal Studies* 489 (2002)

Hookway, Christopher, "Pragmatism", in Edward N. Zalta ed., *Stanford Encyclopedia of Philosophy, http://plato.stanford.edu/entries/pragmatism/* (2013)

Horder, Jeremy, *Ashworth's Principles of Criminal Law* (8th ed., Oxford University Press, Oxford, 2016)

Horwitz, Morton J., "The History of the Public/Private Distinction", 130 *University of Pennsylvania Law Review* 1423 (1982)

—, "Law and Economics: Science or Politics?", 8 *Hofstra Law Review* 905 (1981)

—, "Rights", 23 *Harvard Civil Rights-Civil Liberties Law Review* 393 (1988)

—, "The Rule of Law: An Unqualified Human Good?", 86 *Yale Law Journal* 561 (1977)

—, *The Transformation of American Law 1780 – 1860* (Harvard University Press, Cambridge, Mass., 1977)

—, *The Transformation of American Law 1870–1960: The Crisis in Legal Orthodoxy* (Oxford University Press, Oxford, 1992)

Hsieh, Nien-hê, "Incommensurable Values", in Edward N. Zalta ed., *Stanford Ency-*

clopedia of Philosophy, http://plato. stanford. edu/entries/value-incommensurable/(2016)

Hume David, *A Treatise of Human Nature* (2nd ed.,由 P. H. Nidditch 修订并做注释,Oxford: Clarendon Press, 1978)

Hunt, Alan, "Marxist Theory of Law", in *A Companion to Philosophy of Law and Legal Theory* (2nd ed., Dennis Patterson ed., Blackwell, Oxford, 2010), pp. 350-360

—, "The Theory of Critical Legal Studies", 6 *Oxford Journal of Legal Studies* 1 (1986)

Hurd, Heidi M., "Expressing Doubts About Expressivism", 2005 *University of Chicago Legal Forum* 405

Hurd, Heidi M. and Moore, Michael S., "The Hohfeldian Analysis of Rights", 63 *American Journal of Jurisprudence* 295 (2018)

Hurley, Susan, *Natural Reasons* (Oxford University Press, Oxford, 1989)

Husak, Douglas N., "Criminal Law Theory", in Martin P. Golding and William A. Edmundson eds., *The Blackwell Guide to the Philosophy of Law and Legal Theory* (Blackwell Publishing, Oxford, 2005), pp. 107-121

—, "Legal Paternalism", in Hugh LaFollette ed., *The Oxford Handbook of Practical Ethics* (Oxford University Press, Oxford, 2003), pp. 387-412

—, *Overcriminalization: The Limits of the Criminal Law* (Oxford University Press, New York, 2008)

Hutcheson, Francis, *An Inquiry into the Original of Our Ideas of Beauty and Virtue* (Wolfgang Leidhold ed., Liberty Fund, Indianapolis, 2004) (1725)

Hutcheson, Joseph C., Jr., "The Judgment Intuitive: The Function of the 'Hunch' in Judicial Decision", 14 *Cornell Law Review* 274 (1929)

Hutchinson, Darren Lenard, "Out Yet Unseen: A Racial Critique of Gay and Lesbian Legal Theory and Political Discourse", 29 *Connecticut Law Review* 561 (1997)

Hyman, David A., "Lies, Damned Lies, and Narrative", 73 *Indiana Law Journal* 797 (1998)

Jaffee, Sara and Hyde, Janet Shibley, "Gender Differences in Moral Orientation: A Meta-Analysis", 126 *Psychology Bulletin* 703 (2000)

Jakab, András, "Problems of the *Stufenbaulehre*: Kelsen's Failure to Derive the

Validity of a Norm from Another Norm", 20 *Canadian Journal of Law and Jurisprudence* 35 (2007)

Jameson, Fredric, *Postmodernism, or, The Cultural Logic of Late Capitalism* (Duke University Press, Durham, N. C., 1991)

von Jhering, Rudolf, "In the Heaven for Legal Concepts: A Fantasy", 58 *Temple Law Quarterly* 799 (1985) (Charlotte L. Levy trans., John M. Lindsey, forward)

John Paul II, Encyclical, "*Fides et Ratio*", September 14, 1998, 可见于 *http://w2.vaican.va/content/john-paul-ii/en/encyclicals/documents/hf_jp-ii_enc_*14091998_*fides-et-ratio.html*

Jolls, Christine; Sunstein, Cass R. and Thaler, Richard, "A Behavioural Approach to Law and Economics", 50 *Stanford Law Review* 1471 (1998)

Jolowicz, H. F., *Roman Foundations of Modern Law* (Oxford University Press, Oxford, 1957)

Jurisprudence Symposium, 11 *Georgia Law Review* 969-1424 (1977)

Kadens, Emily, "The Medieval Law Merchant: The Tyranny of a Construct", 7 *Journal of Legal Analysis* 251 (2015)

Kadish, Sanford H., *Blame and Punishment: Essays in the Criminal Law* (Macmillan, New York, 1987)

Kahn, Paul W. Kahn, *The Cultural Study of Law: Reconstructing Legal Scholarship* (University of Chicago Press, 1999)

Kahneman, Daniel, *Thinking, Fast and Slow* (Farrar, Straus and Giroux, New York, 2011)

Kahneman, Daniel; Slovic, Paul and Tversky, Amos eds., *Judgment Under Uncertainly: Heuristics and Biases* (Cambridge University Press, Cambridge, 1982)

Kairys, David ed., *The Politics of Law* (3rd ed., Pantheon, New York, 1998)

Kaldor, Nicholas, "Welfare Propositions of Economics and Interpersonal Comparisons of Utility", 49 *Economics Journal* 549 (1939)

Kamm, F. M., "Rights", in Jules L. Coleman & Scott Shapiro eds., *The Oxford Handbook of Jurisprudence and Philosophy of Law* (Oxford University Press, Oxford, 2002), pp. 476-513

Kant, Immanuel, *The Metaphysics of Morals* (Mary Gregor ed., Cambridge University Press, Cambridge, 1996) (1797)

Kantorowicz, Hermann(使用了 Gnavius Flavius 这一笔名), "The Battle for Legal Science" (translated by Cory Merrill), 12 *German Law Journal* 2005 (2011)

—, "Savigny and the Historical School of Jurisprudence", 53 *Law Quarterly Review* 326 (1937)

Kaplan, Benjamin, "Do Intermediate Appellate Courts Have a Lawmaking Function?", 70 *Massachusetts Law Review* 10 (1985)

Katz, Avery Wiener ed., *Foundations of the Economic Approach to Law* (Oxford University Press, New York, 1998)

Katz, Leo, "Choice, Consent, and Cycling: The Hidden Limitations of Consent", 104 *Michigan Law Review* 627 (2006)

Kay, Herma Hill, "Equality and Difference: The Case of Pregnancy", I *Berkeley Women's Law Journal* 1 (1985)

Kay, Richard, "Adherence to the Original Intentions in Constitutional Adjudication: Three Objections and Responses", 82 *Northwestern University Law Review* 226 (1988)

Keating, Gregory C., "Pricelessness and Life: An Essay for Guido Calabresi", 64 *Maryland Law Review* 159 (2005)

Kelly, J. M., *A Short History of Western Legal Theory* (Clarendon Press, Oxford, 1992)

Kelman, Mark, *A Guide to Critical Legal Studies* (Harvard University Press, Cambridge, Mass., 1987)

Kelsen, Hans, *General Theory of Law and State* (Russell & Russell, New York, 1945)

—, *General Theory of Norms* (Michael Hartney, trans. and ed., Clarendon Press, Oxford, 1991)

—, *Introduction to the Problems of Legal Theory* (Bonnie L. Paulson and Stanley L. Paulson, trans., Clarendon Press, Oxford, 1992)

—, "On the Basis of Legal Validity", 26 *American Journal of Jurisprudence* 178 (1981) (trans. Stanley L. Paulson)

—, *The Pure Theory of Law* (Max Knight, trans., University of California Press, Berkeley, Calif., 1967)

—, "The Pure Theory of Law and Analytical Jurisprudence", 55 *Harvard Law Review* 44 (1941)

Kemp, John, *The Philosophy of Kant* (Thoemme Press, Bristol, 1993)

Kennedy, Duncan, *A Critique of Adjudication (fin de siècle)* (Harvard University Press, Cambridge, Mass., 1997)

—, "The Critique of Rights in Critical Legal Studies", in Wendy Brown and Janet Halley eds., *Left Legalism/Left Critique* (Duke University Press, Durham, N. C., 2003), pp. 178–228

—, "Form and Substance in Private Law Adjudication", 89 *Harvard Law Review* 1685 (1976)

—, "Freedom and Constraint in Adjudication: A Critical Phenomenology", 36 *Journal of Legal Education* 518 (1986)

—, "Law-and-Economics from the Perspective of Critical Legal Studies", in Peter K. Newman ed., *The New Palgrave Dictionary of Economics and the Law* (Macmillan, London, 1998), vol. 2, pp. 465–474

—, "Legal Education as Training for Hierarchy", in *The Politics of Law* (revised ed., David Kairys ed., Pantheon, New York, 1990), pp. 38–58

—, "The Structure of Blackstone's Commentaries", 28 *Buffalo Law Review* 205 (1979)

Kennedy, Randall, "Racial Critiques of Legal Academia", 102 *Harvard Law Review* 1745 (1989)

Keown, John and George, Robert P. eds., *Reason, Morality, and Law: The Philosophy of John Finnis* (Oxford University Press, Oxford, 2013)

Klass, Gregory & Zeiler, Kathryn, "Against Endowment Theory: Experimental Economics and Legal Scholarship", 61 *UCLA Law Review* 2 (2013)

Klosko, George, "The Moral Obligation to Obey the Law", in Andrei Marmor ed., *The Routledge Companion to Philosophy of Law* (Routledge, London, 2012), pp. 511–526

Kornblith, Hilary, *Naturalizing Epistemology* (2nd ed., MIT Press, Cambridge,

Mass, 1994)

Kornhauser, Lewis A., "The Great Image of Authority", 36 *Stanford Law Review* 349 (1984)

—, "A Guide to the Perplexed Claims of Efficiency in the Law", 8 *Hofstra Law Review* 591 (1980)

—, "The Economic Analysis of Law", in Edward N. Zalta ed., *Stanford Encyclopedia of Philosophy, http://plato.stanford.edu/entries/legal-econoanalysis/* (2011)

Kramer, Matthew H., *H. L. A. Hart* (Polity Press, Cambridge, 2018)

—, *Hobbes and the Paradoxes of Political Origins* (St. Martin's Press, New York, 1997)

—, *In Defense of Legal Positivism* (Oxford University Press, Oxford, 1999)

—, "Rights Without Trimmings", in Matthew H. Kramer; N. E. Simmonds and Hillel Steiner, *A Debate Over Rights: Philosophical Enquiries* (Clarendon Press, Oxford, 1998), pp. 7-111

—, "Scrupulousness Without Scruples: A Critique of Lon Fuller and His Defenders", 18 *Oxford Journal of Legal Studies* 235 (1998), reprinted in modified from in *In Defense of Legal Positivism* (Oxford University Press, Oxford, 1999), pp. 37-77

Kramer, Matthew H. and Steiner, Hillel, "Theories of Rights: Is There a Third Way?", 27 *Oxford Journal of Legal Studies* 281 (2007)

Kraus, Jody S., "The Philosophy of Contract Law", in Jules Coleman and Scott Shapiro eds., *The Oxford Handbook of Jurisprudence and Philosophy of Law* (Oxford University Press, Oxford. 2002), pp. 687-751

—, "Transparency and Determinacy in Common Law Adjudication: A Philosophical Defense of Explanatory Economic Analysis", 93 *Virginia Law Review* 287 (2007)

Kraut, Richard, "Plato", in Edward N. Zalta ed., *The Stanford Encyclopedia of Philosophy, http://plato.stanford.edu/entries/plato/* (2017)

Kress, Kenneth J., "Legal Indeterminacy", 77 *California Law Review* 283 (1989)

Kretzmann, Norman, "*Lex Iniusta Non Est Lex*: Laws on Trial in Aquinas' Court of Conscience", 33 *American Journal of Jurisprudence* 99 (1988)

Krishnakumar, Anita S., "Dueling Canons", 65 Duke Law Journal 909 (2015)

Kroger, John R., "The Philosophical Foundation of Roman Law: Aristotle, the Stoics and Roman Theories of Natural Law", 2004 *Wisconsin Law Review* 905

Kroman, Anthony T., *The Lost Lawyer* (Harvard University Press, Cambridge, Mass., 1993)

Kuhn, Steven, "Prisoner's Dilemma", in Edward N. Zalta ed., *Stanford Encyclopedia of Philosophy, http://plato.stanford.edu/entries/prisoner-dilemma/* (2014)

Lacey, Nicola, *A Life of H. L. A. Hart* (Oxford University Press, Oxford, 2004)

—, "Theory into Practice? Pornography and the Public/Private Dichotomy", 20 *Journal of Law and Society* 93 (1993)

Lamond, Grant, "Analogical Reasoning in the Common Law", 34 *Oxford Journal of Legal Studies* 567 (2014)

—, "Precedent and Analogy in Legal Reasoning", in Edward N. Zalta ed., *Stanford Encyclopedia of Philosophy, http://plato.stanford.edu/entries/legal-reas-prec/* (2006)

Lamont, Julian and Favor, Christi, "Distributive Justice", in Edward N. Zalta, ed., *Stanford Encyclopedia of Philosophy, http://plato.stanford.edu/entries/justice-distributive/* (2017)

Landes, William and Posner, Richard, *The Economic Structure of Tort Law* (Harvard University Press, Cambridge, Mass., 1987)

Langdell, Christopher Columbus, *A Summary of the Law of Contract* (2nd ed., Little, Brown, and Co., Boston, 1880)

Lawrence, Charles R., III, "The Id, the Ego and Equal Protection: Reckoning with Unconscious Racism", 39 *Stanford Law Review* 317 (1987)

—, "Unconscious Racism Revisited: Reflections on the Impact and Origins of the Id, the Ego, and Equal Protection", 40 *Connecticut Law Review* 931-977 (2008)

Lear, Jonathan, *Open Minded* (Harvard University Press, Cambridge, Mass., 1998)

Leff, Arthur, "Economic Analysis of Law: Some Realism About Nominalism", 60 *Virginia Law Review* 451 (1974)

Lehrer, Jonah, *How We Decide* (Houghton Mifflin, New York, 2009)

Leiter, Brian, "American Legal Realism", in Martin Golding and William A. Edmundson eds., *The Blackwell Guide to Philosophy of Law and Legal Theory* (Blackwell, Oxford, 2005), pp. 50-66

—, "The Demarcation Problem in Jurisprudence: A New Case for Skepticism", 31 *Oxford Journal of Legal Studies* 663 (2011)

—, "The End of Empire: Dworkin and Jurisprudence in the 21st Century", 36 *Rutgers Law Journal* 165 (2004)

—, "Explaining Theoretical Disagreement", 76 *University of Chicago Law Review* 1215 (2009)

—, "Legal Formalism and Legal Realism: What is the Issue?", 16 *Legal Theory* 111 (2010)

—, "Legal Realism", in *A Companion to the Philosophy of Law and Legal Theory* (2nd ed., Dennis Patterson ed., Wiley-Blackwell, Oxford, 2010), pp. 249-266

—, "Naturalism and Naturalized Jurisprudence", in Brian H. Bix ed., *Analyzing Law: New Essays in Legal Theory* (Clarendon Press, Oxford, 1998), pp. 79-104

—, "Naturalism in Legal Philosophy", in Edward N. Zalta ed., *Stanford Encyclopedia of Philosophy, http://plato.stanford.edu/entries/lawphil-naturalism* (2017)

—, *Naturalizing Jurisprudence: Essays on American Legal Realism and Naturalism in Legal Philosophy* (Oxford: Oxford University Press, 2007)

—, "Realism, Hard Positivism, and Conceptual Analysis", 4 *Legal Theory* 533 (1998)

—, "Rethinking Legal Realism: Toward a Naturalized Jurisprudence", 76 *Texas Law Review* 267 (1997)

—, "Why Legal Positivism (Again)" (2013), 可见于 *http://paper.ssrn.com/sol3/papers.cfm?abstract_id=2323013*

Lessig, Lawrence, "The Regulation of Social Meaning", 62 *University of Chicago Law Review* 943 (1995)

Lessnoff, Michael ed., *Social Contract Theory* (New York University Press, New York, 1990)

Levenbook, Barbara Baum, "The Meaning of a Precedent", 6 *Legal Theory* 185 (2000)

Levi, Edward H., *An Introduction to Legal Reasoning* (University of Chicago Press, Chicago, 1949)

Levinson, Sanford, "Law as Literature", 60 *Texas Law Review* 373 (1982)

—, "The Rhetoric of the Judicial Opinion", in Peter Brooks and Paul Gewirtz eds., *Law's Stories: Narrative and Rhetoric in Law* (Yale University Press, New Haven, 1996), pp. 187–205

Levinson, Stanford and Mailbox, Steven eds., *Interpreting Law and Literature* (Northwestern University Press, Evanston, Ill., 1988)

Levitt, Steven D. and Dubner, Stephen J., *Freakonomics* (William Morrow, New York, 2005)

—, *Super Freakonomics* (William Morrow, New York, 2009)

Lewis, Neil A., "Edward H. Levi, Attorney General Credited With Restoring Order After Watergate, Dies at 88", *New York Times*, March 8, 2000

Limerick, Patricia Nelson, "More Than Just Beads and Feathers", *New York Times Book Review*, January 8, 1995

Littleton, Christine, "Feminist Jurisprudence: The Difference Method Makes", 41 *Stanford Law Review* 751 (1989)

Llewellyn, Karl N., *The Bramble Bush* (Oceana, New York, 1930)

—, *The Common Law Tradition: Deciding Appeals* (Little, Brown, & Co., Boston, 1960)

—, "A Realistic Jurisprudence—The Next Step", 30 *Columbia Law Review* 431 (1930)

—, "Remarks on the Theory of Appellate Decision and the Rules or Canons of How Statutes Are to Be Construed", 3 *Vanderbilt Law Review* 395 (1950)

—, "Some Realism about Realism—Responding to Dean Pound", 44 *Harvard Law Review* 1222 (1931)

Lobban, Michael, "Legal Formalism", in Markus D. Dubber and Christopher Tomlins, eds., *The Oxford Handbook of Legal History* (Oxford University Press, Oxford, 2018), pp. 419–456.

Locke, John, *Essays on the Law of Nature* (W. von Leyden ed., Clarendon Press, Oxford, 1954)

—, *Two Treatises on Government,* (Student ed., Peter Laslett ed., Cambridge University Press, Cambridge, 1988) (1690)

Lovett, Frank, "Republicanism", in Edward N. Zalta ed., *Stanford Encyclopedia of*

Philosophy, *http: // plato. stanford. edu/ entries/ republicanism/* (2018)

Lucy, William, *Understanding and Explaining Adjudication* (Oxford University Press, Oxford, 1999)

Luhmann, Niklas, *Law as a Social System* (Kalus A. Ziegart trans., Fatima Kastner, Richard Nobles, David Schiff and Rosamund Ziegert eds., Oxford University Press, Oxford, 2004)

Lukes, Stephen, "Perspectives on Authority", in Joseph Raz ed., *Authority* (New York University Press, New York, 1990), pp. 203–217

Lundstedt, A. Vilhelm, *Legal Thinking Revised: My Views on Law* (Almqvist & Wiksell, Stockholm, 1956)

Lyons, David, *Ethics and the Rule of Law* (Cambridge University Press, Cambridge. 1984)

—, *Moral Aspects of Legal Theory* (Cambridge University Press, Cambridge, 1993)

—, *Rights* (Wadsworth, Belmont, Calif., 1979)

MacCormick, Neil, *H. L. A. Hart* (2nd ed., Stanford University Press, Stanford, Calif., 2008)

—, *Institutions of Law: An Essay in Legal Theory* (Oxford University Press, Oxford, 2007)

—, *Legal Reasoning and Legal Theory* (Clarendon Press, Oxford, 1978)

—, "Reconstruction after Deconstruction: A Response to CLS", 10 *Oxford Journal of Legal Studies* 539 (1990)

—, *Rhetoric and the Rule of Law: A Theory of Legal Reasoning* (Oxford University Press, Oxford, 2005)

—, "Rights in Legislation", in P. M. S. Hacker and Joseph Raz eds., *Law, Morality and Society* (Clarendon Press, Oxford, 1977), pp. 189–209

—, "Why Cases Have Rationes and What These Are", in Laurence Goldstein ed., *Precedent in Law* (Clarendon Press, Oxford, 1987), pp. 155–182

Macey, Jonathan R., "Public Choice and the Law", in Peter K. Newman ed., *The New Palgrave Dictionary of Economics and the Law* (Macmillan, London, 1998), vol. 3, pp. 171–178

Machiavelli, Niccolò, *The Prince* (Peter Bondanella and Mark Musa, trans., Oxford:

Oxford University Press, 1984)

MacKinnon, Catharine A., *Feminism Unmodified* (Harvard University Press, Cambridge, Mass., 1987)

—, "Reflections on Sex Equality Under Law", 100 *Yale Law Journal* 1281 (1991)

—, *Sexual Harassment of Working Women* (Yale University Press, New Haven, 1979)

—, *Towards a Feminist Theory of the State* (Harvard University Press, Cambridge, Mass., 1989)

Maier, Pauline, *American Scripture: Making the Declaration of Independence* (Knopf, New York, 1997)

Maine, Henry Summer, *Ancient Law* (University of Arizona Press, Tucson, 1986) (1861)

Manning, John F., "The Absurdity Doctrine", 116 *Harvard Law Review* 2387 (2003)

Margolis, Eric and Laurence, Stephen, "Concepts", in Edward N. Zalta ed., *The Stanford Encyclopedia of Philosophy, http://plato.stanford.edu/entries/concepts/* (2011)

Marmor, Andrei, "Exclusive Legal Positivism", in Jules Coleman and Scott Shapiro eds., *The Oxford Handbook of Jurisprudence and Philosophy of Law* (Oxford University Press, Oxford, 2002), pp. 104-124

—, "Farewell to Conceptual Analysis (in Jurisprudence)" in Wil Waluchow and Stefan Sciaraffa eds., *Philosophical Foundations of the Nature of Law* (Oxford University Press, Oxford, 2013), pp. 209-229.

—, *Interpretation and Legal Theory* (Clarendon Press, Oxford, 1992; 2nd ed., Hart Publishing, Oxford, 2005)

—, *The Language of Law* (Oxford University Press, Oxford, 2014)

— ed., *Law and Interpretation* (Clarendon Press, Oxford, 1995)

—, *Law in the Age of Pluralism* (Oxford University Press, Oxford, 2007)

—, "Legal Positivism: Still Descriptively and Morally Neutral", 26 *Oxford Journal of Legal Studies* 683 (2006)

—, *Philosophy of Law* (Princeton University Press, Princeton, 2011)

—, *Positive Law and Objective Values* (Clarendon Press, Oxford, 2001)

—, "The Pure Theory of Law", in Edward N. Zalta ed., *Stanford Encyclopedia of*

Philosophy, http://plato.stanford.edu/entries/lawphil-theory/ (2016)

—, "What Is Law and What Counts as Law? The Separation Thesis in Context" (2017), *https://papers.ssrn.com/sol3/papers.cfm?abstract_id=3011432*

Martin, Michael, *Legal Realism: American and Scandinavian* (Peter Lang, New York, 1997)

Massaro, Toni M., "The Meanings of Shame: Implications for Legal Reform", 3 *Psychology, Public Policy and Law* 645 (1997)

—, "Shame, Culture, and America Criminal Law", 89 *Michigan Law Review* 1880 (1991)

Matsuda, Mari, "Affirmative Action and Legal Knowledge: Planting Seeds in Plowed-Up Ground", 11 *Harvard Women's Law Journal* 1 (1988)

—, "Looking to the Bottom: Critical Legal Studies and Reparations", 22 *Harvard Civil Rights-Civil Liberties Law Review* 323 (1987)

—, "Public Response to Racist Speech: Considering the Victim's Story", 87 *Michigan Law Review* 2320 (1989)

Matsuda, Mari; Lawrence, Charles; Delgado, Richard and Crenshaw, Kimberlé Williams, *Words that Wound: Critical Race Theory, Assaultive Speech and the First Amendment* (Westview Press, Boulder, Colo., 1993)

McElroy, Wendy, *XXX: A Woman's Right to Pornography* (St. Martin's Press, New York, 1995)

McGinn, Colin, *Wittgenstein on Meaning* (Basil Blackwell, Oxford, 1984)

Meese, Edwin, III, "The Law of the Constitution", 61 *Tulane Law Review* 979 (1987)

Menand, Louis, *The Metaphysical Club* (Farrar, Straus and Giroux, New York, 2001)

— ed., *Pragmatism: A Reader* (Vintage Books, New York, 1997)

—, "Radicalism for Yuppies", *The New Republic*, March 17, 1986, pp. 20–23

Merrill, Thomas W., and Smith, Henry E., *Property* (Oxford University Press, Oxford, 2010)

Merryman, John Henry, and Pérez-Perdomo, Rogelio, *The Civil Law Tradition* (3rd ed., Stanford University Press, Stanford, 2007)

Michelman, Frank I., "The Supreme Court 1985 Term—Foreword: Traces of Self-

Government", 100 *Harvard Law Review* 4 (1986)

Mikhail, John, "'Plucking the Mask of Mystery from Its Face': Jurisprudence and H. L. A. Hart", 95 *Georgetown Law Journal* 733 (2007)

Mill, John Stuart, "On Liberty", in *On Liberty and Utilitarianism* (Bantam, New York, 1993), pp. 1–133 (1859), 亦可见于 *http://www.bartleby.com/130/*

Miller, Franklin G., and Wertheimer, Alan (eds.), *The Ethics of Consent* (Oxford University Press, Oxford, 2010)

Minow, Martha, *Making All the Difference* (Cornell University Press, Ithaca, 1990)

Mnookin, Robert H. and Kornhauser, Lewis A., "Bargaining in the Shadow of the Law: The Case of Divorce", 88 *Yale Law Journal* 950 (1979)

Moore, Michael S., *Causation and Responsibility: An Essay in Law, Morals, and Metaphysics* (Oxford University Press, Oxford, 2009)

—, *Educating Oneself in Public: Critical Essays in Jurisprudence* (Oxford University Press, Oxford, 2000)

—, "The Interpretive Turn in Modern Theory: A Turn for the Worse?", 41 *Stanford Law Review* 871 (1989)

—, "Law as a Functional Kind", in Robert P. George ed., *Natural Law Theories* (Clarendon Press, Oxford, 1992), pp. 188–242

—, "Metaphysics, Epistemology and Legal Theory", 60 *Southern California Law Review* 453 (1987)

—, "The Moral Worth of Retribution", in Ferdinand Schoeman ed., *Responsibility, Character and the Emotions* (Cambridge University Press, Cambridge, 1987), pp. 179–219

—, "A Natural Law Theory of Interpretation", 58 *Southern California Law Review* 277 (1985)

—, "Moral Reality Revisited", 90 *Michigan Law Review* 2424 (1992)

Morawetz, Thomas, "Empathy and Judgment", 8 *Yale Journal of Law & the Humanities* 517 (1996)

—, "Law as Experience: Theory and the Internal Aspect of Law", 52 *SMU Law Review* 27 (1999)

—, *Literature and the Law* (Aspen Publishers, New York, 2007)

—, *The Philosophy of Law: An Introduction* (Macmillan, New York, 1980)

Morison, W. L., *John Austin* (Edward Arnold, London, 1982)

Morris, Herbert, "Persons and Punishment", 52 *Monist* 475 (1968)

Morris, Norval, *The Brothel Boy and Other Parables of the Law* (Oxford University Press, Oxford, 1992)

Morris, William Edward, "David Hume", in Edward N. Zalta ed., *The Stanford Encyclopedia of Philosophy, http: plato. stanford. edu/entries/hume/* (2014)

Müller, Andreas, and Schaber, Peter (eds.), *The Routledge Handbook of the Ethics of Consent* (Routledge, New York, 2018)

Müller, Ingo, *Hitler's Justice: The Courts of the Third Reich* (D. L. Schneider, trans., Harvard University Press, Cambridge, Mass., 1991)

Munzer, Stephen R., "A Bundle Theorist Holds On to His Collection of Sticks", 8 *Econ Journal Watch* 265 (2011)

—, "The Commons and the Anticommons in the Law and Theory of Property", in Martin P. Golding and William A. Edmundson eds., *The Blackwell Guide to the Philosophy of Law and Legal Theory* (Blackwell Publishing, Oxford, 2005), pp. 148-162

Murphy, Jeffrie G., "Hume and Kant on the Social Contract", 33 *Philosophical Studies* 65 (1978)

—, "Legal Moralism and Retribution Revisited", 1 *Criminal Law and Philosophy* 5 (2007)

Murphy, Jeffrie G. and Coleman, Jules L., *Philosophy of Law: An Introduction to Jurisprudence* (revised ed., Westview Press, Boulder, Colo., 1990)

Murphy, Mark C., "Defect and Deviance in Natural Law Jurisprudence", in Matthias Klatt ed., *Institutionalized Reason: The Jurisprudence of Robert Alexy* (Oxford University Press, Oxford, 2012), pp. 45-60

—, *Natural Law in Jurisprudence and Politics* (Cambridge University Press, Cambridge, 2006)

—, "Natural Law Jurisprudence", 9 *Legal Theory* 241 (2003)

—, "Natural Law Theory", in Martin P. Golding and William A. Edmundson eds., *The Blackwell Guide to the Philosophy of Law and Legal Theory* (Blackwell,

Oxford, 2005), pp. 15–28

—, "The Natural Law Tradition in Ethics", in Edward N. Zalta ed., *Stanford Encyclopedia of Philosophy*, *http://plato.stanford.edu/entries/natural-law-ethics/* (2011)

—, "Was Hobbes a Legal Positivist?", 105 *Ethics* 846 (1995)

Nader, Laura, "The Anthropological Study of Law", 67 *American Anthropologist* 3 (1965)

Nash, John, Jr., "The Bargaining Problem", 18 *Econometrica* 155 (1950)

—, "Equilibrium Points in N-Person Games", 36 *Proceedings of the National Academy of Sciences* 48 (1950)

The New English Bible (Oxford University Press, New York, 1971)

Neumann, John von, "Zur Theorie der Gesellschaftsspiele", 100 *Mathematische Annalen* 295 (1928)

Neumann, John von and Morgenstern, Oskar, *Theory of Games and Economic Behavior* (Princeton University Press, Princeton, 1944)

Newman, Peter ed., *The New Palgrave Dictionary of Economics and the Law* (Macmillan, London, 1998), three volumes

Nietzsche, Friedrich, *On the Genealogy of Morality* (K. Ansell-Pearson ed., Cambridge University Press, Cambridge, 1994) (1887)

Nino, Carlos ed., *Rights* (New York University Press, New York, 1992)

Nobles, Richard and Schiff, David, *A Sociology of Jurisprudence* (Hart Publishing, Oxford, 2006)

Norris, Christopher, *Deconstruction: Theory & Practice* (Methuen, London, 1982)

—, "Jurisprudence, Deconstruction and Literary Theory: A Brief Survey and Critical Review", 1 *Res Publica* 57 (1995)

Novak, David, *Natural Law in Judaism* (Cambridge University Press, Cambridge, 1998)

Nozick, Robert, *Anarchy, State, and Utopia* (Basic Books, New York, 1974)

—, *The Examined Life: Philosophical Meditations* (Simon and Schuster, New York, 1989)

—, *Philosophical Explanations* (Harvard University Press, Cambridge, Mass., 1981)

Nussbaum, Martha C., "Flawed Foundations: The Philosophical Critique of (a Particular Type of) Economics", 64 *University of Chicago Law Review* 1197 (1997)

—, *Poetic Justice: The Literary Imagination and Public Life* (Beacon Press, Boston, 1995)

—, "The Professor of Parody", *The New Republic*, February 22, 1999, p. 45

Oakley, Francis, "Medieval Theories of Natural Law: William of Ockham and the Significance of the Voluntarist Tradition", 6 *Natural Law Forum* 65 (1961)

Oberdiek, John ed., *Philosophical Foundations of The Law of Torts* (Oxford University Press, Oxford, 2014)

Okin, Susan Moller, "Justice and Gender: An Unfinished Debate", 72 *Fordham Law Review* 1537 (2004)

—, *Justice, Gender, and the Family* (Basic Books, New York, 1989)

Olivecrona, Karl, *Law as Fact* (2nd ed., Stevens & Sons, London, 1971)

Olsen, Frances, "The Family and the Market: A Study of Ideology and Legal Reform", 96 *Harvard Law Review* 1497 (1983)

—, "Feminist Theory in Grand Style", 89 *Columbia Law Review* 1147 (1989)

Owen, David G. ed., *Philosophical Foundations of Tort Law* (Clarendon Press, Oxford, 1995)

Palmer, Ben W., "Hobbes, Holmes, and Hitler", 31 *American Bar Association Journal* 569 (1945)

Palmer, Robert C., *The Country Courts of Medieval England, 1150–1350* (Princeton University Press, Princeton, 1982)

Panel Discussion, "Men, Women and Rape", 63 *Fordham Law Review* 125 (1994)

Papineau, David, *Philosophical Naturalism* (Basil Blackwell, Oxford, 1993)

Papke, David Ray, "The Advocate's Malaise: Contemporary American Lawyer Novels", 38 *Journal of Legal Education* 413 (1988)

Parisi, Francesco, "Coase Theorem", in Steven N. Durlauf and Lawrence Blume eds., *The New Palgrave Dictionary of Economics* (2nd ed., Basingstoke, England, 2008), pp. 855–861

—, *The Language of Law and Economics: A Dictionary* (Cambridge University Press,

Cambridge, 2013)

— ed., *The Oxford Handbook of Law and Economics*, 3 vols. (Oxford University Press, Oxford, 2017)

Parisi, Francesco and Fon, Vincy, *The Economics of Lawmaking* (Oxford University Press, Oxford, 2009)

Pashukanis, Evgeny B., *The General Theory of Law and Marxism* (3rd ed., Transaction Publishers, London, 2002)(基于1927年的俄文第三版)

Patterson, Dennis, "Langdell's Legacy", 90 *Northwestern University Law Review* 901 (1995)

—, "Postmodernism", in *A Companion to the Philosophy of Law and Legal Theory* (2nd ed., Dennis Patterson ed., Blackwell, Oxford, 2010), pp. 381–391

—, "Theoretical Disagreement, Legal Positivism, and Interpretation", 31 *Ratio Juris* 260 (2018)

Paul, Jeffrey ed., *Reading Nozick: Essays on Anarchy, State, and Utopia* (Rowman and Littlefield, Totowa, N. J. 1981)

Paulsen, Michael Stokes, "The Most Dangerous Branch: Executive Power to Say What the Law Is", 83 *Georgetown Law Journal* 217 (1994)

Paulson, Stanley L., "Continental Normativism and Its British Counterpart: How Different Are They?", 6 *Ratio Juris* 227 (1993)

—, "Four Phases in Hans Kelsen's Legal Theory? Reflections on a Periodization", 18 *Oxford Journal of Legal Studies* 153 (1998)

—, "A Great Puzzle: Kelsen's Basic Norm", in Luís Duarte d'Almeida, John Gardner and Leslie Green eds., *Kelsen Revisited: New Essays on the Pure Theory of Law* (Hart Publishing, Oxford, 2013), pp. 43–61

—, "How Merkl's *Stufenbaulehre* Informs Kelsen's Concept of Law", 21 *Revus* 29 (2013)

—, "A 'Justified Normativity' Thesis in Hans Kelsen's Pure Theory of Law?: Rejoinders to Robert Alexy and Joseph Raz", in Matthias Klatt ed., *Institutionalized Reason: The Jurisprudence of Robert Alexy* (Oxford University Press, Oxford, 2012), pp. 61–111

—, "Kelsen's Legal Theory: The Final Round", 12 *Oxford Journal of Legal Studies*

265 (1992)

—, "Legal Theory", in *The Cambridge History of Philosophy 1870–1945* (Cambridge University Press, Cambridge, 2003), pp. 309–317

—, "Lon L. Fuller, Gustav Radbruch, and the 'Positivist' Theses", 13 *Law and Philosophy* 313 (1994)

—, "Material and Formal Authorisation in Kelsen's Pure Theory", 39 *Cambridge Law Journal* 172 (1980)

—, "Metamorphosis In Hans Kelsen's Legal Philosophy", 80 *Modern Law Review* 860 (2017)

—, "The Neo-Kantian Dimension of Kelsen's Pure Theory of Law", 12 *Oxford Journal of Legal Studies* 311 (1992)

—, "The Purity Thesis", 31 *Ratio Juris* 276 (2018)

Paulson, Stanley L., and Paulson, Bonnie Litschewski eds., *Normativity and Norms: Critical Perspectives on Kelsenian Themes* (Clarendon Press, Oxford, 1998)

Penner, J. E., *The Idea of Property in Law* (Clarendon Press, Oxford, 1997)

Perry, Stephen R., "The Distributive Turn: Mischief, Misfortune and Tort Law", in Brian H. Bix ed., *Analyzing Law: New Essays in Legal Theory* (Clarendon Press, Oxford, 1998), pp. 141–162

—, "Interpretation and Methodology in Legal Theory", in Andrei Marmor ed., *Law and Interpretation* (Clarendon Press, Oxford, 1995), pp. 97–135

Pettit, Philip, *Republicanism: A Theory of Freedom and Government* (Clarendon Press, Oxford, 1997)

Pierson, Christopher, *Just Property: A History in the Latin West, Volume One: Wealth, Virtue, and the Law* (Oxford University Press, Oxford, 2013)

Pigou, A. C., *The Economics of Welfare* (4th ed., Macmillan and Co., London, 1932)

Plato, *The Complete Dialogues of Plato* (Edith Hamilton and Huntington Cairns eds., Princeton University Press, Princeton, 1961)

Plunkett, David and Sundeoll, Timothy, "Dworkin's Interpretivism and the Pragmatics of Legal Disputes", 19 *Legal Theory* 242 (2013)

Pocock, J. G. A., *The Machiavellian Moment* (Princeton University Press, Princeton, 1975)

Pogge, Thomas, *John Rawls: His Life and Theory of Justice* (Oxford University Press, Oxford, 2007)

Polinsky, A. M., *An Introduction to Law and Economics* (4th ed., Aspen Publishers, New York, 2011)

Poscher, Ralf, "The Principles Theory", In Matthias Klatt ed., *Institutionalized Reason* (Oxford University Press, Oxford, 2012), pp. 218-247

Posner, Eric A., *Law and Social Norms* (Harvard University Press, Cambridge, Mass., 2000)

Posner, Richard A., *Economic Analysis of Law* (9th ed. Wolters Kluwer, New York, 2014)

—, *The Economics of Justice* (Harvard University Press, Cambridge, Mass., 1983)

—, "Economics, Politics, and the Reading of Statutes and the Constitution", 49 *University of Chicago Law Review* 263 (1982)

—, "The Ethical and Political Basis of the Efficiency Norm in Common Law Adjudication", 8 *Hofstra Law Review* 487 (1980), reprinted in modified form in *The Economics of Justice* (Harvard University Press, Cambridge, Mass., 1983), pp. 88-115

—, "The Ethical Significance of Free Choice: A Reply to Professor West", 99 *Harvard Law Review* (1986)

—, *Law and Literature: A Misunderstood Relation* (Harvard University Press, Cambridge, Mass, 1988, rev. ed., 1998, 3rd ed., 2009)

—, *Overcoming Law* (Harvard University Press, Cambridge, Mass., 1995)

—, *The Problems of Jurisprudence* (Harvard University Press, Cambridge, Mass., 1990)

—, "Reasoning by Analogy", 91 *Cornell Law Review* 761 (2006)

—, "Utilitarianism, Economics, and Legal Theory", 8 *Journal of Legal Studies* 103 (1979)

Posner, Richard A. and Becker, Gary, "The Future of Law and Economics", 10 *Review of Law and Economics* 235 (2014)

Postema, Gerald J., *Legal Philosophy in the Twentieth Century: The Common Law World* (Springer, Dordrecht, 2011)

—, "Legal Positivism: Early Foundations", in Andrei Marmor ed., *The Routledge Companion to Philosophy of Law* (Routledge, London, 2012), pp. 31-47

—, "Philosophy of the Common Law", in Jules L. Coleman and Scott Shapiro eds., *The Oxford Handbook of Jurisprudence and Philosophy of Law* (Oxford University Press, Oxford, 2002), pp. 588-622

— ed., *Philosophy and the Law of Torts* (Cambridge University Press, Cambridge, 2001)

—, "'Protestant' Interpretation and Social Practices", 6 *Law and Philosophy* 283 (1987)

"Postmodernism and Law: A Symposium", 62 *University of Colorado Law Review* 439-636 (1991)

Pound, Roscoe, "The Call for a Realistic Jurisprudence", 44 *Harvard Law Review* 697 (1931)

—, "Law in Books and Law in Action", 44 *American Law Review* 12 (1910)

—, "Mechanical Jurisprudence", 8 *Columbia Law Review* 605 (1908)

—, "The Scope and Purpose of Sociological Jurisprudence" (Part I), 24 *Harvard Law Review* 591 (1911); (Part II), 25 *Harvard Law Review* 140 (1912)

Priel, Dan, "The Return of Legal Realism", in Markus D. Dubber and Christopher Tomlins, eds., *The Oxford Handbook of Legal History* (Oxford University Press, Oxford, 2018), pp. 457-477.

Priest, George L., "The Common Law Process and the Selection of Efficient Rules", 6 *Journal of Legal Studies* 65 (1977)

"Propter Honoris Respectum: John Finnis", 75 *Notre Dame Law Review* 1597-1892 (2000)

Purcell, Edward A., *The Crisis of Democratic Theory: Scientific Naturalism & the Problem of Value* (University Press of Kentucky, Lexington, 1973)

Putnam, Hilary, "The Meaning of 'Meaning'", in *Mind, Language and Reality* (Cambridge University Press, New York, 1975), pp. 215-271

—, "Pragmatism and Moral Objectivity", in Martha C. Nussbaum and Jonathan Glover eds., *Women, Culture, and Development* (Clarendon Press, Oxford, 1995), pp. 199-224

—, *Words & Life* (James F. Conant ed., Harvard University Press, Cambridge, Mass., 1994)

Putnam Ruth Anna, "Why Not a Feminist Theory of Justice?", in Martha C. Nussbaum and Jonathan Glover eds., *Women, Culture, and Development: A Study of Human Capabilities* (Clarendon Press, Oxford, 1995), pp. 298-331

Radbruch, Gustav, "Statutory Lawlessness and Supra-Statutory Law", 26 *Oxford Journal of Legal Studies* 1 (2006) (trans. Bonnie L. Paulson and Stanley L. Paulson) (1946)

Radin, Margaret Jane, "Market-Inalienability", 100 *Harvard Law Review* 1849 (1987)

—, "The Pragmatist and the Feminist", 63 *Southern California Law Review* 1699 (1990)

—, "Property and Personhood", 34 *Stanford Law Review* 957 (1982)

—, "Reconsidering the Rule of Law", 69 *Boston University Law Review* 781 (1989)

Radin, Margaret Jane and Michelman, Frank, "Pragmatist and Poststructuralist Critical Legal Practice", 139 *University of Pennsylvania Law Review* 1019 (1991)

Ramberg, Bjørn and Gjesdal, Kristin, "Hermeneutics", in Edward N. Zalta ed., *Stanford Encyclopedia of Philosophy, plato. stanford. edu/entries/hermeneutics* (2014)

Rasmusen, Eric, *Games & Information: An Introduction to Game Theory* (4th ed., Blackwell, Oxford, 2007)

Rawls, John, "The Basic Liberties and Their Priority", in *The Tanner Lectures on Human Values* (University of Utah Press, Salt Lake City, 1982), vol. 3, pp. 1-87

—, *Collected Papers* (Samuel Freeman ed., Harvard University Press, Cambridge, Mass., 2001)

—, "The Idea of an Overlapping Consensus", 7 *Oxford Journal of Legal Studies* 1 (1987)

—, "Justice as Fairness", 54 *Journal of Philosophy* 653 (1957), in expanded form, 67 *Philosophical Review* 164 (1958)

—, *Justice as Fairness: A Restatement* (Erin I. Kelly ed., Harvard University Press,

Cambridge, Mass., 2001)

—, "Justice as Fairness: Political not Metaphysical", 14 *Philosophy & Public Affairs* 223 (1985)

—, "Kantian Constructivism in Moral Theory", 77 *Journal of Philosophy* 515 (1980)

—, "Legal Obligation and the Duty of Fair Play", in Sidney Hook ed., *Law and Philosophy* (New York University Press, New York, 1964), pp. 3–18

—, *Political Liberalism* (Columbia University Press, New York, 1993)

—, "The Priority of Right and Ideas of the Good", 17 *Philosophy & Public Affairs* 251 (1988)

—, *A Theory of Justice* (Harvard University Press, Cambridge, Mass., 1971, rev. ed., 1999)

Raz, Joseph, *The Authority of Law* (2nd ed., Oxford University Press, Oxford, 2009)

—, "Autonomy, Toleration, and the Harm Principle", in Ruth Gavison ed., *Issues in Contemporary Legal Philosophy* (Clarendon Press, Oxford, 1987), pp. 313–333

—, *Between Authority and Interpretation: On the Theory of Law and Practical Reason* (Oxford University Press, Oxford, 2009)

—, *The Concept of a Legal System* (2nd ed., Clarendon Press, Oxford, 1980)

—, *Ethics in the Public Domain* (Clarendon Press, Oxford, 1994)

—, "Facing Up", 62 *Southern California Law Review* 1153 (1989)

—, "Intention in Interpretation", in Robert P. George ed., *The Autonomy of Law* (Clarendon Press, Oxford, 1996), pp. 249–286

—, "Legal Principles and the Limits of Law", in Marshall Cohen ed., *Ronald Dworkin and Contemporary Jurisprudence* (Duckworth, London, 1984), pp. 73–87

—, "Liberty and Trust", in Robert P. George ed., *Nature Law, Liberalism and Morality: Contemporary Essays* (Clarendon Press, Oxford, 1996), pp. 113–129

—, *The Morality of Freedom* (Clarendon Press, Oxford, 1986)

—, "On the Authority and Interpretation of Constitutions: Some Preliminaries", in Larry Alexander ed., *Constitutionalism* (Cambridge University Press, Cambridge, 1998), 152–193

—, *Practical Reason and Norms* (2nd ed., Princeton University Press, Princeton,

1990)

Reimann, Mathias, "Historical Jurisprudence", in Markus D. Dubber and Christopher Tomlins, eds., *The Oxford Handbook of Legal History* (Oxford University Press, Oxford, 2018), pp. 397–417.

Ripstein, Arthur, *Equality, Responsibility, and the Law* (Cambridge University Press, Cambridge, 1999)

— ed., *Ronald Dworkin* (Cambridge University Press, Cambridge, 2007)

Roberts, Simon, *Order and Dispute* (Penguin, Middlesex, England, 1979)

Robertson, Michael Spencer, "More Reasons Why Jurisprudence is Not Legal Philosophy", 30 *Ratio Juris* 403 (2017)

Rodes, Robert E., Jr., "On the Historical School of Jurisprudence", 49 *American Journal of Jurisprudence* 165 (2004)

Roithmayr, Daria, *Reproducing Racism: How Everyday Choices Lock In White Advantage* (New York University Press, New York, 2014)

Rorty, Richard, *Philosophy and the Mirror of Nature* (Princeton University Press, Princeton, 1979)

Rosati, Connie S., "Is there a 'Higher Law'? Does it Matter?", 36 *Pepperdine Law Review* 615 (2009)

—, "Normativity and the Planning Theory of Law", 7 *Jurisprudence* 307 (2016)

Rosenberg, Jay, *The Practice of Philosophy* (2nd ed., Prentice-Hall, Englewood Cliffs, N. J. 1984)

Rosenfeld, Michel and Arato, Andrew eds., *Habermas on Law and Democracy: Critical Exchanges* (University of California Press, Berkeley, 1998)

Ross, Alf, *Towards a Realistic Jurisprudence* (Annie I. Fausboll, trans., Scientia Verlag Aalen, Darmstadt, 1989) (1946)

—, "Tû-Tû", 70 *Harvard Law Review* 812 (1957)

Ross, Don, "Game Theory", in Edward N. Zalta ed., *Stanford Encyclopedia of Philosophy, http://plato.stanford.edu/entries/game-theory/* (2010)

Rothstein, Edward, "Moral Relativity Is a Hot Topic? True. Absolutely.", *New York Times*, July 13, 2002

Roughan, Nicole and Halpin, Andrew, eds., *In Pursuit of Pluralist Jurisprudence*

(Cambridge University Press, Cambridge, 2017)

Rubin, Paul H. ed., *The Evolution of Efficient Common Law* (Edward Elgar Publishing, Cheltenham, 2007)

—, "Why is the Common Law Efficient?", 6 *Journal of Legal Studies* 51 (1977)

Rundle, Kristen, *Forms Liberate: Reclaiming the Jurisprudence of Lon L Fuller* (Hart Publishing, Oxford, 2012)

Russell, Bertrand, "Vagueness", in John Slater ed., *Collected Papers of Bertrand Russell* (Unwin Hyman, London, 1988), vol. 9, pp. 147-154

Ryan, Alan ed., *Justice* (Oxford University Press, Oxford, 1993)

Salmond, John, *Jurisprudence* (7th ed., Sweet & Maxwell, London, 1924)

Sandel, Michael J., *Liberalism and the Limits of Justice* (2nd ed., Cambridge University Press, Cambridge, 1998)

—, "Morality and the Liberal Ideal", *The New Republic*, May 7, 1984, pp. 15-17

Sarat, Austin ed., *The Blackwell Companion to Law and Society* (Blackwell, Oxford, 2004

Savigny, Friedrich Karl von, *On the Vocation of Our Age for Legislation and Jurisprudence* (Abraham Hayward, trans., Arno Press, New York, 1975)

Scalia, Antonio, *A Matter of Interpretation* (Amy Gutmann ed., Princeton University Press, Princeton, 1997)

Schauer, Frederick, Critical Notice, 24 *Canadian Journal of Philosophy* 495 (1994)

—, *The Force of Law* (Harvard University Press, Cambridge, Mass., 2015)

—, "Formalism", 97 *Yale Law Journal* 509 (1988)

—, "Fuller's Internal Point of View", 13 *Law and Philosophy* 285 (1994)

—, "On the Nature of the Nature of Law", 98 *Archiv für Rechts- und Sozialphilosophie* 457 (2012)

—, "On the Open Texture of Law", 87 *Grazer Philosophische Studien* 197 (2013)

—, *Playing by the Rules* (Clarendon Press, Oxford, 1991)

—, "Positivism Before Hart", 24 *Canadian Journal of Law and Jurisprudence* 455 (2011)

—, "Positivism Through Thick and Thin", in Brian H. Bix ed., *Analyzing Law* (Clarendon Press, Oxford, 1998), pp. 65-78

—, “Precedent”, 39 *Stanford Law Review* 571 (1987)

—, “Precedent”, in Andrei Marmor ed., *Routledge Companion to Philosophy of Law* (Routledge, London, 2012), pp. 123–136

—, “Was Austin Right After All?: On the Role of Sanctions in a Theory of Law”, 23 *Ratio Juris* 1 (2010)

—, “On the Nature of the Nature of Law” (2011), 可见于 *http://ssrn.com/abstract* =1836494

Scheffler, Samuel ed., *Consequentialism and its Critics* (Oxford University Press, Oxford, 1988)

Schelling, Thomas C., *The Strategy of Conflict* (Harvard University Press, Cambridge, Mass., 1960)

Schelzig, Erik, “Tenn. Tries Shame to Stem Drunken Driving”, *Associated Press*, December 31, 2005

Schlag, Pierre, “An Appreciative Comment on Coase's *The Problem of Social Cost*: A View from the Left”, 1986 *Wisconsin Law Review* 919

—, “Normativity and the Politics of Form”, 139 *University of Pennsylvania Law Review* 801 (1991)

Schwartz, Alan, “Two Culture Problems in Law and Economics”, 2011 *University of Illinois Law Review* 1531

Sebok, Anthony J., “Finding Wittgenstein at the Core of the Rule of Recognition”, 52 *SMU Law Review* 75 (1999)

Sen, Amartya K., *The Idea of Justice* (Harvard University Press, Cambridge, Mass., 2009)

—, “The Impossibility of a Paretian Liberal”, 78 *Journal of Political Economy* 152 (1970), reprinted in *Choice, Welfare and Measurement* (MIT Press, Cambridge, Mass., 1982), pp. 285–290

Sevel, Michael, “The Constitution of Authority”, 5 *Jurisprudence* 430 (2014)

Shapiro, Scott J., “The Difference That Rules Make”, in Brian H. Bix ed., *Analyzing Law* (Clarendon Press, Oxford, 1998), pp. 33–62

—, “On Hart's Way Out”, 4 *Legal Theory* 469 (1998)

—, “The ‘Hart-Dworkin’ Debate: A Short Guide for the Perplexed”, in Arthur

Ripstein ed., *Ronald Dworkin* (Cambridge University Press, Cambridge, 2007), pp. 22-55

—, *Legality* (Harvard University Press, Cambridge, Mass., 2011)

—, "The Planning Theory of Law (2017), *http: //papers. ssrn. com/sol3/papers. cfm? abstract_id=2937990*

—, "Was Inclusive Legal Positivism Founded on a Mistake?", 22 *Ratio Juris* 326 (2009)

Shapiro, Scott J. and McClennan, Edward F., "Law-and-Economics from a Philosophical Perspective", in Peter K. Newman ed., *The New Palgrave Dictionary of Economics and the Law* (Macmillan, London, 1998), vol. 2, pp. 460-465

Shavell, Steven, *Foundations of Economic Analysis of Law* (Harvard University Press, Cambridge, Mass., 2004)

Shiner, Roger, *Norm and Nature: The Movement of Legal Thought* (Clarendon Press, Oxford, 1992)

Simmonds, N. E., *Central Issues in Jurisprudence: Justice, Law and Rights,* (Sweet & Maxwell, London, 1986, 2nd ed., 2002)

—, "Rights at the Cutting Edge", in Matthew H. Kramer; N. E. Simmonds and Hillel Steiner, *A Debate Over Rights: Philosophical Enquiries* (Clarendon Press, Oxford, 1998), pp. 113-232

Simmons, A. John, *Moral Principles and Political Obligations* (Princeton University Press, Princeton, 1979)

Simon, Herbert A., "A Behavioral Model of Rational Choice", 69 *Quarterly Journal of Economics,* 99 (1955)

Simpson, A. W. B., "Innovation in Nineteenth Century Contract Law", 91 *Law Quarterly Review* 247 (1975)

—, "English Common Law", in Peter K. Newman ed., *The New Palgrave Dictionary of Economics and the Law* (Macmillan, London, 1998), vol. 2, pp. 57-70

—, "The Ratio Decidendi of a Case and the Doctrine of Binding Precedent", in A. G. Guest ed., *Oxford Essays in Jurisprudence* (Oxford University Press, Oxford, 1961), pp. 148-175

Singer, Joseph W., "Legal Realism Now", 76 *California Law Review* 465 (1988)

Smith, Adam, *An Inquiry into the Nature and Causes of the Wealth of Nations* (University of Chicago Press, 1976)

Smith, M. B. E., "Is There a Prima Facie Obligation to Obey the Law?", 82 *Yale Law Journal* 950 (1973)

—, "The Duty to Obey the Law", in *A Companion to the Philosophy of Law and Legal Theory* (2nd ed., Dennis Patterson ed., Blackwell, Oxford, 2010), pp. 457–466

Smith, Patricia, "Feminist Jurisprudence", in *A Companion to the Philosophy of Law and Legal Theory* (2nd ed., Dennis Patterson ed., Blackwell, Oxford, 2010), pp. 290–298

— ed., *Feminist Jurisprudence* (Oxford University Press, Oxford, 1993)

Solan, Lawrence M., *The Language of Statutes: Laws and Their Interpretation* (University of Chicago Press, Chicago, 2010)

Solomon, Robert C. and Murphy, Mark C. eds., *What Is Justice? Classic and Contemporary Readings* (Oxford University Press, New York, 1990)

Solum, Lawrence, "Constructing an Ideal of Public Reason", 30 *San Diego Law Review* 729 (1993)

—, "On the Indeterminacy Crisis: Critiquing Critical Dogma", 54 *University of Chicago Law Review* 462 (1987)

Solum, Lawrence B. and Bennett, Robert W., *Constitutional Originalism: A Debate* (Cornell University Press, Ithaca, 2011)

Soper, Philip, "Choosing a Legal Theory on Moral Grounds", in Jules Coleman and E. F. Paul eds., *Philosophy and Law* (Blackwell, Oxford, 1987), pp. 31–48

—, "In Defence of Classical Natural Law in Legal Theory: Why Unjust Law is No Law at All", 20 *Canadian Journal of Law and Jurisprudence* 201 (2007)

—, "Legal Theory and the Problem of Definition", 50 *University of Chicago Law Review* 1170 (1983)

Sophocles, "Antigone", in *The Oedipus Plays of Sophocles* (Paul Roche, tran., Mentor, New York: 1958), pp. 187–252

Spaak, Torben, "Alf Ross on the Concept of a Legal Right", 27 *Ratio Juris* 461 (2014)

—, *A Critical Appraisal of Karl Olivecrona's Legal Philosophy* (Springer, Dordrecht, 2014)

Spann, Girardeau A., *Race Against the Court* (New York University Press, New York, 1993)

Sreenisavan, Gopal, "A Hybrid Theory of Claim-Rights", 25 *Oxford Journal of Legal Studies* 257 (2005)

Stapleton, Jane, "Choosing What We Mean by 'Causation' in the Law", 73 *Missouri Law Review* 433 (2008)

Stavropoulos, Nicos, "The Debate That Never Was", 130 *Harvard Law Review* 2082 (2017)

—, "Legal Interpretivism", in Edward N. Zalta ed., *The Stanford Encyclopedia of Philosophy, http: // plato. stanford. edu/entries/law-interpretivist/* (2014)

—, *Objectivity in Law* (Clarendon Press, Oxford, 1996).

Stearns, Maxwell L. and Zywicki, Todd J., *Public Choice Concepts and Applications in Law* (West, St. Paul, 2009)

Stein, Alex "Are People Probabilistically Challenged?", 111 *Michigan Law Review* 855 (2013)

Steiner, Hillel, "Workings Rights", in Matthew H. Kramer; N. E. Simmonds and Hillel Steiner, *A Debate Over Rights: Philosophical Enquiries* (Clarendon Press, Oxford, 1998), pp. 233–301

Stephen, James Fitzjames, *Liberty, Equality, Fraternity* (Liberty Fund, Indianapolis, 1993) (1873)

Steyn, Lord Johan, "*Pepper v. Hart*; A Re-examination", 21 *Oxford Journal of Legal Studies* 59 (2001)

Stone, Christopher D., *Should Trees Have Standing?: Law, Morality and the Environment* (Oxford University Press, New York, 2010)

Stone, Martin, "Formalism", in Jules Coleman and Scott Shapiro eds., *The Oxford Handbook of Jurisprudence and Philosophy of Law* (Oxford University Press, Oxford, 2002), pp. 166–205

Summers, Robert S., *Form and Function in a Legal System: A General Study* (Cambridge University Press, Cambridge, 2006)

—, *Lon L. Fuller* (Stanford University Press, Stanford, 1984)

Sunstein, Cass R., "Behavioral Analysis of Law", 64 *University of Chicago Law Review* 1175 (1997)

—, *Behavioral Law and Economics* (Cambridge University Press, Cambridge, 2000)

—, "Beyond the Republican Revival", 97 *Yale Law Journal* 1539 (1988)

—, "Incompletely Theorized Agreements", 108 *Harvard Law Review* 1733 (1995)

—, "Social Norms and Social Roles", 96 *Columbia Law Review* 903 (1996)

Symposium: "Critical Race Theory", 82 *California Law Review* 741–1125 (1994)

Symposium: "Deconstruction and the Possibility of Justice", 11 *Cardozo Law Review* 919–1726 (1990)

Symposium: "The Future of Law and Economics: Looking Forward", 64 *University of Chicago Law Review* 1129–1224 (1997)

Symposium: "LatCrit Theory: Latinas/os and the Law", 85 *California Law Review* 1087–1686 (1997), 10 *La Raza Law Journal* 1–600 (1997)

Symposium: "Law, Economics, and Norms", 144 *University of Pennsylvania Law Review* 1643–2339 (1996)

Symposium: "Law and Incommensurability", 146 *University of Pennsylvania Law Review* 1169–1731 (1998)

Symposium: "Law and Literature", 60 *Texas Law Review* 373–586 (1982)

Symposium: "Legal Storytelling", 87 *Michigan Law Review* 2073–2494 (1989)

Symposium on Efficiency as a Legal Concern, 8 *Hofstra Law Review* 485–770 (1980)

Symposium on *Law's Empire*, 6 *Law and Philosophy* 281–438 (1987)

Symposium on Lon Fuller, 13 *Law and Philosophy* 253–418 (1994)

Symposium on Post-Chicago Law and Economics, 65 *Chicago-Kent Law Review* 3–191 (1989)

Symposium on the Renaissance of Pragmatism in American Legal Thought, 63 *Southern California Law Review* 1569–1853 (1990)

Symposium on the Theory of Public Choice, 74 *Virginia Law Review* 167–518 (1988)

Symposium: "*Postscript* to H. L. A. Hart's *The Concept of Law*", 4 *Legal Theory* 249–547 (1998)

Symposium: "Property Rules, Liability Rules, and Inalienability: A Twenty-Five Year

Retrospective", 106 *Yale Law Journal* 2081–2215 (1997)

Symposium, "Rawls and the Law", 72 *Fordham Law Review* 1381–2285 (2004)

Tamanaha, Brian Z., *Beyond the Formalist-Realist Divide: The Role of Politics in Judging* (Princeton University Press, Princeton, 2009)

—, *A General Jurisprudence of Law and Society* (Oxford University Press, Oxford, 2001)

—, "The Mounting Evidence Against the 'Formalist Age'", 92 *Texas Law Review* 1667 (2014)

—, *Realistic Socio-Legal Theory: Pragmatism and a Social Theory of Law* (Clarendon Press, Oxford, 1997)

—, "Understanding Legal Pluralism: Past to Present, Local to Global", 30 *Sydney Law Review* 375 (2008)

Tannen, Deborah, *You Just Don't Understand* (William Morrow, New York, 1990)

Taylor, Charles, *Philosophy and the Human Sciences* (Cambridge University Press, Cambridge, 1985)

Telman, Jeremy ed., *Hans Kelsen in America—Selective Affinities and the Mysteries of Academic Influence* (Springer, Dordrecht, 2016)

Thaler, Richard H., *Misbehaving: The Making of Behavioral Economics* (W. W. Norton & Co., New York, 2015)

Thomson, Judith Jarvis, "A Defense of Abortion", 1 *Philosophy & Public Affairs* 47 (1971)

Thurschwell, Adam, "Critical Legal Studies", in John Protevi ed., *A Dictionary of Continental Philosophy* (Yale University Press, New Haven, 2006), pp. 112–114

Tierney, Brian, *The Idea of Natural Rights: Studies on Natural Rights, Natural Law and Church Law 1150–1625* (Scholars Press, Atlanta, 1997)

Tjong Tjin Tai, Eric and Teuben, Karlin, "European Precedent Law", *http://papers.ssrn.com/sol3/papers.cfm?abstract_id=1148115* (2008)

Treitel, G. H., "Jane Austen and the Law", 100 *Law Quarterly Review* 549 (1984)

Trillin, Calvin, "A Reporter at Large: Harvard Law", *New Yorker*, March 26, 1984, pp. 53–83

Tullock, Gordon, "Public Choice", in John Eatwell, Murray Milgate and Peter K. Newman eds., *The New Palgrave Dictionary of Economics* (Palgrave, New York, 1987), vol. 3, pp. 1040-1044

Tur, Richard and Twining, William eds., *Essays on Kelsen* (Clarendon Press, Oxford, 1986)

Tushnet, Mark, "An Essay on Rights", 62 *Texas Law Review* 1363 (1984)

Twining, William, "Academic Law and Legal Philosophy: The Significance of Herbert Hart", 95 *Law Quarterly Review* 557 (1979)

—, "The Bad Man Revisited", 58 *Cornell Law Review* 275 (1973)

—, *General Jurisprudence: Understanding Law from a Global Perspective* (Cambridge University Press, Cambridge, 2009)

—, *Karl Llewellyn and the Realist Movement* (2nd ed., Cambridge University Press, Cambridge, 2012)

Underkuffler, Laura S., *The Idea of Property: Its Meaning and Power* (Oxford University Press, Oxford, 2003)

Unger, Roberto Mangabeira, *The Critical Legal Studies Movement* (Harvard University Press, Cambridge, Mass., 1986)

Valdes, Francisco, "Queers, Sissies, Dykes, and Tomboys: Deconstructing the Conflation of 'Sex', 'Gender', and 'Sexual Orientation' in Euro-American Law and Society", 83 *California Law Review* 3 (1995)

—, "Theorizing 'OutCrit' Theories: Coalition Method and Comparative Jurisprudential Experience—RaceCrits, QueerCrits and LatCrits", 53 *University of Miami Law Review* 1265 (1999)

Valdes, Francisco; Culp, Jerome McCristal and Harris, Angela P. eds., *Crossroads, Directions, and a New Critical Race Theory* (Temple University Press, Philadelphia, 2002)

Veljanovski, Cento, *Economic Principles of Law* (Cambridge University Press, Cambridge, 2007)

Vinx, Lars, *Hans Kelsen's Pure Theory of Law: Legality and Legitimacy* (Oxford University Press, Oxford, 2007)

Vogenauer, Stefan, "A Retreat from *Pepper v. Hart*? A Reply to Lord Steyn", 25

Oxford Journal of Legal Studies 629 (2005)

Waldron, Jeremy, *Law and Disagreement* (Oxford University Press, Oxford, 1999)

—, "Legislators' Intentions and Unintentional Legislation", in A. Marmor ed., *Law and Interpretation* (Clarendon Press, Oxford, 1995), pp. 329–356

—, "*Lex Talionis*", 34 *Arizona Law Review* 25 (1992)

—, *Liberal Rights: Collected Papers 1981 – 1991* (Cambridge University Press, Cambridge, 1993)

— ed., *Nonsense upon Stills: Bentham, Burke and Marx on the Rights of Man* (Methuen, London, 1987)

—, "The Plight of the Poor in the Midst of Plenty", *London Review of Books*, July 15, 1999

—, "Property and Ownership", in Edward N. Zalta ed., *The Stanford Encyclopedia of Philosophy, http: // plato. stanford. edu/entries/property/* (2004)

—, "Why Law—Efficacy, Freedom, or Fidelity?", 13 *Law and Philosophy* 259 (1994)

Walker, David M., *The Oxford Companion to Law* (Clarendon Press, Oxford, 1980)

Waluchow, W. J., *Inclusive Legal Positivism* (Clarendon Press, Oxford, 1994)

Waluchow, Wil and Sciaraffa, Stefan eds., *The Legacy of Ronald Dworkin* (Oxford University Press, Oxford, 2016)

Walzer, Michael, *Interpretation and Social Criticism* (Harvard University Press, Cambridge, Mass., 1987)

—, *Spheres of Justice* (Basic Books, New York, 1983)

—, *Thick and Thin: Moral Argument at Home and Abroad* (University of Notre Dame Press, Notre Dame, 1994)

Warner, Richard, "Legal Pragmatism", in *A Companion to the Philosophy of Law and Legal Theory* (2nd ed., Dennis Patterson ed., Blackwell, Oxford, 2010), pp. 406–414

Waugh, Patricia ed., *Postmodernism: A Reader* (Edward Arnold, London, 1992)

Wax, Amy L., "The Discriminating Mind: Define It, Prove It", 40 *Connecticut Law* Review 979 (2008)

Weber, Max, *Economy and Society* (G. Roth and C. Wittich eds., Bedminster Press,

New York, 1968), two volumes

—, *The Methodology of the Social Sciences* (E. Shils and H. Finch eds., Free Press, New York, 1949)

—, *The Protestant Ethic and the Spirit of Capitalism* (T. Parsons, trans., Scribner, New York, 1976)

Wechsler, Herbert, "Toward Neutral Principles in Constitutional Law", 73 *Harvard Law Review* 15 (1959)

Weinreb, Lloyd L., *Legal Reason* (2nd ed., Cambridge University Press, Cambridge, 2016)

—, *Natural Law and Justice* (Harvard University Press, Cambridge, Mass., 1987)

—, *Oedipus at Fenway Park: What Rights Are and Why There Are Any* (Harvard University Press, Cambridge, Mass., 1994)

Weinrib, Ernest J., "The Case for a Duty to Rescue", 90 *Yale Law Journal* 247 (1980)

—, *The Idea of Private Law* (Harvard University Press, Cambridge, Mass., 1995)

—, "Legal Formalism: On the Immanent Rationality of Law", 97 *Yale Law Journal* 949 (1988)

Weisberg, D. Kelly ed., *Feminist Legal Theory: Foundations* (Temple University Press, Philadelphia, 1993)

Weisberg, Richard H., "How Judges Speak: Some Lessons on Adjudication in *Billy Budd, Sailor* with an Application to Justice Rehnquist", 57 *New York University Law Review* 1 (1982)

—, "The Quest for Silence: Faulkner's Lawyer in a Comparative Setting", 4 *Mississippi College Law Journal* 193 (1984)

—, "What Remains 'Real' About the Law and Literature Movement?: A Global Appraisal", 66 *Journal of Legal Education* 37 (2016)

Weisberg, Robert, "Proclaiming Trials as Narratives: Premises and Pretenses", in Peter Brooks and Paul Gewirtz eds., *Law's Stories: Narrative and Rhetoric in Law* (Yale University Press, New Haven, 1996), pp. 61-83

Wellman, Christopher Heath and Simmons, A. John, *Is There a Duty to Obey the Law?* (Cambridge University Press, Cambridge, 2005)

Wenar, Leif, "Rights", in Edward N. Zalta ed., *Stanford Encyclopedia of Philosophy, http: // plato. stanford. edu/entries/rights/* (2015)

West, Robin, "Adjudication is Not Interpretation: Some Reservations about the Law-as-Literature Movement", 54 *Tennessee Law Review* 203 (1987), reprinted in *Narrative, Authority, and Law* (University of Michigan Press, Ann Arbor, 1993), pp. 89–176

—, "Authority, Autonomy and Choice: The Role of Consent in the Moral and Political Visions of Franz Kafka and Richard Posner", 99 *Harvard Law Review* 384 (1985)

—, *Caring for Justice* (New York University Press, New York, 1997)

—, "Jurisprudence and Gender", 55 *University of Chicago Law Review* 1 (1988)

—, "Law and Fancy", 95 *Michigan Law Review* 1851 (1997)

—, "The Literary Lawyer", 27 *Pacific Law Journal* 1187 (1996)

—, "The Other Utilitarians", in Brian H, Bix ed., *Analyzing Law: New Essays in Legal Theory* (Clarendon Press, Oxford, 1998), pp. 197–222

—, "Submission, Choice and Ethics: A Rejoinder to Judge Posner", 99 *Harvard Law Review* 1449 (1986)

White, Alan R., "Conceptual Analysis", in Charles J. Bontempo and S. Jack Odell eds., *The Owl of Minerva: Philosophers on Philosophy* (McGraw-Hill, New York, 1975), pp. 103–117

White, James Boyd, "Economics and Law: Two Cultures in Tension", 54 *Tennessee Law Review* 161 (1987)

—, *Heracles' Bow: Essays on the Rhetoric and Poetics of Law* (University of Wisconsin Press, Madison, 1985)

—, *Justice as Translation* (University of Chicago Press, Chicago, 1990)

—, "Law and Literature: 'No Manifesto'", 39 *Mercer Law Review* 739 (1988)

—, *The Legal Imagination: Studies in the Nature of Legal Thought and Expression* (Little, Brown, and Co., Boston, 1973)

—, "What Can a Lawyer Learn from Literature", 102 *Harvard Law Review* 2014 (1989)

Whitman, James Q., "What is Wrong with Inflicting Shame Sanctions?", 107 *Yale*

Law Journal 1055 (1998)

Wicke, Jennifer, "Postmodern Identity and the Legal Subject", 62 *University of Colorado Law Review* 455 (1991)

Wieacker, Franz, *A History of Private Law in Europe* (Tony Weir trans., Clarendon Press, Oxford, 1995)

Williams, Bernard, *Ethics and the Limits of Philosophy* (Harvard University Press, Cambridge, Mass., 1985)

Williams, Patricia J., "Alchemical Notes: Reconstructing Ideas From Deconstructed Rights", 22 *Harvard Civil Rights-Civil Liberties Law Review* 401 (1987)

—, *The Alchemy of Race and Rights* (Harvard University Press, Cambridge, Mass., 1991)

—, "Fetal Fictions: An Exploration of Property Archetypes in Racial and Gendered Contexts", 42 *Florida Law Review* 81 (1990)

Winch, Peter, *The Idea of a Social Science* (Routledge, London, 1958)

Winfield, Richard Dien, *Law in Civil Society* (University of Kansas Press, Lawrence, Kansas, 1995)

Wing, Adrien Katherine ed., *Critical Race Feminism: A Reader* (New York University Press, New York, 1997)

—, *Global Critical Race Feminism: An International Reader* (New York University Press, New York, 2000)

—, "Is There a Future for Critical Race Theory?", 66 (1) *Journal of Legal Education* 44 (2016)

Winston, Kenneth, "The Idea Element in a Definition of Law", 5 *Law and Philosophy* 89 (1986)

—, "Introduction", in Lon Fuller, *The Principles of Social Order* (Kenneth I. Winston ed., Duke University Press, Durham, N. C., 1981), pp. 11-44

Wiseman, Zipporah, "The Limits of Vision: Karl Llewellyn and the Merchant Rules", 100 *Harvard Law Review* 465 (1987)

Witte, John, Jr., *God's Joust, God's Justice: Law and Religion in the Western Tradition* (Wm. B. Eerdman's Publishing Co., Grand Rapids, Mich., 2006)

—, *The Reformation of Rights* (Cambridge University Press, Cambridge, 2007)

Wittgenstein, Ludwig, *Philosophical Investigations* (3rd ed., G. E. M. Anscombe, trans., Macmillan, New York, 1968)

Wolff, Robert Paul, *Understanding Rawls: A Reconstruction and Critique of A Theory of Justice* (Princeton University Press, Princeton, 1977)

Wright, Georg Henrik von, *Norm and Action* (Routledge & Kegan Paul, London, 1963)

Wright, Richard W., "Negligence in the Courts: Introduction and Commentary", 77 *Chicago-Kent Law Review* 425 (2002)

Wu, Frank, *Yellow: Race in America Beyond Black and White* (Basic Books, New York, 2002)

Zamir, Eyal and Teichman, Doron, *Behavioral Law and Economics* (Oxford University Press, Oxford, 2018)

Zipursky, Benjamin C., "Sleight of Hand", 48 *William and Mary Law Review* 1999 (2007)

索　引

Abel, Richard L. 理查德·L. 埃布尔 19-06 注释,19-07
abortion 堕胎 10-01, 19-04
Abraham, Kenneth S. 肯尼思·S. 亚伯拉罕 20-02 注释,21-06 注释
Abrams, Kathryn 凯瑟琳·艾布拉姆斯 19-05 注释
Achilles 阿喀琉斯 8-01 注释
affirmative action 平权行动 19-05
Alexander, Gregory 格雷戈里·亚历山大 21-07
Alexander, Larry 拉里·亚历山大 9-03 注释,12-02, 13-01 注释,13-02,14-02 注释,14-04,15-03 注释,15-06,21-05 注释,21-07
Alexy, Robert 罗伯特·阿列克西 7-02 注释
d'Almeida, Luis Duarte 路易斯·杜阿尔特·德阿尔梅达 3-09, 4-06
Allen, Anita 安妮塔·艾伦 19-04 注释
Altman, Andrew 安德鲁·奥尔特曼 19-02 注释
Ambrose 安布罗斯 5-02
American legal realism 美国法律现实主义 1-03 注释,2-05,3-04,3-05,6-04,7-06,10-01,12-01 注释,D-01,17-01 至 17-06,19-01,19-05,20-01,22-06,22-07
Amsterdam, Anthony G. 安东尼·G. 阿姆斯特丹 20-04 注释
analytical jurisprudence 分析法学 5-04, 10-03
anarchism 无政府主义 8-05
Andrews, William 威廉·安德鲁斯 17-03
Aquinas, Thomas 托马斯·阿奎那 3-01 注释,5-02,5-03,5-04,5-06,5-07,6-01,6-02,7-01,8-05 注释,11-02,15-02 注释,16-03 注释,16-05 注释
Arato, Andrew 安德鲁·阿拉托 19-06 注释,19-07

Archard, David 戴维·阿查德 8-06 注释
Archimedianism 阿基米德主义 7-05 注释
Ariely, Dan 丹·艾瑞莉 18-08 注释
Aristotle 亚里士多德 3-05,5-02, 8-01,8-06 注释, 8-08
Aron, Raymond 雷蒙·阿隆 1-03,2-03 注释
Arrow, Kenneth 肯尼思·阿罗 18-02 注释
Ashworth, Andrew 安德鲁·阿什沃思 9-03 注释
Atkin, Lord 阿特金大法官 13-01
Audi, Robert 罗伯特·奥迪 4-02 注释,14-03 注释
Augustine of Hippo 希波的奥古斯丁 3-02 注释,5-02
Aumann, Robert J. 罗伯特·J. 奥曼 18-06 注释
Austin, John 约翰·奥斯丁 0-01,3-01,3-02,3-04,3-08,3-09,4-02,4-03,4-04,5-02,6-01
authority 权威 3-07,C-01,12-01,14-03
autonomy 自主性 8-06,10-03,11-03,15-02,15-03,15-05,18-02,19-04,21-03
Avineri, Shlomo 什洛莫·阿维内里 8-08
Aylesworth, Gary 加里·艾尔斯沃思 22-09
Ayres, Ian 伊恩·艾尔斯 18-06 注释,18-10

"bad man's view" of law 法律的"坏人观" 3-08,7-03,17-01,17-05
Baird, Douglas G. 道格拉斯·G. 贝尔德 18-06 注释,18-09
Baker, Sir George 乔治·贝克爵士 12-01
Balkin, Jack 杰克·巴尔金 19-03 注释,22-08 注释,22-09
Ball, Milner 米尔纳·鲍尔 19-05
Bankowski, Zenon 泽农·班科夫斯基 3-08 注释
Barnes, Robin 罗宾·巴恩斯 19-05 注释
Barnett, Randy E. 兰迪·E. 巴尼特 18-10,21-07
Bartlett, Katharine T. 凯瑟琳·T. 巴特利特 19-07
Basic Norm (*Grundnorm*) 基础规范 1-02,3-03,4-03,4-04
Bayles, Michael 迈克尔·贝尔斯 3-02 注释,3-09
Beale, Joseph Henry 约瑟夫·亨利·比尔 17-02 注释

Beaney, Michael 迈克尔 · 比尼 2-03 注释
Becker, Gary 加里 · 贝克尔 18-01,18-10
Bedau, Hugo Adam 雨果 · 亚当 · 贝多 9-06
Behavioural Economics, Behavioural Law and Economics 行为经济学,行为主义的法律与经济学 18-08,18-09
Bell, Daniel 丹尼尔 · 贝尔 8-06 注释,8-08
Bell, Derrick A. 德里克 · A. 贝尔 19-05,19-07,20-04 注释
Bell, John 约翰 · 贝尔 14-04
Benditt, Theodore M. 西奥多 · M. 本迪特 18-10
Bennett, Robert W. 罗伯特 · W. 贝内特 11-01 注释
Benson, Peter 彼得 · 本森 21-07
Bentham, Jeremy 杰里米 · 边沁 2-04,3-01,3-02,9-04 注释,10-01,10-03,13-01,21-04,22-07 注释
Berkowitz, Peter 彼得 · 伯科威茨 22-08 注释
Berlin, Isaiah 以赛亚 · 伯林 2-08
Berman, Harold J. 哈罗德 · J. 伯尔曼 22-01 注释,22-09
Berman, Mitchell 米切尔 · 伯尔曼 7-02 注释,9-03 注释
Berman, Paul Schiff 保罗 · 希夫 · 伯尔曼 3-09
Bernhardt, William 威廉 · 伯恩哈德 20-02 注释
Bernstein, David, 戴维 · 伯恩斯坦 17-04 注释
Beyleveld, Deryck 德里克 · 贝勒维德 5-06
Bingham, Joseph 约瑟夫 · 宾厄姆 17-01 注释
Bishin, William R. 威廉 · R. 比欣 20-01
Bjarup, Jes 杰斯 · 比贾鲁普 22-09
Blackburn, Simon 西蒙 · 布莱克本 18-02 注释,18-06 注释,19-04 注释
Blackstone, William 威廉 · 布莱克斯通 5-02
Boonin, David 戴维 · 布宁 9-02 注释
bounded rationality 有限理性 18-08
Bourke, Vernon J. 弗农 · J. 伯克 11-04
Bowman, Cynthia Grant 辛西娅 · 格兰特 · 鲍曼 19-04 注释
Boyle, James 詹姆斯 · 博伊尔 19-02, 19-07

Brandeis, Louis D.,"Brandeis Brief" 路易斯·D.布兰代斯,"布兰代斯摘要" 17-04
Brennan, Geoffrey 杰弗里·布伦南 18-10
Brest, Paul 保罗·布雷斯特 11-01 注释,19-04 注释
Brewer, Scott 斯科特·布鲁尔 19-03 注释
Brint, Michael 迈克尔·布林特 22-09
Brooks, Peter 彼得·布鲁克斯 20-05
Brooks, Thom 汤姆·布鲁克斯 9-06
Brophy, Alfred L. 艾尔弗雷德·L.布罗菲 17-02 注释
Brousseau, Eric 埃里克·布鲁索 21-07
Brownsword, Roger 罗杰·布朗斯沃德 5-06
Bruner, Jerome S. 杰尔姆·S.布鲁纳 20-04 注释
Buchanan, James M. 詹姆斯·M.布坎南 18-07 注释,18-10
Bulow, Oskar 奥斯卡·布洛 22-03,22-09
van der Burg, Wibren 威布伦·范德堡 3-08 注释
Burley, Justine 贾斯汀·伯利 7-07
Burstyn, Varda 瓦尔达·伯斯泰因 19-04 注释

Calabresi, Guido 圭多·卡拉布雷西 18-04,18-10,21-01 注释,21-07
Campbell, Kenneth 肯尼思·坎贝尔 10-05
Campbell, Tom D. 汤姆·D.坎贝尔 3-08
Carbado, Devon W. 德文·W.卡巴多 19-07
Cardozo, Benjamin N. 本杰明·N.卡多佐 13-01,13-02,17-03,20-01,22-07 注释
Carrington, Paul D. 保罗·D.卡林顿 19-02 注释
Carter, Stephen 斯蒂芬·卡特 19-05 注释
Case Method of legal instruction 法律教学中的案例方法 17-02
causation 因果关系 2-03,18-03,19-05,21-01,21-06,21-07
Chang, Ha-Joon 张夏准 18-01 注释
Chang, Robert S. 罗伯特·S.张 19-05 注释
Chang, Ruth 张美露 7-04 注释
Cicero, Marcus Tullius 马库斯·图利尤斯·西塞罗 5-02, 6-01,8-08
civic republicanism 公民共和主义 8-06

civic disobedience 公民不服从 12-01
civil law systems 民法法系 0-03, 13-01
Civil Rights Movement 民权运动 19-01, 19-05 注释
Coase, Ronald H., Coase theorem, Coasean analysis 罗纳德·H. 科斯,科斯定理,科斯式分析 18-01, 18-02, 18-03, 18-07, 18-08, 18-09, 21-02, 21-06 注释
cognitive biases 认知偏差 18-08
Cohen, Felix 费利克斯·科恩 7-06 注释,17-04 注释
Cohen, L. Jonathan L. 乔纳森·科恩 2-08
Cohen, Marshall 马歇尔·科恩 7-07
Cohen, Morris 莫里斯·科恩 2-04 注释,17-02 注释
Coleman, Jules L. 朱尔斯·L. 科尔曼 2-03 注释,2-05 注释,2-08,3-07 注释,3-09,4-04 注释,7-03 注释,8-01 注释,11-03 注释,12-02,18-03 注释,18-10,21-07, 22-07 注释
command theory of law 法律的命令理论 3-02
common law philosophical foundations of 普通法的哲学基础 21-01 至 21-07,22-02;reasoning 推理 7-03, 11-01,13-01 至 13-02;vs. civil law 与民法 0-03, 13-01
communitarianism 社群主义 8-06,8-08,15-05
concepts, conceptual analysis 概念,概念分析 A-01,1-02,2-01 至 2-08,5-03,6-02,7-05,8-01,10-01,10-03,17-04, 17-05,22-01
Condorcet, Marquis de 马奎斯·孔多塞 18-07 注释
consent 同意 8-02,11-03,16-01,16-02,16-03,16-05,18-02,20-01,21-04
consequentialism 后果论 9-04,18-02
constitutional law 宪法 3-01,11-01,12-01 注释,15-03 注释,17-04,18-01,19-04
constructive interpretation 建构性解释 2-02,7-03,20-02,21-01 注释
contract law 合同法 2-04,8-01,11-01,13-01,15-01,17-02,18-06,19-02 注释,21-01,21-03,21-06,21-07,22-07
Coombs, Mary 马里·库姆斯 19-03 注释
Cooter, Robert 罗伯特·考特 18-04 注释
Cornell, Drucilla 德鲁西拉·康奈尔 19-05 注释,22-09
corrective justice 矫正正义 8-01,18-09,21-02,21-03,21-06

Cotterrell, Roger 罗杰·科特威尔 0-01 注释,3-02 注释,19-06 注释,19-07
Cover, Robert M. 罗伯特·M.科弗 20-03
Coyle, Sean 肖恩·科伊尔 3-01 注释,5-03 注释,10-02 注释
Crenshaw, Kimberlé Williams 金伯利·威廉姆斯·克伦肖 19-04 注释,19-05 注释,19-06,22-08 注释
criminal law 刑法 4-03,9-01 至 9-06,13-01,15-01,15-04,15-05,18-01,21-05,21-07
critical latino/a theory, LatCrit theory 批判拉丁理论,拉丁批判理论 19-05,19-07
critical legal studies 批判法律研究 1-04,7-06,10-01,14-03 注释,17-05,19-01,19-02,19-03,19-05,19-07,22-04,22-08
critical race theory 批判种族理论 1-04,12-01 注释,17-05,19-01 至 19-03,19-04 注释,19-05,19-07
Cross, Rupert 鲁珀特·克罗斯 13-01 注释,13-02,14-03,14-04
Culler, Jonathan 乔纳森·卡勒 22-09
Cumming-Bruce, Sir Roualeyn, PC, Lord Justice of Appeal 卡明-布鲁斯,鲁阿莱恩大法官,上诉法院大法官 14-03
custom, customary law 习惯,习惯法 3-08,11-01,11-02,13-01,22-02

Dan-Cohen, Meir 迈尔·丹-科恩 14-04
Daniels, Norman 诺曼·丹尼尔斯 8-02 注释
Dau-Schmidt, Kenneth 肯尼思·道-施密特 18-06 注释
Davidson, Donald 唐纳德·戴维森 2-04 注释
de Man, Paul 保罗·德曼 22-08
debunking 揭穿 7-06
Declaration of Independence《独立宣言》5-03
deconstruction 解构 22-08,22-09
definitions 定义 1-03,2-02 至 2-04, 6-02 注释
Deigh, John 约翰·戴 21-07
Del Mar, Maksymilian 马克西米利安·德尔马 3-08 注释
Delgado, Richard 理查德·德尔加多 19-03 注释,19-05 注释,19-06,20-04 注释
Deontology 义务论 9-01 注释,9-03

dependency, inevitable and derivative 必然和派生的依赖 8-07
Derrida, Jacques 雅克·德里达 19-02 注释,22-08,22-09
description, descriptive theory 描述,描述性理论 1-02,2-03,2-04,3-01,3-04,4-02,4-04,5-05,6-02,7-03,7-05,7-06,16-01
balancing descriptive theory with explanatory power 用解释权平衡描述性理论 2-04,4-03,10-03
de-Shalit, Avner 艾维纳·德夏里特 8-08
deterrence 威慑 9-04
Devlin, Patrick 帕特里克·德夫林 15-04,15-05,15-06
Dewey, John 约翰·杜威 22-07,22-09
Dickens, Charles 查尔斯·迪肯斯 15-04,20-01 注释
Dickinson, John 约翰·迪金森 17-02 注释
Dickson, Julie 朱莉·迪克森 2-08, 3-04 注释,3-09
Diplock, Lord 迪普洛克大法官 12-01
distributive justice 分配正义 8-01,8-05 注释,8-08
Dolcetti, Andrea 安德烈娅·多塞蒂 3-09,7-03 注释
Dolinko, David 戴维·多林科 21-07
Donahue, Charles, Jr. 小查尔斯·多纳休 10-01 注释
Douzinas, Costas 科斯塔斯·杜兹纳 22-09
Dowd, Nancy E. 南希·E. 多德 19-07
Doyle, Roddy 罗迪·道尔 20-02 注释
Dubner, Stephen J. 斯蒂芬·J. 达布纳 18-08 注释
Duff, R. A. (Antony) R. A. (安东尼)·达夫 9-02 注释,9-06,15-02 注释,21-07
Dupré, John 约翰·杜普雷 2-03 注释
Duxbury, Neil 尼尔·达克斯伯里 4-01 注释,4-05 注释,13-02,17-01 注释,17-04 注释,17-05 注释,17-06,19-02 注释,22-06 注释,22-09
Dworkin, Andrea 安德烈娅·德沃金 19-04
Dworkin, Gerald 杰拉尔德·德沃金 15-06
Dworkin, Ronald, Dworkinian 罗纳德·德沃金,德沃金式 1-03,2-02,2-04 注释,3-02 注释,3-04,3-07,3-08,3-09,5-02 注释,6-01,7-01 至 7-07,8-02 注释,10-01,11-02,11-03 注释,12-01,14-02 注释,14-04,15-05,15-06,16-

01,18-04 注释,18-05 注释,18-10,19-04 注释,20-02,20-03,22-09

Easterbrook, Frank 弗兰克·伊斯特布鲁克 18-01
Eastland, Terry 特里·伊斯特兰 19-02 注释
economic analysis of law, see law and economics 法律的经济学分析,见法律与经济学
Edmundson, William A. 威廉·A. 埃德蒙森 10-04 注释,10-05,16-06
Edwards, James 詹姆斯·爱德华兹 3-09,15-06,27-07
Eekelaar, J. M. J. M. 伊克拉 2-06 注释
efficiency 效率 18-03,18-04,18-09,21-02,21-03,22-07
Ehrenberg, Kenneth M. 肯尼思·M. 艾伦伯格 3-08 注释
Eisenberg, Melvin Aron 梅尔文·阿伦·艾森伯格 13-02
Ekins, Richard 理查德·伊金斯 14-04
Eleftheriadis, Pavlos 帕夫洛斯·埃莱夫塞里亚迪斯 3-02 注释
Ellickson, Robert C. 罗伯特·C. 埃克里森 18-08,18-09
empathy 同感 19-05,20-04
Engle, George 乔治·恩格尔 14-04
epistemology 认识论 2-05
Epstein, Richard A. 理查德·A. 爱泼斯坦 15-02 注释,18-03 注释,18-10
Eskridge, William N., Jr. 小威廉·N. 埃斯克里奇 14-03 注释,14-04,18-07 注释,18-10,19-05 注释,22-06 注释,22-09
essentialism 本质主义 19-05 注释,22-08 注释
Estrich, Susan 苏珊·埃斯特里奇 19-04 注释
ethic of justice versus ethic of care, 正义伦理与照护伦理 8-07,19-04
ethical confrontation, 伦理的对抗 15-02
Etzioni, Amitai 阿米泰·埃齐奥尼 15-05 注释
externalities 外部性 18-03

false consciousness 虚假意识 19-04
falsifiability 可证伪性 2-03
Favor, Christi 克里斯蒂·福恩斯 8-08

Farber, Daniel A 丹尼尔·A. 法伯 14-03 注释,18-06 注释,18-07 注释,18-10,19-05 注释,19-07
Feigenson, Neal 尼尔·费根森 12-01 注释
Feinberg, Joel 乔尔·范伯格 9-05 注释,10-04 注释,10-05,15-03,15-06
feminism, feminist legal theory 女权主义,女权主义法律理论 1-04,8-07,15-03 注释,17-05,19-01,19-02,19-03,19-04,19-05,19-07
Ferejohn, John 约翰·费雷约翰 18-07 注释
Ferzan, Kimberly Kessler 金伯利·凯斯勒·费尔赞 9-03 注释
Field, Martha 玛莎·菲尔德 19-04 注释
finality 终局性 3-07 注释,C-01,12-01 至 12-02
Fine, Kit 基特·法恩 2-03 注释
Fineman, Martha A. 玛莎·A. 法恩曼 8-07,19-05 注释,19-07
Finnis, John M. 约翰·M. 菲尼斯 1-02,2-04 注释,2-06 注释,3-01 注释,3-02,3-04,3-08 注释,3-09,5-01 至 5-07,6-01,10-01 注释,11-02 注释,15-05 注释,15-06,16-01,16-04 注释,16-05 注释,16-06,18-09,19-02 注释
Fish, Morris J. 莫里斯·J. 菲什 9-03 注释
Fish, Stanley 斯坦利·菲什 20-02,20-05,22-07 注释,22-08 注释,22-09
Fisher, William 威廉·费希尔 17-03 注释,17-06
Fiss, Owen 欧文·菲斯 20-02
Fitzpatrick, Peter 彼得·菲茨帕特里克 19-02 注释
Fletcher, George P. 乔治·P. 弗莱彻 9-06,18-02 注释,18-03 注释
Fon, Vincy 方·文西 18-04 注释
Foot, Philippa 菲莉帕·富特 2-04 注释
Ford, Gerald 杰拉德·福特 18-01
formalism 形式主义 3-01 注释,17-01,17-02,18-02 注释,22-06
Foucault, Michel 米歇尔·福柯 19-02 注释,22-08
Foulkes, Albert S. 艾伯特·S. 福克斯 22-09
foundationalism 基础主义 22-08 注释
Frank, Jerome 杰尔姆·弗兰克 17-01 注释,17-03,17-06
Frank, Robert H. 罗伯特·H. 弗兰克 18-09 注释
free law movement 自由法运动 17-01 注释,22-03,22-09

free will and responsibility 自由意志与责任 5-06
Freeman, Alan David 艾伦·戴维·弗里曼 19-02 注释,19-05 注释
Freeman, Michael 迈克尔·弗里曼 22-09
Freeman, Samuel 赛缪尔·弗里曼 8-02 注释,8-08
Freud, Sigmund, Freudian 西格蒙德·弗洛伊德,弗洛伊德派 18-09 注释
Frickey, Philip P. 菲利普·P. 弗里基 14-04,18-06 注释,18-07 注释,18-10,22-06 注释,22-09
Fried, Charles 查尔斯·弗里德 21-07
Friedman, Lawrence M. 劳伦斯·M. 弗里德曼 19-06 注释
Friel, Dan 丹·弗里尔 6-05
Frug, Jerry 杰里·弗鲁克 19-02 注释
Frug, Mary Joe 马里·乔·弗鲁克 22-09
Fuller, Lon L. 朗·L. 富勒 1-01,1-02,1-04,2-04,3-02,3-05 注释,5-02 注释,6-01 至 6-05,7-01,7-05,8-01 注释,11-01 注释,11-02,11-04,16-01,16-04,17-02 注释
"fundamental contradiction" "基本矛盾" 19-02
Fullinwinder, Robert K. 罗伯特·K. 富林温德 19-05 注释

Gabel, Peter 彼得·加贝尔 7-06 注释,19-02 注释,19-07
game theory 博弈论 18-06,18-08,18-09
Gardner, John 约翰·加德纳 3-01 注释,3-07 注释,3-08 注释,4-06,9-06,21-07
Garland, David 戴维·加兰 9-06
Garrett, Elizabeth 伊丽莎白·加勒特 14-04
Garvey, Stephen P. 斯蒂芬·P. 加维 9-03 注释
Gauthier, David 戴维·高蒂尔 8-02
Gény, François 弗朗索瓦·惹尼 22-03,22-09
Georgakopoulos Nicholas L. 尼古拉斯·L. 乔治亚科普洛斯 18-10
George, Robert P. 罗伯特·P. 乔治 3-09,5-03 注释,5-04 注释,5-06,5-07,15-05,15-06
Gertner, Robert H. 罗伯特·H. 格特纳 18-06 注释,18-10
Gewirth, Alan 艾伦·格沃思 5-06

Gewirtz, Paul 保罗 · 格维尔茨 20-05
Gilles, Stephen G. 斯蒂芬 · G. 吉勒斯 18-04 注释,18-09 注释
Gilligan, Carol 卡萝尔 · 吉利根 8-07 注释,19-04,19-07
Gilovich, Thomas 托马斯 · 吉洛维奇 18-09 注释
Glachant, Jean-Michel 琼-米歇尔 · 格拉尚 21-07
Golding, John C. P. 约翰 · C. P. 戈尔丁 21-07
Golding, William 威廉 · 戈尔丁 19-05
Goldstein, Laurence 劳伦斯 · 戈尔茨坦 13-02
Gordley, James 詹姆斯 · 戈德利 21-01 注释,21-02 注释,21-04 注释
Gordon, Robert W. 罗伯特 · W. 戈登 19-02 注释,19-07
Gotanda, Neil 尼尔 · 哥坦达 19-07,22-08 注释
Gramsci, Antonio 安东尼奥 · 葛兰西 19-02 注释,22-04
gratitude 感恩 16-01,16-04
Gray, John Chipman 约翰 · 奇普曼 · 格雷 12-01
Green, Leslie 莱斯利 · 格林 3-01 注释,3-07 注释,3-09,4-06,6-02 注释,16-06
Green, Michael Steven 迈克尔 · 史蒂文 · 格林 4-06
Green, Nicholas St. John 尼古拉斯 · 圣约翰 · 格林 17-03 注释
Green, Stuart P. 斯图尔特 · P. 格林 21-07
Greenawalt, Kent 肯特 · 格里纳沃尔特 7-07,13-02,14-04
Greenberg, Mark 马克 · 格林伯格 2-03 注释,7-03,7-03 注释
Grey, Thomas C. 托马斯 · C. 格雷 3-05 注释,17-03 注释,22-09
Griffith, John 约翰 · 格里菲思 14-03 注释
Grisez, Germain C. 杰曼 · C. 格赖泽茨 5-04 注释, 5-06
Grotius, Hugo 胡果 · 格老秀斯 5-02, 5-03
Guest, Stephen 斯蒂芬 · 格斯特 7-07
Guinier, Lani 拉尼 · 吉尼尔 19-05 注释

Haakonssen, Knud 克努德 · 哈康森 5-03 注释,10-01 注释
Habermas, Jürgen 尤尔根 · 哈贝马斯 3-04 注释,19-02 注释,19-06
Hacker, P. M. S. P. M. S. 哈克 3-09
Hägerström, Axel 阿克塞尔 · 汉克斯托姆 22-05,22-09

Hale, Sir Matthew 马修・黑尔爵士 13-01 注释
Hale, Robert 罗伯特・黑尔 19-02 注释
Halpin, Andrew 安德鲁・哈尔平 2-03 注释,2-04 注释,3-01 注释,3-09
Hamacher,Werner 维尔纳・哈马赫 22-08 注释
Hand, Learned 勒尼德・汉德 18-04 注释
Hanson, Jon D. 乔恩・D. 汉森 18-09,18-10
Hanson, Kathleen 凯瑟琳・汉森 18-09,18-10
Hardin, Garrett 加勒特・哈丁 21-04 注释
Harel, Alon 阿隆・哈雷尔 10-04 注释,10-05
harm principle 伤害原则 15-02,15-05,21-05
Harman, Gilbert 吉尔伯特・哈曼 2-08
Harris, Angela P. 安杰拉・P. 哈里斯 19-05 注释,19-07,20-03 注释
Harris, J. W. J. W. 哈里斯 4-03 注释, 4-06,8-05 注释,10-02 注释,10-04 注释,13-01 注释,13-02,21-07
Harris, Paul 保罗・哈里斯 19-02 注释
Hart, H. L. A., Hartian H. L. A. 哈特,哈特派 0-01,1-01,1-02,1-03,1-05,2-03 注释,2-04,3-01 至 3-09,4-01 注释,4-02,4-04,4-05,4-06,5-05,6-01,7-01,7-02,7-04 注释,7-05,7-07,9-03 注释,9-06,10-01 注释,10-03,10-05,11-02,12-01,12-02,15-02 注释,15-03,15-04,15-06,16-01,16-03,16-04,17-05 注释,21-07
Hart, Henry M., Jr. 小亨利・M. 哈特 22-06 注释,22-09
Hart, Melissa R. 梅丽莎・R. 哈特 18-09,18-10
Hartney, Michael 迈克尔・哈特尼 4-01 注释,4-05 注释
hate speech 憎恨言论 19-04 注释
Hatzis, Aristides N. 阿里斯蒂德斯・N. 哈齐斯 18-10
Hausmann, Daniel M. 丹尼尔・M. 豪斯曼 18-10
Hay, Douglas 道格拉斯・海 19-02 注释,19-07
Hegel, G. W. F., Hegelian G. W. F. 黑格尔,黑格尔派 9-04 注释,21-04,22-02
hegemony 霸权 22-04
Heidegger, Martin 马丁・海德格尔 22-08
Heller, Michael A. 迈克尔・A. 赫勒 21-04 注释

Helmholz, R. H. R. H. 赫姆霍尔兹 5-03 注释
Herget, James E. 詹姆斯・E. 赫格特 17-01 注释,22-03 注释,22-09
hermeneutic approach 诠释方法 1-04,3-01 注释,3-04,3-08,7-05
Hershovitz, Scott 斯科特・赫绍维茨 7-07,21-07
Hertz, Neil 尼尔・赫兹 22-08 注释
heuristics 启发式 18-09 注释
Hiassen, Carl 卡尔・希尔森 20-02 注释
Hicks, J. R. J. R. 希克斯 18-02 注释
Higgins, Ruth C. A. 鲁思・C. A. 希金斯 16-06
Hill, H. Hamner H. 哈姆纳・希尔 3-04 注释
Hill, Thomas E., Jr. 小托马斯・E. 希尔 9-03 注释
Himma, Kenneth Einar 肯尼思・埃纳・希玛 2-08,3-09
historical jurisprudence 历史法学 22-02,22-09
Hittinger, Russell 拉塞尔・赫廷格 5-04 注释
Hobbes, Thomas, Hobbesian 托马斯・霍布斯,霍布斯式 3-01,3-06,5-03 注释,8-02,11-03,16-03
Hohfeld, Wesley Newcomb 韦斯利・纽科姆・霍菲尔德 2-04,10-01,10-02,10-05
Holmes, Oliver Wendell 奥利弗・温德尔・霍姆斯 0-01,1-03 注释,3-05 注释,3-08 注释,6-01,7-03,12-01,13-01,14-03 注释,17-01,17-02,17-03,17-05 注释,18-01,22-07,22-09
Holtermann, Jakob v. H. 雅各布・v. H. 霍尔特曼 22-09
Homer 荷马 8-01 注释
Honderich, Ted 特德・杭德里克 22-07 注释
Honoré, A. M. A. M. 奥诺尔 3-07 注释,16-03,16-04 注释,16-06,21-07
Hookway, Christopher 克里斯托弗・胡克威 22-07 注释
Horder, Jeremy 杰里米・霍德 21-07
Horwitz, Morton J. 莫顿・J. 霍维茨 6-02 注释,7-06 注释,10-04 注释,11-01 注释,17-03 注释,17-04 注释,17-05 注释,17-06,18-09 注释,19-02 注释,19-07,22-06 注释
Hume, David 大卫・休谟 3-01,4-02,8-08,21-06 注释
Hunt, Alan 艾伦・亨特 19-02 注释,19-07,22-09

Hurd, Heidi 海迪·赫德 9-05 注释,10-02 注释,14-04
Hurley, Susan 苏珊·赫尔利 2-03 注释
Husak, Douglas 道格拉斯·胡萨克 9-02 注释,15-06,21-07
Hutcheson, Francis 弗朗西斯·哈奇森 9-04 注释
Hutcheson, Joseph C., Jr. 小约瑟夫·C. 哈奇森 17-04 注释
Hutchinson, Darren Lenard 达伦·莱纳德·哈钦森 19-05 注释
Hyde, Janet Shibley 珍妮特·希布利·海德 19-04 注释
Hyman, David A. 戴维·A. 海曼 19-05 注释

inalienability 不可让与 18-04 注释
incommensurability 不可通约性 5-05 注释,7-04
institutional competence 制度能力 14-01,22-06
intentions 意图 3-05,11-01,14-01 至 14-04,20-02
internal aspect of rules, law; internal point of view 法律、规则的内在方面;内部视角 3-02,3-04,3-08,4-02,4-04,5-05,7-05
internal morality of law 法律的内在道德 1-02,1-04,6-02,6-04,16-01
international law 国际法 2-02,2-04,4-01,5-03
interpretation 解释 1-01,2-02,2-04 注释,3-01,3-04,3-07 注释,7-03,7-06,12-01,13-01 注释,14-01 至 14-04,16-01,20-01,20-02,20-03

Jacobs, Michelle S. 米歇尔·S. 雅各布斯 9-06
Jaffee, Sara 萨拉·贾菲 19-04 注释
Jakab, András 安德拉斯·雅卡布 4-02 注释
James, Henry 亨利·詹姆斯 22-07
James, William 威廉·詹姆斯 22-07,22-09
Jameson, Fredric 弗雷德里克·詹姆森 22-09
Jamieson, Dale 戴尔·詹姆森 22-09
von Jhering, Rudolf 鲁道夫·冯·耶林 17-01 注释,22-03
John Paul II, Pope 波普·约翰·保罗二世 5-03 注释
Johnson, Alex M., Jr. 小亚历克斯·M. 约翰逊 19-05
Jolls, Christine 克里斯蒂娜·乔尔斯 19-05 注释

Jolowicz, H. F. H. F. 若洛维茨 10-01 注释
judicial decision-making 司法裁判 2-05,3-05,17-01,17-04,22-03
judicial discretion 司法裁量权 3-05,7-02,17-04,22-03,2-06
judicial review 司法审查 3-07
just war theory 正义战争理论 8-01
justice 正义 1-04,2-03,3-01,6-02,7-03,C-01,8-01 至 8-08,9-03,10-03,10-04,11-02 注释,11-03,13-01,15-05,16-02,D-01,18-01,18-04,18-05,18-09,19-02,19-03,19-04,21-02,21-03,21-04,21-05,21-07,22-08

Kadens, Emily 艾米丽·卡登斯 3-08 注释
Kadish, Sanford H. 桑福德·H. 卡迪什 21-07
Kafka, Franz 弗兰兹·卡夫卡 20-01 注释
Kahn, Paul W. 保罗·W. 卡恩 19-07
Kahneman, Daniel 丹尼尔·卡尼曼 18-08
Kairys, David 戴维·凯瑞斯 19-07
Kaldor-Hicks analysis 卡尔多-希克斯分析 18-02
Kaldor, Nicholas 尼古拉斯·卡尔多 18-02 注释
Kamm, F. M. F. M. 卡姆 10-05
Kant, Immanuel, Kantian, neo-Kantian 伊曼努尔·康德,康德派,新康德派 4-01,4-02,4-04,8-02 注释,8-06,9-03,10-03,11-03 注释,18-02,18-05
Kantorowicz, Hermann 赫尔曼·坎托罗维奇 22-03,22-09
Kaplan, Benjamin 本杰明·卡普兰 17-04 注释
Katz, Avery Wiener 埃弗里·威纳·卡茨 18-10
Katz, Leo 利奥·卡茨 18-02 注释
Kay, Herma Hill 赫玛·希尔·凯 19-04 注释
Kay, Richard 理查德·凯 11-01 注释
Keating, Gregory C. 格雷戈里·C. 基廷 21-02 注释
Keenan, Thomas 托马斯·基南 22-08 注释
Kelly, J. M. J. M. 凯利 5-03 注释,11-02 注释,22-03 注释
Kelman, Mark 马克·凯尔曼 18-04 注释,18-09 注释,18-10,19-02 注释,19-07,22-06 注释

Kelsen, Hans 汉斯·凯尔森 1-02,2-06 注释,3-01,3-02,3-03,4-01 至 4-06,6-01,11-02
Kemp, John 约翰·肯普 18-02 注释
Kennedy, David 戴维·肯尼迪 22-08
Kennedy, Duncan 邓肯·肯尼迪 18-10,19-02 注释,19-07,22-08 注释
Kennedy, Randall 兰德尔·肯尼迪 19-05 注释,19-07
Kennedy, Rosanne 罗珊娜·肯尼迪 19-07
Klass, Gregory 格雷戈里·克拉斯 18-08 注释
Klosko, George 乔治·克洛斯科 16-06
Kornblith, Hilary 希拉里·科恩布利思 2-05 注释
Kornhauser, Lewis 刘易斯·科恩豪泽 18-04 注释,18-06 注释,18-10,19-02 注释
Kramer, Matthew H. 马修·H. 克雷默 3-02 注释,3-09,6-02 注释,6-05,10-02 注释,10-03 注释,10-04 注释,10-05,19-04 注释,22-08 注释
Kraus, Jody, S. 乔迪·S. 克劳斯 21-02 注释,21-07
Kraut, Richard 理查德·克劳特 2-02 注释
Kress, Kenneth J. 肯尼思·J. 克雷斯 19-02 注释
Kretzmann, Norman 诺曼·克雷茨曼 5-02 注释
Krishnakumar, Anita S. 安尼塔·S. 克里希纳库马尔 14-03 注释
Kroger, John R. 约翰·R. 克罗格 5-02 注释
Kronman, Anthony T 安东尼·T. 克朗曼 3-01 注释,17-02 注释
Kuhn, Steven 史蒂文·库恩 18-06 注释
Kymlicka, Will 威利·金利卡 8-08

Lacan, Jacques 雅克·拉康 19-02 注释
Lacey, Nicola 妮古拉·莱西 3-09, 19-04 注释
Lamond, Grant 格兰特·拉蒙德 13-02
Lamont, Julian 朱利安·拉蒙特 8-08
Landes, William 威廉·兰德斯 18-04 注释,18-09 注释,18-10
Langdell, Christopher Columbus 克里斯托弗·哥伦布·兰德尔 3-01 注释,3-04,7-06,17-02,17-03
LatCrit theory 拉丁批判理论 19-05

Laurence, Stephen 斯蒂芬·劳伦斯 2-08
law, theory of the nature of, more than one adequate theory 不止一种充分的法律性质理论 1-01 注释
law and economics 法律与经济学 1-02,4-03,11-03,17-05,18-01 至 18-10,19-02,19-05,21-02,22-07 注释
law and literature 法律与文学 20-01 至 20-05
Law merchant 商人法 3-08
Lawrence, Charles R., III 查尔斯·R. 劳伦斯三世 12-01 注释,19-04 注释,19-05 注释
Lear, Jonathan 乔纳森·利尔 18-09 注释
Leff, Arthur 阿瑟·莱夫 17-05 注释,18-02 注释,18-09 注释,18-10
legal anthropology 法律人类学 22-02
legal determinacy, indeterminacy 法律的确定性,不确定性 3-05,6-04,7-02,7-04,17-01,17-04,19-02,22-08
legal education 法律教育 3-01 注释,13-01,D-01,17-02,17-03,19-02,19-04
legal history 法律历史 19-02, 22-09
legal mistake 法律错误 12-01 至 12-02
legal moralism 法律道德主义 15-05,21-05
legal pluralism 法律多元主义 3-08,3-09
legal positivism 法律实证主义 1-04,2-04,2-06,3-01 至 3-09,4-01 至 4-06,5-03,5-05,6-01,6-02,6-03,7-01,7-02,7-05,11-02,16-01,16-05
legal principles 法律原则 3-07,7-02
legal process 法律过程 6-04,17-05,22-06,22-09
legal realism, see American legal realism, Scandinavian legal realism 法律现实主义,见美国法律现实主义、斯堪的那维亚法律现实主义
legal reasoning 法律推理 7-06,13-01 至 13-02,17-01,17-02,17-03,18-02,19-02
legal rights see rights 法律权利,见权利
legal validity 法律效力 2-06,3-01,3-06,3-07,5-02,6-01,6-03 注释,12-01
legislative history 立法历史 14-02
legislative intention 立法意图 3-05, 14-02

legitimation 合法化 22-04
Lehrer, Jonah 乔纳·莱勒 18-08 注释
Leiter, Brian 布赖恩·莱特 2-05,3-09,7-03 注释,7-07,17-04 注释,17-05 注释,17-06,19-02 注释
Lessig, Lawrence 劳伦斯·莱西格 18-08 注释
Lessnoff, Michael 迈克尔·莱斯诺夫 8-02 注释
Levi, Edward H. 爱德华·H. 列维 13-02, 18-01
Levinson, Sanford 桑福德·莱文森 20-02,20-04 注释,20-05
Levitt, Steven D. 史蒂文·D. 莱文森 18-08 注释
Lewis, Neil A. 尼尔·A. 刘易斯 18-01 注释
"*lex iniusta non est lex*""恶法非法" 3-01 注释,5-02
"*lex talionis*""同态报复" 9-03
liability rules v property rules 责任规则与财产规则 18-04
Limerick, Patricia Nelson 帕特里夏·纳尔逊·利默里克 2-03 注释
Linebaugh, Peter 彼得·莱恩博 19-02 注释,19-07
Littleton, Christine 克里斯蒂娜·利特尔顿 19-07
Llewellyn, Karl 卡尔·卢埃林 1-03 注释,3-04 注释,7-06 注释,14-03 注释,17-01 注释,17-02 注释,17-04,17-06
Lobban, Michael 迈克尔·洛班 17-06
Locke, John 约翰·洛克 3-02 注释,5-03,8-02,8-05 注释,11-03,16-02 注释,21-04
Lovett, Frank 弗兰克·洛维特 8-06 注释
Luban, David 戴维·鲁班 20-04 注释
Lucy, William 威廉·卢西 1-04 注释
Luhmann, Niklas 尼克拉斯·卢曼 19-07
Lukes, Stephen 斯蒂芬·卢克斯 3-07 注释
Lundstedt, A. Vilhelm A. 威廉·伦德斯泰特 22-05,22-09
Lyons, David 戴维·莱昂斯 3-07 注释,3-09,10-05
Lyotard, Jean-François 让-弗朗索瓦·利奥塔 22-08

Macaulay, Stewart 斯图尔特·麦考利 19-06 注释

MacCormick, Neil 尼尔·麦考密克 2-04,3-02 注释,3-04 注释,3-07 注释,3-08,3-09,4-02 注释,4-06,10-01 注释,10-03,10-04 注释,10-05,13-01 注释,13-02,19-02 注释

Maccedo, Stephen 斯蒂芬·马塞多 15-06

Macey, Jonathan R. 乔纳森·R. 梅西 18-07 注释,18-10

Machiavelli, Niccolò 尼科洛·马基雅维里 18-07 注释

MacIntyre, Alasdair 阿拉斯代尔·麦金太尔 8-08

MacKinnon Catharine A. 凯瑟琳·A. 麦金农 19-04,19-07

Maier, Pauline 保利娜·梅尔 5-03 注释

mailbox rule 邮筒规则 17-02

Mailloux, Steven 史蒂文·马尤 20-05

Maine, Henry Summer 亨利·萨默·梅因 10-01 注释,22-02,22-09

Mansfield, Lord, see Murray, William 曼斯菲尔德大法官,见威廉·默里

Margolis, Eric 埃里克·马戈利斯 2-08

Marmor, Andrei 安德瑞·马默 2-08,3-01,3-09,4-06,6-03,7-03 注释,7-07,12-01 注释,14-02 注释,14-04

Marshall, S. E. S. E. 马歇尔 15-02 注释

Martin, Michael 迈克尔·马丁 17-06

Marx, Karl, Marxist theory 卡尔·马克思,马克思主义理论 8-08,19-02 注释,19-06,21-04,22-02,22-04,22-09

Massaro, Toni M. 托尼·M. 马萨罗 9-05 注释

Matsuda, Mari 麻里·松田 19-03 注释,19-04 注释,19-05 注释,20-04 注释

McClennan, Edward F. 爱德华·F. 麦克伦南 18-10

McElroy, Wendy 温迪·麦克尔罗伊 19-04 注释

McGinn, Colin 科林·麦金 2-03 注释

McVeigh, Shaun 肖恩·麦克维 22-09

mechanical jurisprudence 机械法理学 17-02,17-03,17-04

medical decision-making 医疗裁判 11-03 注释

Meese, Edwin, III 埃德温·米斯三世 12-01 注释

Melamed, A. Douglas A. 道格拉斯·梅拉米德 18-04

Melville, Herman 赫尔曼·梅尔维尔 20-01

Menand, Louis 路易斯·梅南德 17-03 注释,19-02 注释,22-09
Mercuro, Nicholas 尼古拉斯·麦考罗 18-10
Merkl, Adolf Julius 阿道夫·朱利叶斯·默克尔 4-02
Merrill, Thomas W. 托马斯·W. 梅里尔 21-07
Merryman, John Henry 约翰·亨利·梅里曼 13-01
Mertz, Elizabeth 伊丽莎白·默茨 19-06 注释
metaphysical realism, Platonist 形而上学实在论,柏拉图主义 2-02,5-06,22-08 注释
Michelman, Frank I. 弗兰克·I. 米歇尔曼 8-06 注释,18-10 注释,22-07 注释
Mikhail, John 约翰·米哈伊尔 3-09
Mill, John Stuart, Millian 约翰·斯图亚特·密尔,密尔式 1-02 注释,8-08,15-02,15-03,15-04 注释,15-05,15-06,21-05
Miller, J. Hillis J. 希利斯·米勒 22-09
Miller, Franklin G. 富兰克林·G. 米勒 16-02 注释
Mindus, Patricia 帕特里夏·明达斯 22-09
Minow, Martha 玛莎·米诺 19-03 注释,19-04 注释
Mitchell, Gregory 格雷戈里·米切尔 18-10
Mnookin, Robert H. 罗伯特·H. 姆努金 18-06 注释
Moore, Michael S. 迈克尔·S. 摩尔 2-02,5-06,7-04 注释,9-03 注释,9-06,10-02 注释,13-02,14-04,21-07
moral luck 道德运气 9-03 注释
moral obligation to obey the law 守法的道德义务 1-04,3-01,6-02,16-01 至16-06
Morawetz, Thomas 托马斯·莫拉韦茨 1-05,2-08,3-04 注释,20-05
Morgenstern, Oskar 奥斯卡·摩根斯顿 18-06 注释
Morison, W. L. W. L. 莫里森 3-02 注释,3-09
Morris, Herbert 赫伯特·莫里斯 9-03,10-01 注释
Morris, Norval 诺瓦尔·莫里斯 20-04 注释
Morris, William Edward 威廉·爱德华·莫里斯 21-06 注释
Morse, Stephen 斯蒂芬·莫尔斯 9-03 注释
Müller, Andreas 安德烈娅斯·马勒 16-02 注释
Müller, Ingo 英戈·穆勒 6-02 注释

Munzer, Stephen 斯蒂芬·芒泽 7-07,21-04 注释
Murphy, Jeffrie G. 杰弗里·G.墨菲 4-04 注释,11-03 注释,15-05 注释,18-03, 18-10
Murphy, Mark C. 马克·C.墨菲 3-01 注释,5-02,5-06,5-07,8-08
Murray, William, Lord Mansfield 威廉·曼斯菲尔德·默里大法官 7-03 注释

Nader, Laura 劳拉·纳德 2-02 注释
narrative 叙事 19-05,20-04
Nash, John, Jr. 小约翰·纳什 18-06 注释
natural kinds 自然种类 2-03
natural law theory 自然法理论 1-04,2-04,2-06,3-01 注释,3-02,3-05,3-06,3-08,4-04,5-01 至 5-07,6-01,6-02,7-01,11-01,11-02,16-01,16-03,16-05,17-05
natural lottery 自然抓阄 8-03
natural rights 自然权利 5-03,10-01
naturalism 自然主义 2-05,2-08
necessity, necessary truths 必然,必然的真 2-03
negligence 过失 17-03,18-04 注释,18-09,21-02
neo-Kantian, see Kant, Immanuel 新康德派,见伊曼努尔·康德
von Neumann, John 约翰·冯·诺伊曼 18-06 注释
neutral principles 中立原则 7-06
New Criticism 新批判主义 20-02
New Deal 新政 17-04,20-01
Newman, Peter 彼得·纽曼 18-10
Nietzsche, Friedrich 弗里德里希·尼采 19-04 注释,22-08
nihilism 虚无主义 17-05,19-02 注释
Nino, Carlos S. 卡洛斯·S.尼诺 4-06,10-05
Nobles, Richard 理查德·诺布尔斯 19-07
norms, nature of 规范的性质 1-03,4-05,22-05
Norris, Christopher 克里斯托弗·诺里斯 22-08 注释,22-09
Novak, David 戴维·诺瓦克 5-03 注释

Nozick, Robert 罗伯特 · 诺齐克 2-03 注释,8-05,8-08
nuisance law 妨害法 18-03,18-04
Nussbaum, Martha C. 玛莎 · C. 努斯鲍姆 18-08 注释,18-09,18-10,22-08 注释

Oakley, Francis 弗朗西斯 · 奥基 11-02 注释,11-04
offer prices, vs. asking prices 还价与讨价 18-05 注释,18-08
Okin, Susan Moller 苏姗 · 莫勒 · 奥金 8-07,8-08
Olivecrona, Karl 卡尔 · 奥利维克罗那 22-05,22-09
Olsen, Frances 弗朗西丝 · 奥尔森 19-04 注释,19-07
open texture of rules, language, law 规则、语言、法律的开放结构 3-02,3-05,4-02,7-06
original intent 原初意图 20-02 注释
outsider jurisprudence 局外人的法理学 19-03
Owen, David G. 戴维 · G. 欧文 21-07

Palmer, Ben W. 本 · W. 帕尔默 17-05 注释
Palmer, Robert C. 罗伯特 · C. 帕尔默 3-08 注释
Papineau, David 戴维 · 帕皮诺 2-05 注释
Papke, David Ray 戴维 · 雷 · 帕克 20-04 注释
Pareto analysis, Pareto superior, Pareto optimal 帕累托分析,帕累托优化,帕累托最优 18-02
Pareto, Vilfredo 维尔弗雷多 · 帕累托 18-02 注释
Parisi, Francesco 弗朗西斯科 · 帕里西 18-03 注释,18-04 注释,18-10
Pashukanis, Evgeny B. 叶夫根尼 · B. 帕舒卡尼斯 22-04,22-09
Passmore, John 约翰 · 帕斯莫尔 22-05 注释
paternalism 家长主义 15-05,15-06,21-05
patriarchy 父权 19-04
Patterson, Dennis 丹尼斯 · 帕特森 7-03 注释,17-02 注释
Paul, Jeffrey 杰弗里 · 保罗 8-05 注释
Paulson, Michael Stokes 迈克尔 · 斯托克斯 · 保尔森 12-01 注释
Paulson, Bonnie Litschewski 邦尼 · 利切夫斯基 · 保尔森 4-06

Paulson, Stanley L. 斯坦利 · L. 保尔森 2-02 注释,2-06 注释,4-01 注释,4-02 注释,4-04 注释,4-05 注释,4-06,6-05,22-02 注释

Peirce, Charles Sanders 查尔斯 · 桑德斯 · 皮尔斯 22-07,22-09

Peller, Gary 加里 · 佩勒 19-07,22-08 注释

Peñalver, Eduardo 爱德华多 · 佩纳尔 21-07

Penner, J. E. J. E. 彭纳 10-04 注释

Pérez-Perdomo, Rogelio 罗格里奥 · 佩雷斯-佩尔多莫 13-01 注释

perfectionism 至善论 15-05

Perry, Stephen R. 斯蒂芬 · R. 佩里 3-01 注释,3-04,3-09,8-01 注释,13-02

Pettit, Philip 菲利普 · 佩蒂特 8-06 注释

Picker, Randal C. 兰德尔 · C. 皮克尔 18-06 注释,18-10

Pigou, A. C. A. C. 庇古 18-03

plain meaning 简明意义 14-03

planning theory 规划理论 3-08

Plato, Platonist 柏拉图,柏拉图式 2-02,2-03,5-02,5-06,8-02 注释,8-08,9-04,16-02 注释

Plunkett, David 戴维 · 普伦基特 7-03 注释

Pocock, J. G. A. J. G. A. 波科克 8-06 注释

Polinsky, A. Mitchell A. 米切尔 · 波林斯基 18-10

pornography 色情 8-06, 15-03, 15-05, 19-04

Poscher, Ralf 拉尔夫 · 波舍尔 7-02 注释

positive discrimination 积极性差别待遇 19-05

Posner, Eric A. 埃里克 · A. 波斯纳 18-08

Posner, Richard A. 理查德 · A. 波斯纳 7-03 注释,11-03,13-01 注释,14-03 注释,17-05 注释,18-01,18-02 注释,18-04,18-05,18-08 注释,18-09,18-10,19-05 注释,20-02,20-05,21-02 注释,22-07,22-09

Postema, Gerald J. 杰拉尔德 · J. 波斯特马 3-01 注释,6-05,7-03 注释,13-01 注释,13-02,17-01 注释,21-07

postmodernism 后现代主义 14-03 注释,19-05 注释,19-06,22-07,22-08,22-09

poststructuralism 后结构主义 22-07 注释

Pound, Roscoe 罗斯科 · 庞德 17-01,17-02 注释,17-04 注释,17-06,22-07

practical reasoning 实践理性 3-07,5-05,5-06
pragmatism 实用主义 22-07,22-08,22-09
precedent 先例 7-02,12-01,13-01 至 13-02,17-03,17-04,21-01,22-02,22-07
Priel, Dan 丹·普瑞尔 17-06
Priest, George L. 乔治·L. 普里斯特 18-04 注释
prisoner's dilemma 囚徒困境 18-06
promises 承诺 21-03
property law 财产法 5-05 注释,7-03,13-01,21-01,21-04,21-07
property rules vs. liability rules 财产规则与责任规则 18-04
proximate cause 近因 17-03,18-09,21-02,21-06
public choice theory 公共选择理论 8-06,18-06,18-07,18-10
public/private distinction 公/私区分 19-02
Pufendorf, Samuel 塞缪尔·普芬道夫 5-03 注释,8-02 注释
punishment 惩罚 1-04,3-07,C-01,8-01,9-01 至 9-06,10-01,20-03,21-05
Purcell, Edward A. 爱德华·A. 珀塞尔 17-05 注释
Putnam, Ruth Anna 露丝·安娜·帕特南 8-02 注释,8-07

queer theory 酷儿理论 19-05

racism 种族主义 12-01 注释,D-01,18-01,19-05
Radbruch, Gustav 古斯塔夫·拉德布鲁赫 3-01 注释,5-02
Radin, Margaret Jane 玛格丽特·简·雷丁 18-09 注释,21-04 注释,22-07 注释,22-09
Rakowski, Eric 埃里克·拉科夫斯基 22-07 注释
rape 强奸 19-04
Rasmusen, Eric 艾里克·拉斯缪森 18-10
rational choice theory 理性选择理论 18-06 注释,18-07
Rawls, John 约翰·罗尔斯 7-05,8-02 至 8-06,8-08,11-03,13-01,16-03 注释,16-06
Ray, Man 曼·雷 2-03
Raz, Joseph 约瑟夫·拉兹 1-01 注释,2-02,2-03,2-04 注释,2-06 注释,2-08,3-

01,3-03 注释,3-04,3-07,3-08,3-09,4-04 注释,4-06,5-05,7-02 注释,7-03 注释,7-04,10-03,10-05,14-04,15-05,15-06,16-02 注释,16-04,16-06
realism, see American legal realism, Scandinavian legal realism 现实主义,见美国法律现实主义,斯堪的那维亚法律现实主义
Reed, Thomas 托马斯 · 里德 17-03 注释,17-06
reflective equilibrium 反思性平衡 7-05, 13-01
Regan, Dennis T. 丹尼斯 · T. 里甘 18-09 注释
rehabilitation 矫正 9-04
Reid, Lord 里德大法官 14-03
Reimann, Mathias 马赛厄斯 · 赖曼 22-09
republicanism, see civic republicanism 共和主义,见公民共和主义
retribution 报复 9-03
revealed preferences 显示性偏好 18-02 注释
reverse discrimination, see affirmative action 反向歧视,见平权行动
Richards, David 戴维 · 理查德 7-07
right answer thesis 正确答案论题 7-02,7-04
rights, rights talk 权利,权利话语 1-02,2-03,2-04,3-07,5-03,8-06,10-01 至 10-05,18-03,19-02,19-04,19-05,21-01,22-05
Ripstein, Arthur 阿瑟 · 李普斯坦 7-07,21-02 注释
Robets, Simon 西蒙 · 罗伯茨 2-04
Robertson, Michael Spencer 迈克尔 · 斯潘塞 · 罗伯逊 0-01 注释
Rodes, Robert E. 罗伯特 · E. 罗兹 22-02 注释
Rosati, Connie S. 康妮 · S. 罗萨蒂 3-08 注释,5-01 注释
Roithmayr, Daria 达利亚 · 罗伊特迈尔 19-07
Roman Law 罗马法 5-02 注释,10-01,13-01,21-01
Rorty, Richard 理查德 · 罗蒂 22-07,22-08,22-09
Rosenberg, Jay 杰伊 · 罗森堡 2-03,2-08
Rosenfeld, Michel 米歇尔 · 罗森菲尔德 19-06 注释,19-07
Ross, Alf 阿尔夫 · 罗斯 3-04,4-06,22-05,22-09
Ross, Don 唐 · 罗斯 18-10
Rothstein, Edward 爱德华 · 罗斯坦 22-08 注释

Roughan, Nicole 妮可·拉夫汗 3-09
Rousseau, Jean-Jacques 让-雅克·卢梭 5-03,8-02 注释,11-03
Rubin, Paul H. 保罗·H. 鲁宾 18-04 注释
Rule, John 约翰·鲁尔 19-02 注释,19-07
Rule of Law 法治 6-02,6-03,14-03,17-02 注释,17-05,19-02
rule of recognition 承认规则 3-02,3-03,4-04,11-02
Rundle, Kristen 克里斯滕·朗德尔 6-05
Russell, Bertrand 伯特兰·罗素 3-05 注释
Ryan, Alan 艾伦·瑞安 8-08

Sacks, Albert M. 阿尔伯特·M. 萨克斯 22-06 注释,22-09
Salmond, John 约翰·萨蒙德 3-02 注释,10-02 注释
Sandel, Michael J. 迈克尔·J. 桑德尔 8-06,8-08,15-06
Sarat, Austin 奥斯汀·萨拉特 19-06 注释
Savigny, Friedrich Carl von 弗里德里希·卡尔·冯·萨维尼 22-02,22-09
Scalia, Antonin 安东宁·斯卡利亚 13-01 注释,14-02 注释,14-03,14-04,15-05 注释,17-02 注释
Scandinavian legal realism 斯堪的那维亚法律现实主义 3-04,10-01,22-05,22-09
Schaber, Peter 彼得·沙伯 16-02 注释
Schauer, Frederick 弗雷德里克·肖尔 2-02 注释,2-04 注释,2-05,3-08,3-09,12-02,13-01 注释,13-02,17-02 注释
Scheffler, Samuel 赛缪尔·舍弗勒 18-02 注释
Schelling, Thomas 托马斯·谢林 18-06 注释,18-10
Schiff, David 戴维·希夫 19-07
Schlag, Pierre 皮埃尔·施拉格 10-05,18-03 注释,22-08 注释
Schwartz, Alan 艾伦·施瓦茨 18-10
Sciaraffa, Stefan 斯蒂芬·夏拉法 7-07
Sebok, Anthony J. 安东尼·J. 塞博克 3-05 注释,6-02 注释
Sen, Amartya K. 阿玛蒂亚·K. 森 8-08,18-02 注释
separability thesis 分离论题 3-01,3-07
Sevel, Michael 迈克尔·塞维尔 3-07 注释

sexual harassment 性骚扰 9-05,19-04,19-05 注释
Shapiro, Scott J. 斯科特·J.夏皮罗 3-02 注释,3-08,3-09,7-03 注释,7-07,18-10
Shavell, Steven 史蒂文·沙维尔 18-10
Sherry, Suzanna 苏珊娜·谢丽 19-05 注释,19-07
Shiner, Roger 罗杰·夏纳 3-08,11-02 注释
Simmonds, N. E. N. E. 西蒙茨 10-02 注释,10-03,10-05
Simmons, A. John A. 约翰·西蒙斯 16-06
Simon, Herbert A. 赫伯特·A. 西蒙 18-08,18-10
Simpson, A. W. B. A. W. B. 辛普森 13-02,21-01 注释
Singer, Joseph W. 约瑟夫·W. 辛格 17-01 注释,18-02 注释
Slovic, Paul 保罗·斯洛维奇 18-08 注释
Smith, Adam 亚当·史密斯 18-06
Smith, Henry E. 亨利·E. 史密斯 21-07
Smith, M. B. E. M. B. E. 史密斯 16-03 注释,16-04,16-06
Smith, Patricia 帕特里夏·史密斯 19-04,19-07
Smith, Vernon L. 弗农·L. 史密斯 18-08
social construction 社会建构 19-04
social contract theory 社会契约论 5-03 注释,8-02,11-03
social norms, social meanings 社会规范,社会意义 17-04,18-08
sociology of law 法社会学 19-06,19-07
Socrates, 苏格拉底 8-02 注释
Solan, Lawrence M. 劳伦斯·M. 索兰 14-04
Solomon, Robert C. 罗伯特·C. 所罗门 8-08
Solum, Lawrence 劳伦斯·索勒姆 11-02 注释,18-02 注释,19-02 注释
Soper, Philip 菲利普·索珀 2-04 注释,2-08,3-07 注释,5-02,16-06
Sophocles 索福克勒斯 5-02 注释
Spaak, Torben 托本·斯帕克 22-09
Spann, Girardeau A. 吉拉尔多·A. 斯潘 19-05 注释,19-07
Sreenisavan, Gopal 戈帕尔·斯里尼斯旺 10-03 注释
Stapleton, Jane 简·斯特普尔顿 21-07
statutory interpretation 成文法解释 11-01,14-01 至 14-04,18-07,20-02

Stavropoulos, Nicos 尼科斯·斯塔夫罗普洛斯 7-05 注释,7-07
Stearns, Maxwell L. 马克斯韦尔·L. 斯特恩斯 28-10
Stefancic, Jean 琼·斯蒂芬西克 19-03 注释,19-05 注释,19-07
Stein, Alex 亚历克斯·斯坦 18-08
Steiner, Hillel 希勒尔·斯坦纳 10-02 注释,10-03 注释,10-05
Stephen, James Fitzjames 詹姆斯·菲茨詹姆斯·斯蒂芬 15-05
Steyn, Johan 约翰·斯泰恩 14-03 注释
Stoic philosophy 斯多葛哲学 5-02
Stone, Christopher D. 克里斯托弗·D. 斯通 10-04 注释,20-01
Stone, Martin 马丁·斯通 17-02 注释
Story, Joseph 约瑟夫·斯托里 13-01 注释
storytelling, see narrative 讲故事,见叙事
strict liability 严格责任 18-02,21-02
Suárez, Francisco 弗朗西斯科·苏亚雷斯 5-02,5-03,6-01
Summers, Robert S. 罗伯特·S. 萨默斯 6-05,7-01 注释,17-02 注释
Sundell, Timothy 蒂莫西·森德尔 7-03 注释
Sunstein, Cass R. 卡斯·R. 桑斯坦 8-06 注释,18-08,18-10
surrogate motherhood 代孕母亲 15-03,19-04

Tamanaha, Brian 布赖恩·塔玛纳哈 2-03 注释,2-08,3-08 注释,3-09,17-02 注释,22-07 注释
Tannen, Deborah 德博拉·坦嫩 19-04 注释
Taylor, Charles 查尔斯·泰勒 3-04 注释,8-08
Teichman, Doron 多伦·泰克曼 18-10
Teuben, Karlijn 卡林·特本 13-01 注释
Thaler, Richard 理查德·塞勒 18-08,18-08 注释
thick concepts 厚概念 2-04 注释
Thomadsen, Nancy 南希·托马德森 19-05 注释,19-07
Thomas, Kendall 肯德尔·托马斯 19-07,22-08 注释
Thompson, E. P. E. P. 汤普森 19-02 注释,19-07
Thomson, Judith Jarvis 朱迪思·贾维斯·汤姆森 10-01 注释

Thurschwell, Adam 亚当·什西威尔 19-02 注释
Tierney, Brian 布赖恩·蒂尔尼 10-01 注释
Tjong Tjin Tai, Eric 埃里克·张精泰 13-01 注释
tort law 侵权法 8-01,13-01,15-01,15-02 注释,17-03,18-01,18-03,18-04,21-01,21-02,21-03,21-05,21-06,21-07
tragedy of the anti-commons 反公地悲剧 21-05 注释
tragedy of the commons 公地悲剧 21-05 注释
transaction costs 交易成本 18-03,18-05,18-06,21-02
Treitel, G. H. G. H. 特雷特尔 20-04 注释
Tribe, Laurence H. 劳伦斯·H. 特赖布 14-04
Trillin, Calvin 卡尔文·特里林 19-02 注释
Tuerkheimer, Deborah 德博拉·图尔克海默 19-04 注释
Tullock, Gordon 戈登·塔洛克 18-10
Tur, Richard 理查德·图 4-06
Tushnet, Mark 马克·图什内特 19-02 注释
Tversky, Amos 阿莫斯·特韦尔斯基 18-08 注释
Twining, William 威廉·特文宁 0-01 注释,3-04 注释,3-08 注释,4-06,7-03 注释,17-01 注释,17-02 注释,17-06

Ulen, Thomas 托马斯·乌伦 18-04 注释
Underkuffler, Laura S. 劳拉·S. 安德库弗勒 21-07
Unger, Roberto Mangabeira 罗伯托·曼格贝拉·昂格尔 19-02 注释,19-07
utilitarianism 功利主义 5-04,8-03,9-04,10-01,18-01,18-02,18-03,18-05,18-09 注释

Valdes, Francisco 弗朗西斯科·瓦尔德斯 19-05 注释
Vandenberg, Ann 安·范登堡 19-04 注释
Veljanovski, Cento 琴托·韦利亚诺夫斯基 18-10
Voganauer, Stefan 斯特凡·沃加努尔 14-03 注释

Waismann, Friedrich 弗里德里希·魏斯曼 3-05 注释

Waldron, Jeremy 杰里米·沃尔德伦 3-09,6-05,8-04,9-03 注释,10-04 注释,10-05,14-02 注释,14-04,15-02 注释,15-06,21-07
Walker, David M. 戴维·M. 沃克 10-01 注释,13-01 注释
Wallace, Stephen 斯蒂芬·华莱士 17-01 注释,22-03 注释,22-09
Waluchow, W. J. (Wil) W. J. (威尔)·沃卢乔 3-07 注释,7-07
Walzer, Michael 迈克尔·沃尔泽 8-06,8-08,11-03 注释
Warner, Richard 理查德·沃纳 22-09
Warren Court 沃伦法院 7-06
Warrington, Ronnie 罗尼·沃林顿 22-09
Wax, Amy L. 艾米·L. 瓦克斯 19-05 注释
wealth maximization 财富最大化 1-02,11-03,18-02,18-04,18-05,18-09
Weaver, William 威廉·韦弗 22-09
Weber, Max 马克斯·韦伯 2-03 注释,3-01 注释,3-04 注释,5-02 注释
Wechsler, Herbert 赫伯特·韦克斯勒 7-06 注释
Weinberger, Ota 奥塔·温伯格 4-06
Weinreb, Lloyd L. 劳埃德·L. 温瑞伯 5-06,5-07,6-02 注释,8-01 注释,11-02 注释,11-03,13-01,13-02
Weinrib, Ernest J. 欧内斯特·J. 温里布 2-02 注释,15-03 注释,17-02 注释,18-02 注释,18-09 注释
Weisberg, D. Kelly 凯利·D. 凯利韦斯伯格 19-07
Weisberg, Richard H. 理查德·H. 韦斯伯格 20-01 注释,20-04 注释,20-05
Weisberg, Robert 罗伯特·韦斯伯格 20-04 注释
Wellman, Christopher Heath 克里斯托弗·希思·韦尔曼 16-06
Wenar, Leif 莱夫·韦纳尔 10-02 注释,0-05
Wertheimer, Alan 艾伦·韦特海默 16-02 注释
West, Robin 罗宾·韦斯特 8-07 注释,18-02 注释,18-09 注释,19-04,20-01 注释,20-03,20-04
White, Alan R. 艾伦·R. 怀特 2-03 注释,2-04 注释,2-08
White, James Boyd 詹姆斯·博伊德·怀特 18-09 注释,20-01,20-03 注释,20-04 注释,20-05
Whitman, James Q. 詹姆斯·Q. 惠特曼 9-05 注释

Wicke, Jennifer 珍妮弗·威克 22-08 注释
Wieacker, Franz 弗朗茨·维亚克尔 5-01 注释,5-03 注释
will vs. reason, 意志与理性 5-03,C-01,11-01 至 11-04,12-01 注释
Williams, Bernard 伯纳德·威廉斯 2-04 注释
Williams, Patricia J. 帕特里夏·J. 威廉斯 10-04 注释,19-02 注释,19-05 注释,19-07,20-04 注释
Williamson, Oliver E. 奥利弗·E. 威廉森 18-03
Winch, Peter 彼得·温奇 3-01 注释,3-04 注释
Winfield, Richard Dien 理查德·迪恩·温菲尔德 3-01 注释
Wing, Adrien Katherine 阿德里安·凯瑟琳·温 19-05 注释,19-07
Winslow, Cal 卡尔·温斯洛 19-02 注释,19-07
Winston, Kenneth 肯尼思·温斯顿 2-04 注释,2-08, 6-02 注释,6-05
Wiseman, Zipporah 西波拉·怀斯曼 19-03 注释
Witte, John, Jr. 小约翰·威特 10-01 注释
Wittgenstein, Ludwig 路德维希·维特根斯坦 1-03,2-03 注释,19-02 注释,22-05 注释,22-08
Wolff, Robert Paul 罗伯特·保罗·沃尔夫 8-02 注释,16-06
Wright, Georg Henrik von 乔治·亨里克·冯·赖特 4-06,22-05 注释
Wright, Richard W. 理查德·W. 赖特 18-04 注释
Wu, Frank 吴华扬 19-05 注释

Yuracko, Kimberly A. 金伯利·A. 尤拉科 19-04 注释

Zamir, Eyal 埃瓦尔·扎米尔 18-10
Zeiler, Kathryn 凯瑟琳·蔡勒 18-08 注释
Zeno 泽诺 2-03 注释
Zipursky, Benjamin C. 本杰明·C. 齐普尔斯基 18-04 注释,21-07
Zywicki, Todd J. 托德·J. 兹维克 18-10

译后记

2007 年暑假，我将比克斯《法理学：理论与语境》的第四版翻译成了中文，2008 年该书在法律出版社出版，系“博观译丛”的一种。该书翻译出版后，多所高校法学院的老师推荐该书为法理学专业研究生必读著作。近些年，时不时有学生和同行说起该书已买不到，建议我根据新版重译该书。我也觉得有重译此书的必要。15 年后，比克斯的《法理学》从第四版出到了第八版，该书的内容有许多更新。作者扩充了许多章节，增加了讨论学术前沿的内容，认真反思了许多论题。

比克斯的《法理学》由英国汤森路透集团旗下的斯威特和麦克斯韦尔出版社（Sweet & Maxwell）出版。这家出版社曾经推出过多本很有影响力的法理学教科书，我们熟悉的约翰·萨蒙德（John Salmond）的《法理学》（*Jurisprudence*）、迈克尔·弗里曼（Michael Freeman）的《劳埃德的法理学导论》（*Lloyd's Introduction to Jurisprudence*）和奈杰尔·西蒙茨（Nigel Simmons）的《法理学中的关键问题》（*Central Issues in Jurisprudence*）都是这家公司出版的。比克斯的《法理学》自 1996 年第一版问世后一直备受读者喜爱，几乎每三年出一次新版，该书最新的版本是 2019 年出版的，一本法理学著作在 20 余年间出到第八版是非常罕见的。该书出版后在国际学术界也有较大的反响，分别于 2007 年、2010 年、2016 年和 2020 年被翻译为希腊文、西班牙文、意大利文和葡萄牙文。

比克斯的《法理学》深受读者喜爱的一个重要原因是比克斯具有一

种异乎寻常的语言能力，他能够用通俗易懂的语言阐述法理学中的深奥思想。他以分析法学家奥斯丁和哈特为楷模，试图用简明易懂的语言表达法理学思想。他希望自己能够完成一项任务，即以一种足够率直的方式表达概念，即使错了，也“错得明明白白”。比克斯的这种努力获得了普遍的赞誉。耶鲁大学法学院的罗伯特·戈登（Robert W. Gordon）教授评价道：该书对法理学的概括既富有洞察力又清晰，所做的评价犀利而不失宽和，没有哪本书比这本书做得更好。格拉斯哥大学法学院的亚当·汤姆金斯（Adam Tomkins）教授认为，比克斯教授是写作法律理论中最困难、最晦涩难懂问题的天才，他能用特别轻松、可接近又不失权威的文笔表达这些问题，这是该领域其他作者无法比拟的。

比克斯的《法理学》内容丰富、评述得当、主题新颖、资料翔实，是走进英美法理学不可多得的佳作。该书分为四大部分。第一部分是总论，概述了法律理论的问题、方法以及一般法理学与概念分析。第二部分是关于法律性质的各种理论，主要论述了现当代几位著名法学家哈特、凯尔森、菲尼斯、富勒和德沃金的法律理论。第三部分讨论了法理学中的一些基本主题，比如正义、惩罚、权利、普通法推理、成文法解释、守法的义务、道德的法律强制等。这些主题可以从不同的层面来理解和思考：有时从应该做什么的实践层面来思考，有时则从理论的层面进行思考。第四部分讨论了研究法律的几种一般性方法。第一种方法是美国法律现实主义，第二种方法是法律的经济学分析，第三种方法是研究法律的批判方法，第四种方法是文学的研究方法。

比克斯的《法理学》带有浓厚的分析法学色彩，其本人就是现代分析法学的代表性学者。比克斯于 1991 年从牛津大学贝利奥尔学院获得哲学博士学位，博士论文题目是“维特根斯坦与法律的不确定性”，该文是牛津大学法哲学领域近 25 年以来经典的 8 篇博士论文之一。他的博士论文指导老师是约瑟夫·拉兹教授。从师承来讲，如果把哈特视为现代分析法学的创始人，把拉兹视为第二代弟子，那比克斯就是现代分析法学当之无愧的第三代弟子。该书各章的目标是至少触及这些基础问题：1. 在什么意义上一种一般的法律理论是可能的？2. 概念性主张的要旨是什么，以及如何评价它们？3. 人们应该如何评价不同法学家或不同的法律进路的相对的优点？比克斯运用概念分析方法对以上问题做出了回答。他认为，不同的理论家是在回答不同的问题，是在回应不同的关注，这些理论家常常是在描述相同现象的不同方面，而不是对某些简单的法律主张存在分歧。

2021年上半年我把翻译《法理学》第八版的意向告知商务印书馆，相关负责人很感兴趣，让我尽快申报选题，很快选题通过了立项评审。我将此事写信告诉比克斯教授，他很高兴该书第八版将被译成中文，欣然授权我翻译该书，并与英国出版社的责任编辑联系帮助解决了版权问题。去年暑假我集中精力翻译《法理学》第八版，进展顺利，翻译比克斯的著作是非常愉快的智识之旅。我指导的博士研究生王尧帮我录入了部分注释和参考文献。卫成义同学对译文提出了宝贵的修改意见。译稿由商务印书馆编辑负责，他们为本书的编辑与出版付出了巨大的辛劳。在此向为该书出版提供各种帮助的朋友表示衷心的感谢！本译著是国家社科基金一般项目“当代国外马克思主义法学最新动向和趋势研究”（项目号：21BFX025）的阶段性成果。

由于译者学识有限，错误和纰漏在所难免，恳请学界前辈和同仁不吝赐教，以利于我日后的改进和提高。

邱昭继

2022年12月27日于西法大雁塔校区

图书在版编目（CIP）数据

法理学：理论与语境：第八版 /（美）布赖恩·比克斯著；邱昭继译. — 北京：商务印书馆，2023（2025.12 重印）

ISBN 978-7-100-22022-4

Ⅰ. ①法… Ⅱ. ①布… ②邱… Ⅲ. ①法理学 Ⅳ. ① D90

中国国家版本馆 CIP 数据核字（2023）第 042230 号

法理学

理论与语境（第八版）

〔美〕布赖恩·比克斯 著

邱昭继 译

商 务 印 书 馆 出 版

（北京王府井大街 36 号 邮政编码 100710）

商 务 印 书 馆 发 行

南京新洲印刷有限公司印刷

ISBN 978-7-100-22022-4

2023 年 6 月第 1 版　　开本 880×1240 1/32

2025 年 12 月第 3 次印刷　　印张 15½

定价：76.00 元